广东哲学社会科学规划优秀成果文库

岭南文化考论

徐燕琳 著

中山大学出版社
SUN YAT-SEN UNIVERSITY PRESS
· 广州 ·

图书在版编目（CIP）数据

岭南文化考论/徐燕琳著. —广州：中山大学出版社，2024.12
（广东哲学社会科学规划优秀成果文库：2021—2023）
ISBN 978 - 7 - 306 - 07981 - 7

Ⅰ. ①岭…　Ⅱ. ①徐…　Ⅲ. ①地方文化—研究—广东　Ⅳ. ①G127.65

中国国家版本馆 CIP 数据核字（2023）第 251375 号

出 版 人：王天琪
策划编辑：金继伟
责任编辑：罗雪梅
封面设计：林绵华
责任校对：陈　颖
责任技编：靳晓虹
出版发行：中山大学出版社
电　　话：编辑部 020 - 84110283，84113349，84111997，84110779，84110776
　　　　　发行部 020 - 84111998，84111981，84111160
地　　址：广州市新港西路 135 号
邮　　编：510275　　传　　真：020 - 84036565
网　　址：http：//www. zsup. com. cn　E - mail：zdcbs@ mail. sysu. edu. cn
印 刷 者：佛山家联印刷有限公司
规　　格：787mm×1092mm　1/16　17.75 印张　316 千字
版次印次：2024 年 12 月第 1 版　2024 年 12 月第 1 次印刷
定　　价：98.00 元

《广东哲学社会科学规划优秀成果文库》
出版说明

为充分发挥哲学社会科学优秀成果和优秀人才的示范带动作用，促进广东哲学社会科学繁荣发展，助力构建中国哲学社会科学自主知识体系，中共广东省委宣传部、广东省社会科学界联合会决定出版《广东哲学社会科学规划优秀成果文库》（2021—2023）。从 2021 年至 2023 年，广东省获立的国家社会科学基金项目和广东省哲学社会科学规划项目结项等级为"优秀""良好"的成果中，遴选出 17 部能较好体现当前我省哲学社会科学研究前沿，代表我省相关学科领域研究水平的学术精品，按照"统一标识、统一封面、统一版式、统一标准"的总体要求组织出版。

2024 年 10 月

目　　录

绪　言

地域文化，包括一个地区的自然环境、经济结构、生活方式、民俗形态、群体观念、人文历史等因素。这些因素构成了一个地区的基本面貌，塑造和影响着生活在其中的人及其活动。正如马克思、恩格斯所说："任何历史记载都应当从这些自然基础以及它们在历史进程中由于人们的活动而发生的变更出发。"①

岭南的本意是五岭（大庾岭、骑田岭、越城岭、萌诸岭、都庞岭）以南。作为一个历史的地域概念，在不同时期的所指有所不同。近代以后，岭南的地理范围大致包括今广东、海南和广西部分地区，以广东省为主。经过漫长的历史时期，生活在这片土地上的人们逐渐发展并形成共同的地域文化，即岭南文化。

岭南文化源出中原，植根岭南，是中华文明的一部分，是岭南地区经济文化变迁、时代风云变幻的反映，也是传统中国走向现代化的一个缩影。它肇端于秦汉，发展于唐宋，勃兴于明清，在历史大潮中形成，在新旧岭南人身上体现，在岭南书写中丰满，在颠沛迁徙中传承，作为中华文化的重要代表而为海外所知。岭南文化是华夏传统文化在南中国的创造性转化、创新性发展。它的历程，集中而典型地反映了正统、主流和中心文化对边缘地区的传导和影响，以及这一过程中地方文化形态的本体认知和积极构建。

岭南文化历史悠久，内涵丰富，特色鲜明，主要表现为四方面。

一、积累丰厚的民间土壤

秦征岭南开启大规模的北方移民。赵佗建立南越国，以后经过两晋、两宋、明末等多次战乱南迁和不同时期、不同原因的移民，来自中原、楚、吴越、闽等地区的汉族移民在岭南地区扎根，与壮族、瑶族、畲族等少数

---

① 马克思、恩格斯著，中共中央马克思恩格斯列宁斯大林著作编译局编译：《马克思恩格斯选集》（第一卷），北京：人民出版社，1995年，第67页。

民族共同生产生活、繁衍生息。五岭的天然隔阻，使得岭南地区在很长一段历史时期中相对独立，形成了具有显著民间性、世俗性的岭南文化，多姿多彩，积累深厚。

岭南的文化艺术起源很早，南越国时期的音乐既有中原汉乐，也有本地音乐，出土的乐器有铜甬钟、石编磬、琴、瑟、铎等，也有句鑃、羊角铜钟、铜鼓等。明代欧大任《百粤先贤志》记载西汉孝惠帝时粤人张买"侍游苑池，鼓棹能为越讴"。当年的越讴，后来发展成为粤讴、南音、木鱼、龙舟、咸水歌等种种民间歌唱形式。广东的民间信仰以道教神祇信仰为基础，具有多神崇拜的特点，各种神诞庆典、酬神祭祀、迎神赛会接连不断。在年节岁时、社会活动中，民俗文化众多，呈现出生活化、实用化的特色。融合了本土音乐、歌谣、民间传说的地方戏曲与社会联系密切，深受民众喜爱。明代的潮调戏文《荔镜记》《苏六娘》《金花女》、明末清初的粤语木鱼书《花笺记》《二荷花史》等，已经达到很高的艺术水平。

二、雄直忧世的爱国传统

广东的广府、福佬（潮汕）、客家三大民系是北方移民的后裔，传承中原余脉，始终没有忘记自己的根。广东各地家训、族规等往往以"忠"（爱国家，报国恩）"孝"（爱父母，报亲恩）作为首要要求。他们自认"中原旧族""三代遗民"，不论是战祸灾荒年代避居他乡，还是和平时期求学异域，始终为自己的华夏血统和文化传承而自豪，不愿放弃自己的信仰和文化，更不愿被侵略、被奴役。他们敬宗睦族，团结一心，在艰难险阻中顽强地生根发芽。他们不忘故土，富有使命感、责任感，"以天下为己任"，"敢为天下先"，将自身与国家民族的兴亡紧紧地联系在一起。

岭南大地上曾发生无数可歌可泣的英雄故事，爱国爱乡的精神代代传承。张维屏的长篇纪事诗《三元里》描述 1841 年 5 月三元里村民抗击英国侵略者的场景，突出地表现广东人民的英雄气概和磅礴力量："三元里前声若雷，千众万众同时来。因义生愤愤生勇，乡民合力强徒摧。家室田庐须保卫，不待鼓声群作气。妇女齐心亦健儿，犁锄在手皆兵器。乡分远近旗斑斓，什队百队沿溪山。众夷相见忽变色，黑旗死仗难生还。"①

---

① 张维屏撰，关步勋、谭赤子、汪松涛标点：《张南山全集》（三），广州：广东高等教育出版社，1994 年，第 268 – 269 页。

"尚得昔贤雄直气，岭南犹似胜江南。"① 中华文化源远流长，其中蕴含的天下为公、民为邦本、为政以德、革故鼎新、任人唯贤、天人合一、自强不息、厚德载物、讲信修睦、亲仁善邻等内容，以及劳动精神、奋斗精神、奉献精神、创造精神、诚信精神、勤俭精神等思想，是中国人民在长期生产生活中积累的宇宙观、天下观、社会观、道德观的重要体现，也是岭南文化的核心精神。岭南地区历史悠久，地方特色鲜明，"人才最盛"又"尚存古风"②。这成为岭南文化立足民间社会，关注现实、关心世界的深厚基础。

三、包容开放的人文情怀

岭南文化的形成，基于中原文化的长期哺育和外来移民与本土居民的不断交融交汇。从最初的秦推行移民实边"与越杂处"，到南越王赵佗"和辑百越"、汉武帝"以其故俗治，无赋税"，到洗夫人"怀集百越"，古越遗民与中原汉族日渐相融。同时，由于地处大陆最南端，与海外联系较为频繁，因此，岭南文化呈现出南北交汇、包容开放的特色。

移民文化、贬谪文化造成的文化南迁，贯穿岭南发展的历史。光大禅宗的惠能、开通大庾岭的张九龄祖籍范阳；韩愈在潮州兴学逐鳄，柳宗元在柳州释奴造林，苏轼于惠州筑湖修堤，寇准在雷州开设书院。他们将"仁者爱人"的人文关怀、"性无南北"的平等意识、敬天法祖的宗族观念、崇文重教的文化传统带到了岭南。他们也深受人们爱戴，如韩愈被誉为"百世之师"；柳州百姓感念柳宗元，建罗池庙、柳侯祠；寇准去世后，民众沿途哭祭、建寇公祠。戍卒、流人、亡徒、迁客、商贾、谪宦，千百年来，来自四面八方的人士以真情奉献和建设岭南，岭南也对他们张开怀抱。

吸收、转化、创新，推动了岭南文化的形成与发展。传说粤剧和广东讲古的祖师张五、柳敬亭都是明末南来的抗清义士。潮剧源于宋元南戏，汉乐、潮乐都传承中原古乐，进而形成独具特色的地方文化。"粤剧源于南曲，化昆曲之准绳，依汉剧之矩矱"③，吸收了京剧等剧种精华，可谓融合南北。20世纪30年代的粤剧，更是在薛觉先、马师曾等人的带动下借鉴西

---

① 洪亮吉：《道中无事偶作论诗截句二十首》之五，见洪亮吉撰、刘德权点校：《洪亮吉集》第3册，北京：中华书局，2001年，第1244页。

② 王士禛撰，靳斯仁点校：《池北偶谈》卷11，北京：中华书局，1982年，第251页。

③ 麦啸霞：《广东戏剧史略》，见广东文物展览会编辑：《广东文物》（下），香港：中国文化协进会，1941年，第795、895页。

式乐器、电影、话剧等艺术的长处，"冶中西、南北于一炉"，最终发展成为具有浓郁岭南风格的成熟剧种。

四、求新求实的时代精神

明代，广东文化已经得到长足的发展。明末清初学者屈大均在《广东新语》中说："广东居天下之南……天下之文明至斯而极。极故其发之也迟，始然于汉，炽于唐于宋，至有明乃照于四方焉。"① 经过清代严厉的迁界禁海、闭关锁国，鸦片战争以后，广东成为当时最早对外开放的地区。一批先进的知识分子"睁开眼睛看世界"，进而倡导变法、革命。清末，广东作为维新运动和辛亥革命的策源地，风云际会，举世瞩目。

1902 年，梁启超发表《中国地理大势论》，认为广东民性独特，地理环境优越，"自今以往，而西江流域之发达，日以益进。他日龙拏虎掷之大业，将不在黄河与扬子江间之原野，而在扬子江与西江间之原野"，"两广民族之有大影响于全国，亦自五十年以来也"②。当时全国文化、政治运动的主将中，许多是广东人。黄遵宪论诗主张"我手写我口"（《杂感》），独辟境界，慷慨激昂；康有为领导公车上书、维新变法；梁启超笔携风云，席卷神州；孙中山"一往无前，愈挫愈奋"，"鼓动风潮，造成时势"（《建国方略》），以广东为主阵地，带领革命志士前赴后继，为探索救国救民的道路打开了新的天地。同盟会元老高奇峰、高剑父、陈树人提出国画当随时代而变，开创岭南画派；"何氏三杰"（何柳堂、何与年、何少霞）、吕文成等人改造传统乐曲，创造了具有时代感的广东音乐。抗战烽火、新中国建设中，广东的文化艺术面向社会、面向现实，求新求变，创新发展，以强烈的时代精神、鲜明的南国色彩与独特的艺术风格，开创了岭南文化的新局面。

本书是对岭南文化相关问题的研究和考述，主要内容有：

第一，岭南文化精神溯源。明确岭南文化是中华传统文化的优秀组成，是崖山精神的延续和发展，崇正自励，刻苦奋发，超迈俊逸。

第二，岭南文化与岭南社会研究。主要通过对粤讴、波罗诞、饮茶习俗、医药俗信等民间文化事项的梳理，发现岭南文化的民间属性；从礼制

---

① 屈大均著、李育中等注：《广东新语注》卷 11，广州：广东人民出版社，1991 年，第280 - 281 页。

② 梁启超：《梁启超全集》2，北京：北京出版社，1999 年，第 930 - 939 页。

建设如明代广东戏禁与教化、习俗构造如广州重阳登高等方面进行分析，说明岭南的社会性变迁；对"崇正"及客家精神、韩愈与潮汕文化的形成等进行思考，探讨岭南文化独特的发展历程。

第三，岭南文化与时代风云。分析不同历史时期岭南文化的表现及作用，如清以后商品经济对岭南戏曲活动的影响、辛亥革命前后的岭南画派和粤剧改革、新文化运动促生的潮州歌谣研究等情况，在时代风云变幻中展示岭南文化的面貌和历史意义。

第四，岭南文化与岭南人。选择惠能、湛若水、招子庸、梁启超、任剑辉等岭南历史文化名人进行研究，具体展现岭南文化的特点和岭南人的影响。

第五，岭南文化的书写。通过对代表性艺术家和作品，如汤显祖的岭南想象、《帝女花》《黄花岗》《黄河大合唱》的创作分析，研究其中的岭南文化渊源及其意义影响。

第六，岭南文化的播迁。选择习俗信仰、电影戏剧、华侨报刊等岭南文化的海内外传播，如潮剧《陈三五娘》、印度"大伯公"杨大钊、周星驰电影的意义影响、早期《大汉公报》所见华侨家国情怀等内容，探讨岭南文化的传承传播，推动岭南文化未来的发展。

第一章　岭南文化精神溯源[①]

岭南移民、遗民、逸民历史和文化久远。遗民在传统中国是一个重要的历史和文化现象，其含义既包括前朝百姓、劫余人民，又可指不仕新朝的人、隐士、后裔等。移民和遗民，以及遗民的这些义项互相联系，比如伯夷、叔齐，是商的遗民，周的前朝百姓，鼎革之际的子民。他们不食周粟，隐居首阳山，因此又是移民和不仕新朝的隐士。遗民和逸民有时可以通用，并显示出一定的道德判断。由于特殊的历史地理，岭南地区大规模、长时期的移民潮和遗民文化错综交织，也包括因各种原因，例如亡国、隐居或避居岭南的逸民。在漫长的历史时期中，移民、遗民、逸民群体将传统文化和民族精神发扬光大，在岭南谱写出灿烂的篇章。

一、岭南文化基石：移民、遗民、逸民

回溯岭南发展史，是一部移民史，也是一部遗民史、逸民史。

岭南与中原的文化交流在先秦就已经开始。秦始皇征岭南时，"限以高山，人迹所绝，车道不通，天地所以隔外内也"；气候"暑湿，近夏瘴热，暴露水居，蝮蛇蠚生，疾疠多作，兵未血刃而病死者什二三"[②]。之后，秦大军留驻，"行者不还，往者莫返"，"发谪戍以备"，"使尉佗将卒以戍越"。[③] 又"发诸尝逋亡人、赘婿、贾人略取陆梁地，为桂林、象郡、南海，以适遣戍"，"适治狱吏不直者，筑长城及南越地"。后赵佗"求女无夫家者三万人，以为士卒衣补。秦皇帝可其万五千人"。[④] 这成为中原大规模移民的开端。

---

① 原载《文化遗产》2016 年第 1 期，题为《论遗民、移民、逸民精神及其对岭南文化的塑造和影响》。

② 姚鼐纂集，胡士明、李祚唐标校：《古文辞类纂》卷 13《淮南王安谏伐闽越书》，上海：上海古籍出版社，1998 年，第 163 页。

③ 见《汉书》卷 45《伍被传》、卷 64《严助传》，《史记》卷 112《平津侯主父列传》等。

④ 司马迁：《史记》卷 6《秦始皇本纪》、卷 118《淮南衡山列传》，北京：中华书局，1982 年，第 253、3086 页。

秦推行移民实边、"与越杂处"，南越国"和集百越"，以后灭南越的汉武帝"以其故俗治，无赋税"①，古越遗民与中原汉族日渐相融。高凉太守冯宝与冼氏的结合即是北方南迁居民与南方土著俚人融合的典型。同时北方移民因为种种原因不断南下，包括因避战乱而南迁、因不为所容而南迁、改朝换代之际前朝人物被迫南迁、因战败和被掠南迁、因军事需要而南迁等种种情况②，特别是汉末、西晋末年"八王之乱""永嘉丧乱"到后来唐代"安史之乱"、宋代"靖康之难"等战祸造成大批人口迁移，越来越多的移民、遗民来到岭南，并将中原文化带到岭南。经过长期民族融合后的岭南人、闽人至今仍有部分保留着不同于北方人的外表特征。岭南旧地古越遗民的基因、语言、习性等也有部分保存下来。

古越人在秦大兵压境、"杀西瓯君译吁宋"后，"皆入丛薄中，与禽兽处，莫肯为秦虏"③，成为岭南最早的遗民④，或逸民。《论语》志逸民首称伯夷、叔齐，谓："不降其志，不辱其身，伯夷叔齐与!"何晏注："逸民者，节行超逸也。"颜师古《汉书·律历志》注："逸民，谓有德而隐处者。"⑤ 晋陆机《招隐》诗："寻山求逸民，穷谷幽且遐。"可见，"逸"，既是一个道德评价，也是一种行为方式。

"逸"的本义是奔跑、逃跑。《说文解字》："失也。从辵、兔，兔谩訑善逃也。"⑥《荀子·哀公篇》"其马将失"，杨琼注为"失读为逸，奔也"⑦。伯夷、叔齐的故事，也就是一个关于"逃"的故事。父欲立叔齐，及父卒，叔齐让伯夷，伯夷"遂逃去"。叔齐亦不肯立而逃之。天下宗周，而有一二士焉，义不食周粟，武王不得而臣，隐于首阳山，又是逃。伯夷、叔齐是殷商的遗民，也是周的逸民。

① 见司马迁《史记》卷 113《南越列传》，班固《汉书》卷 24《食货志》。

② 吴松弟：《中国移民史》第 3 卷《隋唐五代时期》，福州：福建人民出版社，1997 年，第 260 – 265 页。

③ 高诱注：《淮南子注》卷 18，上海：上海书店，1986 年，第 322 页。

④ 《隋书·南蛮列传》称："南蛮杂类，与华人错居，曰蜒，曰獠，曰俚，曰㐌，俱无君长，随山洞而居，古先所谓百越是也。"（魏征等：《隋书》卷 82，北京：中华书局，1973 年，第 1831 页。）明嘉靖《惠州府新志》卷 14《外志·徭蛋》曰："蛋，其来莫可考。按秦始皇使尉屠睢统五军，监禄杀西瓯王，越人皆入丛薄中，与禽兽处，莫肯为秦。意者此即入丛薄中之遗民耶。"[广东省地方史志办公室编：《广东历代方志集成·惠州府部》（一），广州：岭南美术出版社，2009 年，第 518 页。] 顾炎武引用了这段话，认为疍民是古越遗民。见顾炎武撰，黄坤、顾宏义校点：《天下郡国利病书·广东备录上》，上海：上海古籍出版社，2022 年，第 3197 – 3198 页。

⑤ 刘宝楠：《论语正义》卷 21，北京：中华书局，1957 年，第 395 – 396 页。

⑥ 许慎撰，崔枢华、何宗慧校点：《标点注音说文解字》，北京：北京师范大学出版社，2000 年，第 404 页。

⑦ 王先谦撰，沈啸寰、王星贤点校：《荀子集解》卷 20，北京：中华书局，1988 年，第 546 页。

纵观岭南历史上的移民，相当部分是奔逃而来的。一者逃命，一者逃政。汉末战火连天，"白骨蔽至原"，出现了中原、东南居民的南迁高潮，一部分人口来到岭南，甚至"浮海南投交阯"①。据研究，两晋时"江、扬二州经石冰、陈敏之乱，民多流入广州"②。南朝梁武帝时发生侯景之乱，江东一片战火，大批民众涌入岭南，许多人举族而迁，如官吏萧引"与弟彤及宗亲等百余人奔岭表"，徐伯阳"浮海南至广州"，"家世农夫"的章华也因侯景之乱"乃游岭南"③。此后，唐安史之乱令"农桑井邑，靡获安居，骨肉室家，不能相保"④，李白有诗："三川北虏乱如麻，四海南奔似永嘉。"宋代金兵入侵江南，由于荆襄和长江沿岸平原不安全，不少移民进入当地山区或迁入岭南避难。例如，宿州人吕好问、荆门人胡安国、开封人王蕃及其子、洛阳人陈与义曾在郴州、邵阳、永州、道州等地居住，后来吕好问、陈与义再迁入岭南，胡安国、王蕃儿子王镇则定居在湖南中部⑤。宋末，更多民众南迁。大量的移民逐渐成为岭南的主体，并保留了不少传统文化。韩愈、苏轼、柳宗元等谪宦也对岭南文化教育贡献卓著。唐宋以降的潮州地区成为"海滨邹鲁"。黄遵宪也说客家多古语、古音、古礼，并引林海严之言称客家人乃"中原之旧族，三代之遗民"⑥。

岭南高山密林，瘴疠盛行，气候炎酷，是逃避官府与战乱的好地方。唐"自幽蓟兵兴"以后，便出现"人无土著，士者农者，迁徙不常。慕政化则来，苦苛暴则去"⑦ 的情况。一部分中原南迁居民不堪赋税，逃入俚乡。《宋书·徐豁传》言，始兴"郡大田，武吏年满十六，便课米六十斛，十五以下至十三，皆课米三十斛，一户内随丁多少，悉皆输米。且十三岁儿，未堪田作，或是单迥，无相兼通，年及应输，便自逃逸。既邅接蛮、

① 范晔撰、李贤等注：《后汉书》卷37《桓荣丁鸿列传》附桓晔传，卷45《袁张韩周列传》附袁忠传，北京：中华书局，1965年，第1260、1526页。

② 阮元等编、李默校点：《广东通志·前事略》卷1，广州：广东人民出版社，1981年，第24页。

③ 陈长琦：《汉唐间岭南地区的民族融合与社会发展》，载《华南师范大学学报》（社会科学版）1996年第5期。引文见姚思廉：《陈书》卷21《萧允弟引传》、卷34《徐伯阳传》、卷30《章华传》，北京：中华书局，1972年，第298、468、406页。

④ 刘昫等：《旧唐书》卷141，北京：中华书局，1975年，第3838页。

⑤ 吴松弟：《中国移民史》第4卷《辽宋金元时期》，福州：福建人民出版社，1997年，第401、387页。

⑥ 黄遵宪：《己亥杂诗》，见黄遵宪著，吴振清、徐勇、王家祥编校整理：《黄遵宪集》上，天津：天津人民出版社，2003年，第240页。

⑦ 庞严：《对贤良方正直言极谏策》，见董诰等编：《全唐文》5，卷728，太原：山西教育出版社，2002年，第4429页。

俚，去就益易。"① 也有逃入瑶地的。明嘉靖戴璟《广东通志初稿》卷35
《瑶僮》说："瑶本盘瓠之种，产于湖广溪洞间，即古长沙、黔中、五溪之
蛮是也。"此为荆楚旧地。《隋书·地理志》称："其人率多劲悍决烈，盖亦
天性然也。""长沙郡又杂有夷蜒，名曰莫徭，自云其先祖有功，常免徭役，
故以为名。"②《宋史·蛮夷列传》："蛮猺者，居山谷间，其山自衡州长宁
县属于桂阳、郴连贺韶四州，环纡千余里，蛮居其中，不事赋役，谓之猺
人。"③ 瑶人进入岭南以后，"亦与居民婚姻往来。其耕田亦输赋、亦应役
者，熟猺也。间有输赋而不应役者，生猺也。更有一种号山子，不赋不役，
砍山而食，食尽复徙"④。不赋不役，无拘无束，这是多么的自由与快乐！
一些避入瑶地的汉人甚至融入瑶族。《明世宗实录》载："广东新宁、新会、
新兴、恩平之间皆高山丛箐，径道险仄，奸民亡命者辄窜入诸瑶中，吏不
得问。"⑤ 屈大均《广东新语》谓，罗旁瑶"其非盘姓者，初本汉人，以避
赋役，潜窜其中，习与性成，遂为真猺"⑥。更"有明朝遗老多人，慨汉族
之沦亡，愤腥膻之满地，多徙族入排，杂瑶而居。历史既久，遂与同化"⑦。
汉族与壮族、畲族等各民族之间⑧的融合也十分普遍。

　　高山险道，瘴疠猛兽，竟使蛮荒的五岭之南成为避世桃源。远来迁客，
披荆斩棘，一路跋涉，艰难地翻越高山深峡，将烽烟战火抛在身后，展现
在他们眼前的莽莽苍苍，是多么"美好宽阔"！虽然这不过是暂时相对太
平，但他们已经很满足了。于是他们深情颂赞这片乐土。广州西郊、南郊
晋墓出土的墓砖上有"永嘉世，天下荒。余广州，皆平康""永嘉世，九州
空。余吴土，盛且丰""永嘉世，天下荒。余广州，平且康""永嘉世，天
下灾。但江南，皆康平"⑨ 的铭刻。庄绰说："自中原遭胡虏之祸，民人死

① 沈约：《宋书》卷92，北京：中华书局，1974年，第2266页。
② 魏征等：《隋书》卷31，北京：中华书局，1973年，第897、898页。
③ 脱脱：《宋史》卷493，北京：中华书局，1977年，第14183页。
④ 陆祚蕃：《粤西偶记》，见《丛书集成初编·粤述（及其他一种）》，北京：中华书局，1985
年，第9页。
⑤ "中央研究院"历史语言研究所编：《明实录》88《明世宗实录》卷441，1965年，第7554页。
⑥ 屈大均著、李育中等注：《广东新语注》卷7，广州：广东人民出版社，1991年，第211页。
⑦ 黄远奇、苏桂《阳山西部的黎埠和寨岗同冠水流域传统社会调查》引民国《广东全省地方
纪要·连阳化瑶区》记载，并以寨岗当地民间传说与此印证为可信。见谭伟伦、曾汉祥主编：《阳
山、连山、连南的传统社会与民俗》上，香港：国际客家学会、海外华人资料研究中心、法国远东
学院出版，2006年，第100－101页。
⑧ 练铭志：《试论广东汉族的形成及其与瑶、壮、畲等族的融合关系》，载《民族研究》2000
年第5期。
⑨ 麦英豪、黎金：《广州西郊晋墓清理报导》，载《文物参考资料》1955年第3期。

于兵革水火疾饥坠压寒暑力役者，盖已不可胜计。而避地二广者，幸获安居。"虽然"连年瘴疠，至有灭门"，但一个"幸"字，千般酸楚，万种欢欣。

巍巍南岭，终究不能将兵燹永久阻隔。"盖九州之内，几无地能保其生者"①。两场亡国覆家的巨变，直接发生在岭南，留下了深深的创痛，也深刻地影响了岭南和岭南人。宋末二帝南迁，途经潮州、惠州、广州、香港、东莞虎门、吴川、中山、新会等地。文天祥率部在今梅州、潮州、惠州、河源、海丰、江门等地辗转抗元两年多，解北途中，在广州、韶关写下《登楼》《英德道中》《南华山》等诗篇。南明瞿式耜在永历帝"半年之内，三四播迁"，从肇庆奔逃梧州、平乐、桂林、全州的情况下坚守桂林，取得三次桂林保卫战的胜利，最后城破，与张同敞慷慨就义于叠彩山风洞前。"三忠"（陈邦彦、张家玉、陈子壮）在极其艰苦的条件下抗清10个月，与数十处义军拖住了广东清军全部兵力，使之不能西进，支持了南明西南的半壁江山。其后，一代战神、张献忠余部李定国率大西军联明抗清，攻克桂林、梧州，十多天收复广西，出师广东、海南，惜因孤立无援败退广西，护驾入滇，最后黯然而终。

这些战斗都发生在岭南，也与当地民众直接相关，其中有无数可歌可泣的故事。梅州客家先民举族参加义军，在闽粤赣边区辗转攻守，与元兵大战经年，终于寡不敌众，退守海丰，血战崖山，死者十八九，井邑皆空。当时梅州客家人口总数不过万人，追随文天祥从军的男女就有八千之多，仅松口卓姓一族即有八百人，战后仅一人生还，并且已经重残。② 黄遵宪赞曰："男执干戈女甲裳，八千子弟走勤王。崖山舟覆沙虫尽，重戴天来再破荒。"③ 李曾伯、马墍先后在靖江府（桂林）顽强抵御元兵。外城、内城皆破，马墍部将娄钤辖犹以二百五十人守月城。围之十余日，娄从壁上呼曰："吾属饥，不能出降。苟赐之食，当听命。"乃遗之牛只粮食。士卒椎牛炊米，未熟即食，食毕鸣角伐鼓，自炸城牺牲，誓不死敌手。元兵悉坑其民。七百百姓逃入西山，自杀死，竟无一人降元。④ 明永历四年（1650 年），清尚可喜与耿继茂兵围广州城近 10 个月，"城中人亦婴城自守，男子上城，

① 庄绰撰、萧鲁阳点校：《鸡肋编》卷中，北京：中华书局，1983 年，第 64 页。
② 郑淑真、萧河、刘广才主编：《根在河洛》，北京：华艺出版社，2000 年，第 59 页。
③ 黄遵宪：《己亥杂诗》，见黄遵宪著，吴振清、徐勇、王家祥编校整理：《黄遵宪集》上，天津：天津人民出版社，2003 年，第 240 页。
④ 毕沅：《续资治通鉴》卷 183《元纪一》，上海：上海古籍出版社，1987 年，第 1027 页。

妇女馈饷。清兵环围城外……"① 清军筑垒相逼，以楼车攻城，动用荷兰炮手，终于攻破，"怒其民力守"，进行了长达 12 天的大屠杀，死亡人数达数十万人。元军、清军在潮州、新安（今深圳）、南雄等各地遇到顽强的抵抗，城破后大肆屠城。但岭南人民并没有被吓倒。西乡男女数万，无一降者。惨遭两次屠城的潮州，反抗一直不绝。② 各地"复仇报怨，视死如归"③，斗争如地下野火，屡扑屡起，潮、客一带至今流传中秋以芋头（胡头）祭奠祖先、吃月饼、"剥鬼皮"、烧瓦塔等习俗和传说。最终与全国志士会合，树起岭南乃至民族血性的丰碑。

以上，我们看到从历史而来的构成岭南文化的基础：移民、遗民和逸民。岭南的人群构成中，既有古越后裔或称遗民，又有因各种原因离开或奔逃而来的中原或东南移民、遗民或逸民，还有各种反抗强权暴政、异族统治的遗民、逸民，尤以宋末、明末为突出。

二、岭南文化主帜：崖山及岭南精神

宋末二王虽在广东时间不长，却在民间留下不可磨灭的记忆。高高在上的皇族，以"孤儿寡母"落魄逃难的形象来到岭南，不能不触动当地人的同情，也唤起他们的共同命运之感和家国意识、故乡情怀。潮州开元寺旁有一口八角形大井，传说当年宋帝路经此地，口渴难耐，正愁无汲水之具，水骤涌至井面，信手可掬，因名"义井"。据《崖门吟玺》的故事称，南海龙王为陈献章所感动，献出沉落海底的玉玺。④ 凤凰山鸟嘴茶，潮州护国菜，澄海无尾螺、击剑石，丰顺万江留皇，香港九龙城、宋王台、崖山蟠龙山桔等传说，均反映了民众的感情。澄海上华镇有一石板小桥，相传宋室君臣至此，被水沟挡路，一大将抬石板架桥，后人遂名之为"接龙桥"。南澳还有宋井、太子楼等遗址。湛江硇洲岛有宋皇村、宋皇井、宋皇碑、赤马村、翔龙书院。当地流传一首民谣："唐时硇洲岛，宋末帝王都。

①　戴笠：《行在阳秋》，见李逊之等著：《三朝野记（外四种）》，北京：北京古籍出版社，2002 年，第 287 页。

②　王琳乾、黄万德：《潮汕史事纪略》，广州：花城出版社，1999 年，第 27 – 59 页；广东省地方史志编纂委员会编：《广东省志军事志》，广州：广东人民出版社，1999 年，第 415 – 420 页。

③　《天一阁藏明代方志选刊续编》第 65 册《嘉靖增城县志、嘉靖德庆州志》，上海：上海书店出版社，1990 年，第 1058 页。

④　新会县地方志编纂委员会：《新会县志》，广州：广东人民出版社，1995 年，第 917 页；龚源超：《五邑的传说之陈白沙的传说》，载《中国侨都》2010 年 6 月 26 日。

幽境仙风在，不见宋王朝。"①

崖山之役，震动了中国，也深刻地影响了岭南。

"崖山，在新会县南八十里钜海中，与汤瓶嘴山对峙，如两扉然，故亦曰崖门，乃会邑之咽喉，潮汐之所出入也……宋季陆丞相秀夫、张太傅世杰以此为天险可据，因奉幼主建宫居之。国亡，君臣同蹈于海以死。於呼！北元能夺宋之天下，而不能夺宋之人心。一时同赴海者十余万众，此天地古今之大变，非独宋室君臣之遗恨也。"② 崖山之战对中国命运造成重大影响，也作为"汉人亡国的一大纪念"③ 深刻影响着岭南。"万古遗民此恨长，中华无地作边墙。"④ 明末抗清的陈邦彦战败被杀，临刑前高歌："崖山多忠魂，后先照千古！"⑤ 苏曼殊《断鸿零雁记》开篇即引崖山事："有遗老遁迹于斯，祝发为僧，昼夜向天呼号，冀招大行皇帝之灵。故至今日，遥望山岭，云气葱郁；或时闻潮水悲嘶，尤使人欷歔凭吊，不堪回首。"⑥ "崖山情结"⑦ 是民族的，也是岭南的。明陈献章先世仕宋，"少读宋亡崖山诸臣死节事，辄掩卷流涕"⑧，后倡建崖山慈元庙、大忠祠，并多有诗文旌扬英烈。近代梁启超的故居新会县茶坑村，南向正是崖山海口。其先祖以宋、明儒义理名节之教贻后昆，幼时祖父梁维清时举"亡宋、亡明国难之事"，以教其"古豪杰哲人嘉言懿行"。"每与儿孙说南宋故事，更朗诵陈独漉'山木萧萧'一首，至'海水有门分上下，关山无界限华夷'，辄提高其音节，作悲壮之声调，此受庭训时之户外教育也。"⑨ 梁启超亦以崖山为故乡

---

① 骆国和：《南宋末代王朝曾建都湛江硇洲》，载《湛江晚报》2009 年 6 月 8 日。硇洲古称碙洲。

② 黄淳等撰：《厓山志》卷 6《杨太后像赞》，广州：广东人民出版社，1996 年，第 682 - 683 页。

③ 陈天华：《狮子吼》，见陈天华：《陈天华集》，长沙：湖南人民出版社，1958 年，第 109 页。

④ 屈大均：《吊永福陵》，见欧初、王贵忱主编：《屈大均全集》2，北京：人民文学出版社，1996 年，第 1274 页。

⑤ 陈恭尹：《兵科给事中赠资政大夫兵部尚书先府君岩野陈公行状》，见陈恭尹著、郭培忠校：《独漉堂集》，广州：中山大学出版社，1988 年，第 887 页。

⑥ 柳亚子编：《苏曼殊全集》2，北京：当代中国出版社，2007 年，第 153 页。

⑦ 黄柏军：《从"崖山情结"看陈白沙的爱国精神——兼谈陈白沙正统观念的作用和影响》，见江门五邑炎黄文化研究会编：《陈白沙与江门学派学术研讨会论文集》，北京：中国文联出版社，2001 年，第 187 - 193 页。

⑧ 张诩：《白沙先生行状》，见陈献章著、孙通海点校：《陈献章集》附录二，北京：中华书局，1987 年，第 868 页。

⑨ 丁文江、赵丰田编：《梁启超年谱长编》，上海：上海人民出版社，1983 年，第 6 页。

及"悲愤之记念"①。新会人赵士觐在纽约创办美东中国同盟会时，曾自号"哀崖"②。1939年日军进犯新会，民众奋起反抗，两次击退日伪军的进攻，英雄事迹震动全省。1946年庆祝抗战胜利追悼烈士大会于三江举行，张发奎、林翼中献联"猾夏痛当年，岭表勤王余一脉；歼倭快此日，崖山烈士有三千""不屈于元，不屈于日，两代山河留正气；无忝乎国，无忝乎乡，三江日月照忠魂"③，至今镌刻在安葬着皇族村30多位赵姓子弟的马坑烈士陵园。九旬老翁赵关沃守护烈士墓58载，并将此重任传给子孙④。

崖山之战，是生存之战，是尊严之战，更是自由之战。它源于华夏儿女从屈原自沉、田横五百壮士以来，在"三不朽""富贵于我如浮云""舍生取义""尽其道而死者正命也"等人文熏陶下，在传统意义上对生命自由和理想人格的追求。崖山精神照耀后世，也更加激发和凝重了岭南思想文化。近人黄尊生讨论岭南民性时认为崖山的影响"在血统上，在文化上，在思想上及民族意识上"：南粤人民"不特能够亲眼看见，而且能够躬亲参与此种亡国悲剧"，同时也造成中原向岭南的第一大规模移民；明社覆亡之刺激，其惨痛与深刻不减于宋亡，一种强烈的民族精神因此升腾，所以两百年来，广东成为洪门会党的大本营，太平天国、辛亥革命由此发端，"还我河山""恢复中华"义帜相继高举。黄尊生指出，因为祖先有一部分是南宋的遗民，因为曾经以其人力地力奉献于历史，又本为海国，富于冒险进取心和反抗性，所以岭南民族思想特别发达。表现在文化上，因为羁人谪宦、因为孤臣遗老的遗民文化，苦节、坚贞、特立独行、孤芳自赏，成为岭南文化的特质，从而产生了虚静自然、澹声华而薄荣利的白沙之学和近代革命文化。"理学与革命文化，都是遗民文化的子孙，一个禀赋了他的苦节，的孤芳，一个秉承着他的忠勇，的义烈。惟苦节孤芳，故清苦自立，而暗修独行。惟忠勇义烈，故热血满怀，而澎湃磅礴。""这两个子孙都是遗民文化之嫡传，一个等于皓月，一个等于朝阳。一个是内敛的，一个是外放的。一个是心灵的，一个是气魄的。一个是道德的，一个是政治的。

①　梁启超：《梁启超全集》2，北京：北京出版社，1999年，第957页。卢湘父《万木草堂忆旧》亦记述了梁启超、梁启勋、陈荣衮等学子处罚张宏范木主的故事。冼玉清《康有为与万木草堂》认为可见学风之一端。见康有为撰、陈汉才校注：《长兴学记》附录，广州：广东高等教育出版社，1991年，第111、115页。

②　张霭蕴：《辛亥前美洲华侨革命运动纪事》，中国人民政治协商会议广东省委员会文史资料研究委员会编：《孙中山与辛亥革命史料专辑》，广州：广东人民出版社，1981年，第61页。

③　谭仲川、李兆强、张炳图搜集，谭仲川编注：《新会历代楹联选》，新会区文化广电新闻出版局出版，2008年，第87页；施见三：《新会抗日民众义勇游击队的几次战役》，新会县政协文史资料研究工作组编：《新会文史资料选辑》第27辑，1987年，第27页。

④　《三江抗战：江会地区最激烈悲壮的守卫战》，载《江门日报》2007年8月14日。

一个是整饬岭南文化之家风的，一个是光大岭南文化之门楣的。"①

岭南为宋末最后战场，也是南明时的重要战场，大批遗民、逃亡民众、残败士卒定居岭南，甚至远走海外。江门新会古井镇霞路村犹有"皇族村"。深圳福永仍流传文天祥侄孙文应麟建望烟楼的故事。文天祥部将张天宗及残兵三百余人在广西靖西县（今靖西市）生息繁衍。《凤山县志》说："南末既亡，遗民流徙而来，与原守丁兵，编入齐民，生聚休养，烟火日稠。"《隆山县志》载，郑成功的散卒也有不少流寓广西隆山。② 清初"八郡中节义大臣，避腥膻于深箐穷谷间，转徙困顿，全发以待时，始终不改其守"③。李定国、何腾蛟及部将在桂柳一带抗清，桂王"由肇庆播迁南宁，次濑滩，走右江，过遥江，次广南，最后驻隆安，然后入云南，到缅甸，沿途即用他们为卫士，为先锋，此外，又随处酌留一部以留守各地。最后，桂王死国，他们慨然于国事之不可为，乃相率入山，效伯夷叔齐的行事，而作遁世行为。因为他们所操为普通话，大异土音，而本地概以普通话为湖广话，又因为他们山居，所以世俗通称他们山湖广人。他们即为山湖广人，自居于遗民，灰心仕途，而且告诫子弟，不许应科举试，不食清禄。但是他们并不因此而不读书，相反地，他们深明子孙虽愚，经书不可不读之诫，仍以半耕半读为事。"④ 此为"高山汉人"的先行。又有吴三桂残部，云、贵、川、湘等地民众相继⑤，形成具有地域特色的汉族遗民现象。

三、岭南精神创新："人"与"新民"

对于进入岭南的许多早期移民来说，落后偏僻的岭南，山高林密、瘴气横生的自然环境，予他们生命安全和人身自由。但这种恬淡自安的悠游很快被身边眼前两次亡国的惨剧打破。崖山所代表和深化了的遗民精神、反抗情绪涌入岭南的血脉，促发了岭南人对自由更深刻的认识和更热切的向往。

---

① 黄尊生：《岭南民性与岭南文化》，曲江：民族文化出版社，1941 年，第 11、13、20、35、46、47 页。

② 范洪贵：《广西汉族的来源》，见袁少芬、徐杰舜主编：《汉民族研究》第 1 辑，南宁：广西人民出版社，1989 年，第 144－145 页。

③ 瞿玄锡著，余行迈、吴奈夫、何永昌点校：《稼轩瞿府君暨邵氏合葬行实》，见中国社会科学院历史研究所明史研究室编：《明史研究论丛》第 5 辑，南京：江苏古籍出版社，1991 年，第 413 页。

④ 雷宾南：《广西地方文化的研究一得》（二），载《教育通讯周刊》1939 年第 3 期，第 13 页。

⑤ 袁少芬：《汉族"孤岛文化现象"探析》，见何光岳主编：《汉民族的历史与发展》，长沙：岳麓书社，1998 年，第 110－111 页。

对被奴役的抗争，就是对自由的追求。崖山作为汉人亡国的永久"纪念"（毋宁说是耻辱），加深了岭南与中原的联系和认同，激发了岭南人强烈的危机意识、社会责任感和主体担当，也促进了对历史和传统的理性批判和反思，乃至积极甚至激烈的行动。其共同特点是："以天下为己任""敢为天下先"。

两位深具"崖山情结"的新会人，陈献章与梁启超，分别屹立在各自时代的顶峰。他们无不以爱国的炽情，对历史和现实进行深刻思考，贡献于当时的社会，推动了对人的自由和价值的思考。

明人陈献章认为宋亡的原因在于"无精一学问以诚其身，无先王政教以新天下""大志弱而易挠，大义隐而弗彰"[1]，遂以布衣之身扶世救世，以"无负于斯世斯民"[2] 的主体担当，冲破数百年的程朱官学，倡言"自得"的心学，在"有明一代第一个提出了自己的哲学思想"[3]，为儒学"起了一个极大的革新"[4]。其"孤行独诣"[5] 被称为"独开门户，超然不凡"[6]。陈献章追求的"浩然自得"与主体的"自立"精神关系密切。他推崇"自信""贵疑""觉悟"，以独立的主体意识，独立思考、大胆怀疑，实现觉醒和觉悟："小疑则小进，大疑则大进。疑者，觉悟之机也。"[7] 尽管他是在传统文化的框架下谈论人的"贵重"，但据苟小泉研究发现，陈献章将儒家"推己及人"的"爱人"回归到"自爱"的本源，"人凡有爱，必先爱其身，然后可以推己及物"，即重视自我价值、个人尊严；他甚至赞扬"拔一毛以利天下而不为"的杨朱："莫笑杨朱小，杨朱解爱身。"[8] 其对个体权益的重视具有现代意义。

陈献章对人的价值、人的主体性的思考和认识，对"知疑"的肯定，振聋发聩，也让白沙心学达到了或许是当时所能够达到的最高的心灵自由："宇宙间更有何事，天自信天，地自信地，吾自信吾；自动自静，自阖自

①　陈献章：《慈元庙记》，见陈献章著、孙通海点校：《陈献章集》上，北京：中华书局，1987 年，第 49、50 页。

②　陈献章：《复江右藩宪诸公》，见陈献章著、孙通海点校：《陈献章集》上，北京：中华书局，1987 年，第 138 页。

③　章沛：《陈白沙哲学思想研究》，广州：广东人民出版社，1984 年，第 1 页。

④　陈郁夫：《江门学记——陈白沙及湛甘泉研究》，台北：学生书局，1984 年，第 11 - 12 页。

⑤　张廷玉等：《明史》卷 282《儒林传》序，北京：中华书局，1974 年，第 7222 页。

⑥　黄宗羲《师说·陈白沙献章》，见黄宗羲著、沈芝盈点校：《明儒学案》上（修订本），北京：中华书局，2008 年，第 4 页。

⑦　陈献章：《与张廷实主事》十三，见陈献章著、孙通海点校：《陈献章集》上，北京：中华书局，1987 年，第 165 页。

⑧　苟小泉：《陈白沙哲学研究》，北京：中华书局，2009 年，第 80 页。

辟，自舒自卷；甲不问乙供，乙不待甲赐；牛自为牛，马自为马；感于此，应于彼，发乎迩，见乎远。""会此则天地我立，万化我出，而宇宙在我矣。得此霸柄入手，更有何事？往古来今，四方上下，都一齐穿纽，一齐收拾，随时随处，无不是这个充塞。……会得，虽尧舜事业，只如一点浮云过目，安事推乎？"这种超逸，尽管是精神之思，但由于陈献章独特的生命体验和人生抉择，同样属于岭南传统逸民对肉体自由和精神自主的探索，并呈现出淡泊明志、潜忍苦行的岭南风格。在他推崇的"自重""自得""自立""自信""有为""心地要宽平，识见要超卓，规模要阔远，践履要笃实"①等基础上，其传人湛若水主张"学贵疑，疑斯辩，辩斯得""多歧而后择所从，知择所从者，进乎行者也"②，开创经世致用之学风，打破程朱理学一统天下的局面而寻求思想的解放。吴熙钊认为，白沙、甘泉新风，成为近代接受西学之契机，也是岭南商业文化带来的书院文化的成果。③

陈湛之学虽是儒学框架下的哲学思考和教育实践，但已远逸程朱理学之外，并具先觉意义和现实推动。另一位使中国传统思想走向现代化的功臣是梁启超。"在全国人蒙昧无知的时候，他便叫人争权利、争自由、爱民族、爱国家。"④虽然"毁誉参半"更甚于白沙心学，但其痛彻于中国的危机，贯穿一生的爱国主线，及其对"我国旧思想之总批判"和在"我新思想界力图缔造一开国规模"⑤的努力贡献则为公认。梁启超说，"变法之本，在育人才；人才之兴，在开学校，学校之立，在变科举；而一切要其大成，在变官制"，反对"欲以震古烁今之事，责成于肉食官吏之手"⑥。他将中国的问题归结于"制度和寄生在这个制度的官僚集团"，从而呼吁对中国数千年的政治架构进行颠覆。刘再复、林岗指出，变法失败后，"梁启超最先从寻求具体的现实变革中退出来，转而思考人自身的问题"，"以人和价值观念的革新为新的出发点寻求历史的突破"。他办《新民丛报》，发表《论新民为今日中国第一急务》等文章，宣扬"新民说"，认为中国的关键在于

① 陈献章：《与陈时矩》一、《与林郡博》六、《与贺克恭黄门》八，见陈献章著、孙通海点校：《陈献章集》下，北京：中华书局，1987年，第242、217、135页。

② 湛若水：《湛甘泉先生文集三十二卷》卷3《雍语》，见四库全书存目丛书编纂委员会：《四库全书存目丛书》集部第56册，济南：齐鲁书社，1997年，第534–536页。

③ 吴熙钊：《从明清人的"杂记"看岭南文化》，见广东炎黄文化研究会编：《岭峤春秋：岭南文化论集》二，北京：中国社会科学出版社，1995年，第128页。

④ 张朋园：《梁启超与清季革命》，长春：吉林出版集团有限责任公司，2007年，第217页。

⑤ 梁启超：《清代学术概论》，见梁启超：《梁启超全集》2，北京：北京出版社，1999年，第3101页。

⑥ 梁启超：《变法通议·论变法不知本原之害》，见梁启超：《梁启超全集》1，北京：北京出版社，1999年，第15页。

"新民","新民"的关键在于培育"新民"独立之品格、独立之精神。"梁启超的'新民'命题,不但是维新失败以后的思想主题,也是辛亥以后的思想主题。"① 郑世兴认为,梁启超"在思想界的最大贡献,是他所倡导的思想自由。他既不盲目于新学,也不固执泥古,他对于我国过去思想界各家思想受儒家思想的束缚,极为不满;他认为这种儒家思想所形成的束缚,使我国二千年来殊少杰出的大思想家,即使有也只能托古而存,毫无独立精神。所以他一生致力于提倡思想自由,力图破除这种思想界的痼疾"②。

一部中国近代史,离不开岭南思想家、革命家的危机意识、深刻反思和勇于担当。在亡国灭种的边缘,康有为讲学于万木草堂,"如大海潮,如狮子吼"③,"每语及国事机阢,民生憔悴,外侮凭陵,辄慷慨欷歔,或至流涕。吾侪受其教则振荡怵惕,憬然于匹夫之责而不敢自放弃自暇逸"④。"在朝野昏聩,举世欲杀之秋,独能不畏强暴,不避艰险,高瞻远瞩,开风气之先,不可谓非进步之杰出者矣。"⑤ 梁启超"冒九死一生,首先发难,勇往直前的冲锋"⑥,勇于以平等开放的心态,进行反省和批判。"在梁启超看来,真正要救国,要真正地分担民族的忧烦,就应当求诸自己,而不是责备他人。只有这种不推诿责任,而勇于自责自救的爱国者,才是具有忧国精神的切实的爱国者。"⑦ 孙中山自幼激励于太平天国、刘永福黑旗军故事,"于圣贤六经之旨,国家治乱之源,生民根本之计,则无时不往复于胸中"⑧。不仅他们,万万千千的岭南子弟、崖山后人,以不畏强权的斗志、奋发自立的精神、强烈的社会责任感和主体担当意识,加入维新,加入革命,加入北伐,加入抗战,推动岭南走在近现代史的前端。

———————————

① 刘再复、林岗:《传统与中国人》,合肥:安徽文艺出版社,1999 年,第 73 – 74 页。

② 郑世兴:《梁启超》,见刘真编:《师道》,台北:台湾中华书局,1977 年,第 320 页。

③ 梁启超:《南海康先生传》,见梁启超:《梁启超全集》2,北京:北京出版社,1999 年,第 484 页。

④ 梁启超:《南海先生七十寿言》,见康有为撰、陈汉才校注:《长兴学记》附录,广州:广东高等教育出版社,1991 年,第 85 页。

⑤ 张伯桢:《万木草堂始末记》,见康有为撰、陈汉才校注:《长兴学记》附录,广州:广东高等教育出版社,1991 年,第 90 页。

⑥ 吴其昌:《梁启超传》,天津:百花文艺出版社,2004 年,第 17 页。

⑦ 刘再复、林岗:《传统与中国人》,合肥:安徽文艺出版社,1999 年,第 9 页。

⑧ 孙中山:《上李鸿章书》,见中国社会科学院近代史所等编:《孙中山全集》第 1 卷,北京:中华书局,2011 年,第 16 页。

四、岭南精神超越：出世与入世

崖山所代表的遗民精神，激励了岭南人自由意志的勃发，推动了激烈的社会革命。梁启超说，清末变迁"最初的原动力"，即"是残明遗献思想的复活"①。与遗民文化相连的逸民精神，则以"不合作"的姿态，自觉疏离，自我放逐，从而实现身心的统一和解放。

（一）惠能的平等意识与"边地"超越

中国人习惯安土重迁。唐以前的岭南人，除了古越后裔，多是无奈离乡背井的移民逸民、逃亡流徙，以及留在岭南的军人、贬官谪宦及其家属。唐玄宗将死罪者"配流岭南恶处"②，可见岭南当时是死地、绝地，有学者称之为"衰人聚集的衰地"③。古时对岭南人的评价较低。《六祖坛经》记五祖初见惠能时说："汝是岭南人，又是獦獠，若为堪作佛?"惠能答："人即有南北，佛性即无南北。獦獠身与和尚不同，佛性有何差别?"惠能的回答铿锵有力，但显然承认了岭外与岭内的巨大落差。考惠能身世，其父"本贯范阳，左降迁流岭南，作新州百姓。惠能幼少，父又早亡。老母孤遗，移来南海，艰辛贫乏，于市卖柴"；待在黄梅见了弘忍大师即被雪藏碓房，踏碓八月。好容易三更受法，即负上极大之责任、极大之风险而避祸南逃，隐居山中，"辛苦受尽，命似悬丝"④。但就是在这样的绝境中，惠能以"直指人心、见性成佛之旨，一扫僧徒繁琐章句之学，摧陷廓清，发聋振聩，固我国佛教史上一大事也"⑤。

惠能的重要贡献在于予佛教的平等意识以岭南化的发挥并深入人心。《礼记·王制》说："中国戎夷，五方之民，皆有性也，不可推移。东方曰夷，被发文身，有不火食者矣。南方曰蛮，雕题交趾，有不火食者矣。西方曰戎，被发衣皮，有不粒食者矣。北方曰狄，衣羽毛穴居，有不粒食者

---

① 梁启超：《中国近三百年学术史》，见梁启超：《梁启超全集》15，北京：北京出版社，1999 年，第 4442 页。

② 董诰等编：《全唐文》1，太原：山西教育出版社，2002 年，第 151 页。

③ 2012 年广州市文史馆组织"广州学"研讨会，一位学者即席发言。

④ 《南宗顿教最上大乘摩诃般若波罗蜜经六祖慧能大师于韶州大梵寺施法坛经》《（大乘寺本）韶州曹溪山六祖师坛经》，见杨曾文校写：《新版敦煌新本六祖坛经》，北京：宗教文化出版社，2001 年，第 8、7、91 页。

⑤ 陈寅恪：《论韩愈》，见陈寅恪：《陈寅恪文集之二·金明馆丛稿初编》，上海：上海古籍出版社，1980 年，第 287 页。

矣……五方之民，言语不通，嗜欲不同。"① 在五方四裔的理论下，岭南一向被视为南蛮，惠能的弟子惠象即自谦"偏方贱品"。宣传众生平等、主张"四河入海，无复河名，四姓出家，同称释氏"②的佛教进入中国，其中一路循南海而来，达摩又登陆于此，拉近了岭南与佛土的心理距离。汉唐佛门独特的"边地意识"（何方耀语，即以天竺为中国，以中国为边地）③ 一定程度上消解了岭南与中原的差距。岭南民众生活简朴，文化匮乏，在被外人冷落贱视的"獦獠"中诞生的禅宗思想视角向下，平民化、通俗化、简捷化，对"直心"的强调与岭南人文地理相契。将深奥的佛理和修行寓于行住坐卧的踏实生活，以社会观照和日常实践取代对彼岸净土的缥缈追求，也符合以生存为目的的化外之民的现实倾向。

唐时岭南与中原相对隔绝。大量流人贬谪于此，本就"异端"云集，不容于时、世。此为不利，亦是好事。既然是"衰人衰地"，天高皇帝远，也就得了自在，无分贤愚，没有贵贱。在禅宗来说，众生平等的佛学思想，"佛性无南北"的平等观念，成为"下下人有上上智"的顿悟基础；一空依傍的无奈，化为自铸伟辞的自觉、自由和飞越。学者认为，惠能的另一项改造就是用觉、正、净三个无相学说的范畴取代佛、法、僧三个有相的存在，"皈依本自觉悟、纯正、清净的自心"，从而将佛家义理"无痕换骨"，实现了佛教的中国化。④ 正是远离中心的"边地"，造就了"自见本性清净，自修自行，自成佛道"的岭南禅宗思想，其超越、创新的精神，其清心净虑、反求诸己的态度，也与岭南独特的历史发展、人文地理直接相关。人们惊叹："何期岭南有佛出世！"⑤

惠能及《坛经》的出现与岭南与中国密不可分，并升华为岭南精神和中华文化的重要部分。其无贵无贱的平等意识、见性成佛的自尊自立、自我作祖的创新精神、从心而行的浪漫情怀、既超脱尘世又脚踏实地的生活态度，源于岭南，也影响和发展着岭南文化和岭南精神。

---

① 郑玄注、孔颖达等正义、黄侃经文句读：《礼记正义》卷12，上海：上海古籍出版社，1990年，第246－247页。

② 原文见《增壹阿含经》卷21。中国佛教文化研究所点校：《增壹阿含经》上，北京：宗教文化出版社，1999年，第337－338页。

③ 何方耀：《晋唐时期南海求法高僧群体研究》，北京：宗教文化出版社，2008年，第97－102页。

④ 麻天祥：《中国禅宗思想发展史》（修订版），武汉：武汉大学出版社，2007年，第27页。

⑤ 《（大乘寺本）韶州曹溪山六祖师坛经》，见杨曾文校写：《新版敦煌新本六祖坛经》，北京：宗教文化出版社，2001年，第94、103页。

（二）从石涛"自用我法"到陈寅恪"自由意志"

将中国绘画史推向现代的一位岭南人，是明的遗民，靖江王朱亨嘉之子朱若极，后来的僧人原济、画家石涛。他曾有不做遗民的幻想，发现自己不过"诸方乞食苦瓜僧，戒行全无趋小乘。五十孤行成独往，一身禅病冷如冰"①，遂坚定了遗民身份而做了逸民，鬻画扬州，一意在艺术中寻他的国。其后期画风转向沉雄质实，艺术创作进入最为纯熟旺盛的时期。

石涛逃禅，又逃于山水。他笔下的山川"与予神遇而迹化"，成为主体精神的表述。他的理论和实践均超逸于他的时代。中国绘画有"解衣盘礴""外师造化，中得心源"的传统，日久蒙尘，至于清初"四王"（王时敏、王鉴、王翚、王原祁），皆严格守法、刻意师古。石涛一涤陈规，戛戛独造，凭借"无法无天"、唯我独尊的气魄宣布："夫一画，含万物于中。画受墨，墨受笔，笔受腕，腕受心，如天之造生，地之造成，此其所以受也。然贵乎人能尊，得其受而不尊，自弃也；得其画而不化，自缚也。夫受，画者，必尊而守之，强而用之，无间于外，无息于内。《易》曰：'天行健，君子以自强不息。'""我之为我，自有我在。古之须眉，不能生在我之面目；古之肺腑，不能安入我之腹肠。我自发我之肺腑，揭我之须眉。"② 吴冠中认为石涛的"感受说"是绘画创作的核心与根本，并称其为"世界现代艺术之父"："他这一宏观的认识其实涵盖了塞尚之所见，并开创了'直觉说''移情说'等等西方美学立论之先河。"③

情感与表现是现代绘画的灵魂。塞尚的创造来自"禀赋的、不屈不挠的创造艺术的意志力"，从而"面对自然实现他的感觉"，赢得"世界的艺术精神所一直期待的解放"。马蒂斯追求"心灵的作品"，自称"我无法区别我对生活具有的感情和我表现感情的方法"④。石涛的探索更早于他们。刘海粟指出石涛的现代意义，认为其作品"超越于自然的形象，是主观一种抽象的表现，有一种强烈的情感，跃然现于纸上"，"从一切线条里表现他们狂热的情感以及心状，就是他们的生命。制作艺术不受人的支配，不受自然的束缚，不受理智的制裁，不受金钱的役使；是超越一切，表现他

---

① 石涛：《客广陵平山道上见驾恭纪二首》其一、《题山水册之一》，见汪世清：《石涛诗录》，石家庄：河北教育出版社，2006 年，第 75、125 页。

② 石涛著、周远斌点校纂注：《苦瓜和尚画语录》，济南：山东画报出版社，2007 年，第 17、13 页。

③ 吴冠中：《百代宗师一僧人——谈石涛艺术》，见吴冠中：《沧桑入画》，上海：学林出版社，1997 年，第 320 页。

④ 赫伯特·里德著、刘萍君译：《现代绘画简史》，上海：上海人民美术出版社，1979 年，第 12、26、154 页。

们的生命，就是生命的艺术之花"。他又认为石涛的画"皆表现而非再现""综合而非分析""其人格之表现"；"画笔之超然脱然，既无一定系统之传承，又无一定技巧之匠饰，实不能以时代思想相间杂，真永久之艺术也。其随时创作，更说不到客观束缚。在三百年前，其思想与今世所谓后期印象派、表现派者竟完全契合，而陈义之高且过之"①。

现代艺术研究认为："'人'是意志和自由的载体，不是充斥感觉和个性的偶然性个体。""对自我意识的赞颂是对人类自由的追求，有了自由意志，人才能成为理性的存在。"② 清政府所喜欢和能够容纳的画是温柔和顺、无棱无角的；"四王"这一派降臣顺民随人俯仰，不革新不反抗，无刺激无个性，无怨无望，因此得到鼓吹并蔚为正宗。③ 石涛以"破碎山河颠倒树，不成图画更伤心"的风格表现亡国之音④，发泄郁勃之气，倾泻血和泪⑤，画风恣肆，不能为当政者喜好，但终以高扬的自由意志赢得身后名。

石涛离开政治中心北京，终老于扬州。在清初大屠杀和"文字狱"盛行的背景下，逸于画，确实是出世之具。300 年后，一位江西九江客家人陈寅恪来到广州，度过生命的最后 20 年。他一生与政治和任何一个政治中心保持距离，竭力做一个"独立思想""自由精神"的文化遗民或政治逸民。深谙历史的陈寅恪将希望放在岭南，孰料康乐园终不能康乐，故纸之堆也无法埋首遁迹。"'达'已全然无望，'独善其身'亦复不可能。"⑥ 陈寅恪"在'卧榻沉思'中追寻那种他惟恐失落的民族精神，自觉地承担起华夏文化的托命"，为弱女子柳如是作传，"孤怀遗恨"发而为"激楚苍凉的民族心灵之歌"，既"痛哭古人"，又"留赠来者"。⑦ 他深深地理解和称许王国维"以一死见其独立自由之意志"，而怀着独立自由之意志纵浪大化，亦难，亦沉重。然，唯其难，方显其可贵、可仰。古往今来，莫不如是。

---

① 袁志煌、陈祖恩编著：《刘海粟年谱》，上海：上海人民出版社，1992 年，第 45、50 页。

② 高名潞：《理性绘画》，载《美术》1986 年第 8 期；高名潞：《意派·世纪思维》，哈尔滨：哈尔滨工程大学出版社，2009 年，第 16 页。

③ 陈传席：《中国山水画史》，南京：江苏美术出版社，1988 年，第 757、760 页。

④ 俞剑华：《山水画的时代精神》，见周积寅、耿剑主编：《俞剑华美术史论集》，南京：东南大学出版社，2009 年，第 350 页。

⑤ 李万才：《石涛》，长春：吉林美术出版社，1996 年，第 78 页。

⑥ 徐葆耕：《清华学术精神》，北京：清华大学出版社，2004 年，第 140 页。

⑦ 蔡鸿生：《"颂红妆"颂》，见胡守为主编、中山大学历史系编：《〈柳如是别传〉与国学研究·纪念陈寅恪教授学术讨论会论文集》，杭州：浙江人民出版社，1995 年，第 35－38 页。

五、小结

移民、遗民与逸民的历史，赋予岭南独特的文化精神。

在人身自由之上，自由意味着个人的独立和尊严，意味着意志的自主和自由。崖山的抵抗是南宋生死存亡的最后一役，是保家卫国的殊死战斗，是不堪奴役、"不宜再辱"① 的自觉和自愿。这是理性和自然的生命抉择，已经超越了所谓"臣妾忠节之劝"，作为"后世立国"应知之"本"②，成为岭南文化的精神内核。

现代意义上的自由"不是一个达到更高的政治目标的手段。它本身就是一个最高的政治目标。其所以需要它的理由并不是为了一个良好的公共行政，而是为了保证追求文明社会崇高目标和私人生活的安全"。哈耶克认为，自由意味着免于强制、处于"独立于他人的专断意志"③ 的状态。尽管行为所受的种种制约和影响导致自由意志经常被质疑，但面临各种不同行为选择的人的确具有实现自由意志的可能。在人类认识自我价值的过程中，"追求人的意志最大自由和价值最大实现是一个必须经过的阶段"。④

移民、遗民、逸民和他们的爱国情怀、不屈奋斗，是岭南及岭南精神筑建的基石，并从对生命安全和人身自由的追求，进而为对平等、民主、民权、国权的争取；从对个人生命和生活的体认，走向对社会的批判、改革甚至革命。岭南特殊的人文历史地理更激发了岭南人的危机意识、深刻反思和勇于担当。在两千多年的发展中，在近代史上，对自由的渴望和追求引领着岭南及中国的前行，并作为中华文明的一部分，传递民族精神，承担起华夏文化的运命，而从广义上推动了人类对自由和发展的艰辛探索。这个过程显然还在继续。行文至此，回视一生践行"独立之精神、自由之思想"的陈寅恪，以为学术争自由之志，"决不从时俗为转移"⑤，"未尝侮食自矜，曲学阿世"⑥，而将意志自由之帜留在了岭南。中山大学校园内陈

① 黄淳：《厓山志》卷1，广州：广东人民出版社，1996年，第105页。

② 张诩：《厓山旧志叙》，见黄淳：《厓山志》，广州：广东人民出版社，1996年，第13页。

③ 哈耶克著、邓正来译：《自由秩序原理》上，北京：生活·读书·新知三联书店，1997年，第5页。

④ 费安玲：《著作权权利体系之研究：以原始性利益人为主线的理论探讨》，武汉：华中科技大学出版社，2011年，第30页。

⑤ 蒋天枢：《陈寅恪先生编年事辑》，上海：上海古籍出版社，1981年，第158页。

⑥ 陈寅恪：《蒋南秉序》，见陈寅恪：《陈寅恪文集之一·寒柳堂集》，上海：上海古籍出版社，1980年，第162页。

氏故居前春草年年，"救国经世，尤必以精神之学问为根基"① 的坚持"古道照颜色"（文天祥《正气歌》），与莘莘学子长久地展书以读。

---

① 吴宓著、吴学昭整理注释：《吴宓日记第 2 册：1917—1924》，北京：生活·读书·新知三联书店，1998 年，第 101 页。

第二章　岭南文化与岭南社会

第一节　礼俗互动视角的考察

一、波罗诞：从国家祭祀到民间庆典①

岭南文化具有浓厚的平民色彩。一些官方、正统的高头讲章、庙堂雅奏，到了岭南，却日渐亲民，甚至融入百姓的生活中。波罗诞即为其中一例。

（一）以时谨祀，鼓舞祀神

波罗诞源于拜祭南海神的国家祭祀。清仇巨川谓南海神庙"在城东南扶胥之口，黄木之湾。庙中有波罗树，又临波罗江，故世称波罗庙，祀南海神……神自唐开元时祭典始盛，册尊为广利王。宋康定中，加号洪圣王。皇祐二年，以侬寇遁，赖神功，加号昭顺。绍兴七年，加号威显。元至元二年，加号广利灵孚。明洪武三年，始封南海之神。国朝屡遣官致祭、重修，封南海昭明龙王之神，每岁二月上壬日致祭"②，大致描述了南海神庙祭典的情况。

南海神庙的修造始于隋。《隋书·礼仪志二》曰："开皇十四年闰十月，诏……东海于会稽县界，南海于南海镇南，并近海立祠。"③ 以后历朝南海神祭祀礼制愈加谨严。唐韩愈《南海神庙碑》云："海于天地间为物最巨，自三代圣王莫不祀事，考于传记，而南海神次最贵，在北东西三神、河伯为上，号为祝融。天宝中，天子以为古爵莫贵于公侯，故海岳之祀，牺币之数，放而依之，所以致崇极于大神。今王亦爵也，而礼海岳尚循公侯之

---

①　原载《羊城今古》2012 年第 1 期。

②　仇巨川纂、陈宪猷校注：《羊城古钞》，广州：广东人民出版社，1993 年，第 156 页。

③　魏征等：《隋书》卷 7，北京：中华书局，1973 年，第 140 页。

事，虚王仪而不用，非致崇极之意也。由是册尊（南海）神为广利王，祝号祭式，与次俱升。因其故庙，易而新之，在今广州治之东南海道八十里，扶胥之口，黄木之湾。"① 北宋治平四年（1067 年）章望之《重修南海庙碑》称："立夏之节，天子前期致祝册文，命郡县官以时谨祀事，牺牲器币，务从法式。罔或不恭，典刑其临。"② 元至正十五年（1355 年）牛继志《代祀南海庙记》云："廷臣陛请：'岳镇海渎，岁有恒祀，宜遣香如旧礼。'皇帝嘉其奏，手香于额，分授使者，若曰：'往敬之哉！'"③ 明洪武二年（1369 年），朝廷即遣使徐九皋祭祀南海，"将事惟谨"，之后多次进行祭祀。清代亦"特遣专官，式循旧典"，春秋二祀。④

元至元三十年（1293 年），王献所作的《祀南海庙记》记录了一次祭祀的过程：

> 至元癸巳春三月戊寅，中奉大夫御史台侍御史郑制宜、侍仪司承奉班都知扬弥坚奉皇帝命，捧御香、锦幡、银合等物，驰驿至广州，俾有司备仪礼致祭南海广灵孚王。
>
> 越翼日己卯，乘舟诣祠所。方时雨愆期，甫及半途，云兴雷作，嘉澍遂降。既至，斋宿庙下。庚辰昧爽，乃陈牲币，荐醴齐笾豆，静嘉庭实，旅百乐具。既奏，登降有数，云辂停雨，风驭敛飙，烛光辉映，瑞霭氤氲。而神之格思，福禄来崇，有不可度者。礼成而竣，风潮送舟，雨云逐慢，桨夫和歌，欢声动荡，何和气之熙熙也如此！⑤

（二）香火万家市，烟花二月时

南海神的祭祀作为庄严的国家典仪，"历代严奉"⑥（清叶名琛《重修南海神庙碑记》）。与此同时，南海神诞也成为广佛地区乃至珠三角一带重要的民俗庆典——"波罗诞"。

早在南宋时，刘克庄《即事》一诗便描述了波罗诞盛况："香火万家市，烟花二月时。居人空巷出，去赛海神祠。""东庙小儿队，南风大贾舟。

---

① 崔弼辑、闫晓青校注：《波罗外纪》，广州：广东人民出版社，2017 年，第 94 页。

② 崔弼辑、闫晓青校注：《波罗外纪》，广州：广东人民出版社，2017 年，第 112 页。

③ 崔弼辑、闫晓青校注：《波罗外纪》，广州：广东人民出版社，2017 年，第 144 页。

④ 崔弼辑、闫晓青校注：《波罗外纪》，广州：广东人民出版社，2017 年，第 150、183、260 页。

⑤ 冼剑民、陈鸿钧编：《广州碑刻集》，广州：广东高等教育出版社，2006 年，第 331 页。

⑥ 冼剑民、陈鸿钧编：《广州碑刻集》，广州：广东高等教育出版社，2006 年，第 381 页。

不知今广市，何似古扬州。"① 清崔弼《波罗外纪》卷2记载甚详："波罗庙每岁二月初旬，远近环集如市。楼船花艇、小舟大舸，连泊十余里。有不得就岸者，架长篙接木板作桥，越数十重船以渡。其船尾必竖进香灯笼，入夜明烛万艘，与江波辉映。管弦呕哑嘈杂，竟十余夕。连声爆竹，起火通宵，登舻而望，真天宫海市不是过矣。"② 十三日为正诞，拜神者络绎，"庙门填塞不能入"。"庙前为梨园剧一棚。近庙十八乡各奉六侯，为卤簿葳蕤，装童男女，作万花舆之戏。自鹿步、墩头、芳园，皆延名优，费数百金以乐神。"庙前广场"搭篷作铺店。凡省会、佛山之所有日用器物、玩好、闺阁之饰、儿童之乐，万货丛萃，陈列炫售，照耀人目"。诸物中尤以波罗鸡为胜。村民"糊纸作鸡，涂以金翠，或为青鸾彩凤，大小不一，谓之'波罗鸡'。凡谒神者、游剧者，必买符及鸡以归，馈遗邻里，谓鸡比符尤灵，可以辟鸟雀及虫蚁，作护花铃云"。③ 丘逢甲《波罗谒南海神庙》亦有："神寿知几何？云是神诞辰。香烟霭高空，广庭杂羞珍。鱼龙进百戏，曼衍何优优？是时庙市集，蜑语争蛮银。泥鸡绘丹彩，妙若能鸣晨。终岁妇孺工，罄售未浃旬。年年荷神庥，近庙民不贫。"④

南海神诞的活动，包括海上狂欢、陆上集会和四乡会景。每年农历二月十一日、十二日、十三日是波罗诞，其中十三日是正诞。是日，广州附近和珠三角各县村民提前划船来到南海神庙附近。船上彩旗飘扬，罗伞缤纷，有的还搭设舞台表演节目。入夜灯烛闪闪，星河璀璨。陆上则有各种游艺杂耍、戏剧演出、摊档买卖。人山人海，游人如鲫。会景当天，四乡百姓以神庙为中心，乡民们敲锣打鼓，燃放鞭炮，手持香火，抬着神像四处巡游。每年波罗诞期间，15个乡的乡民家家蒸糕裹粽，以祀神和赠送亲友。⑤

关于"波罗"得名的原因，众说纷纭。一说以树得名；又说以江得名。清范端昂《粤中见闻》曰："由珠江而东至扶胥之口、黄木之湾，南海神庙前，有波罗树二根，因名其江为波罗江。"⑥ 道光三十年（1850年），谭莹等乡绅《呈请重修南海庙文》曰："南海神庙与府同在城东南八十里扶胥之

① 王云五主编，吴之振、吕留良、吴自牧选编：《宋诗钞》，北京：商务印书馆，1935年，第2356页。

② 崔弼辑、闫晓青校注：《波罗外纪》，广州：广东人民出版社，2017年，第65页。

③ 崔弼辑、闫晓青校注：《波罗外纪》，广州：广东人民出版社，2017年，第65页。

④ 丘逢甲著、冯海荣选注：《丘逢甲诗选》，上海：华东师范大学出版社，1992年，第165页。

⑤ 刘志文主编：《广东民俗大观》上，广州：广东旅游出版社，1993年，第574–576页。

⑥ 范端昂撰、汤志岳校注：《粤中见闻》卷12，广州：广东高等教育出版社，1988年，第126页。

口，黄木之湾。庙中有波罗树，又临波罗江，故世称波罗庙。"① 曾锦初等编撰的《龙川文薮》甲编所收入的张竹人《游波罗庙赠石云上人》诗注引《通志》谓，南海神庙因在波罗江之上，故称波罗庙。② 又说"波罗"是梵文"波罗密多"的音译，意为"到彼岸"，并有"办事成功"之意。古代外国商船经历惊涛骇浪，来到广州，船员遥望神庙时很是兴奋，欢呼"波罗密多"，所以将此庙称为"波罗庙"。③ 民间又有"番鬼望波罗"的传说。宋代许得已所作的《南海庙达奚司空记》谓其乃达摩的三弟，随同来穗，并载其神迹。④ 明人汤显祖亦有《有达奚司空立南海王庙门外》一诗。清仇巨川《羊城古钞》"达奚司空"条言："相传波罗国贾舶泊此，一人携波罗子二枚种之；风帆忽举，众置之以去，其人望且泣，遂立化于山上。后人漆其身，加以衣冠，称达奚司空，祀于庙左。又有谓奚为达摩之弟，入中土死此，为神，其像以真身塑。"⑤ 檀萃《楚庭稗珠录》载："中门之左，有达奚司空立像，黧面白眼，跻而前望，若有所招呼。司空外蕃波罗人，随贾舶来，泊黄木湾，携波罗子植于庙。回望舶已举帆去，且望且泣，立化于此。庙人因其身加衣冠而像之。至今千年，勃勃如生。树迨今茂，故庙与江且因以易名。"⑥ 该庙原来主要供奉南海神，后配以六侯，第一名便是"助利侯达奚司空"。叶春生先生认为，扶胥江、南海神庙和神诞"波罗"之名均来源于此。⑦

（三）"第一游波罗，第二娶老婆"

近年随着波罗诞的复兴，"第一游波罗，第二娶老婆"的俗谚也重新被提起。但一般人往往理解为"将'游波罗'放在娶老婆这样的人生大事前面，显示了对波罗诞的重视"。考张守常所辑的《中国近世谣谚》，此说不确。

民国时人邬庆时《南村草堂笔记》刻本（有 1920 年邬庆时所作的序）卷 1 第一篇《番禺之风俗》第 7 页载俗谚曰："第一游波罗，第二娶老婆，第三绒线柜，第四担纱箩。"张守常认为："盖谓猎艳也。"他解释说，"二月十三日为波罗诞。前后三日，城乡士女皆结队往波罗，谒南海神。游人

---

① 广州市地方志办公室编：《南海神庙文献汇辑》，广州：广州出版社，2008 年，第 199 页。
② 曾锦初、曾新华、陈国忠编撰：《龙川文薮》，香港：雅园出版社，2002 年，第 369 页。
③ 何薇编著：《广东旅游文化风情录》，广州：广东经济出版社，2006 年，第 38 页。
④ 广州市地方志办公室编：《南海神庙文献汇辑》，广州：广州出版社，2008 年，第 173 页。
⑤ 仇巨川纂、陈宪猷校注：《羊城古钞》，广州：广东人民出版社，1993 年，第 157 页。
⑥ 檀萃：《楚庭稗珠录》卷 3，广州：广东人民出版社，1982 年，第 109 页。
⑦ 叶春生：《岭南民间文化》，广州：广东高等教育出版社，2000 年，第 42 页。

如鲫，闺秀毕集，故为第一。新郎初至妇家，合乡妇女无少长贫富皆聚观于门外，谚曰：'新女婿，逆面睇'，此之谓也。然所见不过妇家之一乡，不若游波罗之广也，故为第二。中人之家，其妇女不亲到商店买物，有小贩肩负绒线柜，手持碌鼓，上街卖绒线，少女环柜而观者常如堵。然非少长贫富皆出而欢迎也，故为第三。旧日纺织之业，皆女工为之。业纱者，以箩担纱，沿门收放，纺织之女，蚁附其旁。然皆小家碧玉，又不若绒线柜甚矣，故为第四。然此四者，至光宣间已大不如前，盗贼充斥，而波罗之游渐稀；洋纱流行，而纱箩之业竟绝，妇女习染自由，买卖交际毫无畏缩，而绒线柜亦零落以尽。所余惟娶老婆一端，然自有所谓文明结婚，睇新女婿之风亦渐冷淡矣"。①

此谚表明了波罗诞时人流如织、士女杂沓的盛况。黄世仲 1906 年发表的《娼界月令》，描写妓女一年四季的生活，其中有言，"仲春之月，桃夭，游波罗"②，亦可说明波罗诞是当时人普遍热衷参与的活动。

与波罗诞有关的俗语还有不少。如波罗诞期间热卖的波罗鸡之所以艳丽可爱，主要是因为粘在坯上五颜六色的鸡毛。因此，又衍生出歇后语"波罗鸡——靠黏"，意谓占人便宜。波罗诞期间正是波罗庙里的红棉盛开之时，于是有"波罗诞到红棉开"的谚语，描述诞期盛景。还有"蓝海驾帆来，深情长系波罗庙"③，反映了波罗庙客商云集的盛况，以及广州中外经济文化交流和友好往来的悠久历史。

二、戏禁与乐教：礼制的构建与接受④

乐是儒家文化的重要组成部分。礼乐传统的知识谱系及意识形态，直接成为传统文化艺术的重要思想来源，影响绵延不绝。儒家学者赋予乐各种含义：乐与人应、乐与天和、乐与政通。《礼记·乐记》说："乐在宗庙之中，君臣上下同听之，则莫不和敬。在族长乡里之中，长幼同听之，则莫不和顺。在闺门之内，父子兄弟同听之，则莫不和亲。故乐者，审一以定和，比物以饰节，节奏合以成文。所以合和父子君臣、附亲万民也。"魏文侯问乐于子夏，"子夏对曰：'今夫古乐，进旅退旅，和正以广。弦匏笙

---

① 张守常辑：《中国近世谣谚》，北京：北京出版社，1998 年，第 667 页。

② 方志强编著：《黄世仲大传（生平·作品·研究集）》，香港：夏菲尔国际出版公司，1999 年，第 81、82 页。

③ 中国民间文学集成全国编辑委员会、中国民间文学集成广东卷编辑委员会：《中国谚语集成·广东卷》，北京：中国 ISBN 中心，1997 年，第 393 页。

④ 原载《戏剧》2010 年第 4 期，题为《戏禁与乐教：以明前中期广东礼乐教化为考察中心》。

簧，会守拊鼓。始奏以文，复乱以武。治乱以相，讯疾以雅。君子于是语，于是道古，修身及家，平均天下。此古乐之发也。今夫新乐，进俯退俯，奸声以滥，溺而不止；及优侏儒，獶杂子女，不知父子。乐终，不可以语，不可以道古。此新乐之发也。'"① 所谓古乐，即韶武等乐，是为"德音"。新乐即郑宋魏齐等国俗乐，是为"溺音"。儒家学者维护礼乐制度、贬斥民间音乐的思想，与封建王朝统治的需要相应合，戏禁与乐教的现象因此而生。

史载，明"太祖初克金陵，即立典乐官。其明年，置雅乐，以供郊社之祭"；与此同时，亦摒弃与雅乐相对的世俗音乐。洪武四年（1371 年），朱元璋"谓侍臣曰：礼以道敬，乐以宣和，不敬不和，何以为治？元时，古乐俱废，惟淫词艳曲，更唱迭和。又杂以北方之音，甚者以神祇祀典，饰为队舞谐戏，殊非所以道中和、崇治体也。自今一切流俗喧哓淫亵之乐，悉屏去之"②。洪武二十七年（1394 年），朱元璋谕礼部："近命制大成乐器以颁天下学校，俾诸生习之，以祀孔子。朕思古人之乐，所以防民欲；后世之乐，所以纵民欲。其故何也？古乐之诗章节而正，后世之歌词淫以夸。古之律吕协天地自然之气，后之律吕出入为智巧之私。天时与地气不审，人声与乐音不比，故虽以古之诗章，用古之器数，亦乖戾而不合，凌犯而不伦矣。"③ 立朝之初确定的崇雅正、黜淫俗的文化政策由中央波于地方、延及后世。明前中期广东官府与地方乡绅推行的戏禁与礼乐教化，亦是这一思想的辐射。

（一）明前期岭南地区的雅乐与俗乐

古代广东民风未开，俗乐盛行。嘉靖十四年（1535 年）编纂的《广东通志初稿》卷21《礼乐》"乐有三部"条，将本地古乐上溯到汉马援铸马式铜鼓，谓：

> 一曰雅乐。二曰俗乐。三曰胡乐。广州故百粤，先王雅乐所未播也，惟俗乐胡乐则有之。民间多奏月琴、胡琴与琵琶、三弦之属。淫哇繁促，识者病焉。

---

① 孙希旦撰，沈啸寰、王星贤点校：《礼记集解》卷38，北京：中华书局，1982 年，第1010、1014、1033 页。

② 龙文彬：《明会要》卷21《乐上》、卷22《乐下》，北京：中华书局，1956 年，第339、340、359 页。

③ 徐学聚撰：《国朝典汇》（下）卷112《礼部·乐制》，北京：书目文献出版社，1996 年，第1415 页。

> 雅乐之废久矣……广南古礼乐独释奠乡射存焉。耳闻其音而考其德，省其诗而正其志，求之籥管，被之弦歌，则有俟乎君子。

> 广州旧虽有释奠乐，而传者窃失，真备器数而已。弘治中，左布政使周孟中始延神乐，观道士吕姓者□玄妙观①，道童十人教之。凡埙管笙箫始顺之有声调。其后郡邑学官弟子渐知御琴瑟、师古雅矣。②

按照戴璟等人的意见，广东乃"先王雅乐所未播也"，并从马援铜鼓一下子跳到明弘治年间的玄妙观。不过，西汉南越王墓出土的大量乐器及其礼乐的设置、规模，成为中原传统礼乐制度传播岭南的一个明证。而具有岭南风情的铜鼓乐，则被认为是雅俗杂糅的特殊的地域音乐文化。③

以南海神庙祭典为例。南海神祭祀始创于隋，属于国家祭典仪式。乐，是南海神祭祀典礼的主要内容。但就算是这种官方的祭典音乐，也是雅俗混杂的。

元至元三十年（1293 年），王献作《祀南海庙记》，描写了"陈牲币，荐醴齐，笾豆静嘉，庭实旅百。乐具既奏，登降有数"这样一系列庄严神圣的祭典过程。④ 庙内至今仍存有东汉铜鼓、唐代铁钟等物。其中具有南方特色的铜鼓，是弹奏祭仪音乐的主体乐器。宋代方信孺《南海百咏》说，南海神庙铜鼓"自唐以来有之。《番禺志》已载其制度，凡春秋享祀，必杂众乐击之以侑神"。明汤显祖亦有《波罗庙》诗："铜鼓声威汉，金碑字隐唐。"⑤ 清乾隆时金甡《承祭南海神庙礼成述事诗石刻》称："殿中左右两铜鼓，阅古定知经汉唐。冶铸精工色斑驳，风雷迭响惊重洋。"

祭祀中常有巫的活动。巫为鼓者，见清人梁佩兰《南海神庙铜鼓歌》："铜鼓置在王庙左，庄严鼓悬四小锁。大巫一扣潮水平，小巫一扣江水清。二月望日王生日，鼓声掌人拜出入。"巫为舞者，《番禺河南小志》卷7

---

① 此玄妙观不知何处。宣统《南海县志》卷13《金石略》有康熙五年（1666 年）《重修玄妙观记》谓："……此玄妙观之设所由。肇于唐，盛于宋，以迄于我清，以为历代崇祀之巨典者也。"或为此。

② 戴璟主修：《广东通志初稿》，广州：广东省地方史志办公室誊印，2003 年，第 384 – 386 页。

③ 此处吸收了孔义龙先生的观点。参见孔义龙《昔日礼乐奇葩与当代乐苑百花——从南越国宫廷乐透析当代岭南音乐的融合与彰显》，广东"文化强省建设与岭南文化研究"理论研讨会论文，2009 年。

④ 李修生主编：《全元文》（19），卷612，南京：江苏古籍出版社，2000 年，第641、642 页。

⑤ 铜鼓是古代岭南、西南地区少数民族乐器、礼器。正统的儒家学者对铜鼓乐似有抵触。魏校《庄渠遗书》卷9《公移》亦云："天宁寺铜鼓并各寺院铜皿送学熔铸祭器，以绝怪诞。"见永瑢、纪昀等：《文渊阁四库全书》第 1267 册，上海：上海古籍出版社，2003 年，第874 页。

《金石》有清僧成鹫《南田神庙记》："是日也，农辍其耕，士释其业，儿郎炫服，游女靓妆，相与集于庙下。象笏星衣，巫阳宛其歌舞；玉箫檀板，优孟幻其衣冠，群然乐之。""巫阳"为传说中的女巫之名，常见于祀神场合，"优孟"指代伶人。这句说明女巫和伶人执行了降神和扮演的功能。[①]乾隆五十八年（1793 年）凌扬藻《崔公庙碑》有"升歌巫舞"；清道光四年（1824 年）陈宪祖《重修北帝古庙碑记》有"优歌巫舞，无非商贾劻襄"句，这些情况反映，当时广州的神庙祭祀中优歌巫舞并不鲜见。他们奏乐、化装表演、歌唱。元泰定四年（1327 年）吕宏道《泰定四年碑》（《代祀南海王记》）亦有"歌管嗷噪"。可见南海神庙的祭典上也是有歌唱的。

至于民间，更将庄严的神庙之侧，变成了欢戏的场所。清崔弼《波罗外纪》卷 2 记载："波罗庙每岁二月初旬，远近环集如市。楼船花艇，小舟大舸，连泊十余里……入夜，明烛万艘，与江波辉映，管弦呕哑嘈杂，竟十余夕。"至十三日海神诞，"庙前为梨园剧一棚。近庙十八乡各奉六侯为卤簿葳蕤，装童男女，作万花舆之戏。自鹿步、墩头、芳园，皆延名优，费数百金以乐神。"[②] 清光绪年间编印的供粤剧红船戏班联系演出使用的《广东境内水陆交通大全》记载了这个演出点："省（城）往波罗庙七十五里"。该戏台筑于江边，台基用麻石垒砌，高二米，宽十二米，深四点三米，演出时两侧加搭副台。据粤剧老艺人忆述，有名的人寿年、日月星等戏班曾到此演出。民国十四年（1925 年）前后，戏台毁弃不存。[③]

神庙内外，不乏俗乐的流动。如果要在其他地方寻找俗乐的踪迹，则在在皆有。明初南海人孙蕡《广州歌》云："闽姬越女颜如花，蛮歌野曲声咿哑。"嘉靖年间盛继纂修的《兴宁县志》卷 4《风俗》载："婚丧皆用音乐。衣葛、苎。宋苏轼诗：'钟鼓不分哀乐事，衣冠难辨吉凶人。'"[④] 明代林希元辑《钦州志》卷 1《风俗》谓："贴浪之民，舅姑初丧，子妇金帛盛饰，鼓乐歌唱以虞尸，此其舛也……八月中秋，假名祭报，妆扮鬼像于岭头跳舞，谓之跳岭头。男女聚观，唱歌互答，因而淫乐，遂假夫妇父母，

①　清康熙《南海县志》卷 17《重修文昌宫碑记》也有："神之来兮凭巫阳，驾赤豹兮骖凤凰。手携云笈撞书仓，瑶函玉简争辉煌……牡肥黍洁酒醴香，神具醉止悦以康。"

②　崔弼辑、闫晓青校注：《波罗外纪》，广州：广东人民出版社，2017 年，第 65 页。

③　《中国戏曲志·广东卷》编辑委员会编：《中国戏曲志·广东卷》，北京：中国 ISBN 中心，1993 年，第 423 页。

④　黄国奎、盛继修纂，刘承源、张政、郑桂元校注，广东省兴宁市地方志办公室编：《嘉靖兴宁县志校注》，南昌：江西人民出版社，2020 年，第 182 页。

兄弟恬不为怪。"① 嘉靖十七年（1538年）《增城县志》卷11《政事》载：

> 增邑之乐，皆出世俗淫哇之声，古乐器多废坏不存，无古乐工亦无古调。凡其所作乐止有鼓角（铜为之）、管笛、琴瑟，而其为声又极嘈杂可厌。
>
> 古者娶妇之家，三日不举烛，思嗣亲也。陈氏云：必有感伤，所以不受贺。又昏礼不用乐，幽阴之义。昏礼不贺，人之序也。程子因辨幽阴之说是人序之说，以垂世教。奈何今之娶妇者，或从夫盈路而盛奏乐歌，或贺客填门而大会燕饮，皆为非礼，可革也。
>
> （丧礼）每值七晨则大肆席筵，以为吊客酬饮。而又张闹丧之乐，侈送葬之仪，皆与礼法相乖，所当亟革者也。②

礼制混乱、俗乐大行，是当时广东的普遍状况。罗洪先为湛若水所撰的墓表，记载了湛若水早年事迹："……遂以书经领乡荐第四。鹿鸣宴用优乐。先生曰：宾兴盛典，而可戏耶？终宴不视。德器雅重，偎然有台辅之望。"③ 鹿鸣宴使用优乐，足见当时本地俗乐之盛行，甚至侵犯到正常礼乐的地位。④ 俗乐扰耳、乖谬礼法的状况让本地学者痛心疾首。他们焦虑的不仅仅是民间音乐引发的民众聚集和相应的社会问题，更重要的是儒家文化未能施行的现状。作为以天下为己任的学者，他们同样不乏乡土关怀，而且情更真，意更切。

（二）湛若水等广东学者的音乐研究和乐教

广东学者很早就开始了音乐研究。五代时，连州人陈拙"少肄习礼乐，尤长于诗……明悟音律，著《大唐正声琴籍》九卷，载琴家论议、操名及古帝王、名士善琴者。古调无徵音，仍补新徵音谱。其法以四弦中徽统会

---

① 林希元纂修、陈秀南点校：《钦州志》，中国人民政治协商会议灵山县委员会文史资料委员会编印，1990年，第41－42页。

② 《天一阁藏明代方志选刊续编》第65册《嘉靖增城县志、嘉靖德州志》，上海：上海书店，1990年，第362、357－359页。

③ 广东省地方史志办公室辑：《广东历代方志集成·广州府部33·民国增城县志》，广州：岭南美术出版社，2007年，第532页。

④ 雅俗混淆的情况，不仅见于地方，亦不仅见于明代。嘉靖九年（1530年）续定庆成宴乐章时，礼部议廖道南疏道："祭祀专用雅乐，朝会兼用俗乐，自唐宋以来皆然。"（《钦定续文献通考》卷116）嘉靖二十七年（1548年）设教坊执掌陵祀雅乐。（沈德符《万历野获编》卷14《礼部·园陵设教坊》）这些情况在当时已遭非议。张廷玉等《明史》卷61亦有多处记载，且谓"雅俗杂出，无从正之"。

枢极，黄钟正宫合南吕宫，无射商，即徵音也。知音者皆秘之，其书遂不传"。北宋南海人冯元为词章沉郁有思，通五经，亦善音律。景祐二年（1035 年）授礼部侍郎兼翰林侍讲学士，"四月，领修乐书。俄明年七月，书成，赐名《景祐广乐记》，特迁户部侍郎，赏劳也"①。明代广东学者更多地将音乐研究及实践与治世正俗结合起来。增城人湛若水有《古乐经传》三卷，对乐的许多道理都有阐释，包括礼乐、作乐、律之阴阳、制律、五声形象等。《四库全书总目》卷 39《乐类存目》谓："是书补《乐经》一篇，若水所拟。《古乐正传》十篇，则录其门人吕怀之书。《古乐本传》一篇，即《乐记》原文。《别传》一篇，皆周礼所言乐事。《杂传》一篇，《律传》一篇，则杂采《孟子》以下及历代论乐语也。其大旨以论度数为主，以论义理为后。"② 湛若水对律吕研究极为重视，《古乐经传或问》曰："六律之作，以继此耳之聪也。仁政之作，以继此心之仁也。故不必视听心思遍于天下，而聪明精神达于天下者之具也。"③ 他将律吕与仁政对应，认为音乐能够聪明四达，致于仁政，并认为这与其"随处体认""中和"的思想是一致的。④ 虽然此篇于律吕发明不多，但其观点及乐教对学生的影响不可忽视。

嘉靖十七年（1538 年）湛若水裁定的《增城县志》卷 11《政事·礼乐类》所收入的《律吕客问》一篇，为张文海所作，张文海是湛若水的弟子。⑤ 此文采用问答体，与《古乐经传或问》体式相仿。围绕理、气、声，张文海运用传统的五行、阴阳等语汇，阐述他的音乐观、律吕论，兼及候气、六十调图、旋宫等问题，并有许多新创，如以黄钟校蕤宾减三分之一等。其中说："盖古之圣人为是律吕者，夫岂徒哉。将以涵一元之理，而形四气之神；将以象五行之情，而准万化之用。其取类备，其立义精，故以作乐则和，以制礼则序，以施政令则顺。"⑥《礼乐类》前言具体说明写作的

---

① 郭棐著，黄国声、邓贵忠点校：《粤大记》卷 24、17，广州：中山大学出版社，1998 年，第 701、452 页。

② 永瑢、纪昀等：《文渊阁四库全书》第 1 册，上海：上海古籍出版社，2003 年，第 801、802 页。

③ 湛若水、吕怀编著：《古乐经传全书》，桂林：广西师范大学出版社，2016 年，第 236 页。

④《明儒学案》卷 37《甘泉学案一》："随处体认天理，此吾之中和汤也。服得时，即百病之邪自然立地退听；常常服之，则百病不生，而满身气体中和矣。"见黄宗羲著、沈芝盈点校：《明儒学案》，北京：中华书局，1985 年，第 899 页。

⑤ 嘉靖《增城县志》卷首有张星序曰："张君文海，邑人，举戊子乡荐。博雅而文。甘泉公高第弟子也。"

⑥《天一阁藏明代方志选刊续编》第 65 册《嘉靖增城县志、嘉靖德庆州志》，上海：上海书店出版社，1990 年，第 363 页。

缘由乃是为礼乐教化、端风正俗。又说：

> 增邑之乐，皆出世俗淫哇之声，古乐器多废坏不存，无古乐工亦无古乐调。凡其所作乐，止有鼓角（铜为之）、管笛、琴瑟，而其为声又极嘈杂可厌。余常不揣作古律，疑欲备古乐之残缺而不自知其不可也。今撮其制做大意如左，尚俟识者质之。①

关于张文海，清嘉庆二十五年（1820 年）《增城县志》卷 13《人物·列传》云："张文海，字原道，龟峰铺人。幼颖悟，博涉群书，而尤邃于易，作《易疑》。精于律吕，作《律吕问答》。有所感愤，作《漫谈》十二篇以自见。为人端悫，自守不诡。随以举人知华容县。两月卒。未竟其用。人皆惜之。嘉靖戊戌志，文海笔也。"② 明万历《华容县志》卷 5《官师一·明·知县》载："张文海，广东增城人，乡贡。谈性命之学，著述甚多。在县五十日卒。卒时犹出忧民之语。"③ 张文海从政时间不长，未及有所建树。但从其将《律吕客问》一文列入嘉靖《增城县志》的《政事》一卷，可见其用世之心。虽文未显彰，书亦不存④，却可以从一个方面反映出当时广东学者对乐律的重视，以及他们在其时其地的政治理想、文化追求。这与湛若水的礼乐思想一脉相承，并和明代广东的教化运动相呼应，反映了儒家学者的政治理想、文化追求。

湛若水的另一名弟子吕怀，著有《箫韶考逸》《律吕古义》。《四库全书总目》卷 39《乐类存目》内《箫韶考逸》提要谓："怀律吕之学受之于湛若水。若水尝采所论入《古乐经传》中。是书则又怀与其门人胡采辈问答而作也。"⑤

湛若水亦善于进行乐歌乐教。他在《古乐经传或问》中说："乐歌者，所以涵养其性情，熏陶其气质，变化其偏滞者也。无所不宜歌也。"⑥ 他五十以忧病归西樵，为大科书院，作《大科书堂训》，其中有：

---

① 《天一阁藏明代方志选刊续编》第 65 册《嘉靖增城县志、嘉靖德庆州志》，上海：上海书店出版社，1990 年，第 362 页。

② 熊学源修、李宝中纂：《增城县志》，清嘉庆二十五年重修本，台北：成文出版社，1974 年，中国方志丛书本。

③ 孙羽侯主修：《华容县志》，长沙：湖南人民出版社，1988 年，据明万历本重印，第121 页。

④ 张文海所编律吕之书，今不见。清嘉庆增城县志卷 16《艺文·书目》有张文海《易疑》《律吕答问》《漫谈》三种。民国十年（1921 年）《增城县志》卷 26《艺文一·经部·乐类》记："《律吕客问》，明张文海撰。据张府志。"集部有："《漫谈》，明张文海撰。据邑前志。"

⑤ 永瑢、纪昀等：《文渊阁四库全书》第 1 册，上海：上海古籍出版社，2003 年，第 804 页。

⑥ 湛若水、吕怀编著：《古乐经传全书》，桂林：广西师范大学出版社，2016 年，第 250 页。

诸生人人皆学歌诗作乐，以涵养德性。舜命夔典乐以教胄子，此其深意，安可一日缺此？或读书至深夜，则会于本斋歌诗，以畅意气，又长一番精神。①

嘉靖《增城县志》卷17收入湛若水《凝道之什送尹公舜仪还增城也》（坎坎击鼓，于樵之巅。乃荐乃献，尹公之贤）一诗，可看作他的乐歌实践。

湛若水及其弟子对雅乐的研究和倡导并不是孤立的现象。广东香山人黄佐亦著《乐典》三十六卷，分为"乐均""乐义""大司乐义""乐记""诗乐"五部分。四库全书《乐类存目》有载。从这些律吕研究和有限的材料里，也可以看到他们的热忱和努力。这些礼乐实践和崇雅抑俗的工作，对儒家学说在广东的传播普及起到积极的作用。②

（三）儒家学说及礼乐教化在广东的实践

长期以来，许多入粤人士在广东推行、宣化中原文明。以《粤大记》卷11、卷12《宦迹类》所见，就有唐天宝末被贬至潮州的常衮兴学教士，宋景定年知香山的洪天骥"以教育人才为首务"，宋宝庆年知潮的孙叔谨、宋淳祐年知潮的陈圭拨田于学以养士，等等。亦不乏礼乐教民、振兴古制者。《粤大记》卷9《宦迹类》有："大琮，字德润，福建莆田人。淳祐二年帅广，凡六年，以儒饬吏，以政化俗。乡饮酒礼久废，大琮极意振起，所请宾佐必其年高有德足以表率一乡者，礼乐器服，悉还古制。终日，宾主拜七十有奇，曰：'此明廷养老旌善之典，奈何不敬？'又以丁祭仪文未称，自冕服以至簠簋、笾豆、钟磬、琴瑟、祝敔之类，悉考古订制。又建书堂之飞阁，翼以四斋。敞清海军门以雄藩府，规模焕然一新。又讲求安民弭盗之法，士兵感而颂之。"③ 更大的变革发生在明正德末年，魏校到广东担任提学副使之后，"乃大毁寺观淫祠，或改公署及书院，余尽建社学。教童生虽以经书，然三时分肄歌诗、习礼、演乐。自洪武中归并丛林为豪氓所匿者，悉毁无遗。僧、尼亦多还俗，巫觋不复祠鬼，男子皆编为渡夫，风俗之为丕变。其崇正辟邪之功，前所未有也"。诸童生"歌诗、习礼，咸

---

① 湛若水：《湛甘泉先生文集》卷6，资政堂藏版，清同治丙寅年（1866年）葺刻。

② 清代广东学者延续了乐律研究的传统。著名学者有陈澧、徐灏、朱启连等人。参见李绪柏：《清代广东朴学研究》，广州：广东地图出版社，2001年，第181－188页。

③ 郭棐著，黄国声、邓贵忠点校：《粤大记》（上）卷9，广州：中山大学出版社，1998年，第221页。

知向往"①。

俗乐大行的情况，明初时已经引起广东官绅的不满。成化年间，新会县令丁积通谕"勿事戏剧，违者乡老纠之"（康熙二十九年《新会县志》卷8）。石湾《太原霍氏崇本堂族谱》卷3也有告诫子孙勿学曲看戏的家箴。同时，"胡元之乱，风俗荡然"之后，整个社会存在对礼乐的呼唤："行之朝廷，达之都鄙，推之郊野，播之学校。"（嘉靖《广东通志》卷21《政事类·礼乐》）魏校欲以诗、礼、乐之正声，以化民间的"淫曲""俗乐"。考魏校乃昆山人，入《明史》卷282儒林传，私淑胡居仁，为天根之学，重乐。在《与夏悼夫其二》《与王纯甫其三·别纸》《复胡郡守孝思其三》等书札中，他说："感人天机，莫神于乐。"但这种乐乃是古音古乐，绝非俗乐："承谕今音歌古诗同于俗乐云云，深得慎重谨密之道。""瑟学久绝……孔门甚重瑟。千万留意。"他认为："有淫声者，必有淫思，是故君子不可以不慎也。"②

对友人所作尚且直言，对民间俗习他更是痛下针砭。在《答王郡守子正》一函中，他写道："俹来承下问惓惓于吴氓甚盛，心也顾浅陋何足以当之。闻命祇辱来谕：禁奢靡、息争讼，此诚今日对病之药也……乃若倡优、赌博、搬戏杂剧、男女游山烧香，此尤风俗大蠹。愿为之厉禁，犯则峻治之。"③

正德十六年（1521年），魏校颁《岭南学政》，发《谕民文》，大兴社学，以"礼乐读诵，互相启迪。务求作新，以期化民善俗，育才成治"。在具体做法上，他倡言："社学之教，不专于念书对句，务要教其爱亲敬长，隆师亲友，习礼乐，养性情，守教法，禁游逸，远玩好，戒骄纵。如此教之，斯可变化气质，为大学之基本。"其中教谕歌诗之法：

> 一复午学，升堂，如朝仪就位，立听云板命坐。分命诗章，各以簿抄写。字要端楷。有善书者录之。其诗，或诗经，或律诗、绝句，择其得情性之正、音律之和者。年小者代写。写毕，教以歌咏。务令庄敬和平、明白通贯。歌风雅者用正音，歌律诗之类，或正音，或越吟。始命各生读成诵，令善歌者数人同歌数次，于是众歌。既成声，

---

① 郭棐著，黄国声、邓贵忠点校：《粤大记》（上）卷6，广州：中山大学出版社，1998年，第144页。

② 魏校：《庄渠遗书》卷11、12《拾遗》，见永瑢、纪昀等：《文渊阁四库全书》第1267册，上海：上海古籍出版社，2003年，第874、886、889、902、903页。

③ 魏校：《庄渠遗书》卷12《拾遗》，见永瑢、纪昀等：《文渊阁四库全书》第1267册，上海：上海古籍出版社，2003年，第874页。

每班十人歌于先生之前，用钟鼓，其余笙箫琴瑟之类，以渐教而和之。未升歌者俱端坐静听。歌毕者，命复位坐听。其声容温雅广大者录之，清丽俊逸者录之，静正简淡者录之。如躁涩俗弱、妖艳凄楚者教而革之。年小未能歌者但令诵记、听歌而已。歌罢退食，击云板如朝仪。

一复晚学，如仪就位。立良久，击云板，命习礼……习礼毕，请善琴者教琴。择生徒可教者教之。迎琴案，焚香进先生位前，请听琴。学琴者就琴案东西立。在位者俱拱立静听。凡鼓琴皆用正操，除溢怨操不用。听毕，先生复位，教琴者退于后馆教琴。其余所当用之乐，亦以渐斟酌教之。诸生在位者听云板命坐，以班出讲。习六书九数、五御之法，酌其简明者教之。御虽今日不行，亦当讲明，以备古人一艺。有余功者听其退于后馆习乐歌咏，命持重者二人临之。有失礼放肆者禀责勿恕，务使诸生和气相亲、礼文相敬，以成善教……

一生徒既教琴者，以三日一次午后至学，听教后退于后馆习弹。每生只许教二三操。既能者免赴馆弹习。其间年长生徒如有不习科举之业愿学乐歌诗者，除坐斋日外，命其午后常至本学后馆学习。有琴者命自携琴。如有士夫乡人善琴好学者，许社学师生时以礼请，午后至学。有父兄能敦尚礼乐以教子弟者，本职查访礼劝。①

社学是青年学生修养气质、官府教化民风的地方。魏校欲引传统诗乐之教，移风易俗，作育英才。在他看来，和正音雅乐相对的戏曲是"祸败之机""愚伪之俗"。他规定："倡优隶卒之家，子弟不许妄送社学"，并对戏曲表演加以限制查禁："为父兄者，有宴会，如元宵俗节，皆不许用淫乐琵琶、三弦、喉管、番笛等音，以导子孙未萌之欲，致乖正教。府县官各行禁革，违者治罪。其习琴瑟笙箫古乐器听。不许造唱淫曲，搬演历代帝王，讪谤古今。违者拿问。"嘉靖元年（1522 年），魏校巡历广东各地敦促风教后，再发谕民文要求禁革曲本，谓其"诲人以淫"②。

魏校在广东的改革具有现实需要，也取得了明显的效果。嘉靖《广东通志》卷20《民物志一·风俗》云："嘉靖初，提学副使魏校大兴社学，以训蒙士，十郡一时兴起。"道光《佛山忠义乡志》卷12《金石上·四社学记》冼桂奇言："吾乡固有社学四焉，盖督学庄渠魏公所毁诸淫祠改建者

---

① 魏校：《庄渠遗书》卷9《公移》，见永瑢、纪昀等：《文渊阁四库全书》第1267 册，上海：上海古籍出版社，2003 年，第857、863、864 页。
② 魏校：《庄渠遗书》卷9《公移》，见永瑢、纪昀等：《文渊阁四库全书》第1267 册，上海：上海古籍出版社，2003 年，第857、859、876 页。

也。是时崇本务实，教化兴行，风俗改观，人才辈出。余时尚少，列诸生，歌诗习礼。今犹能记忆其盛。"

嘉靖十四年（1535 年），在广东任职的御史戴璟颁《正风俗条约》，要求"勿好观杂戏、群唱山歌""禁淫戏"。他对民间演剧更为痛恨："访得潮俗多以乡音搬演戏文，挑动男女淫心，故一夜而奔者不下数女。富家大族恬不为耻，且又蓄养戏子，致生他丑。此俗诚为鄙俚，伤化实甚。虽节行禁约，而有司阻于权势，卒不能着实奉行。今后凡蓄养戏子者，悉令逐出外居。其各乡搬演淫戏者，许各乡邻里首官惩治，仍将戏子各问以应得罪名，外方者递回原籍，本土者发令归农。其有妇女因此淫奔者，事发到官，仍书其门曰：淫奔之家。则人知所畏，而薄俗或可少变矣。"① 措施不可谓不严厉。

魏校、戴璟等人的教化、曲禁有其社会背景。明初开始，在国家的支持下，一批儒家士大夫努力建立合乎规范的地方秩序。与这些政府行为呼应的，是本地乡绅的乡约、教化运动。广东最早的乡约活动大约是正统初年，唐豫举办《乡约》。② 其名虽不彰，其道并不孤。《粤大志》卷 14《献征类·理学正传》载："薛侃，字尚谦，揭阳人。丁丑登进士，疏乞归养。师事阳明于赣，四年而归。汲引后学，议行乡约。"③ 正德十二年（1517年），薛侃立乡约，其中有："家中又不得搬演乡谭杂戏。荡情败俗，莫此为甚。俱宜痛革。"（乾隆《揭阳县志》卷 7）另据邓智华的研究，魏校之后，黄佐、霍韬、方献夫、湛若水、冼桂奇、庞嵩山、何维柏等一大批岭南士大夫相继在地方开展教化活动，包括颁布乡约乡礼、修纂族谱志书、确立家训、创办书院、建立宗族等④。而礼乐作为其中很重要的一项内容备受推崇，影响也很深远。

乡礼之中，影响最大的是嘉靖九年（1530 年）退职居家的广东香山人黄佐所辑的《泰泉乡礼》。《泰泉乡礼》卷 1《乡礼纲领》曰："市井里巷之语，郑卫之音，毋经于耳。不正之书，非礼之色，毋经于目。"可见其是倡

---

① 戴璟主修：《广东通志初稿》，广州：广东省地方史志办公室誊印，2003 年，第 344 页。

② 曹国庆：《明代乡约发展的阶段性考察——明代乡约研究之一》，载《江西社会科学》1993 年第 8 期。

③ 王阳明及其思想对当时广东学者影响很大。郭棐《粤大记》卷 6《宦迹类·性学渊源》记载，王守仁"在广时，士人多游其门。有甘泉湛若水者，与之上下其议论，均为后学先觉云"。王守仁亦重乐教，并将歌诗、习礼、读书有机地结合起来。参孔义龙：《论王守仁的音乐教育观》，载《交响 - 西安音乐学院学报》1998 年第 3 期。《王文成全书》卷 2《王守仁之教约》有关于歌诗、习礼之法的详细记录。

④ 邓智华：《明代广东乡绅的地方教化运动》，载《青海社会科学》2007 年第 1 期。

雅乐、逐俗乐的。黄佐又提出："听琴赋诗之外，声伎演戏、博弈奇玩之类，及世利纷华，一切屏绝。其有非僻傲惰者，众共罚之。""凡亲迎，不许用鼓吹杂剧，送迎交馈。""凡亲迎……其女家先一夕燕女，聚亲戚，唱乡歌，谓之歌堂。今亦革去，惟母醮女如礼。""凡昏礼，不得用乐。""凡丧事，不得用乐及送殡用鼓吹杂剧、纸幡纸鬼等物，违者罪之。"卷7《士相见礼》有《奏乐音法》，包括钟、磬、琴、瑟、笙、箫、鼓七种乐器。另有《诗乐音律》。卷3《乡校》、卷5《乡社》详细介绍了歌诗之法：

> 食后施午学之教，歌诗或书数……自后五日一次歌诗，免写字，令善歌者为倡，与众同歌。既成声，每班十人歌于先生之前，用钟鼓。其余箫笙琴瑟之类，以渐教而和之。未升歌者，俱端坐静听。歌毕者复位。其声容温雅和平者赏之。如躁俗悲淫者，责而教之。

又有：

> 凡社学，置乐器，备八音，略如释奠之数。乡约会日，或击鲁薛鼓之半以习投壶；或击鲁薛鼓之全以习射仪；或习弹琴；或习吹笙；或审音于言，如宫舌居中、商口开张之类；或审音于听，如凡听宫如牛鸣窦中，凡听商如离群羊之类；或调声诗以比琴瑟，或讲究律吕大指。皆可。如有年长不习举业、愿来学乐歌诗者，许与诸生同事。
>
> 凡正月元夕为岁始，腊月大傩为岁终，亦许会饮于社。教读制相戒之词，以见无已太康之义。或令童生歌《七月》之诗一阕，或习士相见礼，或行投壶礼，或行乡射礼。务在雍容揖逊，敦崇古雅。须用歌咏劝酬，使人观感，不得酣唱邪曲，演戏杂剧，以导子弟未萌之欲。
>
> 每月朔望，先一日晚……次日放假，或于放假日演习诸礼，或听审音乐，或仿释奠之乐以舞勺，或仿干戚之制以舞象，务养其耳目血脉，使温醇恭敬，不至拘迫。彼必乐于听从，而无嬉戏逃避之事。[1]

《泰泉乡礼》成书之后，被称为"医世良药"，尤为广东所重，几至家喻户晓（嘉靖《广东通志》卷40《礼乐志五·乡礼》）。《四库全书总目》云："佐之学虽恪守程朱，然不以聚徒讲学名，故所论述，多切实际。"且

① 黄佐：《泰泉乡礼》，见永瑢、纪昀等：《文渊阁四库全书》第142册，上海：上海古籍出版社，2003年，第594、595、597、599、600、618、619、646、661、662页。按：《泰泉乡礼》卷3对魏校的社学榜文、谕民文多有采引。

谓《泰泉乡礼》一书，"深寓端本厚俗之意。……大抵皆简明切要，可见施行，在明人著述中犹为有用之书"①。

复兴礼乐，是儒家学者的理想。他们或独善其身，或兼济天下。地方文献中也有不少这方面的记载。《粤大记》记陈激衷"字元诚，南海人。行不疾趋，容无遽色。少为郡庠生，释奠革佾，遂善歌《鹿鸣》诸诗，声若出金石，闻者乐之……后激衷中壬午乡试，教谕邵武之泰宁，与诸生朔望习礼，束脩馈遗，皆不受。晋国子助教。弃官归，益贫窘。献夫时延之谈论，鼓琴雅歌。及卒，与献夫祀于乡贤祠"②。嘉靖《增城县志》卷18《杂志·漫谈类》也记载有善琴男子，"一鼓而心和，再鼓而形和。三鼓而天地和，骎骎乎凤翔兽舞矣"。"粤有好古君子，慨然有志于先代之礼。乃变其服为深衣大带，缁冠绚綦，乃变其器为牺尊兕觥、笾豆簠簋，乃变其饮为揖让升降，终日百拜。一日设席，延其素所游者而试观礼……"③

这些以"淑人心、正风俗、扶世教"自任的广东学者认为，"天下风俗美恶存乎人，人之贤否存乎教"④，对礼乐的推广不遗余力。湛若水《新论》云："礼也者，履也。乐也者，乐也。礼以履之，使民无邪行。乐以乐之，使民无邪心。无邪行则风俗可得而正也，无邪心故祥瑞可得而格也。后世礼既坏，则民无所履，故手足莫措。乐既崩，则民无所乐，故怨咨日生。"他向往的世界，"食足，善心生，伦理明，风俗厚，礼乐兴，和气致，天地泰，万物若"。湛若水亦将礼乐付诸家乡建设。洪垣为湛若水撰墓志铭，谓其退休后，"甲辰（嘉靖二十三年）行乡约，立约亭于光华里"（《湛甘泉先生文集》卷2、卷32）。据朱鸿林的研究，应该是嘉靖十九年（1540年），75岁的湛若水致仕回乡，在增城沙贝村与伍克刚创设沙堤乡约，其中每年四次聚会的仪式就包括燕礼、乐歌。这或许对当地产生了一定影响："增城的乡饮酒礼，由（明代）专重诰律变为（清代）兼备歌诗燕饮，和沙堤乡约的仪节很见接近。"⑤

---

① 永瑢、纪昀等：《文渊阁四库全书》第1册，上海：上海古籍出版社，2003年，第461页。

② 郭棐著，黄国声、邓贵忠点校：《粤大记》卷14，广州：中山大学出版社，1998年，第386、387页。

③ 《天一阁藏明代方志选刊续编》第65册《嘉靖增城县志、嘉靖德庆州志》，上海：上海书店出版社，1990年，第555、564页。

④ 陈献章：《程乡县社学记》，见孙通海点校：《陈献章集》（上），北京：中华书局，1987年，第31页。

⑤ 朱鸿林：《明代嘉靖年间的增城沙堤乡约》，载《燕京学报》2000年第8期。

（四）小结

上文描述的明代广东的戏禁和乐教现象，是中原传统文化传播和地方性建构以及本土文化兴起过程中的一个片段。雅与俗的争锋、消长和互动，是中国文艺发展史上的常态。当我们研究明代的戏曲和音乐情况时，一些非中心地区，一些戏曲、音乐以外的因素，也是值得注意的。

明前期的广东在全国来说属于一个边缘省份，文化基础相对薄弱，本地戏曲、音乐尚处于孕育萌芽状态，以接收外来戏班剧种和声腔音乐为主。有明一代，根据《中国曲学大辞典》统计，目前所知，有作品或记载的广东曲家不过 5 人，作品极少。① 但是，入明以后，在政治建制上，广东成为十三行省之一，人文学术也崛起岭南，光照四方② ，先后出现丘濬《大学衍义补》、湛若水《圣学格物通》等有影响力的著作，以及陈献章、湛若水等理学家，黄佐、郭棐等史学家，"南园五子""南园后五先生"等文学家。"在崛起的过程中，伴随着一种岭南意识。这种意识源于明代广东才俊敏于'岭南山川之气独钟于物不钟于人'之说与明代广东人文之高涨。"③ 这样一种文化意识甚至文化焦虑，作为一种深层次的思想暗流，与朝廷和地方的文化政策同步共流，推动了礼乐教化在岭南的传播，并在上述的乐律研究、学校④ 、乡约建设等方面得到体现和发扬。与倡雅乐、扬正声并行的移风俗、斥淫曲，在一定程度上也影响了广东地区戏曲的生存状态和发展轨迹。

但是，从现实效果来看，明代广东的戏禁并不能持久，也无法长期地深入，民间戏曲活动依旧蓬勃地发展。一些地方剧种、本地文化也正是在此际开始萌生，戏禁不过是戏曲发展史上的一段插曲，禁毁戏曲逆流中的一个缩影。传统的乐教虽然不乏来自官方和士人的支持和传承，但仍以其曲高而和寡，不得不停留在书斋和庙堂之间，成为一种文化空间甚至文化理想。这种情况是雅俗文化对立局面的必然。这种对立，也是两种文化命名、存在且共存的原因之一。

---

① 参见齐森华、陈多、叶长海主编《中国曲学大辞典》，杭州：浙江教育出版社，1997 年。

② 屈大均曾谓广东文明"始然于汉，炽于唐于宋，至有明乃煋于四方焉"。见屈大均著、李育中等注：《广东新语注》卷 11，广州：广东人民出版社，1991 年，第 280－281 页。

③ 高建旺：《岭南意识的勃发——以明代广东作家为考察对象》，载《山西师大学报》（社会科学版）2007 年第 2 期。

④ 宋德华先生认为，广东书院保持了礼乐的传统。一直到康有为创办的万木草堂都有歌舞祀孔仪式和各种礼乐器。甚是。参见康有为《我史》、梁启勋《万木草堂回忆》等。梁启超《南海康先生传》所记长兴学舍学纲亦将乐作为"德育也属智育"。本部分初稿亦得张卫东先生教正。

三、家风家教：传统文化的岭南呈现

天下之本在国，国之本在家。家风，以各种族谱家谱、家规族训、文物文献、言传身教、民风民俗为载体，体现为一个家族或家庭内部，组织化、代际化、有序传承的思想品德和行为规范。岭南家风源于传统儒家文化，包括忠孝爱国、崇文重教、勤奋自强等内容。它们传递着岭南人民的历史经验、生活智慧，也是中华民族共有的、重要的人文精神。

（一）忠孝爱国

忠孝精神，是岭南家风非常重要的内容。

南宋名臣、广东番禺人李昂英为官廉直，多次抗疏及弹劾贾似道等权臣。曾作《送演侄三首并序》，教导即将赴任的侄子尽职尽责、不坠家声以"警之"。诗曰："少年政要识艰难，受国恩深早一官。著力莫孤先世望，从头细把《四书》看。金兰益友真同志，菽水慈亲曲尽欢。学取老夫穷意思，免教人指裤缡纨。"[1] 明代增城湛若水孝亲尊师，平生足迹所至，必建学院以祀其师陈献章。晚清曾任刑部尚书、军机大臣、协办大学士的南海人戴鸿慈爱国爱乡，甲午战争时力主抗日，累劾李鸿章误国，也曾为广东百姓呼吁减赋禁赌。他与兄弟总结的《戴氏家训格言》中记述其父戴其芬的家训"做好人"曰："忠臣孝子，为世间第一好人。勉斯二者，其余不难矣。"戴鸿慈的"自省语"要求"首尽孝道"："孝之大端，曰立德、曰承家、曰保身、曰养志。其间贫富不齐，财力各异，要当随分随力，尽所当尽，使亲有慰悦心，勿使亲有觖望心。孝为百行之原，舍此不务，万善皆虚，自宜激发天良，勉图报德。"[2] 广东各地家训、族规等也都以忠孝作为重要内容。清南海大桐《程氏家训》曰："敦孝弟：孝以事亲，弟以事兄，亲乃生身之本，兄乃骨肉之亲，凡人孩童，无不知爱其亲；及其长，无不知敬其兄，此固天性之良也……要之，孝悌于五伦为最重，人之所以常伸于天地之间者，恃此孝悌也。"[3] 东莞梁氏崇桂堂家规的第二条鼓励子弟"尊祖敬宗""忠孝节义"，第三条谓："孝弟为百行之原，各宜自尽其力，且听父兄教训。"广州黄氏纯渊堂族规说："子弟有得罪父母尊长及为盗窃，经本人

---

① 李昂英撰、杨芷华点校：《文溪存稿》，广州：暨南大学出版社，1994年，第165页。

② 陈恩维、吴劲雄编著：《佛山家训》，广州：广东人民出版社，2016年，第342、343页。

③ 陈恩维、吴劲雄编著：《佛山家训》，广州：广东人民出版社，2016年，第327页。

亲属投明绅耆族众者，集祠责处革胙。"① 番禺茅冈周氏家规开篇提出"敦孝弟以重人伦"。《规族约言》有："敦行孝弟：夫孝弟者，天之经、地之义、人之纪、民之行也。不孝不弟谓之悖德，悖德者不祥。至孝至弟，谓之顺德，顺德者吉昌。尧舜之道，孝弟为先。圣贤之教，孝弟为首。敦行孝弟，万化根源，愿吾宗族各期勉勖。""教训子孙"条要求"教之孝弟"，说："教之孝弟，则民兴行；教之道艺，则民知德；教之礼义，则民与让；教之诗书，则民兴学。可以保身家，可以光宗族。"②

客家老屋往往有楹联、堂联。深圳龙华区浪口村吴氏宗祠联曰："忠肝义胆齐天壮，忠厚人情义吉祥；忠良济世赢天下，忠诚信实耿流芳。""孝经开宗明义宣，孝道是还父母恩；孝子贤孙报祖德，孝感动天福寿全。"③客家地区"人必有家，家必有谱，谱必有训"，往往包含忠于国家、遵守礼法、尊祖敬长、孝悌友爱、耕读传家、勤俭立业等内容。广东曲江江湾《涂氏族谱·家训》第一条《孝父母》说："父为天，母为地，恩情罔极。人伦不孝敬父母，即为天地之间罪人，是为忘本，与禽兽何异？羊有跪乳之恩，鸦有反哺之义，人而不孝，则禽兽不如矣，可不勉哉！"梅州的各大姓氏都有自己尊崇的开基祖公，开基祖公定下家规，由宗族的族长或乡绅等主持实施，其中很多就将"孝"（爱父母，报亲恩）和"忠"（爱国家，报国恩）作为首要要求。如韶关翁源莲花汾阳堂《郭氏族谱》里《郭氏家训》的引言，就有"尊卑有序，长幼有别""子孙谦恭，孝敬无阙"的要求。家训第一条即为《孝父母》："人非甚不肖，未有显然不孝父母者，然或阳修承顺之文，中鲜爱敬之实，此愈于不孝有几。吾所谓孝，内尽其诚，外竭其力，父母在，则委曲养志，父母殁，则哀慕终身。既以自责，兼以望族人尔。"第二条《笃友恭》说："父母者，身之本也；兄弟者，同气连枝人也。兄弟讲友恭，则一家和。一家和，则父母顺。和顺之气满庭帏，家道有不日昌者乎。"这说明，兄友弟恭，也是孝。始兴晋阳堂《唐氏族谱·晋阳家训》有："三、孝顺父母：孝为百行之原，身为父母所出。人子倘不及时供奉，膝下瞻依，迄至终天抱恨，罔极生悲，晚矣。试问椎牛祭

① 上海图书馆编，陈建华、王鹤鸣主编，周秋芳、王宏整理：《中国家谱资料选编》8《家规族约卷》上，上海：上海古籍出版社，2013年，第269、380页。

② 上海图书馆编，陈建华、王鹤鸣主编，周秋芳、王宏整理：《中国家谱资料选编》8《家规族约卷》下，上海：上海古籍出版社，2013年，第570-571页。

③ 深圳市大浪浪口股份合作公司编著：《浪口村史志》，2016年；同胜客家编纂委员会：《同胜客家》，厦门：厦门大学出版社，2017年，第120页。

墓，何如鸡豚逮存乎？"① 梅县雁洋叶氏族谱开篇即谓："孝顺父母、友爱兄弟、尊敬长上、和睦乡里、各安生理、无作非为、早完课税、择配婚姻、敬慎祭扫。"王姓家训第一条就是"先国家"，教育子孙后代要胸怀天下，为国尽责。卢氏家训强调"敦孝悌、笃宗族、和乡党、重农桑、尚节俭、崇正学"，以此教育后人。胡氏家训规定"钱粮为国家正供，自应递年完纳，不得拖欠"，还提到"荣辱相关利害相及，忠义为重，财帛为轻"，强调履行社会责任，承担国家义务。孙氏家训有："能行忠与孝，福禄万年深。"②

忠孝教育，内涵是修身、齐家、治国、平天下的儒家理想，也是青少年积极进取、成才立业的现实路径。在这样的家风家教影响下，培养了许多国家栋梁，广东梅县籍爱国诗人黄遵宪即为其一。他从小受到传统文化的熏陶，直接抚育黄遵宪的曾祖母李太夫人是翰林李象元的裔孙，治家甚严。她非常重视后辈的教育，黄遵宪"甫学语，即教以歌诗"③："牙牙初学语，教诵《月光光》。一读一背诵，清如新炙簧。三岁甫学步，送儿上学堂。"④ 其父黄鸿藻，任广西思恩府知府时修书院、劝农桑，"以儒术饬吏治""然处脂膏不能自润，官粤西十年，卒之日，余囊不及三百金"⑤，非常廉洁。母亲吴氏为庠生吴词英之女，入门后"十数年如一日"侍奉黄遵宪老病的曾祖母饮食起居，"贤且孝"⑥。寇乱后，黄遵宪父亲俸禄微薄，母亲典卖簪珥，治地一畦，杂种蔬菜；又养鸡养猪，晨锄夕饲，"身亲其业，以为劝率"。"当是时也，家无弃材，人无游手，堂皇庖湢，必整以饬"，"更以余财周恤窭乏，而人皆忘其贫矣。"时黄遵宪辈均已长成，"顾专令读书，不许问家人生产。偶请其节劳，则笑应曰：'我乐此，不为疲耳。'"⑦

<hr>

① 苗仪、黄玉美：《韶关族谱家训家规集萃》，广州：暨南大学出版社，2018年，第147、143、144页。

② 梁德新：《客家家训与客家精神的关系》，见刘小彦主编：《第四届石壁客家论坛论文集》，福州：福建教育出版社，2016年，第89页。

③ 黄遵宪：《曾祖母吴太夫人述略》，见黄遵宪著，吴振清、徐勇、王家祥编校整理：《黄遵宪集》下，天津：天津人民出版社，2003年，第623页。

④ 黄遵宪：《拜曾祖母李太夫人墓》，见黄遵宪著，吴振清、徐勇、王家祥编校整理：《黄遵宪集》上，天津：天津人民出版社，2003年，第167页。

⑤ 黄遵宪：《先考思恩公述略》，见黄遵宪著，吴振清、徐勇、王家祥编校整理：《黄遵宪集》下，天津：天津人民出版社，2003年，第626页；吴天任：《黄公度先生传稿》，香港：中文大学出版社，1972年，第17页。

⑥ 黄遵宪：《拜曾祖母李太夫人墓》，见黄遵宪著，吴振清、徐勇、王家祥编校整理：《黄遵宪集》上，天津：天津人民出版社，2003年，第167－168页。

⑦ 黄遵宪：《先姚吴夫人墓志》，见黄遵宪著，吴振清、徐勇、王家祥编校整理：《黄遵宪集》下，天津：天津人民出版社，2003年，第622页。

良好的家风和读书环境，为黄遵宪日后成才打下了坚实的基础。

梁启超家族"自始迁新会，十世为农"，"至先王父教谕公（梁维清），始肆志于学"，开创了谨严的家风。梁维清两岁时，生母就去世了。长大后，他一面刻苦耕读，考中秀才；一面尽心侍奉继母和庶母，以孝悌名闻乡里。其父去世后，梁家兄弟八人分家，有人说梁维清是嫡子，应该多分，这也符合当时的情理。但是梁维清不听，"率与继母庶母子均，人多诵之。"他"勤俭朴实，其行己也密，忠厚仁慈，其待人也周，其治家也严，而训子也谨，其课诸孙也详而明。"梁启超从小生活在祖父身边，他的人格和一生事业，秉承其祖父的教诲和感化甚多。①

新会距离崖山不远。梁维清经常讲述"亡宋亡明国难之事"，教其"古豪杰哲人嘉言懿行"（《三十自述》），"以宋明儒义理名节之教贻后昆"，传授爱国思想。"每月朔必率子孙瞻祠宇，谒祖先，遇家讳则素服不饮酒，不食肉，岁以为常。"② 家乡北帝庙有忠臣孝子图，梁启超弟弟梁启勋记述："上元佳节，祖父每携诸孙入庙，指点而示之曰：'此朱寿昌弃官寻母也，此岳武穆出师北征也'，岁以为常。高祖毅轩之墓在崖门，每年祭扫必以舟往，所经过皆南宋失国时舟师覆灭之古战场……舟行往返，每与儿孙说南宋故事，更朗诵陈独漉'山木萧萧'一首，至'海水有门分上下，关山无界限华夷'，辄提高其音节，作悲壮之声调，此受庭训时之户外教育也。"③

梁启超六岁后就父读。其父梁宝瑛，仁慈方正，热心乡里，淑身济物，奉行"忠恕"。他得传家学，少亦治举子业，后教授于乡，梁启超和诸从弟"自幼皆未尝出就外傅。学业根柢，立身藩篱，一铢一黍，咸禀先君子之训也"。梁宝瑛严守家风，"取予之间，一介必谨。自奉至素约，终身未尝改其度"。梁启超等"每劝勿太自苦，辄教以家风不可坏"，担心"后辈之流于淫佚"④。他对梁启超的要求极高。梁启超《三十自述》回忆道："父慈而严，督课之外，使之劳作，言语举动稍不谨，辄呵斥不少假借，常训之曰：'汝自视乃如常儿乎？'至今诵此语不敢忘。"梁启超母亲赵氏，据梁仲策《高祖以下之家谱》记载，"以孝贤名"。她"终日含笑"，教梁启超读书识字，但原则绝不放过。梁启超在《我为童子时》一文记载："我家之教，凡百罪过，皆可饶恕，惟说谎话，斯断不饶恕。我六岁时，不记因何

①　丁文江、赵丰田编：《梁启超年谱长编》，上海：上海人民出版社，2009 年，第 6 页。
②　丁文江、赵丰田编：《梁启超年谱长编》，上海：上海人民出版社，2009 年，第 5、6 页。
③　梁启勋：《曼殊室随笔》"史论"二七，上海：正中书局，1948 年，第 242 页；丁文江、赵丰田编：《梁启超年谱长编》，上海：上海人民出版社，2009 年，第 5 页。
④　梁启超：《哀启》，见梁启超：《梁启超全集》5，北京：北京出版社，1999 年，第 2920 页。

事，忽说谎一句。所说云何，亦已忘却，但记不久即为我母发觉，……晚饭后，我母传我至卧房，严加盘诘。……我母温良之德，全乡皆知。我有生以来，只见我母终日含笑，今忽见其盛怒之状，几不复认识为吾母矣。我母命我跪下受考问，……力鞭十数。我母当时教我之言甚多。……我母此段教训，我至今常记在心，谓为千古名言。"从这些事迹，可见梁启超承于父母的人格和教诲是如何之大了。①

梁启超所受的家庭教育，将个人、家庭与国家联系在一起，体现了"家国一体"的传统理念、精诚进取的淑世情怀。在《论幼学》中，他指出当时教育的弊病，在于许多乡塾学究本身没有远大的目光和宏阔的视野、高尚的人格，培养不出优秀的人才："中国四万万人之才、之学、之行、之识见、之志气，其消磨于此蠢陋野悍、迂谬猥贱之人之手者，何可胜道，其幸而获免焉者，盖万亿中不得一二也。"②梁启超的优良家风、忠孝教导，培养了他的爱国之心、报国之志，成为他一生为国家奋斗、为民族崛起的起点。他同样把爱和爱国的精神给了他的孩子们，所以他的儿女均以爱国报国为志，勤奋自励，成为各个行业的佼佼者。

（二）崇文重教

岭南居于南隅，开发较晚，而且山林集茂，古来被视为烟瘴苦地。但岭南并非文化沙漠。秦征南越，将中原文明带到岭南。南越国吸收了大量的汉文化，到汉武帝时期，汉文化已成为岭南文化的核心内容，汉文字全面普及，对内对外交流兴盛，制度文化健全与完善，儒家思想得到传播。汉武帝平定南越后，在岭南设置太学，番禺人邓宓、浈阳人何丹在当地举秀才，任官职。东汉以后，官学、私学开始建立，加上各个时期移民和他们带来的文化，"流风遗韵，衣冠习气，薰陶渐染，故习渐变，而俗庶几中州"③。唐代，韶州曲江人张九龄主持开通大庾岭，"兹路既开，然后五岭以南之人才出矣，财货通矣，中朝之声教日远矣，遐陬之风俗日变矣"④。据统计，按今天的各省统计，明代广东共建书院217所，在当时全国排名第二，仅次于江西省。⑤

明清以后，邱濬、陈献章、湛若水、黄佐、陈澧等著名学者，以及德

---

① 丁文江、赵丰田编：《梁启超年谱长编》，上海：上海人民出版社，2009年，第7-8页。
② 梁启超：《哀启》，见梁启超：《梁启超全集》5，北京：北京出版社，1999年，第34页。
③ 黄佐：《广东通志》上，卷20，广州：广东省地方史志办公室，1997年，第498页。
④ 邱濬：《唐文献公开大庾岭路碑阴记》，见屈大均辑、陈广恩点校：《广东文选》上，卷12，广州：广东人民出版社，2008年，第570页。
⑤ 宗韵主编：《中国教育通史8 明代卷》，北京：北京师范大学出版社，2013年，第481页。

庆学宫、揭阳学宫、番禺学宫、春阳台、白沙书院、学海堂等的建立，不断推进岭南的文化教育和学术自信。嘉靖九年（1530 年）出按广东的御史吴允祥在广州粤秀山创办白沙书院，说："凡教化之事，有征信易从者，莫如乡先生。若乡先生白沙陈公者，为我明正学之宗。天下后世犹将诵其诗、读其书而尚论之者，而况其流风余韵尚存乡里后生耳闻目睹亲炙者哉！"①时"白沙陈文恭公者出，超然自得，其学虽出于吴康斋而别为一家，粤中学统，殆莫之或先也。白沙授之甘泉，其门户益盛，受业著录四千余人，当时称为广宗。同时与阳明分讲席，当时称为浙宗。终明之世，学统未有盛于二宗者，而河汾一辈之学，几至遏而不行"②。

　　以"省尾国角"的潮州来说，唐代韩愈"刺潮八月，兴学范民"③；宋代以后，潮州经济文化发展迅速，已是"风物冠南方"④。前来潮州的有陈尧佐、袁琛、赵鼎、丁允元、吴潜乃至苏轼、周敦颐、朱熹等名士大家。各类学校纷纷建立，潮州不仅有州学、县学，还创办了韩山、蓝田、濂溪、得全、元公等书院。士子吟诵讲习，蔚然成风。据嘉靖《潮州府志·选举志》载，潮州府在宋代一共有 139 人登进士第，为全省之最。"去京华万里，化蛮烟瘴雨，胥泽诗书，从此遂称名郡。"⑤

　　"地瘦栽松柏，家贫子读书。"浓郁的学习气氛，包括家庭环境、言传身教、耳濡目染。据学者隗芾调查，潮汕地区民间建筑常见各种对联、格言、家训、二十四孝图等，例如："一粥一饭，当思来处不易；半丝半缕，恒念物力维艰"（朱柏庐《治家格言》）；"恩欲报，怨欲忘；报怨短，报恩长。"（《三字经》）"书到用时方恨少，事非经过不知难；少壮不经勤学苦，老来方悔读书迟；学如逆水行舟，不进则退；心似平原跑马，易放难收。"（《幼学琼林》），还有《文昌帝君真陟文》《省分箴》等以教育子女。哄孩子睡觉，唱《摇篮曲》："初三月，月如眉，手荡摇篮去又来。阿奴阿奴猛猛睡，阿妗带你上瑶台。上了瑶台见李白，教你做诗当秀才。"乡村祠堂的墙上，画着二十四孝图，大人经常给孩子讲这类故事；家族拜神祭祖时，

---

　　①　湛若水：《白沙书院记》，见嘉靖本《甘泉先生文集》内编，第 14 卷，第 29 页；黎业明：《湛若水年谱》，上海：上海古籍出版社，2016 年，第 179 页。

　　②　全祖望：《端溪讲堂策问一》，见《鲒埼亭集》外编卷 50，上海：商务印书馆，1936 年，第 1451 页。

　　③　明潮州府知府王源撰《增修韩祠记》。见陈梅湖主纂、陈端度协纂：《岭东道·惠潮嘉道职官志·韩公愈治潮州事迹》，太原：山西百花印刷有限公司，2012 年，第 475 页。

　　④　杨万里：《揭阳道中》，见杨万里撰、辛更儒笺校：《杨万里集笺校》第 2 册，北京：中华书局，2007 年，第 891 页。

　　⑤　清道光海阳知县史朴题韩文公祠正堂柱联。见谢逸主编：《潮州市文物志》，潮州市文物志编写组，1985 年，第 6－29 页；潮州市韩愈纪念馆编：《韩祠雅集》，1998 年，第 8 页。

也抱着孩子观礼受教育。往祖宗龛里放祖先牌位时，由族里最高辈分的老人点红；老人点红的时候，脚下要坐两个最小的孩童，代表全族老少。这样的孩童长大了，自然知道长幼尊卑的道理①，传统也传承有序。

浓厚的文化环境，孕育出饶宗颐这样学贯中西的大家。其父饶锷曾是上海法政大学的学生、南社成员，既是商人、钱庄老板，又是当地的大学者，他的古文宗法桐城，著有《〈佛国记〉疏证》《汉儒学案》《潮州艺文志》等，还准备写《清儒学案》。② 饶锷建有"天啸楼"，藏书十万计，包括《古今图书集成》《四部备要》《丛书集成》等大型书籍。饶宗颐伯父是画家、收藏家，收藏的拓本、古钱多达数千种。饶宗颐自述其学术道路时，认为父亲和家族的影响，以及幼时家族中丰富的文物文献为其在学术上的成功打下了坚实的基础："我小时候，只是成天沉浸在书籍古画之中，几乎可以一个人一整天呆在书楼画室里。但我从未感到孤独过。""可以想见，我小时候成天就接触这些东西，条件是多么好！现在的大学生，毕业了，都未必有我六七岁时看到的东西多。""我在跟杨先生习书画前，就已经画了很久。这也是我的条件好，看见的拓本碑帖多，6 岁就在我家开的一个画馆里画着好玩，在伯父那里画山水、临帖，也是好玩。没有人逼着我做这些。我只是生活在那样一种触目皆宝的环境里。"饶宗颐因此形成了自学的习惯，中、英文，古书新书，无不通览。③

在家庭的熏陶和自由的读书学习之中，以及后来"国难当头"的形势，培养起饶宗颐独立的思考、深炽的情怀。他曾学老杜，"有感而发"，写《北征》、"三吏""三别"一路的诗歌。他很敬仰潮州先贤薛侃、郭子奇，说："我觉得青少年时期推崇怎样的人，对一辈子的为人行事都会有很深影响的。这两个人，一个是薛侃，一个是郭子奇，他们的年谱，都是我 20 岁以前就确定一定要做的。"他表彰薛侃，是因为"先生之学，有入门，有归宿；一生气魄，百折不回"。"这种人格、这种气魄，我是非常佩服感动的，觉得一定要表彰出来。《郭子奇年谱》是我 20 岁时撰成的。他是明代崇祯元年中的进士，永历四年时官至礼部尚书，是晚明柱擎南天之重臣。清人俘虏他以后，许以高官厚禄，他坚决拒绝，慷慨成仁，从容就义……我要

---

① 隗芾：《他乡遇故知·潮汕文化综论》，汕头：汕头大学出版社，2011 年，第 83－84 页。
② 饶宗颐述，胡晓明、李瑞明整理：《饶宗颐学述》，杭州：浙江人民出版社，2000 年，第 1－2 页。
③ 饶宗颐述，胡晓明、李瑞明整理：《饶宗颐学述》，杭州：浙江人民出版社，2000 年，第 1－8 页。

提出来，对这样忠贞刚毅的爱国情操，一定要表彰出来。"①

崇文重教之风，遍及岭南。东莞梁氏崇桂堂家规的第一条强调书香世家身份，要求子孙勤奋向学："风俗为观化之原，族中子姓各宜敦伦尚学，跻于淳美，使乡拟郑公知名，里有鸣珂之盛，方不失为乡贤世胄、科第名家，以共于光天化日中也。"② 梅州儿歌有："月光光，月娃娃，驮根竹子钓蛤蟆，蛤蟆背上一本书，送锦哥哥去读书，读又读唔出，打哥哥屎壳。""蟾蜍罗，背驼驼。不读书，无老婆"③，教育小孩好好学习。客家俗谚有："养崽要读书，作田要养猪。""要想食肉就养猪，要想出息就读书。""学问学问，勤学好问。""补漏趁天晴，读书赶少年。""后生不肯学，老来没安乐。""子弟不读书，好比没眼珠。""读十遍，不如抄一遍。""要学惊人艺，须下苦功夫。"④ 梅州宋氏族谱内《白渡宋氏伯渊公裔人物传》以书香门第自豪："我白渡宋家自十世族伯渊公肇始，瓜瓞绵延，裔孙昌盛；礼义传家，民风淳厚；崇文尚武，科第连绵。历经六百余年，可谓英才辈出，代不乏人，光前裕后。"⑤ 韶关始兴晋阳堂《唐氏族谱》记载的《晋阳家训》中有："勤读诗书：学乃身之宝，儒为席上珍。从来学不负人，惟人误学耳。诚能足三余，惜分阴，学底纯粹，工造精微，云烟生于满纸，笔阵扫乎千军。我盛朝隆儒重道，何患高爵厚糈不为尔勒，紫袍金带不为尔加耶。"⑥

（三）勤奋自强

自力更生，勤奋踏实，是中华民族的传统美德，也是岭南许多家规族谱的常见要求。清南海大桐《程氏家训》曰："务本业：士农工商四民，各有本业，我族派出伊阳，历来诗书相继，凡族之秀者，各宜勉励读书，以为显扬之地。或有品质顽钝者，又必使之力农工商以务本业。若非读非耕，游手好闲，将来流弊，不知伊于何底矣！"意思是，希望子孙好好读书，出人头地。如果不能，耕田、做工、经商也可以，但不允许非读非耕、游手

① 饶宗颐述，胡晓明、李瑞明整理：《饶宗颐学述》，杭州：浙江人民出版社，2000年，第8–9页。

② 上海图书馆编，陈建华、王鹤鸣主编，周秋芳、王宏整理：《中国家谱资料选编》8《家规族约卷》上，上海：上海古籍出版社，2013年，第269页。

③ 司徒尚纪：《广东文化地理》，广州：广东人民出版社，1993年，第400、401页。

④ 冯秀珍：《客家文化大观》中，北京：经济日报出版社，2003年，第413页。

⑤ 广东梅县白渡宋氏伯渊公谱编纂委员会编印：《梅县白渡宋氏伯渊公谱》，2010年，第312页。

⑥ 苗仪、黄玉美：《韶关族谱家训家规集萃》，广州：暨南大学出版社，2018年，第145页。

好闲。顺德《桂洲胡氏第四支谱家训十则》提出"保先业"，要求子孙"夙兴夜寐、不陨先业"，不能"逸豫失之"。其方法是要"事诗书"，"慎无闲过白日"；要"勤治生"，"勿以明农为嫌，勿以商贾为耻，苟能居积致富，则礼义可兴，亦足克振家声，勉之勉之!"①韶关翁源莲花汾阳堂《郭氏族谱》中家训也有"七、勤职业：国有四民，各专一业，业之不勤，与无业等。凡我子孙，务宜随分尽力，黾勉厥事，慎勿嬉游浪荡，流为匪民"②。

家训中，家长往往以切身经历，强调勤奋努力的重要性。理学大家陈献章告诫子弟说："人家成立则难，倾覆则易。""人家子弟才不才，父兄教之可固必耶？虽然，有不可委之命，在人宜自尽。"湛若水用大禹、周公"坐以待旦，惜寸阴"的精神来"勉勤励"，说："吾未见有好睡成人成家者。朱文公平生未有不鸡鸣起者，吾窃效之，亦平生未有不迟睡早起者。吾往在南监祭酒，公务人事颇多，欲编《格物通》书，必三鼓乃睡，鸡鸣即起，从事于三年，乃成书一百卷，又成《诗教》三册，若早眠晏起，岂能成事？尔子孙辈，宜法吾之勤，鸡鸣即起，百事可理也，念之念之!"近代思想家梁启超鼓励子女吃苦，鼓励他们在艰苦的环境锻炼自己。曾书致梁思忠："你想自己改造环境，吃苦冒险，这种精神是很值得夸奖的，我看见你这信非常喜欢。你们谅来都知道，爹爹虽然是挚爱你们，却从不肯姑息溺爱，常常盼望你们在苦困危险中把人格能磨练出来。"《给孩子们书》勉励"人人发挥其个性之特长，以靖献于社会"，"埋头埋脑做去"，"一面不肯骄盈自慢，一面又不可怯弱自馁，尽自己能力做去，做到哪里是哪里，如此则可以无入而不自得，而于社会亦总有多少贡献"。③

孙中山是广东香山人，一生为革命奋斗。他教诲子女读书、自立，并以身作则。孙科在《八十述略》中说，自己当年求学的时候，"功课原已十分紧迫，加上办报和演讲等工作，一天到晚，忙个不停"，但父亲孙中山仍然"不时从各地寄来一大包一大包的书籍要我阅读。如果他在南洋一带旅行，寄来的几乎全是我国的线装书；到了欧美，便寄英文的各种名著来。"即使孙科已经毕业，孙中山仍常寄书，与他交流心得，甚至要求孙科译书。1918年7月26日孙中山函谓："父近日热病初愈，经已起手著书，或于数月后可成一书也。儿有暇当从事于译书、读书，或从事于实地考察种种学问，切勿空过时光。盖出学堂之后，乃为求学之始也。林子超先生回粤，

---

①　陈恩维、吴劲雄编著：《佛山家训》，广州：广东人民出版社，2016年，第327、335页。

②　苗仪、黄玉美：《韶关族谱家训家规集萃》，广州：暨南大学出版社，2018年，第143页。

③　广东省人民政府地方志办公室编：《广东家训选编》，广州：广东人民出版社，2019年，第12、15、130－133页。

父交他带回新购之书十本，若汝已有此种书，便可将重复者寄回上海，以便交回书店可也。父近日由日本洋书店定购数百种新书，现尚未付到，倘付到时，再当寄一书目过汝，汝要看何种，可由邮局转换寄来。汝日前与我之《宗教破产》一书，殊为可观。父自读 Dr. White's War of Science and Theology 之后，此书算为超绝矣。其学问考据，比 White 氏有过之无不及。父看过后已交孙夫人看，彼看完再传之他人矣。近日父得阅一书为 Cell Intelligence the Cause of Evolution，其思想为极新，驾乎近时学者之上。待孙夫人看完，我当寄来汝，汝可译之，亦可开中国学者之眼界也。"[1] 1925 年 3 月 11 日的家事遗嘱说："余因尽瘁国事，不治家产……余之儿女已长成，能自立，望各自爱，以继余志。"[2] 苦读、自立、奋斗，是孙中山作为父亲对儿女的期望，也体现了岭南人坚忍不拔、自强不息的奋斗精神。

由于中华民族世代传承的勤劳美德，也由于岭南人多地少，资源不足，均将勤俭视为兴家立业之本。宋时曾任潮州刺史的彭延年，原籍江西庐陵，子嗣衍于潮州、丰顺等地，他定的家训说："士农工商，各勤其事……乐士敬贤，隆师教子。守分奉公，及人推己……务勤俭而兴家庭，务谦厚而处乡里"[3]，要求孩子们勤俭踏实，积极努力。潮汕俗语有"有惰人，无惰田""俭食赢力赚""积少成多，唔积全无""天晴着预落雨米"等说法。学者林伦伦从方言谚语角度分析"勤劳为荣，懒惰为耻"的心态："铜钱出苦坑"，意思是金钱是用艰苦的劳动换来的；"白饭好食田着作"，有"不劳动者不得食"的意思；"力食值，惰食涎"，意思是说勤劳的人定有收获，懒惰的人只能吃自己的口水。[4] 兴宁元宵节"吊灯"仪式，有芹菜、大蒜等各类谐音的物品，代表要勤劳、会划算。谚云："勤快勤快，有饭有菜。""懒懒惰惰，受冻受饿。""男要勤，女要勤，三餐茶饭唔求人。"

岭南人也清醒地认识到，要使家业发达，单靠勤俭是不够的，还必须具有坚忍的意志、自立自强的精神，所谓"唔系猛龙唔过江"。冼星海母亲黄苏英做过搬运工，在冼星海幼年时就经常唱码头工人的号子《顶硬上》，教他"铁打心肝铜打肺，立实心肠去捱世。捱得好，发达早，老来叹番好"。客家人"一条扁担走天下"，常常教育孩子要"坚心"（意志坚强）、"戴志气"（有人格、有理想）。谚云："唔怕路远，只怕志短。""人穷志愿

---

① 黄季陆：《敬悼孙哲生先生》，见民国史事纪要编辑委员会编：《中华民国史事纪要（初稿）》（1973 年 7—9 月），台北：民国史料研究中心，1984 年，第 435 – 436 页。

② 黄彦编：《孙文选集》下，广州：广东人民出版社，2006 年，第 644 页。

③ 丰顺子顺公系彭氏族谱编修委员会：《丰顺子顺公系彭氏族谱》，1996 年，第 32 页。

④ 林伦伦：《潮汕方言·潮人的精神家园》，广州：暨南大学出版社，2012 年，第 100 页。

高，甘愿过水唔过桥。""只有上唔去的天，有过唔去的山。""血汗钱，食得甜。不义钱，难过年。"潮汕地区一方面强调"苦功夫炼出真本事""天地补忠厚"，同时也有"家无浪荡子，官从何处来""好生破家仔，孬生耽眉（窝囊）儿""生意细细会发家""堵着正切要""行猛路，唔如搭着渡""输人唔成输阵"等俗语，要求重视机遇，鼓励子弟冒险去闯。①

向外求生存、谋发展，必须多学多能、拼搏苦斗。1992 年，赵剑在广东宁县调查时了解到，当地人教育孩子要有"三能"，即"能说、能写、能打"。"能说"，要求外出谋生时能迅速学会当地方言，尽快融入当地社会。"能写"，要求能写"状纸"，应对诉讼。"能打"，要求身怀武艺，能应对突发的各种冲突②，激励子弟不畏艰险，披荆斩棘，开拓创新。

岭南家风既是中华民族优秀文化的精髓，也是岭南人文精神的集中展现。内涵丰富、积极向上的岭南家风，培养出一代代英杰志士，铸就了岭南的辉煌，在中国历史上书写了绚丽的篇章。

岭南家风也走向海外。爱国华侨熊德龙，本是荷兰、印尼血统的孤儿，为梅县侨胞熊如淡、黄凤娇夫妇收养。养父母用中华民族的传统美德培育他，教他仁爱之心、崇尚信誉、热心事业，7 岁送他上华文学校，培养起他顽强的毅力、出色的才干。对儒学和书法深有造诣的父亲告诉他："劳动者中有朋友，不应只着眼于财产和地位的高下。"③ 母亲没有接受过正规教育，但从小给他吟唱客家山歌"月光光，秀才郎"，讲解《增广贤文》里的忠孝节义，告诉他"不能忘家忘本"。八九岁时，身无分文的母亲当掉心爱的手镯寄给家乡的老人过年的记忆，令他终身难忘。④ 熊德龙也怀着无比热烈的报恩之心，以"孝敬父母，忠义朋友，信誉事业"为座右铭，创出了一番事业，深情回报父母和祖国，仅为教育就捐款逾亿⑤，成为光宗耀祖的腾飞之龙。

---

① 王永鑫：《语言论稿》，北京：中国文联出版社，2002 年，第 220 页。

② 赵剑：《客家传统与客家商人——胡文虎经营思想的文化解读》，见何志毅、王贤斌主编：《闽商史研究》第 1 辑，北京：中国工商出版社，2013 年，第 499 页。

③ 王捷步：《侨领熊德龙博士》，见王捷步著、嘉应诗社编：《步喜楼诗文集》，梅州，2007 年，第 80 页。

④ 《百分百的中国心——熊德龙》，见李东兴、熊春寒、庞卡主编：《我心永恒》，南宁：广西人民出版社，2011 年，第 160－163 页。

⑤ 陈伟荣：《根在异邦，心系故园——记美国侨领熊德龙博士》，见中国人民政治协商会议广东省梅州市委员会学习文史委员会编：《梅州文史》第 12 辑《梅州华侨华人史料选编》，梅州，1998 年，第 77 页。

第二节 广府文化的民间性

一、天籁之声：粤讴考①

粤俗好歌。明代欧大任《百粤先贤志》记载："张买，粤人也……买少善射，知书，拜中大夫。孝惠帝时，侍游苑池，鼓棹能为越讴。时切规讽，不自言父战勋。"② 张买所唱何词，文献无载，但他使用的应该是当时已经出现了的、粤地特殊的民间歌调，并用孝惠帝能够听懂的中原音演唱。

徐松石《泰族僮族粤族考》称，越、粤二字古代通用，出于古代的越语，意义等于汉文的水，与"夷"字意同。夷指海，越人就是水上人或水滨人的意思。他还指出："古代九夷百越的分布，均在近海近江的地区，此点极堪注意。"③ 林语堂也从语言学的角度考察，认为粤、越二字通，为南部异族之通称。④ 当年的越讴，也就是相沿而下的粤地民歌，并没有随着时间流逝而消失。它们发展成为今天的粤讴、南音、木鱼、龙舟、咸水歌等种种民间歌唱形式，并在地方戏曲中得到部分留存。

许多地方文献都记载了民歌在粤地的长期、广泛流行。明嘉靖《增城县志》卷18"元宵"条记载："结彩张灯，杂以歌舞鼓吹达旦，谓之兴元宵。"⑤ 这是城乡的歌舞。《德庆州志》卷16《夷情外传》称："东西二山，猺人种类不一。负山阻谷，依木为居。刀耕火种，凿窟偷生。有砂仁、红豆、楠漆、黄藤之利，无甚积畜。居亦无定，食尽一方辄复移去。其配合多因赛神。男女聚会唱歌，适意而成……击长鼓，歌舞吕为乐。"⑥ 这是山林的歌舞。嘉靖《广东通志初稿》卷18载："议者曰：俗杂华夷，猺獠梗化，衣冠人物甲中州矣……愚冈之黔，喜歌舞。"又说："广音柔而直，颇

---

① 原载《岭南文史》2014年第4期。

② 欧大任撰，刘汉东校注，孙顺霞、孔繁士合校：《百越先贤志校注》，南宁：广西人民出版社，1992年，第19－20页。

③ 徐松石：《泰族僮族粤族考》，香港：东南亚研究所，1949年，第184、185页。

④ 林语堂：《闽粤方言之来源》，见林语堂著、《民国丛书》编辑委员会编：《语言学论丛》，上海：上海书店出版社，1989年，第205页。林惠祥亦赞同这个观点。见氏著《中国民族史》（上），上海：上海文艺出版社，1990年，第111页。

⑤ 《天一阁藏明代方志选刊续编》第65册《嘉靖增城县志、嘉靖德庆州志》，上海：上海书店出版社，1990年，第540页。

⑥ 《天一阁藏明代方志选刊续编》第65册《嘉靖增城县志、嘉靖德庆州志》，上海：上海书店出版社，1990年，第1058页。

近吴越。大抵出于唇齿不清，以浊当为羽音。歌则清婉溜亮，纤徐有情，听者感动。成化中，巡抚都御史朱英见广人歌白沙诗，辄欲效之，曰吴越不能及也。旧俗民家嫁女，集群妇共席，唱歌以道别，谓之歌堂。今虽渐废，然村落尚或有之。田野蹋歌者，往往引物连类，委曲譬喻，如子夜、竹枝，如曰中间日出四边雨，记得有情人在心，曰一树石榴全着雨，低头泡泪有谁知此类甚多。其尾腔曰娘来里，曰妈来里，曰水荡弟，曰娘十儿，皆男女答问，互相警动之词也。农庄女子荡恣者相呼曰绾髻，每耕种时斗歌为乐，番禺、顺德、新会、清远最盛。○黎真清河谣：清河绾髻春意闹，三十不嫁随意乐。江行水宿寄此生，摇橹唱歌桨过滘。○鹿步谣：细帽茜裙趁墟市，飞驮纷纷如云起，二月十五大王斋，斗歌都道娘来里。○外海谣：裹肚为裙纱作髻，萌滘日长采菰米。潮平洲渚却归来，齐唱一声水荡弟。○平康谣：幼小婚姻在乡里，络布为裙蕉布被。唱歌互答多比情，相逢便道娘十儿。广州都会之群，故撮记之。余各府不能括载云。"这说明，当时的广州，已经出现了多种成熟的民间歌谣，而且"清婉溜亮，纤徐有情"，达到"听者感动"的效果。①

清嘉庆年间，珠江上的珠娘创造出一种短调的歌体新声，初名解心腔，简称解心。一开始是无伴奏的徒歌，后来，冯询、招子庸等文人对这种歌体进行了雅化，讲究平仄协调，使之定型规范；大量使用方言俚语，使之通俗易懂。随着这些文人作品在民间广为传播，逐渐产生一支唱粤讴的职业艺人队伍。他们大多选用琵琶、扬琴、椰胡、洞箫、胡琴等一两件乐器作伴奏，行腔曼声长歌，旋律格调沉郁，委婉缠绵。②据陈卓莹介绍，过去失明艺人对业务有所分工，男的只唱扬州腔南音而不唱粤讴，女的则只唱粤讴不唱南音，自打扬琴伴奏，不用子喉嗓用自然嗓。粤讴唱词的句格同南音基本一致，但唱腔的风格则有很大的差异，明显是受到了咸水歌的影响。粤讴的板式有慢板和中板之分，慢板分成一板七叮和一板三叮两种唱式。不过两种慢板早已为人所忘记了，目前尚能偶为人用的，仅是属于一板一叮的中板。③

目前所知，番禺人冯询（1792—1867年）是最早开始粤讴创作的文人。他自幼随张维屏问道学诗，后来成为西园诗社的新秀。嘉庆二十四年

---

① 戴璟主修：《广东通志初稿》，广州：广东省地方史志办公室誊印，2003年，第334、341页。

② 《中国曲艺音乐集成》全国编辑委员会、《中国曲艺音乐集成·广东卷》编辑委员会编：《中国曲艺音乐集成·广东卷》，北京：中国ISBN中心，2007年，第470页。

③ 陈卓莹：《粤曲写唱研究》，广州：花城出版社，2007年，第305页。

（1819 年）中举，二十五年（1820 年）为进士，铨选江西永丰县知县。46
岁召赴京师，授江西永丰知县。后在浮梁、饶州、南昌等地为官。作诗两
千首[1]，有《子良诗存》22 卷，重在"自达其情"[2]。据说因为晚年整理自
己著作时，将其粤讴作品尽皆毁掉，故无存。

南海人招子庸（1793—1846 年），字铭山，号明珊居士。1828 年，他
收辑了 120 首曲目，编成《粤讴》一书。广州澄天阁刊刻出版后，深受喜
爱，五桂堂、以文堂等多家书肆翻刻翻印。1904 年，英国人金文泰将《粤
讴》翻译成英文，改名为《广东情歌》在英国出版。20 世纪 20 年代，居澳
门的葡萄牙人庇山也大状师，也将《粤讴》翻译成葡文，寄回葡国刊行。
20 世纪 80 年代初，香港珠海书院江茂森校长将该书在香港重印，又有日本
横滨市立大学波多野太郎教授将《粤讴》附刊在其《华南民间音乐文学研
究》一书中[3]。招子庸于嘉庆二十三年（1818 年）中举后出仕，政声卓著。
任山东潍县令期间，因收留烟贩鲍聪，荐举其为通事后受到琦善重用，部
分造成中英广州谈判及《穿鼻草约》的重大损失，革职回乡。[4]

学者叶春生认为，早在招子庸被罢官前十年，他的作品已经刊行于世，
并且大受欢迎。据《雪庐诗话》记载，冯询"及成进士，归知县班，回籍
候次，遂纵狎游"，与招子庸等六七人，"剧纵于珠江花埭间，唱月呼风，
竞为豪举，大恣挥霍，不数年，家资罄尽，落拓不得志，而需次尚远"。[5]
叶先生说，冯询中进士是嘉庆二十五年（1820 年），在回籍候次之时，他与
招子庸等在珠江画舫中寻花问柳，饮酒作诗取乐，估计招子庸也是在其时
结交了歌妓秋喜，写下了名篇《吊秋喜》和《粤讴》中的其他作品。这些
篇目在正式刊行前已为人辗转抄录。[6]

《粤讴》开篇是两首《解心事》。其一曰："心各有事，总要解脱为先。

---

① 广州市地方志编纂委员会编：《广州市志》，广州：广州出版社，1996 年，第 169－170 页。
② 陈永正：《岭南历代诗选》，广州：广东人民出版社，1985 年，第 674 页。
③ 《中国曲艺音乐集成》全国编辑委员会、《中国曲艺音乐集成·广东卷》编辑委员会编：
《中国曲艺音乐集成·广东卷》，北京：中国 ISBN 中心出版，2007 年，第 491 页。
④ 目前许多粤讴资料对此论述不详或有误。当时的处理是："鲍鹏系不安本分之人，不加拒
绝，仍留住署内，荐举传话，咎无可辞。招子庸着即革职，毋庸再交部议。"见广东省地方史志编
委会办公室、广州市地方志编委会办公室编：《清实录广东史料》（四），广州：广东省地图出版社，
1995 年，第 296 页。鲍聪案详见《鲍鹏案始末：第一次鸦片战争广州谈判》（季压西《中国近代通
事》，北京：学苑出版社，2007 年）、陈诗启《论鸦片战争前的买办和近代买办资产阶级的产生》
（《社会科学战线》1982 年第 2 期）。
⑤ 赖学海：《雪庐诗话》，清光绪十八年（1892 年）邱园刻本，第 27 页。
⑥ 叶春生：《论粤讴》，见中国民间文艺研究会上海分会编：《民间文艺集刊》第五集，上海：
上海文艺出版社，1984 年，第 51－52 页。

心事唔安，解得就了然。苦海茫茫，多半是命蹇。但向苦中寻乐，便是神仙。若系愁苦到不堪，真系恶算。总好过官门地狱，更重哀怜。退一步海阔天空，就唔使自怨。心能自解，真正系乐境无边。若系解到唔解得通，就讲过阴骘个便。唉！凡事检点，积善心唔险。你睇远报在来生，近报在目前。"陈寂认为："本书几乎全部是写妓女的痛苦，这第一首歌则概括着整个社会而言，见得妓女只是其中一个缩影，亦可知他的微意所在。"①

《粤讴》"共录小曲一百二十余阕，纯以粤中方言，贯串而制"。傅惜华评论："此集俗名《解心》，其曲音悲似柔，其词意婉而挚，真所谓凄人肝脾，哀感顽艳。此集初出，纸贵一时，画楼灯舫，谱入声歌，闻至今犹盛传之。"② 郑振铎《中国俗文学史》对《粤讴》的评价也很高，谓其"好语如珠，即不懂粤语者读之，也为之神移"；刊行之后影响很大，"而拟《粤讴》而作的诗篇，在广东各日报上竟时时有之"，珠江三角洲"几乎没有一个广东人不会哼几句粤讴的"，更是推动了民间文学的发展："其最早的大胆的从事于把民歌输入文坛的工作者，在嘉庆间只有戴全德，在道光间仅有招子庸而已。"③

廖恩焘（1863—1953 年），字凤舒，广东惠阳人，也是近现代著名的粤讴创作者。他是文人学者、职业外交官，性诙谐，常借咏史或即兴之词，嘲讽时弊。他最初化名"珠海梦余生"，于 1903 年至 1905 年将粤讴作品发表在《新小说》上，梁启超称其"芳馨悱恻，有《离骚》之意，吾绝爱诵之。其《新解心》有《自由钟》《自由车》《呆佬祝寿》《中秋饼》《学界风潮》《唔好守旧》《天有眼》《地无皮》《趁早乘机》等篇，皆绝世妙文，视子庸原作有过之无不及，实文界革命一骁将也"④。这些作品后来与 1921 年至 1923 年他由日本而至北京这三年间创作的粤讴共百余首，编成《新粤讴解心》一书，多有切近时事、开启民智之作，甚受喜爱。该书自序说："辛亥壬子以后，海内人士大声疾呼，提倡白话文字"，因欲"为下流社会说法"，故以通俗的粤语进行白话文学创作，"择其平日口头惯语，衍为有韵之文，未易使声入心通，矍然感觉。三百篇不失风人之旨，岂不由于采及里巷歌谣……"温肃《题忏绮庵粤讴》赞曰："侏离能辨异方音，庄舃终难忘越吟。渺渺予怀苏子赋，喁喁呢语颖师琴。小红低唱宜亲教，大汉

---

① 招子庸撰、陈寂评注：《粤讴》，广州：广东人民出版社，1986 年，第 3 页。
② 谢雍君笺证：《傅惜华古典戏曲提要笺证》，北京：学苑出版社，2010 年，第 428 页。
③ 郑振铎：《中国俗文学史》，北京：商务印书馆，2005 年，第 682 页。
④ 梁启超：《饮冰室诗话》六十七，北京：人民文学出版社，1959 年，第 53 页。

铜琶恐未任。最是酒醒茶熟后，倩君为解美人心。"①

廖凤舒亦有粤语诗专集《嬉笑集》。曼昭《南社诗话》云："廖仲恺之兄凤舒，亦曾以广州白话为七律十余首，题为读汉书。其咏范增云：'老猫烧剩几条须，悔恨当年识错渠。湿水马骝唔过玩，烂泥菩萨点能扶。明知屎计专兜督，重想孤番再掷铺。一自鸿门渠错过，神仙有篾也难箍。'又咏高帝云：'用到军师疴削屎，做成皇帝笑依牙。项王已自乌江丧，边个同渠揿手瓜。'较之'既然禀砰争皇帝，何必频轮杀老婆'，真可谓异曲同工。凤舒又有句云：'风车世界拉拉转，铁桶江山慢慢箍。'竟是名句。"② 梁羽生认为："近代以广东话作对联最有名的是何淡如。以广东话入诗，则以廖凤舒最为可观。个人意见，我以为若论文学价值，廖凤舒的广东话诗是远在何淡如的广东话对联之上的。"③

二、医药俗信：广州医史碑刻考④

广府文化的中心广州是历史文化名城，勒石碑刻十分丰富，许多涉及医药方面的内容，显示了岭南医学的悠远精深和地方特色，也反映了医疗技术不够普及的情况下一般民众的医药俗信。

（一）碑刻所见岭南医家医药

1.《鲍姑祠记》《粤秀山三元宫历史大略记》

相传晋代名医葛洪及其妻鲍姑隐居山林，治病救人。鲍姑，名潜光，广东南海太守鲍靓之女，为史载最早的女灸学家。她总结民间医疗经验，利用当地盛产的红脚艾⑤进行灸治，取得显著疗效，传说"每赘疣，灸之一炷，当即愈"⑥，因此她被尊称为"鲍仙姑"。后人在她采艾行医之处设祠纪念，就是现在广州越秀山下的三元宫，千年香火不绝。三元宫内医史文物尚有鲍姑井，相传当年鲍姑就是用井中的水给人治病。清乾隆四十五年

①　陈永正编：《顺德诗萃》，北京：人民出版社，2005 年，第 323 页。

②　曼昭、胡朴安著，杨玉峰、牛仰山校点：《南社诗话两种》，北京：中国人民大学出版社，1997 年，第 56 页。

③　梁羽生：《廖凤舒的〈嬉笑集〉》，见《笔下花》，北京：中国友谊出版公司，1990 年，第 101 页。

④　原载《中医文献杂志》2009 年第 1 期，题为《广州碑刻医史文献考述》。

⑤　红艾，又名红脚艾，据杨顺益先生考证，"民间草药'红脚艾'（鲍姑艾）即广东刘寄奴 Artemisia Lactiflora Wall."见杨顺益《晋代女针灸家鲍姑及鲍姑艾》，载《中国针灸》1989 年第 2 期。

⑥　仇巨川纂、陈宪猷校注：《羊城古钞》，广州：广东人民出版社，1993 年，第 637 页。

（1780 年）郁教宁撰《鲍姑祠记》谓："（鲍姑）即越冈天产之艾，以灸人身赘瘤，一灼即消除无有。历年久而所惠多。"① 民国《粤秀山三元宫历史大略记》碑刻记载："越秀山右有鲍姑井犹存，其井名虬龙，井有赘艾，藉井泉及红艾为医方，活人无算。"② 有联曰："就地取材红艾古井出奇方，妙手回春虬隐山房传医术。"

2. 杏林庄碑刻

邓大林（约 1816—?）字卓茂，号荫泉，广东香山人。官中书，自署长眉道人，性恬淡萧散，是岭南著名医家、画家。其父在广州中华南路（今解放南路与一德路交接处）开有"佐寿堂"，专煮治外伤的膏药。后邓大林亦建杏林庄以炼药。清镇国公奕湘书"岭南亦有杏林庄"匾额赠之。园本无杏，"后又有何灵生自都中携开白花的杏树，陈澧自都中携开红花的杏树，庄始有杏"（张维屏《艺谈录》卷下）。邓大林治病救人，深受民间爱戴。民间传说，对那些付不起诊金的病人，邓大林只要求他们种植十棵杏花树。久而久之，从花地街新隆沙至冲口街沿江一带约 1 公里，杏花成林，成了一条杏花大街。③

民国《番禺县续志》卷 39《金石志七》收录张维屏《杏庄题咏序石刻》云："而杏庄所以异于他园者，则以有丹灶可炼药也。丹药济人，有如董奉，此庄所以名杏林也。且夫园林之胜，翰墨之缘，虽乐与人同，而无济于世。司马温公有园名'独乐'。公之意，盖以'济世'为怀，而以'独乐'为愧也。今荫泉炼药于城堂，曰'佐寿'，炼药于乡庄曰'杏林'。粤东粤西，岭南岭北，凡有疮疡疾苦，得是药，危可以安，骨可以肉，呻可以息，溃可以复。是诚'济世'善术也。"④

同卷亦有吴时敏《杏林庄竹亭记》、黄培芳《杏林庄记》、张维屏《杏林庄杏花记》等碑文。

3. 道家炼功碑

此碑乃清代嘉庆壬申年（1812 年）镂造的炼功兼针灸穴位图像石碑，高 125 厘米，宽 66 厘米，字迹图像尚清晰可辨。原在三元宫内，为道教徒

---

① 番禺市地方志编纂委员会办公室主持整理：《（民国版）番禺县续志点注本》，广州：广东人民出版社，2000 年，第 677 页。

② 广州市宗教志编纂委员会编纂：《广州宗教志》，广州：广东人民出版社，1996 年，第 122 页。

③ 梁燕芬等：《见证"荒村"变"芳村"，芳村 106 条"花"街不改名》，载《新快报》2005 年 8 月 10 日。

④ 番禺市地方志编纂委员会办公室主持整理：《（民国版）番禺县续志点注本》，广州：广东人民出版社，2000 年，第 700 页。

炼功所用，后弃置荒野。此碑 1980 年被发现，复归三元宫。1982 年，广州中医药大学黄柳泉、曾时新曾撰文研究介绍。

碑体分为两部分，上面小半部分是碑额，下面主体部分是碑文、炼功人像图及文字解说。碑额篆书："悲迷夜渡津，剖纹质天真，似昧层中层，宁识身外身。"落款印为："行舟道人""邱凤山造叩印。"碑文共分八段，前两段属绪论，对人体各部位以及炼丹的要点做了概述，其余六段则分别以六神配六脏来论述其功能。

绪论第一段，即碑中右上方的文字，详细说明了尾闾、夹脊、玉枕三关和泥丸、土釜、玉池三丹田以及雷霆府、鹊桥喉、咽、喉、鸠尾、绛宫、肝、肺、脐门等的位置，并对三丹田在炼功中的重要作用做了解释。人像图右侧的三段碑文分别以青龙、龟蛇、玄鹿配肝、胆、肾三脏，左侧的碑文则分别以朱雀、白虎、凤配心、肺、脾三脏。每一段碑文都论述了一个脏的神名、形态、位置，与其他脏、形体、官窍的关系以及生理作用、病理表现等。炼功碑中央有人像图及文字解说。图像是一个半侧身人双盘坐像，其头面及双足写实，躯干部分则直接绘示内景脏腑及脊柱。人像四周环绕着月相、卦象等图形。图中以图文并茂绘示了三丹田、北斗天罡、二十八宿、任脉、"偃月炉"、阴腧、阳腧、阴跷、阳跷、内肾、囊龠、三关、二十四节等内容并提示了炼功的要点。此碑据说是给道徒讲解内功课时用的教具。道家养生之法，亦涉及医学理论。"医"与"道"合一，是这通炼功碑的特色。①

4. 蛇药仙方碑

岭南草木深长，蛇虫出没，蛇伤者众。番禺区石楼镇岳溪村岳溪大街有一石碑，谓：

> 毒蛇咬伤仙方：
> □仙、灵脂、甘草、白芷、茱萸、贝母、雄黄。此药每味五钱，酒水各半煎服，再用药渣顺擦伤处即愈。

此碑未镌立碑人、献方者。据说当地名医杨卓如（又名如安）将此方公之于众②，以立碑方式传播急救知识，功德无量。

---

① 参见黄柳泉、曾时新《广州越秀山炼功碑》，载《新中医》1982 年第 6、7 期；严峻峻：《广州三元宫医史遗迹调查》，载《中医文献杂志》2000 年第 3 期。

② 番禺县志编纂委员会编：《番禺县文物志》，1986 年，第 133 页；王元林、晋雪松主编：《番禺区现存碑刻集》，广州：广东旅游出版社，2017 年，第 206 页。

5. "黄应中家传妇科乌鸡丸"石碑

此碑在广州市海珠区江南大道跃龙上街 61 号民居前。花岗石质,为医药广告碑。

(二) 碑刻所见岭南医俗

"粤俗信巫。"[1] 在生产力水平低下、卫生条件不足、疫灾横行的时代,民众间普遍缺医少药,盛行迷信、巫术。一旦发生疾病,他们往往求神拜佛,寄望于神灵的庇佑。从各种碑刻资料里可以发现这一点。

在民间信仰的神系里有专司医疗的。比如金花夫人,是岭南民间供奉的送子、助产、保婴的神祇。据说,她于明洪武七年(1374 年)四月十七日降生于惠福巷金女巫家。清乾隆二十一年(1756 年),冯成修《重建金花古庙碑记》云:"夫人生而灵异,谈祸福,多奇中。常以育婴保赤为念。"[2] 金花庙香火很盛,妇女如有不孕、难产等情况,更要来膜拜。每逢金花诞还有演戏赛会,热闹非凡。

民间亦将一些名医奉为神仙。比如鲍姑、华佗、桐君等人,人们为他们塑像,拜祭他们,认为他们能够保佑病者痊愈,恢复健康。三元宫的香火旺盛,很多香客因此而来。广州市白云区萝岗镇塘头村狮象桥西侧原狮象庙残碑《新建狮象庙碑记》记录了筑庙的过程,供奉的神祇包括医灵大神和华佗:

> 水西、元贝、塘头、线坑四乡,衡宇比邻,相距皆三四里,而狮象水口中处其间,自丁丑石桥既成,四乡人联为桥会,岁时奉祀桥神,聚首赛福,情甚洽也。议者曰:"此桥为永久计,不可无神以主之,有神不可无庙以妥之。况水口为众乡之门户,既有桥以便往来,宜有庙以避风雨。"或又曰:"生民以务农为本,农事以苗秀为先。近年青苗为螟虫所伤,多方不能惩治,往往迎三界神禳之,螟虫即远遁去。威神如是,庙祀于神为尤宜。"于是询谋金同,秉簿劝捐,众皆允协。同其地位,即在夹石之旁,有象面狮岳、峙渊亭,苍翠澄鲜。桥柱与庙基旋相结构,适地主秀长兄等忻然乐让。爰诹吉鸠工,阅六月而工竣。正殿偏间,前后两进,巍巍翼翼,群材咸中规矩,而石脚更厚而坚。正殿奉医灵大帝、财帛星君、华佗先师三像并祀之,以便祈福,济人之神于斯为备矣。岁事日,长老仍属予为记。予尝谓诸神本聪明正直,

---

[1] 黄恩彤:《重修五仙观碑文》。碑在五仙观大殿。见宣统《南海县志》卷 13《金石略二》。

[2] 冼剑民、陈鸿钧编:《广州碑刻集》,广州:广东高等教育出版社,2006 年,第 398 页。

以济人利物为务，可知心同理同，人神一理，能以利济存心，尽人道而无求其……①

不仅如此，人们认为，地方神祇也有逐疫的神威。南宋庆元四年（1198 年），增城立《敕赐德施庙额碑》云："本县管下证果寺，在县金牛里。自皇祐间有取圣一躯，坐化装塑，肉身慈相。见有父老相传，姓宾，无名，号谓宾圣者。本县每遇旱潦，以至民有疾疫，祈祷无不应验，乞赐封号。本司寻委博罗县主簿张梦庚躬亲询究……至于乡民间有疾疫，祷之，并皆应验。"② 清光绪六年（1880 年），张兆栋作《广东巡抚题请敕封增城宾公佛封号碑》云："（增城）属金牛里，地方建有正果寺，祀奉宾公佛……屡昭灵异。凡遇水旱疾疫，有求辄应。"③ 清咸丰三年（1853 年），马凤仪撰《重修帅府庙碑记》云："我乡建庙，奉祀玉蟾紫府方真元帅暨列位神圣，以为一乡之香火者，历数百年矣。乡内偶有疾疬，神即现形驱逐，红衣扬威耀武，境内旋即肃清。若岁大旱，迎驾祷雨，不逾时而雨泽滂沱。以及祈年集福，无不如响斯应，乡人祀之愈加敬焉。"④

求神拜佛，未必总能灵验。广州市白云区九佛镇七星庄村医灵古庙内清同治二年（1863 年）《重修医灵古庙碑记》即说明，灵与不灵，系于心是否诚。碑文《医灵古庙小引》曰：

医果有灵乎？以人心之灵以为灵。人本诚心以求医，医与人心相感召，善者逾之，恶者置之，此医之所以灵也。斯庙由来久矣，迨至光绪初年，虫蚁剥蚀，栋宇倾颓，曾经众善输将，重修旧式。迄光绪戊申又阅三十有一年矣，烈风暴雨，久历飘摇，蠹蚀蠹残，几欲倒毁。于是筹拨公款，鼎力捐签，略改规模，复新庙貌，人心踊跃，灵贶毕臻，奠四境之安康，除一乡之疹疾，医实有灵，其在斯乎？是为引。⑤

① 冼剑民、陈鸿钧编：《广州碑刻集》，广州：广东高等教育出版社，2006 年，第 527 页。"聚首赛福"误为"宝福"，已改。

② 阮元主修、梁中民校点：《广东通志·金石略》，广州：广东人民出版社，1994 年，第 324 页。

③ 碑在增城正果镇正果寺。冼剑民、陈鸿钧编：《广州碑刻集》，广州：广东高等教育出版社，2006 年，第 509 页。

④ 碑在番禺钟村帅府庙内。冼剑民、陈鸿钧编：《广州碑刻集》，广州：广东高等教育出版社，2006 年，第 491 页。

⑤ 冼剑民、陈鸿钧编：《广州碑刻集》，广州：广东高等教育出版社，2006 年，第 499 - 500 页。

心诚则灵。这虽有唯心的色彩，但也蕴含着医患配合、树立信心等问题。诚心之下，庙内的树叶也有灵性。道光二十九年（1849年），梁同新撰《敕封广济桐君庙碑》："谨按神桐君，黄帝时人，著《桐君药录》，隋唐书经籍志著录三卷，《本草纲目》多引其说，位次先医庙西庑，载在祀典。今庙后大树围径合抱，病者撷叶入煎，饮之则瘥。故灾疹疾疫，祈祷者众。"庙已不存，唯存此碑，位于荔湾区五眼古井之侧。碑高1.9米，宽1.1米，碑周浮雕龙纹。庙后大树已无可考，其叶即便有一定的药效，也未必能包治百病。但在民众眼中，它已经成为神物。兼之传说有桐君抵御英国入侵者的神迹，民众对他信仰更甚，祈祷更众。①

（三）碑刻所见的近代医学思想

经过漫长的历史时期，岭南传统医学逐步丰富发展起来，吸收了近代新思想。广州从化温泉镇温泉宾馆内的"天医处"石刻曰：

> 病有药不能治，而需天医者，世多昧此。日居污浊空气中，病欲速效，医则旦暮更张，药则中西杂进，至有不死于病，而死于药者，良可慨叹。珠江颐养园倡建分园于此间，岂独爱其清幽，宜于颐养，并取其环境适于治疗。凡属来居，谅同此见。而仍刻以相告者，异日触目，俾有恒心，以收王道之功，而登上寿之域，亦古人座右铭之意也。
>
> 民国二十六年一月，分园第一院落成之日，顺德梁培基题，亦行之证。②

梁培基（1875—1947年），字慎余，广东顺德人，著名医生、医学教育家。1879年毕业于外国教会在中国开办的第一所西医学校——博济医院南华医学堂，任广东夏葛女子医科学校药物学教师，同时自设诊所，行医济世。时华南疟疾流行，其创"梁培基发冷丸"，开广州制药业中西药结合之

① 1841年3月，英军进犯广州城。25日，英军占据广州城北的制高点四方炮台，置广州城于其炮火控制之下。25—26日，"贼用火箭、火弹直打城中，城东、西、南三处火光烛天，烧云民房千余，呼号之惨，不堪言状"（夏燮《中西纪事》卷6）。5月27日，"幸天雨如注，其弹或坠池塘，或落空地，无一延燎"（《广州府志·前事略》，光绪五年刊本）。民间以为此乃桐君神力所致。《敕封广济桐君庙碑》谓："……英夷披倡，蹂躏水陆，窜入附郭，乘风施炮，犯城北隅，居民皇皇相率祷神。时天冥晦，如有神物空际往来，或见羽葆幢幡者。俄尔反风灭炮，甚雨如注，民赖以安。佥曰：神之灵甚著，应甚速也。"

② 冼剑民、陈鸿钧编：《广州碑刻集》，广州：广东高等教育出版社，2006年，第1266页。

先河，行销华南及东南亚。后创办光华医社、光华医学院。

"天医"即"以大自然为医"之意，这是梁培基一贯的医学观。他深谙东方传统医学的精义，认为亲近自然永远是人类保持健康的法宝。因此，他仿照日本"旅馆医院"的模式，在二沙岛创办了珠江颐养园留医院。他又发挥温泉的治病和疗养价值，在从化温泉区建造了珠江颐养园分园。

从化温泉的开发始于1931年，梁培基是倡导最力、贡献最多的人之一。"天医处"石刻位于现从化温泉镇温泉宾馆内松园餐厅后约400米处（俗称"五块田仔"）。这里山溪潺潺，林静蝉鸣。溪边有块天然巨石，长4米，高3米，正面刻着"天医处"三个大字。

凡医医身，圣医医心。梁培基不仅注意到以医药方式治疗疾病，而且非常强调医药之外的环境、情绪等因素，主张采用系统、和谐的治疗方式。这与《重修医灵古庙碑记》所透露的一些隐约强调医药之外因素的思想有共通之处。颐养园的形式鉴之东瀛，治疗思想来自西方，根基却立足岭南，反映了天人合一、取法自然的传统文化。

三、生活民俗：广式饮茶习俗考①

广式饮茶习俗是指产生、发展并流行于广州地区，辐射粤、桂、港澳广府文化区及海内外广府族群的一系列以饮早茶为中心的民间习俗和各种相关文化、信仰、活动。作为一种具有岭南特色的文化形式，它以鲜明的地域性、广泛的群众性和深厚的历史积淀，成为传统文化传承的重要载体，也是粤港澳华侨文化认同的重要形式。

（一）广州饮茶的历史渊源

广州人饮茶历史悠久，广州茶名香飘万里。传说南越王赵佗喜欢饮茶，一次在舟中饮茶，顺手将茶向江中泼去，茶叶化作万千波光，粼粼水面。南朝宋沈怀远《南越志》谓："天井冈下有越王井，深百余尺，云是赵佗所凿。诸井盐卤，唯此井甘泉，可以煮茶。"② 茶圣陆羽也到过广州。大批文人名士来粤，把茶礼茶俗带到广州，融入民间生活。宋代开始，饮茶风盛，名宦邹非熊等人曾煮茶景濂堂、泛舟九曜池。郑熊《番禺杂记》云，"白云山下安期井，其味常甘，煎茶浸果，有金石气"③，说明当时饮茶已经很普

---

① 原载《农业考古》2007年第2期，题为《非物质文化视野下的广州饮茶习俗》。

② 乐史：《太平寰宇记》卷157"岭南道一"，北京：中华书局，2007年，第3016页。

③ 郑福田等主编：《永乐大典》第3卷，呼和浩特：内蒙古大学出版社，1998年，第1907页。

遍。清代的西关大屋，走进门厅，就到茶厅，又称轿厅，然后才到正厅，形象地反映了"客来先饮茶"的习俗。拜师、结婚等重要场合也有敬茶的习俗。

广州人最早喜饮皋卢，今称苦丁茶，多产于两广。晋裴渊《广州记》载："西平县出皋卢，茗之别名，叶大而涩，南人以为饮。"陆羽《茶经》原注："瓜芦木，出广州，似茶，至苦涩。"瓜芦一说皋芦。又引《桐君录》言："南方有瓜芦木，亦似茗，至苦涩，取为屑茶饮，亦可通夜不眠。煮盐人但资此饮，而交、广最重，客来先设，乃加以香芼辈。"① 明代李时珍《本草纲目》、姚可成《食物本草》，清人张渠《粤东见闻录》均有记载，谓皋卢"能治咽喉之疾"。但因一般"茶贵甘润，不贵苦涩"（屠隆《茶说》），故此茶流传不广。

广州本地又有河南茶。屈大均谓："珠江之南有三十三村，谓之'河南'。……其土沃而人勤，多业艺茶。春深时，大妇提籝、少妇持筐，于阳崖阴林之间，凌露细摘。绿芽紫笋，薰以珠兰，其芬馨绝胜松萝之荚。每晨茶估涉珠江以鬻于城，是曰河南茶。"② 张渠《粤东见闻录》云：（广州人）"寻常所饮多河南茶"。清人谭敬昭《珠江竹枝词》有："几处春烟横断霞，满江春水飞杨花。一百五日寒食后，三十三村人卖茶"，生动地描述了春水春茶的风情。

清代，广州饮茶的地域特色更加鲜明，以早茶为中心的饮茶习俗开始形成。"二厘馆"、茶居、茶楼等相继出现，茶点结合，雅俗共赏，成为饮茶习俗的载体，并在民间饮茶习俗的基础上，创造出具有广州特色的茶楼文化，推动了广州饮茶习俗的系统发展。

（二）广州饮茶方法、器具

"茶者水之神，水者茶之体。"（张源《茶录》）广州濒海，水质较差，但亦有一些名泉好水。明姚可成《食物本草》谓："蒲涧，在广东番禺县东北二十里。涧旁多生九节菖蒲，水极清冷，异于常流，味甘而香。又名甘溪涧。蒲涧水，味甘，主开心益志，明耳目，安神魂，养老扶衰，壮筋骨，善记诵。"③ 他记录的东粤名泉有越台井、安期井、贪泉等。越台井即越王

---

① 陆羽著、于良子注释：《茶经》，杭州：浙江古籍出版社，2011 年，第 1、23 页。
② 屈大均著、李育中等注：《广东新语注》卷 14，广州：广东人民出版社，1991 年，第 342 页。
③ 姚可成汇辑，达美君、楼绍来点校：《〈食物本草〉点校本》，北京：人民卫生出版社，1994 年，第 59 页。

井，"深百余尺，味甚甘洌，为昔赵佗所凿。佗登山饮酒，投杯于井，浮出石门，舟人得之。宋番禺令丁伯桂伐石开九窍，以覆其上。又名为玉龙井。越台井水味甘，主凉心益肾，解渴除烦，养阴退阳，消炎"。白云山下的安期井又名九龙泉，水味甘洌无比，烹瀹有金石气。传说安期生隐此炼丹，苦于无水，忽有九童子出现，须臾泉涌。此水"主补精神，益藏府，调荣卫，壮脉络。久服辟谷不饥，延年神仙"。贪泉又称石门水，位于广州北郊，以其味甘，恋而不肯置得名。旧云登大庾岭，则清矫之气分；饮石门水，则洁白之质变。晋吴隐之为广州刺史，作《酌贪泉》诗云："古人云此水，一酌怀千金。试使夷齐饮，终当不易心。"石门水主益脾胃，润肺与大肠，除内热，通幽门。① 这些都是水之上品。

茶楼兴起后，在使用自来水之前，茶楼冲茶多用一般井水或"海水"，即珠江水，味道可想而知。为了节省功夫，冲茶经常用"阴阳水"，也就是将生水冲入滚水之中，对身体最是无益。光绪年间，陶陶居茶楼曾雇挑夫数十人，每天分上午、下午两次从白云山上白云寺内，汲取九龙泉水运回店泡茶；以宜兴茶煲、潮州炭炉作烹茶用具，专人侍候于厅堂雅座。因此陶陶居名声大噪，远近茶客争来一试"山水名茶"。

广州最初使用煎茶法，明代开始采用冲瀹法，即以沸水冲瀹，加盖略焖。民国时，茶楼多用双重煲沸之法。厨房专设开水炉，大厅上厅设座炉，多烧煤炭，炉面用有孔厚铁板盖上，上面可放四个大铜煲。企堂（服务员）从厨房开水炉中取水后，再将水放在座炉上以保证开水温度，否则顾客会认为"水唔滚"（不够沸点）。品茶使用"焗盅"（盖碗），企堂拿着鸭嘴铜煲来回走动添水。现在茶楼冲茶往往一桌只开一大壶茶，分杯冲饮。

清代的"二厘馆"，以茶价低廉，每位只收二厘（1钱等于72厘）而得名。以平房作店，有的傍河而建，用树皮编墙，八面临风。有木台、板凳、粗陶茶具，供应粗茶和饱肚的松糕、大包，经济实惠，是劳苦大众歇息和街坊聊天的地方。茶具多是石湾产的大耳粗嘴绿釉鹌鹑壶，配一个瓦茶盅。茶点摆台自取，食毕结账。光绪前期，开始出现茶居，店铺环境较好。随后有高三层的茶楼出现。后来随着茶楼业的发展，环境越来越考究，茶具也越来越漂亮。

由于贸易繁盛，周边陶瓷业兴盛，广州人的饮茶器具也来自四面八方。宋代本地有西村窑、沙边窑，产品有碗、碟、杯、盏等，包括青白釉、青釉、褐釉和黑釉瓷，不过多供外销，本地使用的茶具以广东佛山、江西、

---

① 姚可成汇辑，达美君、楼绍来点校：《〈食物本草〉点校本》，北京：人民卫生出版社，1994年，第205－206页。

湖南等地产品为主。

（三）广式饮茶习俗的特点

广式饮茶习俗以广州为中心，流传于岭南广府文化区，具有以下特点。

第一，鲜明的地方特色。

饮茶，特别饮早茶，是广州人生活的一部分。民间认为饮茶可"通坑渠"，清肠胃，保健养生，"晨早一杯茶，不用请医家"。从清代有"二厘馆"的时候开始，天还没亮，人们就来到茶楼饮茶，然后去做各自的营生，一天的活动由此开始，这一传统保留至今。每天早上五六点钟，早起的广州人就"叹"起茶来。太阳升起的时候，茶楼里已是人声鼎沸。在早茶的基础上，陆续发展出午茶、晚茶，形成具有广州特色的"三茶两饭"。

早期的二厘馆开启了"一盅两件"的形式。"一盅"指茶盅，"两件"则有大件松糕、芋头糕、芽菜粉、大包等实惠茶点，摆台放置，客人自取，食毕结账。以后形式越来越讲究，茶点与饮茶结合，不断推陈出新，有本地四时应节食品发展来的煎堆、冬丸、粉果、端午粽、重阳糕；有原来沿街叫卖的糯米鸡；有包着鲜虾、鱼肉的虾饺；有由姑苏灌汤包改良而成的灌汤饺；有原名"满洲饽饽"的萨其马；还有蛋挞、啫喱、蛋糕等西点，品种繁多，制作精巧。

针对本地闷热潮湿气候，传统茶楼一般高三层，底层有六七米高，二、三层各高5米左右，四面是高框玻璃窗，通风干爽。环境布置清雅，厅内悬挂字画、条幅、楹联，座位舒适，环境优雅。茶楼强调服务，讲究信誉和效率。客人一进茶楼，服务员就上前招呼，问位点茶。顾客自己到服务台取用茶点，也有服务员手捧大蒸笼或推小车沿桌走动，供顾客选用，先吃后付。过去还有按碟计价的做法。顾客用完餐，招呼服务员"埋来""单"，就是"过来""开单"。"埋单"这个词因此走向全国。20世纪30年代，广州茶楼开始兼营"三茶两饭"。"三茶"指早茶、下午茶、夜茶，"两饭"指午饭和晚饭，一天五市，茶市、饭市直落。茶楼与酒家经营模式的结合，打破了原有的行业界限，兴盛不衰。

第二，深刻的民间性、传承性。

茶为清赏，一般求静。广州茶楼却熙熙攘攘，以"人气"为贵。广州人喜欢去茶楼饮茶，更喜欢去有"人声人气"的茶楼饮茶。茶楼也是亲朋团聚、沟通情感、生意洽谈、交流信息等社会活动的重要场所。人多则"搭台"，搭台更热闹。呼朋唤友，热热闹闹，显示了广式饮茶文化的民间性、社会性。

广州人称喝茶为"叹茶","叹"即享受之意。广州人嗜好饮茶,无论贫富,都喜欢到茶楼饮茶。饮茶也是重要的社交方式。最早的二厘馆,是大众交流信息、沟通感情的场所。茶楼的兴起也与当时各种贸易往来有关。做生意的喜欢到茶楼"倾(谈)生意",行话叫"斟盘"。江湖中人有事端要摆平就上茶楼"讲数"。戏班老倌聚会、雅士品茗,也到茶楼"斟(侃谈)世界"。也有到茶楼叹茶"相睇"(相亲)的。结交朋友、洽谈生意、婚宴欢聚、消闲遣兴等各种社会活动,广州人都喜欢在茶楼进行。特别是节假日,全家老少、亲朋好友齐齐登楼啜茗,堪称清饮雅赏。

饮茶是广州人的生活方式之一,也是家庭性、群体性的活动。有一首流行的粤语方言歌谣,"记得细时好,跟娘去饮茶。门前磨蚬壳,巷口刮泥沙。踎脚骑狮狗,屈针钓鱼虾。如今成长大,心事乱如麻"[1],描绘了一家人饮茶的欢乐场景。在广州人看来,扶老携幼上茶楼,是家庭和睦、幸福美满的标志之一,传统也在茶楼里、茶桌上得以延续。

第三,悠久的人文价值。

广式饮茶习俗既是茶文化的传承,又深具广州特色,内涵十分丰富。广州茶楼的兴起,与当时十三行的贸易直接相关;茶楼的经营,具有重商的特征;茶楼饮食与建筑、园林、诗书画联、盆景、插花等艺术相结合,引进了曲艺棋艺、说书讲古等民间艺术,成为独具魅力的文化空间。

广式饮茶习俗是广州人重要的生活方式和民间礼俗,加深了团体内部的感情,促进了个体与社会的联系。妙奇香茶楼名联"为名忙,为利忙,忙里偷闲,饮杯茶去;劳心苦,劳力苦,苦中作乐,拿壶酒来",成为普罗大众乐观豁达、苦中作乐的人生写照。由于独特的岭南风味、深厚的人文内涵,广式饮茶习俗遍及粤港澳及海内外广府族群,也受到很多外地人的喜爱。康有为在广州讲学时常到陶陶居品茗,题写了"陶陶居"的招牌。领导淞沪抗战的十九路军军长蔡廷锴为西南酒家,也就是今天的广州酒家题字:"饮和食德"。毛泽东曾同柳亚子上过茶楼,事隔多年相继作诗述此。1941 年,柳亚子诗寄毛泽东,有"粤海难忘共品茶"之句;1949 年毛泽东和柳诗有"饮茶粤海未能忘"句。郭沫若曾题诗"北园饮早茶,仿佛如在家。瞬息出国门,归来再饮茶",表达了对广式饮茶文化的认同。

---

① 萧卓光主编:《广州民间歌谣》,北京:中国文联出版社,2007 年,第 127 页。清末陈荣衮在澳门编的《绘图妇孺五字书》有此谣,流行甚广。又见于罗秀兴主编《广西民间文学作品精选·玉林市卷》(南宁:广西民族出版社,1991 年,第 372 页),萧毅、萧锡康主编《东莞市常平镇木榴文史汇编》(2011 年,第 217 页)等,略有出入。

四、文化变迁：广州重阳登高考①

叶春生先生在考察了广州年俗的变迁之后认为，广州年俗活动呈现出由传统向现代化转变的趋势。他亦提出，岭南地区传统民俗的不少仪式空间都发生了重大的转换，并以郑仙诞的变化为例。② 由广州传统的郑仙诞（白云诞）节俗到九月九的重阳登白云山，是传统民俗现代化演变过程中一个非常有代表性的例子。

（一）郑仙诞的来历

广州的郑仙诞，又叫白云诞。郑仙即先秦方士郑安期，山东琅邪人。郑安期曾在广州白云山一带行医卖药，被称为安期生，"生"即"先生"之意。嵇含《南方草木状》载："番禺东有涧，涧中生菖蒲，皆一寸九节。安期生采服仙去，但留玉舄焉。"③ 在一代又一代的流传、讲述中，郑仙的故事不断得到丰富。广州民间故事里的郑仙，更为可亲可敬。据说，当时瘟疫横行，郑安期为了拯救民众，在白云山寻找仙草九节菖蒲，失足坠崖，驾鹤成仙。人们根据他留下的指引，找到仙草，遏止了疫症的蔓延。

基于对郑安期的感激和崇拜，人们在其飞升处建了"郑仙祠"，以其飞升之日为郑仙诞，又称白云诞。这一日人们一起登山致祭，同时采摘菖蒲，于涧中沐浴，以求身体强健。这些活动逐渐演变成广州地区一个重要的节俗。南朝宋沈怀远《南越志》记载："涧中多九节菖蒲。世传安期生采菖蒲服食之，以七月二十五日于此上升。郡人每岁是日往涧中沐浴，以祈霞举。"唐郑熊《番禺杂记》有："太元中，襄阳罗友累石涧侧，容百许人坐。游之者以为洗心之域。"④ 这说明，至少在南朝，白云诞的活动已经很繁盛，而且规模不小。北宋蒋之奇《蒲涧》诗云："迩来兹地成胜游，士女倾都在今日……班荆恰匝具嘉肴，携手殷勤尽清酌。草间堕珥及遗簪，道上行歌

---

① 原载《华南农业大学学报》2007 年第 3 期，题为《从郑仙诞到广州重阳登高——兼谈传统民俗的现代化演变》。

② 参见叶春生《广州年俗嬗变的动因与中介》（《广西师范学院学报》2006 年第 4 期）、《民俗文化的空间转换》（《光明日报》2005 年 7 月 22 日）等文章。本部分写作前曾请教过叶春生老师。

③ 嵇含：《南方草木状》，广州：广东科技出版社，2009 年，第 15 页。

④ 梁廷楠等著、杨伟群校点：《〈南越五主传〉及其它七种》，广州：广东人民出版社，1982 年，第 50 页。此条应引自《南越志》，《太平寰宇记》卷 157 亦引。

或徒骂。"① 诗中所描述的节俗，较之以往，增加了很多内容，比如野餐、游嬉、行歌、徒骂（击鼓），非常丰富。明末屈大均《广东新语》载："（七月）二十五为安期上升日。往蒲涧采蒲，濯髻髻水。"② 清人崔弼、陈际清《二山合志》卷2谓：是日，"游人千百为群，茶亭酒馆隘塞山中"，"香烟载道，裙履满山，而萧冈、塘下诸乡，画龙虎之旗，载犀兕之鼓，千百人香案在前，乘马在后，按彩色以相随，舁仙舆而疾走。丝竹之声与溪声竞作，沉檀之烟与云烟并凑"，是一个倾城参与、吏民同乐的盛大节日。

一直到清末，白云诞的活动都很繁盛。七月十五日中元节开始就有人登山拜祭，一直延续到七月二十四、二十五日。很多人在山上露宿，以寻九节菖蒲。也有的在郑仙祠内卧地而睡，称为"打地气"，认为这样可以祛病消灾。后来，由于战乱、历史等原因，郑仙祠遭到毁坏，部分古迹年久湮灭，郑仙崇拜淡化，白云诞活动式微。

（二）郑仙诞复兴及其与重阳登高的融合

自20世纪70年代开始，白云诞与九月九的重阳登高结合，声势复隆。

广州重阳旧俗，载花糕萸酒，登五层楼（即望海楼）、双塔，放响弓鹞。前者取登高转运之意，后者谓去"衰运"。重阳节人们蜂拥登白云山为求"转运"现象的出现，与那个特殊的年代有关。1974年重阳节前夕，广州坊间悄悄流传着一则天方夜谭般的故事。据说某位广州知青多次"督卒"（偷渡香港）不成后到白云山散心，在一块大石上睡了一觉。梦中出现一位皓首仙人，告诉他一条"督卒"的路线。醒后，他依照指示，终于如愿以偿。在那个特殊的年代，这个荒诞的故事竟然成了滋润众多正处于苦闷中的广州知青（包括众多面临"上山下乡"的高中生）心灵的一滴甘露。有人说，他梦中的老翁就是郑仙。于是，那年的10月23日（重阳节），广州登峰路、沙河等处上白云山的道路挤满了上山的青年男女。他们未必也想做那个巧遇仙翁的南柯梦，但"登高转运"则是共同的心愿。③ 这个故事是郑仙诞转化为新重阳节俗的第一个契机。年复一年，重阳登白云山的人越来越多，郑仙诞的内容也逐渐和重阳登高融合起来了。

新重阳节俗发展的第二个契机，是"登高"的意头和线路中的吉祥数字符合人们的心理期盼。

---

① 郭棐编撰、王元林校注：《岭海名胜记校注》，西安：三秦出版社，2012年，第168页。
② 屈大均著、李育中等注：《广东新语注》卷9，广州：广东人民出版社，1991年，第264页。
③ 木共：《广州旧事：31年前的重阳登高》，载《羊城晚报》2005年10月10日。

旧时人们登白云山，往往前往郑仙岩、蒲涧、鹤舒台、九龙泉等郑安期仙迹处拜祭祈福，此风今日犹存。2004 年，人们在鸣春谷内发现了有千年历史的翠薇古道，山谷幽深，蜿蜒在峭壁之间。现在重阳登高往往要经过上述仙迹，亦有民众沿途拜祭，但主要目的地是摩星岭。摩星岭是白云山最高峰。明人以白云山为"天南第一峰"，清代康熙年间开始专指摩星岭。根据现代科学测量，摩星岭高 382 米，极顶平台 188 平方米，粤语谐音正好为"生发易""易发发"，符合现代经济社会中广州人普遍希望的"生生发发"的"好意头"。登高，寓意"步步高"。因此登摩星岭的人逐年增多，每逢佳节，广州城里万人空巷，如潮的人流涌上白云山，都希望登上摩星岭，避灾厄，求好运，祈安康。

登高祈福的市民人山人海，通宵达旦。一路经西门、柯子岭门、梅花园门、五仙桥门、濂泉门、南门等各个门口，汇聚到摩星岭。距摩星岭门岗 100 米处，有一大型塑石，上刻"摩星岭"三字，塑石高 6 米，宽 4 米，合为 10 米，寓意十全十美、吉星高照，称为"吉星石"，是人们眼中登高转运的必经之石。在摩星岭顶部平台还有一个标志性建筑物，寓意"登高揽胜"。登到此处抚摸此建筑物，围绕转一圈，据说会有吉运。此处不仅是登高民众必经之地，而且还成为白云山的一处必宣传的风景，许多外地游客来到此处，也会在导游的带领下体验一番。

重阳节俗发展的第三个契机，是政府的有效引导和规划推动。

白云山面积 20.89 平方公里，从宋代开始就名列"羊城八景"，现在也是新"羊城八景"之首、国家 5A 级景区和国家重点风景名胜区。政府对重阳登高节俗活动的人文环境和自然环境的保护工作非常重视，采取了一系列措施，包括护林育林、涵养水源、打击违法占地、修缮道路、确保夜间照明、加强监控等。有关部门还组织了各种文献资料整理研究活动，发掘和保护古迹，支持鼓励民间文艺的开展。白云寺旧址上还修建了广州碑林，陈列谢灵运、杜审言、刘禹锡、韩愈、李商隐、苏轼等历代名家之作，以及毛泽东早年曾研习过的陈献章《应试后作》等墨迹诗刻，琳琅满目。

政府对重阳登高活动的保障，也推动了节俗的繁盛。自 20 世纪 70 年代以来，该节俗的参加人数从几万发展到十几万、二十万，2006 年更达到 32 万人之众，成为欢乐、健康、热闹的群众性活动。由于登高人数逐年递增，白云山的承受能力面临着越来越大的考验。政府每年都做好规划，密切配合，疏导人群，指挥交通，保证治安，使群众的重阳登山活动安全畅顺、有序进行。由于路况良好、组织得当，群众一路坦途，欢声笑语。

重阳节俗发展的第四个契机，是应时而动，与时俱进，将敬老、健身、文化建设等崭新内容引入新节俗。

重阳又是敬老节。是日，各种官方或民间的敬老活动纷纷开展，很多单位组织离退休人员登山。民间将登高视为一种祈求长寿和延年益寿的活动。一些习惯参加登高活动的老人由家人搀扶、背负而行，充分体现了中华民族的传统美德。近年来，白云山被注入了丰富的人文内涵，还增添了不少体育设施，令重阳登高活动更为丰富多彩。

（三）广州重阳登高节俗的现状

每年从农历九月初八下午开始，一直到第二天，广州市民以及珠江三角洲、港澳地区部分群众，携带食物、饮料、照明、露宿用具等，手持转运风车，从四面八方汇聚到白云山，经各个山门上山，参加重阳登高祈福活动。

登高民众往往以家庭、同学、同事、朋友等为单位结伴而行。人流熙熙攘攘，沿途说说笑笑，有的一路高歌，前些年还有拎着录音机放磁带的。路边或围坐露宿，或唱歌跳舞，或踢毽子，或打扑克，或做游戏。良辰美景，长夜漫漫，登高露宿成为家人团聚、朋友交流的好机会。认识与不认识的人们，互相打着招呼，一起玩乐。特别是青年男女，平时忙于工作学习，可以趁着重阳佳节增进感情、交朋结友。

与过去的节俗相比，新节俗有不少的变化，主要表现在以下几个方面。

第一，活动路线、内容发生了变化。

传统的郑仙诞活动，需要到郑仙祠、蒲涧、鹤舒台、九龙泉等郑安期仙迹处拜祭祈福，蒲涧沐浴，并随处游览，称为"游白云"。现在沐浴等习俗已经消失，虽然重阳登高路线要经过上述景点，亦有民众沿途拜祭，但登高的主要目的地是摩星岭。旧说白云山上九龙泉、丹井、蒲涧乃至白云山水因郑仙而灵，上山汲水、参拜者甚夥。带水下山的行为，客观上扩大了民俗的传播范围。此风今日犹存，但因水土保持受到影响。广州人祭拜郑仙习惯燃点香烛，但现在郑仙祠已毁，景区管理处也禁止游客带火种上山，拜祭形式已经无存。民间对采菖蒲的习俗知之甚少，也很少有人认识菖蒲，所以这一习俗目前已经消失。但在山上郑仙祠"打地气"露宿这种活动却得到继承和发扬。现在的重阳登高，都是从农历九月八日下午开始，人们往往在山上平坦的地方露宿一夜，并不局限在云岩郑仙祠附近，次日才下山。人们认为这样能避邪求吉。

第二，相关节日物品发生变化。

广州传统的重阳食物是本地产的菊花糕、茱萸酒。人们携这些食物登高，取登"高"、避邪之意。现在其制作工艺已无考，既没有生产售卖，也没有家庭自制，登山民众一般带面包饼干等点心和饮料。旧俗重阳要放响弓鹞，即一种会鸣响的风筝，也就是广州人称作纸鸢的一种。民间有"重阳登高放纸鸢，千灾万祸一齐消"的谚语。旧时人们带着纸鹞，写上"一生不幸事，此日尽消除"等字样，登高远放。纸鹞高飞后扯断线，让它飞走，意思是"衰运"消尽，"好运"到来。每当纸鸢升空，小朋友欢呼雀跃，开心无比。因为山高人多，放风筝不够安全，现在这一习俗也消失了。传统的转运风车，多是用纸、木、竹等手工制作，上有八个小风轮、两个蝙蝠模型、三个铜钱，上刻"福""发""财"字样，顶尖插有"生意兴隆""心想事成"字样的两支金龙红三角旗。现在人们登山还是手持风车，但这些风车多是工业化生产，材料以塑料、金属为多，形状也简化为花朵模样，五色缤纷，颇为可喜，沿途店铺多有出售，亦有小贩兜卖不已。重阳当日，登山的民众下山。他们将从山上带下来的转运风车插到家中客厅或阳台、窗户。有的还给那些没参加重阳登高的亲戚朋友，特别是病人捎带一个，认为这可以给他们带来好运。

第三，活动意义发生变化。

郑仙诞是以郑仙崇拜为核心的一个宗教节日。新的节俗继承登仙山、歌舞载途、娱神娱人的民间狂欢形式，以固定的时间和行程路线、活动方式，为广州人民亲朋团聚、情感交流提供了时间和场所，并在活动中保留了广州传统习俗，成为地方文化、社会生活的重要组成部分。

对于今天的广州人来说，重阳是一个很重要的节日，每当节日来临，人们很早就开始做准备了。一些工作时间比较灵活的单位，农历九月初八日下午已经空无一人。有的身在外地的广州人还会专程赶回广州，和家人一起登高，或者阖府出动，或者呼朋引伴，汇聚到白云山下，步行上山。在快节奏的现代化都市里，人们的空闲时间非常少，交流也很难深入。重阳登高给人们提供了一个难得的长时间、好环境而又近距离的交流机会，也使得传统的伦理文化、社会生活、地方习俗得以延续和发扬。

第四，民间节日活动与日常生活结合，影响深刻，发展迅猛。

白云山是许多广州人生活的重要组成部分，是城市里的公园，是人们心灵的一块净土。每天清晨，天还没亮，人们或走路，或跑步，或坐地铁、公交，或开车来到白云山，有的爬山，有的开展文体活动。人们还在白云山上自发组织了歌友会，每周二、四、六、日在山巅泉畔歌台集中练唱，包括粤剧粤曲、红色歌曲、流行歌曲等，每次都有数百人参加，声势浩大。山间平地，许多群众一起跳舞、做健身操、踢毽子、打羽毛球，热闹非凡，白云山成为群众性的文艺、体育活动场所。一些人下山去做事,又有更多的人上山来。节假日,山上人更多。登白云山,对于很多人来说,是他们生活的一部分。因此,九月九日的重阳登高是一个民间节日,也是大家的日常生活,在时间上和空间上都是一种非常稳定的民间活动。

(四) 从郑仙诞演变看传统民俗的现代化

广州的郑仙诞与九月九日重阳登高的融合与发展,是传统民俗现代化进程中的一个比较典型的例子。

第一,民俗活动与整个社会的政治经济、文化生活、历史政治息息相关,是一个地区、一个社会民众心理、社会状况、生存状态的真实反映。

郑仙崇拜,产生于岭南古代社会。当时人们缺衣少食,时刻受到瘟疫疾病、自然灾害的侵扰而无能为力,只能寄望于神灵的庇佑。道教神话中普救民众、不惜牺牲自己的仙人郑安期,让他们感念和崇拜。人们希望通过祭祀郑仙得以保平安健康。这一信念在千百年间不断巩固、加强,成为官方支持、民间推动的盛大节日郑仙诞。

近现代中国战乱频仍,郑仙祠曾多次被改变功能、被强占,最后被毁,严重破坏了此民俗的生存环境。同时,随着社会变迁,有传统信仰的人年纪越来越大,数量越来越少,郑仙崇拜的群众基础不断削弱。新中国成立后一些过激的运动使得郑仙诞受到严重打击,节俗消失殆尽,少数上香活动只能偷偷摸摸进行。但在 20 世纪 70 年代这一特殊的历史时期,一些群众思想苦闷,想寻求出路,加上各种民间传说推波助澜,令普通的登山运动产生了精神慰藉和心理安慰作用,郑仙诞习俗便逐渐转向重阳登高。

随着人民生活越来越好,到风景优美的白云山运动、聚会、狂欢,成为民间喜爱的娱乐和体育运动形式,各种传统因素的恢复又增加了白云山的人文内涵和吉祥意义。政府的支持和引导,也促进了这一活动的良性发展。二者整合成的重阳登高新民俗,成为国泰民安、欣欣向荣的真实反映。

第二,传统民俗的延续和发展需要深厚的民众根基,同时也是历史的选择。

白云山自古就是文人雅集的地方。清人李调元《南越笔记》卷 2 谓:"今郡人多以是日采菖蒲,沐浴灵泉,以祈霞举。而宋时郡守尝醵士大夫往游,谓之'鳌头会'云。"① 明清时期,岭南诗人先后在白云山结白云、南园、越山、后南园等社。现当代名人也多有驻足,使得该活动文化内涵极

---

① 吴绮等撰、林子雄点校:《清代广东笔记五种》,广州:广东人民出版社,2006 年,第 215 页。

为丰富。

广州的重阳登高及其节俗，是广州居民在岭南独特的自然地理景观和文化历史环境中，在传统文化和现实社会中形成的别具特色的一种文化空间形式，具有广泛的群众性和民间传承性。它既是对传统中原文化、道教文化的传承，又深具广州特色，承载着广州人民许多历史文化信息和原始记忆。集体登山的形式，加强了团体内部的团结和联系，增进了人与人、人与社会、人与自然之间的亲和力。

郑仙诞与九月九日重阳登高的融合，是偶然的机缘，也是历史的选择。它使得古老的民间习俗、民间信仰得以延续，同时又吸收了新的元素，适应了社会的变迁和发展。这一新的文化空间，是文化与文化的和谐共生与自然融合，是古老民俗与现代俗信、现代意识的结合。忘形于山水之间，汇聚于人流之中，以广泛的民众参与、丰富的内容形式，充分实现了人的身心交融、人与自然的交融、人与人的交融，因此具有旺盛的生命力。

第三节　岭南其他民系考察

一、韩愈与潮州文化的形成

《汉书·地理志》载，汉武帝平定南越后，于公元前111年重设南海郡，下领六县，揭阳为其一。"揭阳"是潮汕地区最早的政区名称，包括今天潮汕的大部范围。公元413年，东晋在古揭阳县治设立义安郡。隋开皇十一年（591年），改义安郡为潮州府，"取潮水往复之意"，并沿用千余年。清同治元年（1862年）汕头开埠，清代晚期开始出现"潮汕"的说法。今天的潮汕地区，已经演变为汕头、潮州、揭阳、汕尾四个地级市鼎立的格局①，但历史悠久的"潮州文化"，是这一地区人们的共同精神内核和情感纽带。在潮州文化的形成过程中，韩愈影响深远。

（一）韩愈刺潮前的情况

韩愈（768—824年），字退之，河南河阳（今孟州市）人，唐代文学家、哲学家。他自称郡望昌黎，世称韩昌黎。因官至吏部侍郎，又称韩吏部。谥号"文"，又称韩文公。3岁而孤，由兄嫂抚育，早年流离困顿，有读书经世之志。20岁赴长安考进士，三试不第。25岁中进士，三试博学鸿词科不成，赴汴州董晋、徐州张建封两节度使幕府任职。后回京任四门博士。36岁至49岁任监察御史，因上书论天旱人饥状，请减免赋税，贬阳山令。宪宗时北归，为国子博士，累官至太子右庶子。但不得志。50岁至57岁，先从裴度征吴元济，后迁刑部侍郎。因谏迎佛骨，贬潮州刺史。移袁州。不久回朝，历国子祭酒、兵部侍郎、吏部侍郎、京兆尹等职。

韩愈以儒家正统自居，是古文运动的领袖。他认为，道（即仁义）是目的和内容，文是手段和形式，强调文以载道，文道合一，以道为主。后人对韩愈评价颇高，尊他为唐宋八大家之首。杜牧将韩文与杜诗并列，称为"杜诗韩笔"；苏轼盛赞韩愈"文起八代之衰，而道济天下之溺，忠犯人主之怒，而勇夺三军之帅"②。

唐元和十四年（819年）正月，唐宪宗命令中使杜英奇前往法门寺奉迎

---

① 周峰主编：《岭南文化集萃地》，广州：广东人民出版社，2016年，第90页。

② 苏轼著、李之亮笺注：《苏轼文集编年笺注·诗词附》2，成都：巴蜀书社，2011年，第637页。

佛骨，以表达自己的向佛之心，铺陈繁缛，官民若狂。韩愈毅然上《论佛骨表》。宪宗震怒，欲处极刑。经宰相裴度、崔群等人力陈其"忠恳"，幸免一死，遂被逐出长安，贬为潮州刺史。

"潮之州，大海在其南。""省尾国角"的潮州，交通不便，环境相对封闭。中原文化通过南越国间接传入潮汕地区，但长期以来影响不大。学者黄挺考察揭阳埔田鼎盖山、揭阳玉窖三虎山、澄海龟山和潮安二塘龟山等汉代遗址认为，即使到汉平南越之后，进入本区的汉族人仍然不多，他们与本地越人杂处，有部分越人逐渐汉化，汉式聚落景观开始出现。晋唐时期，南迁的中原移民不断增加，20世纪80年代发掘的近十座东晋六朝砖室墓，从墓室的形制到出土的殉葬品，完全保留了中原的风格，与江南地区同时期的墓葬几乎完全一致。黄挺认为，此时本地土著仍以十分强劲的力量与中原移民对抗，直到宋元时期仍然保持着相当大的势力，因此这一现象，其实反映了汉族移民与本地土著之间关系的疏远。隋唐之交，广州俚帅杨世略据有潮循二州，土著势力仍然占据优势。唐高宗武后时，陈政、陈元光父子与五十八姓军校屡次平定泉潮间蛮僚啸乱，推动了本地的民族融合，加速了汉文化在本地的传播，但本地土著依然保留着强大的力量①，至今还有畲族、疍民等始终保持着自己的传统。从隋至清各代，一直都有大量汉族移民以及各少数民族百姓从不同方向源源而来，也给偏僻的潮汕一带的民族融合、文明教化带来了难度。

据韩愈《潮州刺史谢上表》，当时的潮州地处"万里之外，岭海之陬"，"在广府极东界上，去广府虽云才二千里，然往来动皆经月。过海口，下恶水。涛泷壮猛，难计程期；飓风鳄鱼，患祸不测。州南近界，涨海连天；毒雾瘴氛，日夕发作……"②"居蛮夷之地，与魑魅为群"的韩愈"年才五十，发白齿落，理不久长；加以罪犯至重，所处又极远恶，忧惶惭悸，死亡无日"③。在这样的情况下，韩愈却成了儒家信仰的实践者、潮州文化的创造者之一。

（二）韩愈对潮州的贡献及影响

韩愈对潮州和潮州文化的影响深广，主要体现在弘扬儒家的仁民意识、

---

① 黄挺：《潮汕文化索源》，载《寻根》1998年第4期。

② 韩愈著、马其昶校注、马茂元整理：《韩昌黎文集校注》下，上海：上海古籍出版社，2021年，第881－882页。

③ 韩愈著、马其昶校注、马茂元整理：《韩昌黎文集校注》下，上海：上海古籍出版社，2021年，第882页。

开创地方的文教传统、塑造精神上的榜样力量等方面。

韩愈将儒家思想带到潮州。他在潮州不足 8 个月，一上任就为老百姓办好事，驱鳄除害、关心农桑、释放奴婢、兴学育才。他筹措学舍，延请师资，带头捐出薪俸，还亲自授课。他兴办教育、清廉为政，使潮州这块蛮荒之地发生了巨大的变化，并以平等、宽厚的人性之爱感召了土著居民，促进了中原文化的传播，也促进了本地人才的涌现。至宋代时，潮州已成为人文鼎盛、重礼崇儒的"海滨邹鲁"。苏轼在《潮州韩文公庙碑》中对韩愈十分推崇，认为他虽然受到种种挫折，虽"不能使其身一日安于朝廷之上"，但其精诚在潮州得到充分的展示和广泛的认可，其"能开衡山之云"，"能驯鳄鱼之暴"，"能信于南海之民，庙食百世"。苏轼认为，韩愈以恤民爱民、仁政善政得到民众的爱戴："智可以欺王公，不可以欺豚鱼；力可以得天下，不可以得匹夫匹妇之心……盖公之所能者，天也；所不能者，人也。"在韩愈的影响之下，后世潮州府"凡所以养士治民者，一以公为师"①，造福一方。

韩愈将文教传统带到潮州。他在潮州兴学，彻底改变了潮州的文化面貌，使得崇文重教成为潮州文化的重要内容："始，潮人未知学，公命进士赵德为之师。自是潮之士皆笃于文行。延及齐民，至于今，号称易治。信乎孔子之言：'君子学道则爱人，小人学道则易使也'。"② 潮州文风之盛，率由韩始。在潮州民间，韩愈不仅是仰之弥高的"百代之师"，而且已经被百姓奉之若神，"潮人之事公也，饮食必祭，水旱疾疫，凡有求必祷焉。""信之深，思之至"③，被神化了的韩愈，已经成为潮州的文化象征和民间信仰、精神坐标。

千百年来，韩愈已成为潮州的"文化地标"，潮州人民对韩愈的挚情令人感动。他们颂赞韩愈"功不在禹下"，将鳄溪（恶溪）改名为韩江，东山（笔架山）改名为韩山，还有韩堤、韩渡、韩文公祠、景韩亭、昌黎路、侍郎亭……与韩愈相关的命名比比皆是。甚至许多人给孩子取名时在名字中加入"韩"字，既表达对韩愈的崇敬，也希望孩子得到韩愈的庇佑，长大像他一样有才德。潮汕地区至今仍流传着许多与韩愈有关的传说与地名，比如潮州的竹竿山、湘子桥、访问岭（风门岭）、走马牵堤、韩木、潮阳灵

① 苏轼著、李之亮笺注：《苏轼文集编年笺注·诗词附》2，成都：巴蜀书社，2011 年，第638 页。

② 苏轼著、李之亮笺注：《苏轼文集编年笺注·诗词附》2，成都：巴蜀书社，2011 年，第638 页。

③ 苏轼著、李之亮笺注：《苏轼文集编年笺注·诗词附》2，成都：巴蜀书社，2011 年，第638 页。

山寺留衣亭、叩齿庵、昌黎旧治坊，普宁马嘶岩，等等。韩愈赴潮经过的莲花山丰顺地段山岭也因此称"韩山"或"韩崇"。韩文公祠香火袅袅，千年不绝，可谓"不虚南谪八千里，赢得江山尽姓韩"①。

二、"崇正"及客家精神源流②

"崇正"源于儒家思想对正统文化和伦理道德的推崇，是中华文明的重要思想精髓，是中华民族共同的文化精神和思想财富，近代以后成为客家的大旗，是客家精神最精辟、最集中也最有号召力的体现。考"崇正"，《晋书·顾和列传》有："和乃奏曰：'礼所以轨物成教，故有国家者莫不崇正明本，以一其统，斯人伦之纪，不二之道也。'"③ 这里所"崇"的"正"，指的是"正礼""正统"。同时，"崇正"亦是一种高尚的行为和品德。唐人浩虚舟《行不由径赋》取题于《论语·雍也》，论述正道而行，不走捷径、邪门歪道之志："苟正其身，宁偏僻而是履；不以其道，故斯须而不行"，"以遨以游，见徇公灭私之志；一动一息，有去邪崇正之心"，"遵道如砥，持心若弦"。④ 这是"崇正"比较本原的意思，也一直延续到后世。

（一）"崇正"源流

礼是中国传统社会的政治制度和社会秩序。《晋书》所言正礼，指的是祭祀之礼。郑樵《通志》谓，向充等人乞为诸葛亮立庙，"断其私祭，以崇正礼"⑤。"正礼"即正祀。许有壬《有元功臣曹南忠宣王祠堂碑》有："诸葛武侯之没，所在求为立庙，又请立之成都，后主皆不听，民至私祭陌上。以武侯之功，尚何靳于一庙？岂欲黜私祭以崇正祀耶？夫所在立庙，在礼若泛。立之成都，亦复不听，何哉？至习隆、向充之请，始听立庙沔阳，则武侯之得庙亦夐乎其难哉！"⑥ 民间私祭于陌上不为正礼，亦非正祀。故屡请立庙，以为正祭。

礼是封建社会运行的轨范，礼为人所用，以维持社会秩序。崇正礼，即为崇正统。明郭棐《粤大记》卷16记霍韬："甲申五月，召命至，疏辞。

① 潮州市韩愈纪念馆编：《韩祠雅集》，赵朴初题诗，1998年，第37页。
② 原载《岭南文史》2019年第3期，题为《崇正考——兼论客家精神》。
③ 房玄龄等：《晋书》卷56，北京：中华书局，1974年，第2165页。
④ 马积高、万光治主编，李生龙副主编：《历代词赋总汇》唐代卷（第3册），长沙：湖南文艺出版社，2014年，第2189页。
⑤ 郑樵：《通志》第2册，卷118（上），北京：中华书局，1987年，第1779页。
⑥ 李修生主编：《全元文》第38册，卷1196，南京：凤凰出版社，2004年，第354页。

极论大礼之议，两端而已：'曰崇正统之大义也，曰正彝伦之大经也。皇上于孝宗称曰皇伯考，于武宗称曰皇兄，于兴献王称曰皇考，其正也。于庙祀孝宗祝之词称嗣皇帝侄，于武宗祝之词称嗣皇帝弟，于庙祀兴献皇祝之词稽皇帝孝子，其正也。是故宪宗大统传之孝宗，孝宗大统传之武宗，武宗大统传之皇上，正统相承，永传无极，所谓大一统也。"① 正统即正嗣、正脉，是传统儒家推崇的天下之正，被认为是社会的正常秩序。故《明史》列传第 96 记载，汪应轸奏请"遵礼经、崇正统，以安人心"②。

正统与正礼是一致的。《宋史·礼志·吉礼十二》记熙宁二年（1069年）李德刍言："礼法诸侯不得祖天子，公庙不设于私家。今宗室邸第并有帝后神御，非所以明尊卑崇正统也，望一切废罢。"③ 宋神宗亦称："尊神之道，则知古者生嗣，本为宗庙神明拥佑，故当显相人主，虔恪礼事，以报神灵之贶，然后举奠而饮，以明上受祖宗锡羡无疆之休，下示尊崇正统之绪。"④ 这里谈的都是符合规范的正礼。

崇正，亦有崇正道之义，即儒家之道。许多儒家学者以"崇正"为宗旨著书立说，发明经典，纠正时弊。南宋胡寅撰《胡致堂崇正辩》，用儒家正统观点，对晋迄唐宋高僧佛徒之言行一一加以驳斥。黄宗羲《明儒学案》卷 44《诸儒学案上二·学正曹月川先生端》记其得元人谢应芳的《辨惑编》："心悦而好之，故于轮回祸福、巫觋风水、时日世俗通行之说，毅然不为所动。父敬祖为善于乡，而勤行佛老之善以为善。先生朝夕以圣贤崇正辟邪之论讽于左右，父亦感悟乐闻。"⑤ 明人区大伦，少负气节，万历年间进士，著有《崇正辟邪录》。商辂《乞休疏》谓："更望陛下远法帝王，近法祖宗，上畏天命，下畏人心，亲贤纳谏，节用爱人，日御经筵，讲明圣学，屏斥异端，敦崇正道，兢兢业业，日慎一日。"⑥《修德弭灾疏》曰："一曰正心术。夫天下之道二，正与邪而已。正者，二帝三王圣贤之道也。邪者，佛老异端之教也。自古人君崇正道者，无不安享治平之乐。惑邪教

① 郭棐撰，黄国声、邓贵忠点校：《粤大记》卷 16，广州：中山大学出版社，1998 年，第 442 页。

② 张廷玉等：《明史》卷 208，北京：中华书局，1974 年，第 5487 页。

③ 脱脱等：《宋史》卷 109，北京：中华书局，1977 年，第 2626 页。

④ 杨仲良撰、李之亮校点：《皇宋通鉴长编纪事本末》卷 78，哈尔滨：黑龙江人民出版社，2006 年，第 1397 页。

⑤ 黄宗羲著、沈芝盈点校：《明儒学案》下，北京：中华书局，1985 年，第 1063 页。

⑥ 商辂著、孙福轩编校：《商辂集》上，卷 4《奏疏一》，杭州：浙江古籍出版社，2012 年，第 56–57 页。

者，未有不致危亡之忧。"① 王世贞《弇山堂别集》卷25《史乘考误六》谓曾见彭程上疏典刑邪佞妖僧，"遏之于将萌，杜奸邪，崇正道"②。

正因如此，儒家学者所谓正道，亦为正学，即儒家经典和道理。《元史》卷174记大学士、国子祭酒耶律有尚受业于许衡之门，"前后五居国学。其立教以义理为本，而省察必真切；以恭敬为先，而践履必端悫。凡文词之小技，缀缉雕刻，足以破裂圣人之大道者，皆屏黜之。是以诸生知趋正学，崇正道以经术为尊，以躬行为务，悉为成德达材之士"③。即使不是直接的经典演绎，其他学问也需要从正统的儒家经典溯源，方有可能称为"正学"。明人余象斗所著的《地理统一全书》，卷之首《崇正学》说："第正学废久，故闻者骇而难行，邪说入深故见者信而易惑，邪正之不同者如此。葛溪曰：'紫阳朱子崇正学、辟异端，而独于宅葬二事。'以为古人不传，宜淀俗择，此可见地理亦吾儒分中事而凡学之者，所以当崇其正也。故汇前贤贬星卦理气者附观少人子，以正其心耳。"④ 用儒门之学为地理张目，这是比较独特的。

（二）"崇正"含义

以"崇正"为名，最早见于太子宫殿名。《文选》卷24有潘岳《为贾谧作赠陆机》一首："英英朱鸾，来自南冈。曜藻崇正，玄冕丹裳。如彼兰蕙，载采其芳。"⑤ 李善注："崇正，太子之宫也。臧荣绪《晋书》曰：'世祖以皇太子富于春秋，初命讲《孝经》于崇政殿。'"《艺文类聚》卷16齐王融《皇太子哀策文》曰："悯含嗟乎崇正，顾掩歆于承光。"⑥ 崇正、承光，俱为殿名。太子为天子之正嗣，以崇正为名，抑或有为其继承大统铺垫之意。

后世对"崇正"的应用十分广泛。用于书院之名较多，尤以明以后为盛。其中有私人所建，如嘉靖年间，沈宠在宣城建崇正书院，邀请名儒讲学，士风大振。⑦ 亦有官方所建。嘉靖二年（1523年），督学王忠在今云南

---

① 商辂著、孙福轩编校：《商辂集》上，卷5《奏疏二》，杭州：浙江古籍出版社，2012年，第66页。

② 王世贞撰、魏道科点校：《弇山堂别集》第1册，北京：中华书局，1985年，第455页。

③ 宋濂：《元史》，北京：中华书局，1976年，第4064页。

④ 余象斗著、孙正治、梁炜彬点校：《地理统一全书》上，北京：中医古籍出版社，2012年，第6页。

⑤ 李善注、萧统编：《文选》3，上海：上海古籍出版社，2011年，第1154页。

⑥ 欧阳询撰、汪绍楹校：《艺文类聚》上册，北京：中华书局，1965年，第297页。

⑦ 王景福主编：《宣城历代名人》上卷，呼和浩特：远方出版社，2007年，第457页。

建水县兴建书院，定名"崇正"，是本"以圣贤正学端习尚也"之意，教导诸生"习尚端、心行正而为正人。处则以正家，出则以正国，守其正于居常而不失于应变"。又勉励乡人刻苦攻读，形成良好社会风气。①

　　这些以"崇正"为名的书院的兴建，与明初对正统文化、儒家思想的重视和恢复有一定关系。隆庆年间（1567—1572 年）议毁"淫祠"之后，万历三年（1575 年），知府许天增将建宁（今福建省南平市建阳区）德胜坊三官堂改为崇正书院，书院正中祭祀朱熹，配祀理学诸儒②。万历间，湖南宁远知县蔡光忧士民多迷信佛教，因此拆毁西门外胜因寺而建书院，以"明圣学，端士习"，故名"崇正"③。湖北《荆州府志·石首县》有明张璧撰《崇正书院记》，阐述"崇正学"之内涵及其效用。张璧认为"教存乎政""化本乎风""实副乎名"。而书院之所以名"崇正"者，即"崇正学也"。如清光绪年间广西奉议州知州李露春在《创建崇正书院碑记》中所述："名曰崇正……盖欲崇正学，息邪说"，"人心正，而祸乱弭"，曰："夫君臣、父子、夫妇、兄弟、朋友，伦之正也；仁、义、礼、智，性之正也；诗、书、礼、乐、易象、春秋，教之正也。人莫不有伦，莫不有性，即莫不有教；教之以正伦，教之以正性，而士民之秀良者乃得笃其伦理之本，复其性命之原，庶几仰窥孔孟之教而上臻乎尧、舜、禹、汤、文、武之治，同归于正而不即于邪乎！"④办学 19 年，奉议州有 2 人考中进士，3 人考中举人，5 人考中贡生。⑤

　　"崇正"亦有"崇正义""崇正气"之意。南京清凉山东麓崇正书院，为明代户部尚书耿定向在南京作督学御史时兴建，其名意取南宋丞相文天祥"天地有正气"句，又有推崇正传儒学之意。⑥文天祥是客家人，《正气歌》震烁古今，也令客家人对"崇正"精神更为深刻。南宋末年，民族英雄、爱国志士文天祥率部在今梅州、潮州、惠州、河源、海丰、江门各地辗转抗元两年多，客家先民纷纷追随文天祥从军，最后大批将士血战崖山、壮烈殉国。这段悲壮的历史，深深铭刻在包括客家在内的华夏子孙心中。

---

①　季啸风主编：《中国书院辞典》，杭州：浙江教育出版社，1996 年，第 643 页。

②　金银珍、凌宇：《书院·福建》，上海：同济大学出版社，2010 年，第 176 页。

③　万里：《湖湘文化辞典》3，长沙：湖南人民出版社，2011 年，第 492 页。

④　陈谷嘉、邓洪波主编：《中国书院史资料》（中册），杭州：浙江教育出版社，1998 年，第1190 页。

⑤　广西大百科全书委员会编：《广西大百科全书》"历史"上，北京：中国大百科全书出版社，2008 年，第 461 页。

⑥　《鼓楼区文物志》编纂委员会编：《鼓楼区文物志》，江苏文史资料编辑部，1999 年，第211 页。

广东佛山亦有崇正社学，创建于明初。原址在佛山祖庙附近，内有奉祀魁星的大魁堂，平时文人士绅多集合于此，亦称大魁堂。本为文教机构，鸦片战争爆发后大力习武，成为反帝的民兵武装组织，具有学校民兵性质，曾于道光二十一年（1841 年）五月创造了夜袭英军占据的龟岗炮台的光辉战例。①

咸丰七年（1857 年）十二月，英法联军侵占广州，广州附近各乡义勇纷起自卫抗敌，清政府下令督办广东团练，准设 4 局，佛山为其中之一。广州近郊 96 乡及南海、番禺、顺德等县的乡民士绅纷纷加入佛山团练（亦称"反夷团练"）。佛山团练局于咸丰八年（1858 年）三月开设，局址在崇正社学，以抗御外敌入侵。当时英军战船常到南海平洲、三山及佛山邻近地区骚扰，盘踞龟岗炮台的英军多次拦劫广佛渡船。佛山崇正社学首领吴璧光率民勇分乘快艇，夜袭龟岗炮台。英军开炮射击，伤亡民勇多人。吴璧光抢占有利地形，向炮台施放毒烟，民勇乘机冲上炮台。吴先杀了一名英军头目，民勇乘胜英勇杀敌。英军前来救援的舢板、轻舟亦为民勇所毁。这一战歼灭英军数十人，缴获一批枪炮、刀剑、火药、旗帜等和多只舢板。②

近代以来，"崇正"的含义已经有所丰富和发展，但适用范围都是非常高尚的理想追求、行为方式，也是大众的呼声。以客家地区为例，兴宁崇正小学创办于 1919 年，所谓"正"，代表着对正统、正气、正道、正行的尊崇。该校校址在崇上大水坑楼下屋，学校创办初期只有 1 间教室，2 间教师房，全校学生 40 人。1948 年，村中仁人志士将校舍迁至上下排（与坭陂黄垌交界），校名一直沿用至今。初建校舍属砖瓦结构，共有教室 3 间，教师房 4 间，学生 80 多人。1986 年，香港同胞彭金泉、彭琪龙等带头捐资，扩大学校规模，建有教室 9 间，教师房 11 间，校园面积达 1700 多平方米。③

民间也将"崇正黜邪"与"劝善惩恶"相对。江西南康大坪乡螺塘康王庙有联："佛法护齐坛，唱月莲以劝善惩恶；仙班起上界，演封神而崇正黜邪。"④ 正邪不两立，善恶必有报，这表现了客家人民朴素的道德观念和是非判断。

---

① 佛山军分区编志组编：《佛山市军事志》，广东南海系列印刷公司，1992 年，第 45 页；广东省文史研究馆编：《三元里人民抗英斗争史料》，北京：中华书局，1959 年，第 166 页。
② 佛山市地方志编纂委员会编：《佛山市志》（上册），广州：广东人民出版社，1994 年，第 700、729 页。
③ 兴宁市教育史料编辑委员会主编：《兴宁市学校简介大全》，2004 年，第 194 页。
④ 陈平主编：《中国客家对联大典》上，桂林：广西师范大学出版社，2015 年，第 846 页。

（三）"崇正"与客家精神

崇正，是中华民族传统文化共同的文化精神和思想财富。但对于在漫长的历史时期中，对由于种种原因从中原陆续迁徙到当时经济文化还比较落后的南方地区的客家人来说，崇正，更具有独特的意义。近代以来，客家人将崇正作为客家精神的代表，对其有明确的群体意识。这首先是因为客家人普遍认定，自己的祖先来自中原汉族，即所谓"中原士族""三代遗民""衣冠旧族"，是中原汉族之"嫡系"，具有独特的血统，先天继承正统的中原华夏文明。因此，不论是战祸灾荒年代避居他乡，还是和平时期谋生异域，他们始终为自己的中原血统和文化传统而自豪，不愿放弃自己的信仰和文化，更不愿为外族所同化。① 他们敬宗睦族，团结一心，在他乡异地艰难险阻中顽强地生根发芽。他们不忘故土，富于使命感、责任感，始终将自身与国家民族的兴亡紧紧地联系在一起，勇敢地站在抗争的最前列。"白手起家真志士，赤心报国是忠臣""宁可站着死，不肯跪着生""舍命才算真豪杰，爱国方成大丈夫"……一句句凝聚着朴素民间感情的俗谚，广泛流传在客家地区，耳濡目染、代代相传，传承着客家人忠勇义烈的精神。直到今天，客家人还以先辈抗元、抗清斗争和抗日斗争的历史为荣，把英雄事迹编成歌谣、故事传诵于后代。② 其中一个事例是 1957 年，香港元朗客家村落"崇正新村"建村，取名"崇正"。据刘义章调查，"这是因其中一位建村筹备委员认为'崇正'二字象征客家人，而且该村住了来自不同县籍的客家人……因此，决定取用'崇正'这个被认为是代表所有客家人的名字。""'崇正'一词意指崇尚正义，是所有客家人的象征。"调查者曾询问李 WK（化名），新村取名"崇正"与 1921 年成立的客家人总团体香港崇正总会的名字有无关联时，答复是没有。"也许这可以做为'崇正'一词备受客家人认同的一个旁证。"③

秉承正统，崇尚正义，也是香港崇正总会等许多客家团体以此为名的原因。香港崇正总会的成立，历史背景是人们对客家来源有许多误解。例如，1905 年，上海国学保存会出版的《广东历史地理教科书》"人种"一

---

① 厦门客家经济文化促进会编：《解码"客家"》，福州：海风出版社，2007 年，第 20 页。

② 李荣丰：《六堆客家摔角武术发展之探讨》，见《台湾客家武术学术研讨会论文集》，台北：逸文武术文化有限公司，2010 年，第 20 页；余耀南编著：《大埔民间故事歌谣和俗谚》，广州：广东人民出版社，2008 年，第 284 - 285 页。

③ 刘义章：《香港客家村落的历史与文化考察：崇正新村的个案研究》，见徐正光主编：《第四届国际客家学研讨会论文集：聚落·宗族与族群关系》，台北："中央研究院"民族学研究所，1989 年，第 102 - 103 页。

章将"客家"划出"汉种"。因此，丘逢甲、邹鲁在广州成立"客族源流调查会"，胡晓岑"为文数千言"，力证客家人是纯粹的汉人。更直接的原因是1920年，上海商务印书馆出版了 R. D. Wolcott 所著的《世界地理》（*Geography of the World*），此书于"广东"条下说："其山地多野蛮的部落和退化的人民，如客家等等便是。"① 客系大同会（又称"客属大同会"）及分会由此在上海、北京、广州而起，并于1921年4月在广州召开全国大会，向商务印书馆提出严正抗议并交涉。

香港客属人士为支持国内大同会行动，由黄茂林、李瑞琴、赖际熙等人建议，成立旅港崇正工商总会，后改名香港崇正总会。关于"崇正"，黄石华教授接受荷兰国家电视台中文节目部邱玲珍的采访时说："香港在筹组客家组织之时，有各种意见，有人建议为大同会、中原会、客家会，惟当时创会先贤赖际熙先生是清朝翰林、香港大学首任中文系主任，他力排众议，认为我们客家人均是来自中原的汉民族，不要一见面便与人分彼此，赖先生认为客家人南迁是为不愿受异族统治，所以主张要将客家精神表现出来，因此定名'崇正'，意'崇尚正义'、'崇正黜邪'。原有'工商'二字，赖先生认为不应该只限工商界，要团结所有客家人，所以后来正名为'香港崇正总会'。"②

黄石华《香港崇正德舍总会史略·二会名会徽之沿革》又有："崇正总会原名'旅港崇正工商总会'。其所以定名'旅港崇正工商总会'者，以李瑞琴先生在民国十年（1921年）9月29日于太白楼第一次会议上提议：'吾系侨港人士，以工商二界为多。窃谓吾人拟组织之团体，当以旅港崇正工商总会为名，不必冠以客家二字。因吾人坚忍耐劳，赋有独立之性质，所习又不与人同化，故土客之间情感不无隔阂。吾人雅不欲以四万万五千万之中华民族各分畛域，故应取崇正黜邪之同闳义而称为崇正工商总会。'至民国十五年（1926年）6月20日，举行全体同人常年总叙会，乃通过修改会章，而命名则单称'崇正总会'，英文则书 TSUNG TSIN ASSOCIATION，本会名称至此乃确立不易也。"③

由此而知，对最终定名为"崇正"，赖际熙、李瑞琴等崇正总会创始人的意见是一致的，就是以"崇正"体现客家人华夏子孙的历史本源，并以

① 夏远鸣：《"客都"的历程：晚清以来梅州客家意识的普及与"客家文化"的建构和利用》，载《客家研究辑刊》2011年第1期。

② 丘权政主编：《国士颂：庆贺黄石华教授90华诞暨学术研讨会论文集》，太原：山西人民出版社，2009年，第371页。

③ 邱权政：《中国客家民系研究》，北京：中国工人出版社，1992年，第379页。

此团结天下客家，扶助同胞；体现反抗异族统治、自强不息的客家精神；体现"崇尚正义""崇正黜邪"的道德理想和行为准则。这既有对"崇正"词源的继承，也有富于时代特色的发展，更是对客家精神的高度概括。作为客家人共同意识的"崇正"一词被正式向外界公告，即始于此。在"崇正"的旗帜下，香港崇正总会致力于联络全球客家组织与人士，共同为客家族群和华夏同胞的利益服务，成为"海内外客家人的联络中心"。有学者认为："全球客家人有组织是自香港崇正总会始；全球客家人有团结，亦自香港崇正总会始。"[1] 同时香港崇正总会积极济困兴学，先后在香港办了 4 所"崇正义学"，1957 年又创办了崇正中学和崇正小学，近年又在云南丽江和陕西丹凤创办了崇正希望小学，组织和参与慈善活动不计其数，受到广泛的赞誉。

香港崇正总会以"崇正"凝聚客家精神，根基在于"华夏正脉"。总会成立后即编纂《崇正同人系谱》，以谱牒记载广东境内客属源流情况。是著 1924 年冬始纂，1925 年秋成。全书共 15 卷，30 余万字。主编赖际熙，增城（今广州市增城区）人，清光绪二十九年（1903 年）进士，第一、二、三届崇正总会会长。赖际熙在该书"序"中阐明编纂缘起、体例与目的："国史以外，益以玉牒。省州县皆有志乘，族则有谱，家则有传，以至结社联姻通家会族皆纷陈齿录，竞述家风，咏烈诵芬成为风尚。兹谱之作无省郡州县之区分，而会传志谱牒之通例，匪云创格，实守成规，相期读此编者，祛其自贬之见，化其相轻之习，振迈远之精神，跻大同之盛轨，则区区楮墨为不虚矣。"[2] 他描述了客家人"挈族而南""播迁岭海"的大致经过，认为"其先固出自中原，同为禹甸之人民，同为黄帝之子孙。谱系可稽，源流可溯也"[3]。

客家人的"崇正"精神在日本侵略中国、中华民族危亡的严峻时刻得到充分体现。1932 年"一·二八"事变时奋起抗击的十九路军中许多将士是客家人。他们坚决抗日，以劣势装备和血肉之躯抵御强敌，迫使日军三易其帅，屡次增兵，终不能占领上海。抗战期间许多名将是客家人，如国民党方面的谢晋元、薛岳、张发奎，共产党方面朱德、叶挺、叶剑英、杨成武，等等。无数客家人积极投身抗日救亡运动。1400 名梅县子弟积极响

---

[1]　杨达祥：《杂文集》，2009 年，第 42 - 43 页。

[2]　赖际熙主编：《崇正同人系谱》第 2 版（1）卷首《序》，香港崇正总会出版部，1995 年。

[3]　赖际熙主编：《崇正同人系谱》第 2 版（1）卷 1《源流》部分，香港崇正总会出版部，1995 年，第 6 页。

应"一寸山河一寸血，十万青年十万军"号召，加入温鸣剑第209师。[1] 许多爱国青年参加以曾生等领导的东江纵队为主力的华南抗日武装，在孤悬敌后的恶劣环境中英勇奋战，发展壮大，建立了450多万人口的抗日根据地和游击区。广大客属华侨也积极行动。"一·二八"事变发生后全国人民纷纷支持，十九路军所得抗日款项1068万元中四分之三为华侨捐款，相当部分来自客属侨胞。侨领胡文虎前后3次汇款给十九路军，十九路军军长蔡廷锴称其"热心救国，仁术济人"；"急难同仇，令人感奋"。1937年"七七事变"，美国客属团体"人和会馆"即改组为旅美纽约崇正会，在成立宣言中称"代表全体客家人名义的地位，筹款抗日救国，赈济祖国灾黎"。新加坡南洋客属总会在会长胡文虎的领导下，明确提出以抗日救亡为宗旨，"以团结的精神，一致的动作，在有钱出钱、有力出力的原则下，表现吾属人士救亡进行的热烈"。香港崇正总会在1939年广州沦陷后大批难民南下时，成立了救济难民委员会，向当地及海外募捐救济钱物，"惟念救得一命，即为国家保留一分元气"[2]；并组织战地服务团和救护队等回东江工作，进行战地救护或开办医院，直接服务于抗日，还认购救国公债百余万元，为祖国抗战做出了贡献。

（四）小结

崇正精神包含着"热爱祖国，热爱中华民族之深情及共谋公益，以天下为己任的宗旨"，是传统儒家思想的精髓。杨达祥《香港崇正总会简介》具体分析说，"客家人素有'崇尚正义'、'崇正黜邪'的光荣传统与伟大精神，同时也不愿与四万万同胞划分'畛域'"。另外，"'崇正'两字系崇尚正义的意思，具有正派风采和高尚旨趣"[3]，因此得到海内外客家人士的一致认可，影响和号召力日渐扩大。许多海外客属组织纷纷改名为"崇正会"。世界各地的崇正会也在"崇正"的感召下积极参与社会事务和慈善事业，令客家"崇正"名扬四海。

崇正，是中华民族之光，也是客家人的共同意识、客家精神的集中体现。福建龙岩市永定县（今永定区）湖坑镇洪川振成楼大门、厅堂有一副楹联："振作哪有闲时，少时、壮时、老年时，时时需努力；成名原非易

---

① 曾海丰、陈志红编：《梅县通览》，2001年，第87页。

② 古瑞庭：《本会工作概述》，香港崇正总会救济难民委员会编：《香港崇正总会救济难民会特刊》，见民国时期文献保护中心、中国社会科学院近代史研究所编：《民国文献类编》社会卷25，北京：国家图书馆出版社，2015年，第93页。

③ 杨达祥：《杂文集》，2009年，第43页。

事，家事、国事、天下事，事事要关心"，"振纲立纪，成德达材"，"干国家事，读圣贤书"。这是中华民族传统文化的传承，是客家人的文化心理和精神风貌，同时也是千千万万客家人和优秀华夏儿女在"崇正"精神下的积极实践。

三、中山疍民水文化水风俗①

疍民又称"水上人"，主要分布在我国广东、广西、福建、海南一带。疍民的历史源远流长，过去世代以船为家，以渔为生，新中国成立后陆续上岸。水是疍民生存的根基，深刻影响着疍民习俗、生产生活等方方面面，也是疍民研究中的一项重要内容。笔者与胡伊萍同学在2016—2017年间对广东省磨刀门水道旁中山市神湾镇疍民生活进行了相关调查和研究，发现疍民的水文化产生于疍民长期以来的生产生活，其中既有疍民文化的共性，也有本地自己的特点。

（一）疍民身份的认定

磨刀门是珠江八大出海口门之一。磨刀门水道是珠江三角洲主要排洪和通航河道，位于中山市、珠海市与新会市、斗门县界上②，是传统的疍民生活区。神湾镇位于磨刀门水道东岸，2005年总面积59.59平方公里，总人口34053人，其中户籍人口16899人，辖外沙、宥南、神溪、海港、竹排5个行政村及神湾社区。③磨刀岛和竹排岛均位于磨刀门水道上，竹排岛为泥沙堆积而成的岛屿，在人工堆积和流水堆积的作用下，两座岛屿面积不断扩展。这一带河网密布，填泥造地的情况很多，因而许多地名都以"某某顷"和"某某围"为主。"顷"（粤语拼音读king²）是市制田地面积单位，"围"则反映着当地居民围垦滩涂的情况。

神湾镇上的疍民主要分布在竹排村、大排村、磨刀村、渔业村、冲口市场周边街道以及外沙村部分街道。由于新中国成立以后对生活贫苦、备受歧视的疍民的平等待遇和上岸安置等政策，以及社会经济的发展，许多疍民已经改变了以船为家的生活方式。

---

① 原载《中北大学学报》（社会科学版）2019年第2期，与胡伊萍合作，题为《疍民水文化水风俗研究——以中山神湾疍民生活为例》。

② 刘南威主编，中华人民共和国地名词典《广东省》编纂委员会编：《中华人民共和国地名词典·广东省》，北京：商务印书馆，1994年，第159－160页。

③ 中山市志编纂委员会编：《中山市志1979—2005》（上），广州：广东人民出版社，2012年，第144页。

对于疍民的认定，笔者认为应以文化和语言为原则：第一，认同、保留或部分保留疍民生活习俗和文化信仰；第二，家族使用或曾经使用疍家方言。

疍民上岸后，从茅寮（即草屋或茅草棚）住到砖瓦房，但他们的生计往往还是没有离开船、离开水。神湾镇的疍民群体中，虽然以捕鱼为生的并不多，但大部分仍然会选择承包鱼塘，偶尔出海捕鱼，或者在周边的河涌捕鱼捕虾，过着和传统疍民相似的生活。他们传统的生活习俗和文化信仰并没有发生大的改变，很多与水直接相关。比如，凡有岁时节日的祭祀，都必须祭祀渡头的水神；七夕这天天亮前，要用七仙女的洗澡水（即河水）洗身，祈求身体健康，等等。直到今天，这些传统习俗仍然作为疍民的文化特征保留着。

疍民的语言属于粤语的次方言，被称为"疍家话""水上话"或"邓家话"，是疍民身份的重要标志，不同地方的疍家话也有着自身的特色。在神湾镇竹排村，有不少疍民的祖辈因为逃避战乱而从佛山顺德逃难到中山，他们原来讲的顺德话受到中山本地方言影响，已经和顺德话不太一样，但在音调语气方面还是存在相似。疍民在历史上一直被视为贱民，甚至疍家话也受到歧视，往往被看作是粗俗、野蛮的语言，过去在神湾镇读书的讲疍家话的学生，在学校里有时会被讲客家话和广府话的儿童嘲笑。现在虽然人们已经不像过去那样歧视疍家话，但由于水陆交流、社会发展，年轻疍民使用疍话也逐渐减少，不少疍民在抚育孩子的时候不教疍家话，而是教广府话和普通话。在提倡非物质文化遗产保护的今天，作为疍家文化传统之一的语言传承也是亟待关注的一个问题。

（二）神湾镇疍民的水文化

神湾疍家有许多与"水"相关语汇。疍民"以水为田"，直接靠水谋生，对水有着深厚的感情。他们将最直接影响生活的"钱"比喻为水，称收钱为"收水"，多少钱为"几多够水"，路费则称为"水脚费"。在他们心目中，水的形态非常具体。比如粤语"冲凉"，即洗澡，疍话读作"冲浪"（粤语拼音读 cung^1 long^4），这是因为过去疍民居住在船艇上，空间有限，洗澡直接在河涌或者海中进行，就延留下来这个说法。大海上每天的潮涨潮落则分别叫作"水大""水干"，很形象地表现了疍民眼中涨潮和退潮时水位起落的状况。

疍民的经济生活离不开水。《太平寰宇记》卷 157 "新会县"条记载，疍民"生在江海，居于舟船，随潮往来，捕鱼为活"。随着疍民上岸以及社会地位的提高，疍民的生产民俗也发生了变化。在外沙村后隆街，这里已经没有靠捕鱼为生的疍民，大部分人会选择承包鱼塘、虾塘。冲口市场南商业街的疍民，是因为从前运送货物到冲口市场与陆上居民进行交易买卖而逐渐定居在冲口市场附近的。他们除了语言和生活习惯还保留疍民的传统习惯，已经改为从事商业活动。竹排村和大排村情况相似，部分疍民还出海捕鱼，但更多则选择安全稳定的承包鱼塘、虾塘的方式，养鱼养虾，偶尔在河涌里捕虾钓鱼。渔业村顾名思义是以渔民为主的村子，但这里只有不到 30 户人家，而且政府有休渔期的限制，因此村民也不能像过去那样完全依靠捕鱼为生。从捕鱼到耕种，是疍民在物质生产民俗方面发生的改变。无论怎样的改变，疍民的物质生产始终离不开"水"，疍民"亲水""依水"的生存方式还是没有改变。

"以船为家"是疍民的居住习惯。尽管上岸已久，但疍民对水依然有着深厚的感情。外沙后隆街、大排村、竹排村的疍民在选择居住地点时，仍然"以水为先"。村子有一条河涌东西横穿，居民都分布在河涌两岸，家家户户在河涌都设有渡头。原本的生产生活都没办法离开的船艇，如今只作为疍民出海捕鱼的临时休息场所。茅寮和水栏则一般会建在鱼塘旁边，作为存放饲料和守夜的临时住所。

疍民整日面对苍茫的江海，很少有娱乐活动，因此咸水歌成为他们发抒情感、互相沟通的好方式。有的表达生活的艰辛如"好天之时日又晒，落雨寮仔水瓜棚。住的是茅寮，破破烂烂，风吹雨打，人在里边，天晴时被日晒，下雨时又遭雨淋"，有的调笑打趣如"你是钓鱼仔定是钓鱼郎罗嗬，我问你手执鱼丝咧有几多十壬长？几多十壬在海底，几多十壬在手上，还重有几多十壬在船旁"等等。咸水歌包含了疍民对现实和精神的态度和追求，深受神湾镇老一辈疍民热爱。他们大都推崇坦洲镇群联村的咸水歌歌手李容妹和坦洲镇同胜社区的梁三妹所唱的咸水歌。尽管今天能唱咸水歌的疍民不多，但承载着疍民历史和情感的咸水歌还是常在节日庆典、文艺表演中出现，有关部门单位和学校也做了不少努力，让咸水歌不断传承发展。

（三）中山疍民的水风俗

疍民的一生都贯穿着水，水对于疍民来说有独特的涵义。在神湾，婴儿出生以后，人们会把煲猪脚姜时刮下来的姜皮晒干，加入柚子叶煲水给孕妇和孩子洗澡，认为姜皮对身体有益，柚子叶则有驱邪的作用，能够保佑孕妇和孩子都健健康康。姜和柚子叶水还被用来洗祖先神位、观音菩萨像等。凡是重大的节日祭祀活动，疍民都会把柚子叶和姜放在盆里，加上水（冬天用热水，夏天用冷水），用新的毛巾擦洗观音像和祖先的神位。这种水在疍民看来是万能，可以在祭祀和仪礼当中使用，也可以用于日常生活中，凡有感觉自己遇到"不干净"的东西或者有什么不好的征兆，就用柚叶姜水洗澡，帮助驱邪。

因为敬畏水，疍民对于洗头发也有一定的禁忌，许多传统节日都不可以洗头发，包括农历初一和十五、春节年初一至初三、鬼节、家中有人生日等。春节前三天不洗头是因为年初一洗头会把一整年的好运"洗掉"。鬼节当天不洗头发，甚至整个农历七月都不宜剪头发，因为疍民认为七月是一年当中最不好的月份，建房子、结婚等重大活动都不会挑选在七月。家中有人生日也不宜洗头发，据说这对过生日的人来说是不吉利的。

还有许多习俗禁忌也与疍民长年在江湖海域出没的生活有关。比如处于本命年的或者运程较低的人，在出海之前都会扔红包到海里作为奉献。在船上吃饭的时候，吃完鱼的一面后不能翻过来吃另外一面，因为这与翻船是同一个意思。在船艇上禁止打火锅，因为火与水相克，火也会使得木造的船只燃烧，都是危险的。

神湾镇疍民祭祀的神明一般有观音菩萨、祖先神位、地主财神、天官赐福、灶君、渡头、土地（一个村子有一个位于主位的土地，另外在水闸附近也会有土地，是次级的土地，祭拜这一土地的一般是经常出海的疍民和住在附近的居民）以及船头公、塘头公等。与一些地方信奉蛇神的疍民不同，这里的疍民不信奉蛇神并且认为蛇不吉利。他们认为，如果孕妇看见蛇会生下畸形的孩子，要么找神婆驱邪，要么把孩子打掉；普通人见到蛇，则可能会生病或有灾祸发生。为什么会有这样的地方禁忌，其中的原因暂时无法查考，大部分受访者说蛇有毒还会伤害人，祖祖辈辈认为蛇是不好的，就遵循下来了。

由于南海观音住在南海比较亲近，又是最大的领导，因此神湾镇疍民家家户户的神龛或神台的位置上都有观音像。神台上观音像在前，祖先的牌位放在后，以示对观音菩萨的崇敬。人们认为，海上风大浪大，如果遭遇灾难，只要一心称念菩萨名号，菩萨就会及时前来相救。疍民依据传统给祖先和观音菩萨上香，且会放一杯水在神台上，以供观音菩萨洗漱。这是因为观音是坐着的，不能"走动"，而祖先可以"自行走动"去洗漱。几乎所有的祭拜祭品中都需要加上观音衣，以示重视。在调查过程中，不少疍民表示，"文革"期间因要求破除封建迷信不允许摆放祖先神位，但不少人还会悄悄在家里供奉观音菩萨，观音信仰也一直没有断绝。

除了奉祀南海观音外，疍民对船头公、塘头公以及渡头水神也非常崇拜。疍民相信船头公会保佑他们出海安全顺利并有好的收获。塘头公是掌管鱼塘的神明，没有固定的神位，疍民根据习惯在鱼塘头找一个位置进行祭拜仪式。每次"刮鱼"之前疍民都会祭拜塘头公，祭品有葡萄，葡萄亦称"提子"，寓意捕获到的鱼会很多，钱财收入会提升。对渡头水神的祭拜则是家家家户户都必需的祭祀，疍民即便在上岸居住以后也保留了渡头，以便停靠船只和上船下船。除了节日祭祀活动会祭拜渡头，每天的上香都是少不了渡头的，而船头公和塘头公则不需要每天上香。疍民在祭祀这三位神明的时候，一般使用鸡、猪肉、水果、冥币等纸祭品，不会用鱼虾等海鲜河鲜来祭祀。这是因为疍民认为鱼虾都是这些水神的"手下"，为这些神明服务的，如果用鱼虾作为祭祀用品会被视为对神明的不敬。

疍民的祭祀需要择吉时。祭品一般会有鸡、鸭、猪肉、水果，香烛是必不可少的，而纸祭品根据不同的节日和祭祀的对象而略有区别。一般来说，一份祭祀纸祭品包括：百解符，除了祖先神位不烧百解符，祭拜其他神明都要烧百解符；贵人衣，有大小贵人衣之分；金宝与冥币，两者作用一样，都是给神明和祖先的金钱，祖先得到这些金银财宝可以在阴间买东西；土地衣，祭拜土地时才需要；观音衣，白色为主，上面印有观音像，祭拜神台的观音和当点祭拜天官的时候会烧观音衣，特别是观音诞的时候；禄马扶持，绿色的纸品，寓意财运亨通；五色纸做的纸笼，圆柱形状，是鬼节特有的祭品。还有鬼节烧路衣，即烧衣服给鬼，也是鬼节特有的习俗；月光衣，中秋节祭拜月神所烧的衣纸；龙衣、土地衣都是祭拜鱼塘、冲口土地（即前述水闸旁的土地公）时用到的。食物祭品在祭祀完都可以食用，但代表疍民敬意的纸祭品能"送到"鬼神手上，鬼神可以直接使用，这也是疍民十分重视纸祭品并会在祭祀前早早做好准备的原因。由于疍民生活与各路神祇关系密切，因此，疍民对作为人与鬼神之间起沟通作用的"神婆"也十分尊敬。

还有一位重要的神明是河神。磨刀门水道一带河网密布。虽然疍民没有祭祀河神的习俗，但对河神十分敬畏。特别是竹排村原竹排小学旁边的一条河，过去是村民把稻谷运往打谷场的重要交通河道，曾发生过多次溺水事件，且多蛇出没，因而村民最为敬畏。

疍民的节日风俗也与水紧密联系。大年三十祭祀前，船头必须贴上"红钱"和"一帆风顺"等春联，家里春联也多有"风调雨顺""一帆风顺"等词语，祈求出海捕鱼平平安安。晚上一家人齐聚一堂吃团年饭，餐桌上必不可少的是鱼这道菜，而且鱼一定要吃剩，寓意年年有余。疍民在年三十到年初三都忌讳洗头发，特别是年初一，认为这样会洗去很多的福气和好运。正月十五元宵节，除了祭祀仪式和丰盛的食物，疍民还会唱咸水歌，特别是青年男女在这一天对歌，互相交流。

其他的重要祭祀还有农历二月初二，这是主管云雨的龙王抬头的日子，疍民认为从此以后雨水会逐渐增多，因此这一天要祈求风调雨顺。农历三月二十三是妈祖祭典（即妈诞、娘妈诞），但因为神湾镇疍民比较少信奉妈祖，因而少有人做祭祀活动。农历六月十九的观音诞和七月三十的地藏王菩萨的成道日，也有部分疍民还进行简单的祭拜。七月三十是地藏王返回人间的日子，疍民会"上路香"，在屋子的墙根和甬路一根根地插上香烛，向地藏王表示虔诚，因而这一天也被称为插香节。但到了现在，疍民对这些节日都是一切从简，改为在早上上香的同时给神明奉上茶水以表敬意。

农历五月被称为恶月或毒月，因此神湾镇疍民端午节时不进行祭祀。也有疍民认为这一天的河水、江水都"不干净""不吉利"。但他们却相信"龙头水"吉利。这一天他们会打一桶河水，从龙舟的船头（即龙头）由上往下冲洗龙头，并接下这些冲过龙头的河水，认为用来洗澡会使得身体健康。赛龙舟的活动由于历史和经济的原因现在本地没有举办，只有斗门沙田的龙舟会途经村子，所以，神湾镇的疍民在端午节期间一般以包粽子、吃粽子的形式度过端午节。

农历七月初七是七夕节，传说七姐或称七仙女这一天下凡在人间的河流里沐浴。疍民在七月六日将祭拜七姐的水果摆好过夜，称之为"幕仙"，一般是时令水果，无须鸡鸭等肉类。第二天，妇女进行祭祀仪式，烧纸祭品给七姐以示敬意。另外，疍民还在天未亮的时候打一桶河水，相传这时候的水是七姐沐浴后的水，存放一百年仍是甘甜的，而且还有"七月七，洗屎窟"等说法，人们相信用这水净身就不会得痔疮等疾病。有意思的是他们认为天亮以后的水就没有这样神奇的功效。七夕之夜，青年男女坐在船艇上互唱咸水歌，歌曲多以爱情为主题，与牛郎织女的爱情相呼应。

农历七月被称为鬼月，嫁娶、搬家、建房、剪发等活动都会避忌。七月十四是鬼节，是疍民次于春节的重要节日，过鬼节称为"过节"，祭祀仪式称为"做节"。妇女首先会提前准备好祭祀用品，有鸡、鸭、水果、五色纸笼、鬼仔衣、米饭、水煮的土豆片等等，白天祭祀祖先神位和土地，夜晚"烧路衣"祭祀从阴间来到人间的鬼，即在路边烧鬼仔衣和纸钱，给鬼吃米饭和斋菜，让它们吃饱并且拿足够的钱财回到阴间。疍民最忌讳的是水鬼，因而在祭祀与水相关的鬼神时会特别虔诚，纸钱和祭品都会相对加量。

水上婚礼是疍民的重要传统习俗，主要环节包括纳彩、问名、纳吉、纳征、请期、水上船艇亲迎、三朝回门（即归宁）等，突出水上环境的特点。目前虽有简化或变迁，但仍有不少保留了下来。水上婚礼的重点在迎亲部分。新郎会把鸡、鸭、水果等聘礼放在新造的船上，去迎亲的队伍人数必须是单数，接到新娘以后返回男家时人数必须是双数，讲究成双成对。过去的疍民都是打赤脚的，在出嫁这一天新娘都会穿上鞋袜，发展到今天，新郎必须找到被藏起来的新娘鞋，亲自为新娘穿上才可以。新娘"出门"（吉时到，前往男家的意思）上了船就开始唱咸水歌，意在祝福并告知邻里新娘出嫁。神湾镇哭嫁的形式不多，人们认为婚礼是以开心为主，不宜哭，这与其他地区的疍民哭嫁的习俗不一样。迎亲成功后，便由船只载着新人返回男家。到达男家，新娘需要跨过火盆，意在驱邪。然后由新郎的妹妹（亲妹妹、堂妹、表妹均可）端上一盆有柚子叶和姜的水，让新娘洗脸洗手，意在洗去新娘在一路上沾的尘土，然后才可以拜祭祖先和给长辈敬茶。疍民上岸后，新娘除了要祭拜本家的祖先，同时还要祭拜土地和渡头。土地是保佑村民平安健康的，渡头则是敬奉水神。新娘把祭祀的喜饼放在土地的祭坛面前，老人家会让小孩子捡起来吃，因为他们相信吃了土地公"吃过"的喜饼，孩子们会变得更加聪明健康。当地疍民所有祭祀土地的祭品，除了新娘的喜饼可以吃，其他都不能拿来吃的，因为那是对土地的不敬。祭祀和敬茶结束后，便开始婚宴。这时候宾客们大唱咸水歌，一来表示庆贺，二来也是给未婚男女提供传情达意的机会，有的会唱一整夜。

第三章　岭南文化与时代风云

第一节　清以后商品经济对岭南戏曲的推动[①]

中国传统上是一个农业国，农村社会作为社会架构的基本组织形式，贯穿封建制度的始终。随着商品经济的发展，不少地区出现了经济、社会乃至文化等方面的种种新变。田仲一成认为，乡村戏剧即建立在中国农村的基层单位"社"基础上的祭祀戏剧，可以将其看作农村生产活动不可或缺的一部分。明代中期，乡村戏剧又分出宗族戏剧及市场戏剧。嘉靖以后，伴随乡村社会结构的改变和社户轮值制度的崩坏、商人群体的兴起，社祭由大地主或大商人家族单独出钱承担或组织演戏的情况越来越多，同时市场戏剧（在集市中演出的戏剧）日渐兴盛。[②]

田仲先生描述的明清徽州及江南一带的情况，在广东同样存在。隋唐南汉时期的广州已成为中国主要的对外贸易港口和世界性的商业大都会。明中叶以后，商品经济的崛起，推动了以贸易为导向的农业、手工业的发展，广货驰名天下，广东商帮周流各地，沟通了广东与全国的物质交流，成为与徽商、晋商并称的重要经济力量。清乾隆二十二年（1757 年）广州一口通商制度实行，又使广东成为中国与世界联系的重要窗口。此时，广东经济发展已领先全国，珠江三角洲成为中国最富庶的地区，同时也成为中国民族资本主义发展最早和最快的地区之一。[③] 日益壮大的商品经济逐步改变传统乡村社会的内部结构和外在面貌，也影响着广东民间戏曲活动的组织和传播。

[①] 原载《戏曲研究》2015 年第 4 期，题为《清以后商品经济影响下广东戏曲活动的组织和传播》。

[②] 田仲一成著、吴真校：《古典南戏研究·乡村、宗族、市场之中的剧本变异》，北京：中国社会科学出版社，2012 年，第 1-30 页。

[③] 广东省地方史志编纂委员会编：《广东省志·经济综述》，广州：广东人民出版社，2004 年，第 13 页。

一、广东乡村戏曲活动及民俗生活

戏曲作为一种综合艺术、一种社会性的活动，不仅是一种娱乐方式，而且广泛深入民众生活，并承担了传统乡村中重要的社会职责。由于农业关系国计民生，许多戏曲活动都与农事相关。

春天是耕作的开始。西周初年形成的迎春、籍田礼等劝农行为延及民间，发展成为扮杂剧、鞭春牛等习俗。明嘉靖《兴宁县志》卷1《节序》载："迎春日，各里社扮戏剧，竞作工巧。鼓吹，导土牛迎于市，观者塞途。"清光绪《惠州府志》卷45《杂志·风俗·迎春》："先日，各里社扮戏剧鼓吹，导土牛随官迎于东郊，观者塞途。"各地方志也记载了"童男故事""戏剧鼓吹""杂剧""百戏及狮象""扮景"等风俗。二月春社，清乾隆《翁源志》卷1谓："各乡农家设酒脯、米糍祭神聚饮，以兴东作，预祈丰稔。"乾隆《南澳志》卷10："二月二日，各街社里逐户敛钱，宰牲演戏，赛当境土神，名曰春祈福。"潮州有"唱秧歌之戏，每春二三月乡社游神，常常见之"，乃"古迓鼓舞之遗"[①]。六月六日，同治《韶州府志》卷11有"乡民宰牲、榨粉、迎神作乐，以庆禾稼初登"。宣统《东莞县志》卷9载："集同里者祀土神，以祈丰年。命巫师鸣钲鼓，各入家襀祀。"八月中秋，明嘉靖《钦州志》卷1《风俗》说："假名祭报，扮鬼像于岭头跳舞，谓之跳岭头。男女聚观，唱歌互答"。十月，佛山"自是月至腊尽，乡人各演剧以酬北帝，万福台中鲜不歌舞之日矣"（清道光《佛山忠义乡志》卷5）。

农事活动中也诞生了许多音乐歌舞。明嘉靖《广东通志初稿》卷18载："农庄女子荡恣者相呼曰绾髻，每耕种时斗歌为乐，番禺、顺德、新会、清远最盛。"明末清初屈大均《广东新语》卷12记载潮州畲歌："农者每春时，妇子以数十计，往田插秧，一老挝大鼓，鼓声一通，群歌竞作，弥日不绝。"民国《阳江县志》卷7"岁时民俗"条曰："六月，村落中各建小棚，延巫女歌舞其上，名曰'跳禾楼'，用以祈年。"七月"中元节前，早稻获毕，农人具酒食荐先，祀田祖，劳农役，谓之'上田'"。

广东民间信仰崇拜活动热烈而丰富。宋代以后，庙会在城乡间得到普遍发展，在明清时期达到高峰。庙会多设有戏台，娱神而兼娱人。福建宁化县河龙镇嘉庆年间《重建水南庙记》所列开支第一项就是"起议会茶，

---

① 萧遥天：《潮州戏剧志》，见广东省艺术创作研究室编：《潮剧研究资料选》，广州，1984年，第35页。

买簿择期，借钱纳息，招待首士、匠人、送钱送柱送梁待人，重复会茶，催乐助二年唱戏帮用、纳粮及结账等费用"①。广东嘉应州（今梅州）"有所谓五显大帝者，州人祀之极□，每值诞辰，醵金召戏，岁费数千金。日前举行祝典，诸色人等备极热闹"②。五华县华城镇一地，据张泉清调查统计，城内外的宫、殿、庙、庵47处、各姓祖祠10多座，又有城郊各自敬奉的公王、伯公、土地、社官坛庙等，还有各姓敬奉的本家神明。除了官府和宗族祭祀，各种庙会、醮会连绵不断，几乎覆盖全镇。在这些庙会醮会中，演剧往往是重要的内容。比如每年城南天后庙的庙会，从起会开始，庙门外空地上搭起"笛棚""戏棚"，吹鼓手吹打，戏班开锣演戏，通宵达旦。戏班一般雇请五华著名木偶戏剧团"林华堂"，从三月二十二日下午2点左右开始"做日戏"到5点左右止；夜晚8点左右"做上夜戏"。这种"日戏"和"上夜戏"皆演传统的《水浒》《三国》《西游记》《白蛇传》《三戏周瑜》《水淹金山》《唐僧取经》等戏本，称为"正本戏"。午夜之后至天亮之前，则演调笑一类的"小品"，为"下夜耍戏"，只许成年男人观看。"三月三"庙会，从起会开始，连续三天三夜，通宵达旦演戏。③

二、商人对戏曲活动的支持和参与

明清以后，广东商品经济发展迅速，市镇繁荣，戏曲活动十分丰富。元末明初孙蕡《广州歌》描述："少年行乐随处佳，城南南畔更繁华。朱帘十里映杨柳，帘栊上下开户牖。闽姬越女颜如花，蛮歌野曲声咿哑。""春风列星艳神仙，夜月满江闻管弦。"清初朱彝尊《雄州歌》也称颂地处南北通衢的南雄"蜑雨蛮烟空日夜，南来车马北来船""十部梨园歌吹尽，行人虚说小扬州"。乾隆以后，南雄经济更加兴旺，商舶辐辏，行旅如蚁（清杨廷桂《南还日记》），广州、嘉应州、江西、福建等各地商人纷至沓来，仅烟业货银就达百万两。且分工愈加专细，建立起众多商户商号。据咸丰八年（1858年）广州会馆重建"尚义堂"碑文记载，捐款的广府籍商人就有

① 钟晋兰：《客家祖地的民俗信仰与传统社会研究——以宁化河龙的伊公信仰为个案》，见陈世松主编：《"移民与客家文化"国际学术研讨会论文集》，桂林：广西师范大学出版社，2005年，第291页。

② 《岭东日报》光绪二十九年十月初八日第3版。

③ 张泉清：《粤东五华县华城镇庙会大观》，见劳格文（John Lagerwey）主编：《客家传统社会》上编《民俗与宗族社会》，北京：中华书局，2005年，第236–239页。

211 户。①

　　商业的发展促进了地方文化的繁荣，使戏曲活动有了更为充足的经济支持。仁化县长江镇是重要的农副产品集散地，被称为"韶郡一大都会"。长江墟内有大小店铺近三百间，其中以经营长江纸为业的广州、南海、番禺、顺德等珠三角商人组成"广行"，是长江镇各行业的首户。每年的六月六活动，是全民性的盛会，几百年来长盛不衰。整个活动由刘氏家族主持，经费除来自祖尝谷、龙会田等祖产外，均来自各种商行，包括本行会费，如广行、船行按每担纸 2 毫收费，广行一年可收入 2 万元左右；以及本行的房租，如湖南行，除房租外，不足部分在会费中扣除。六月六活动的所有组织均由民间自发，民主选出理事，民主理财，每年公布收支。有些年份还邀请湖南的祁剧（俗称"湖南班"）来做戏，经费也是各自筹措。如刘氏祖祠负责二本，广行二本，其他三本。戏本是《桃园结义》《郭子仪拜寿》《三娘教子》《杨家将》《薛仁贵征东》等。一般是白天中午 1—3 时演出，地点在新墟坝戏台，观众均在一宽敞的荫台中观看，不受日晒雨淋，费用全免。②

　　揭阳榕城镇每年以游神戏即游神赛会最热闹。正月游城隍，二、三月游七坊地头爷，四月游关爷。尤以正月下旬起，游城隍演戏特多。揭阳"城隍伯府"始建于明洪武二年（1369 年），规模宏大。全城商界 60 家行业公会斥资轮流在城隍庙、韩祠广场演戏（城隍出游三天，第二夜留韩祠观剧）演剧，谓之"做行戏"。城隍庙前演 2 台，庙后演 1 台，韩祠最多达 18 台。各行业按日轮流聘演，各班通宵达旦，竞技夺标，谓之"斗戏"。如此盛况，足以叹为观止。③

　　在各种地方性的庙会醮会、祭祀活动中，商人往往是积极的参与者和支持者。这首先是基于他们自身虔诚的信仰和特殊的需要。

　　天后（天妃、妈祖）是沿海一带普遍信奉的神祇。南雄的广州会馆每年农历三月二十三日庆祝神诞，人们在南雄山头顶（今南雄市博物馆址）搭戏棚演粤剧，连演七天七夜，是南雄最隆重、最盛大的节日，费用从广府人的商行贸易中抽取。演戏时要抬天后娘娘去观剧。还有抢花炮的习俗，

　　①　庄礼味、郑润珍：《南雄的经济与会馆》，见劳格文（John Lagerwey）主编：《客家传统社会》上编《民俗与宗族社会》，北京：中华书局，2003 年，第 118–119 页。

　　②　刘森华：《仁化县长江镇的商业会馆与六月六》，见劳格文（John Lagerwey）主编：《客家传统社会》上编《民俗与宗族社会》，北京：中华书局，2005 年，第 177 页。

　　③　孙寒冰主编、揭阳榕城镇地方志编纂办公室编印：《广东省揭阳县榕城镇志》，揭阳，1990 年，第 488、620 页。

各商家挑选男青年参加，抢到正金镢被认为是商号的好兆头，明年生意更兴隆。[①]粤东梅江两岸、闽西汀江流域客家地区的生意人在神诞备牲礼举行祭典，兼以演剧谢神，俗称"做妈祖戏"。五华县城的商民及附近的百姓也十分信奉妈祖，华城的天妃庙会因此成为具有代表性的特大盛会。迁居台湾的客家人从正月到三月之间，要选择一日迎请北港等地的妈祖神像，举行祭典并演剧。[②]

商业活动本身通常带有很大的风险和不确定性，因此，与神灵庇佑直接相关的庙会醮会等祭祀活动对经商者来说具有特殊意义。尤其是对于以身家性命系于变幻莫测的大海的海商或渡海而来的经商者而言，天妃更是他们的保护神。据詹双晖调查，碣石乌坭天后宫一年至少做三次戏。现存光绪二十八年（1902年）演戏碑刻亦曰："从前演戏升歌者示捐资庆祝未有成款，岁己亥孟春，芳倡设炮头以彰显神庥而彰瑞应，集各船家酬答头金并商家承办大帝寿诞演戏庆祝用存余银二款共存银三百八十元正，于辛丑年首夏公置本澳瓦铺二间，存以尊神寿诞庆祝之用"，说明了商家在演剧祭神中的作用。上海最早祭祀天后的"顺济庙"为南宋时福建商人集资修建，明代闽商重建。1884年，由江、浙、闽、粤四省船帮募资兴建的天后宫和出使行辕相继竣工。[③]当时宫内中央为大殿，殿前有头门戏楼，东西为看楼，后有寝宫楼。[④]以演剧酬神、贺诞是天后崇拜的重要形式。王韬《瀛壖杂志》卷2记载："海船抵沪，例必斩牲演戏剧。"邹弢《游沪笔记》说："天后诞，粤闽各商及海舶皆演剧伸敬。"上海的闽粤会馆一般每逢农历九月初九日天后升天日、三月二十三日天后诞日举行隆重的祭祀仪式，演剧酒宴持续数天。民国时期，官方天后祭祀仪式停止，闽、粤商人会馆的祭祀活动更显突出。[⑤]

商人也因为其经济能力和地方影响，往往成为地方宗教性祭祀及演剧活动积极的组织者和众望所归的举办者。

佛山每年农历九月二十八日华光神诞，"是月，各坊建火清醮以答神贶，务极奢侈，互相夸尚"，"巫做法事凡三四昼夜，醮将毕，赴各庙烧香

① 庄礼味、郑润珍：《南雄的经济与会馆》，见劳格文（John Lagerwey）主编：《客家传统社会》上编《民俗与宗族社会》，北京：中华书局，2005年，第136-137页。

② 詹双晖：《白字戏研究》，广州：中山大学出版社，2009年，第290页。

③ 洪崇恩：《"天后"的命运——记上海天后文化与天后宫的变迁》，见上海市历史博物馆编：《都会遗踪·沪城往昔追忆》，上海：上海书画出版社，2011年，第3页。

④ 上海通社编：《上海研究资料》，台北：文海出版社，1988年，第522页。

⑤ 高红霞：《闽粤商人与上海天后信仰》，见高红霞：《移民群体与上海社会》，上海：上海人民出版社，2012年，第248页。

曰行香"，"伶人百余分作十队"，"弦管纷喧""金鼓震动，艳丽照人"。
"所费盖不赀矣，而以汾流大街之肆为首。"（道光《佛山忠义乡志》卷5
《乡俗》）粤东五华湖田村张公庙的醮会推选出的总理，其本人在村民中要
有一定威望，要有一定的理事能力，最主要的是其家境必须相当富裕。因
为总理除固定摊派最大的固定经济数额外，如所筹经费不足，必须全部由
其承担。因此总理人选往往是在村中绅士富豪中首先协商推出，亦往往是
"起醮福"的召集人，最终也必被推荐为醮会总理。①

　　如果是商人尊奉的商业性神祇的祭祀，他们就更为积极。华光五显大
帝也被称为财神。农历九月二十八日为其神诞，一般在梅县的华光五显宫
举行道场活动，尤以商会所在地老宫为活动中心。人们当日在树湖坪开始
演戏庆祝，持续十天至两个月，各年不等，是旧时当地影响最大的庙会。
梁伯聪《梅县风土二百咏》有云："三宫五显神逢诞，九月中秋戏演棚。商
藉攫财民快睹，一年盛会树湖坪。"说的就是旧时新庙、老庙、西门宫三处
五显神诞，依例在河唇树湖坪演剧，雇请潮郡外江剧双班赛技，热闹一时，
商人借以繁荣市面，赌徒借以招徕远客，场中篷搭番摊馆如市肆。② 演剧的
准备需要周详。会前两个月，由商会派人到潮州与梨园公所洽订戏班来梅
州为庙会演出；在树湖坪搭好戏台、看台、赌摊、茶馆、食品摊、神坛等。
庙会的第一天即九月二十八日，各商号代表到老庙参加集会，对财神行大
礼，隆重地祭神祈福，然后八音班吹吹打打伴送财神行像到树湖坪，在戏
台正对面的临时神坛安座，安座后举行开幕式演戏，仅演《打八仙》，以示
庆祝。各商号代表聚餐，当天下午开始正式演戏。③ 打醮结束后亦演剧，称
"压醮尾"。闽粤交界的永定县城则是每年正月十五至十八日祭祀五显神。
祭祀活动由商会总负责，商会事先向各商家募捐，如果经费不够，则由其
凑足，并负责召集城关东、西、南、北各片主持人开筹备会。各片主持人
都是当地的头面人物，如20世纪40年代东门片的主持人廖某，曾任永定县
县长；西门的廖某，是烟行大老板；南门的赖某，为药店大老板；北门的
邱某，曾任永定烟商会会长、县参议员。④ 由此可见商人在这些活动里的重
要地位。

---

　　① 张泉清：《粤东五华县华城镇庙会大观》，见劳格文（John Lagerwey）主编：《客家传统社
会》上编《民俗与宗族社会》，北京：中华书局，2005年，第238、258页。
　　② 梅州地方志编委会办公室编：《梅州客家风俗》附录，广州：暨南大学出版社，1992年，
第121页。
　　③ 房学嘉：《客家民俗》，广州：华南理工大学出版社，2006年，第143－144页。
　　④ 胡大新：《永定县城的庙会》，见中国人民政治协商会议永定县委员会学习宣传与文史资料
委员会编：《永定文史资料》第27辑，2008年，第234页。

商人对地方性戏曲的积极参与，也有经济活动的现实需要。

在自然经济下，地方性庙会往往成为重要的物资交易平台，甚至发展出跨省的专业市场。据谢庐明等学者研究，清代赣南庙会以演戏聚众而增加人流量、贸易量，形成经济与文化的互动。比如位于"闽粤通衢"的石城县高田将军庙会与牛马岗会，每年九月，四方客商云集，成为商业、文化中心。清末，会期改在十月，盛况如前。牛马岗会盛时，曾汇集了七省数十县客商。再如宁都县田头圩的寺庙有佛寺、道观、神庙三类，每年均有定期庙会，且逢会必演戏，俗称"演会戏"。上犹县营前圩许真君庙会期间，集市贸易尤为兴盛，清末仅米行销售粮食可多达1万余石，是湖南桂东、江西崇义及遂川粮食销售的中心市场。①

庙会醮会迎神演戏，村民认为可以保禾米丰熟、人丁兴旺②。商人则认为通过这种方式可以得到神灵庇佑，生意兴隆。人们看庙会、探亲友，甚至开台聚赌，带来大量的人流、物流、资金流、信息流，引起全民性的狂欢，消费大涨，也创造了商机。粤东五华县华城镇每5年举办一次的四街醮会，各街道筹集经费，以自己街道的神庙为中心组织吹鼓手吹打，请戏班演戏，甚至请"广府班""外江班"演"大戏"。又有彩花街、赛灯火等活动，人山人海，热闹非常。因醮会时间在农历十一月中旬，农村秋收已结束，进入冬闲时期，又临近春节，商贾莫不各显其能，趁着大量人流展开促销，农民亦将自己田地收获拿来交换。于是整个醮期，华城街道都变成日夜经营的大商场、城乡物品交流大会。五华河畔塔岗醮会会期五天六夜，县城的商人纷纷到狮雄山搭棚经商，有的还开设赌馆，搭棚演戏，不仅演木偶戏，还演"大广班"（粤剧）或"外江戏"（汉剧），吸引了不少人前来。时值中元，农村夏收夏种大忙刚结束，四乡百姓纷纷前来看醮，繁盛异常。③

田仲一成认为，地主宗族（或其联合体）设立圩市，建造店铺，招徕商人在圩市内经商，从而向他们收取地租、铺租，获得圩市贸易的利润。地主宗族与促成圩市繁荣的寺庙祭祀之间的关系，一类是独自掌握，一类是与圩市的商人、居民共同经营，一类是经营实权全部交给圩市商人，自

---

① 谢庐明：《清代赣南客家庙会市场的地域特征分析》，见陈世松主编：《"移民与客家文化"国际学术研讨会论文集》，桂林：广西师范大学出版社，2005年，第281页；戴利朝：《近代赣南墟市变迁初探》，载《江西师范大学学报》2002年第4期。

② 冯志荣：《翁源信仰》，见劳格文（John Lagerwey）主编：《客家传统社会》上编《民俗与宗族社会》，北京：中华书局，2005年，第388页。

③ 张泉清：《华东五华县华城镇庙会大观》，见劳格文（John Lagerwey）主编：《客家传统社会》上编《民俗与宗族社会》，北京：中华书局，2005年，第265、269页。

己不再参与。① 后两类的情况在圩市演剧中较多。向当地商户收取赞助是最为普遍的一种方式。民国时期梅县西阳圩圣母宫圣母诞庙会，属于"以强大的地主宗族作为联合体的核心，弱小宗族紧紧地聚集在其周围"的形式。由于黄姓是靠近圩市的宗族并且是圣母宫的倡建人，庙祝要先行拜访黄姓，由黄坊牵头，主持祭祀，并由同乡、保长来组织。但费用也要依靠各店铺、生意人的捐资及赌馆商人出钱。②

由于庙会醮会是重要的商贸市场，以及商人力量的壮大，许多地方的庙会、醮会越来越多地由商人出资主持，将神明信仰与庙会市场的交易活动结合在一起。道光《佛山忠义乡志》卷 1、卷 5 记载，佛山当时有盘古墟、普君墟、表冈墟、三角市等 13 个墟市，其中普君墟在耆老铺，逢一、六日期举行。每年"六月初六日普君神诞，凡列肆于普君墟者，以次率钱演剧，几一月乃毕"。

不只本地商人积极参与组织戏曲活动，异地经商者同样如此。商人奔波劳碌、背井离乡，在精神和心理上渴求慰藉，也有一定的经济能力和社会交往需要，多以建造会馆、聚会、宴娱的形式互相联络。道光《佛山忠义乡志》卷 5《乡俗》即记载当时佛山有山陕会馆、楚南会馆、江西会馆以及福建长汀、连城两县纸商建的莲峰会馆等外地客商会馆。会馆一般都建有戏台，通过演剧凝聚乡音乡情，加强会众团结。广东外出经商人数众多，许多省份都有广东会馆，多以演剧联谊。乾隆四十二年（1777 年），广东商人在广西平乐府钟山县英家街建立粤东会馆和戏台，于道光五年（1825 年）重修。③ 广西贵县粤东会馆在城外水源街，道光十三年（1833 年）建立，同治三年（1864 年）重修，后来成为贵县商会办事处，会馆也有戏台。1931 年，粤东会馆同人将会馆前的戏台改建为广福医社，聘中西医士驻社赠医。这反映了粤商在地方文化构建中的作用。④ 会馆演剧同样丰富。民国《巴县志》卷 5 云："旧俗：戏剧皆演于各会馆或寺观。"嘉庆《彭山县志》卷 3 载："八月初三日为六祖会，粤省人演剧庆祝。"民国《金堂县续志》卷 2 称闽、粤会馆"岁时祭祀、演剧、燕会，用联乡谊，金堂各乡镇皆有之"。

---

① 田仲一成著，钱杭、任余白译：《中国的宗族与戏剧》，上海：上海古籍出版社，1992 年，第 5 页。

② 周建新等：《民间文化与乡土社会·粤东梅县五大墟镇考察研究》，广州：花城出版社，2002 年，第 221 页。

③ 漓漓：《广西钟山县粤东会馆》，载《文物天地》1990 年第 2 期。

④ 广西壮族自治区戏剧研究室、中国戏剧家协会广西分会编印：《广西戏剧史料集》，南宁，1982 年，第 268 页。

三、粤商参与戏曲活动方式和影响

　　民间社会性的演戏往往旷日弥久，费用不菲。商人群体为民间祭祀演剧提供重要的经济支持，包括作为"福首""会首"的大商人认捐、商户摊派等多种形式。陈志勇发现，在祭祀巡游中，因为商家都希望请神祇到自己店铺佑护和旺市，还会向理事会缴纳一定数量的献金，甚至商人之间互相竞标，争取优先权。出资的商户还可以优先搭台看戏，出现各行商争搭看台的盛况。①

　　旅居在外的粤商所建的会馆，许多也有会产。会馆的产业主要由土地、店铺和银钱积蓄等组成，一部分会产作为公益，相当部分是演戏之资。《什邡县志》载："清康雍乾嘉时代，各省人来什者先后建设会馆，增修寺观，创立神会，复购置田房租金为演剧、酬神、焚献之用。迄道咸同光时，庙产益富，神会愈多，至光绪中为极盛。光绪壬寅（1902 年）开办学堂，政府通令抽收寺产以备经费，然仅十分中取二，神会仍然无损。"刘正刚提出，"由此可间接得知，闽粤客家会馆的会产规模当属不小，且主要用于联谊乡情之费用"②，其中很大一部分用于演剧。

　　商人广泛参与和支持民间演剧活动，对戏曲发展贡献很大。研究者认为，外江戏传入广东，与来粤经商的商人活动有关。戏曲的民间生存和本地化发展，也有商人的功劳。例如，木偶戏是粤东闽西客家人喜闻乐见的剧种，很多演出都有商人的赞助，剧团很多，演出繁盛。戏场附近有的还设赌场，演戏的开销靠商人与富户捐摊及从赌场的收入中抽取。闽粤客家地区的木偶戏剧目、戏文、曲调和汉剧大致相同。为了迎合一般观众，后来加入了山歌调。戏中的丑角和有些小杂剧，常讲客家话，唱山歌或民间小调，如《拆字歌》《虚玄歌》《挪翻歌》《猜调》《五句板》《蚊虫歌》等。只是丑行道白、对白、风格不同，讲的客家方言，含有笑话、双关歇后语。有时即兴创白。演员口齿伶俐，尽情逗趣，热闹迭出，很是吸引观众。③

　　在外地经商的粤商往往以会馆、行会等为组织，积极参与当地的公益事业。这些活动往往也与戏曲有关。1922 年新加坡启发学校董事部发起演

---

　　① 陈志勇：《广东汉剧研究》，广州：中山大学出版社，2009 年，第 279 – 280 页。

　　② 刘正刚：《闽粤客家人在四川》，南宁：广西教育出版社，1997 年，第 261 页。

　　③ 梁德新、邓学良：《闽粤客家地区提线木偶戏的渊源与流传及其艺术技巧》，见罗勇主编：《"赣州与客家世界"国际学术研讨会论文集》，北京：人民日报出版社，2004 年，第 190 页。

剧筹款，祖籍大埔的客商、黄仲涵公司新加坡总行信托人李云龙被推举为筹款委员会主席。他对莱佛士学院黄仲涵礼堂之兴建以及英华学校、圣约瑟书院、圣安德烈学校等的教育事业均有贡献。① 仁化县长江镇的广行商人在抗战期间为了配合政府进行全民族的抗日战争，组织了有二三十人的广东省仁化县长江抗日宣传剧团，自编、自导、自演，采用戏剧、标语、壁画等形式，进行抗日宣传。②

广东戏曲在外地以及海外的传播，也得到了日益壮大的粤商的推动。清末，广帮飞跃发展，前往天津的粤人日益增多，经营各行各业，应有尽有，从发展以至极盛时期，著名行业有二十余家，包括大小商行二百余家。③ 在闽粤会馆内，已经有人以自娱自乐的方式演奏广东音乐、唱和粤剧。光绪二十九年（1903 年），在唐绍仪的倡议下，在津粤人始建广东会馆。"门塾拱护，其以长廊，中为正间，后为歌舞台；前盖高楼，下列广座。同人燕集，皆萃于此。"天津广东会馆体现了南北相融的建筑风格，其作为按传统戏园模式建造的最晚的会馆类古戏台的实例，在我国剧场史上具有重要的意义。广东会馆建成之后就成为天津重要的戏曲演出场所，杨小楼、梅兰芳、谭鑫培等许多名家相继献演，1915 年成立的广东音乐会亦在此活动，天津的粤剧即从此开始发展。

学者黄伟研究发现，早在乾隆二十四年（1759 年），广东商人就在上海建立了潮州会馆。④ 之后揭普丰会馆、潮惠会馆、南海会馆、顺德会馆等相继建成，经常演剧答神联谊。仅据光绪十五年（1889 年）《申报》载，三月十七、十八、十九日，留春戏园和丹桂戏园在潮惠会馆戏台演戏敬神；天仙茶园于三月二十三日、新丹桂于九月初九日在潮州会馆戏台演出。同治十一年（1872 年），第一个广东戏班——童伶上元班来到上海南京路的"富春茶园"演出，之后，"普丰年""尧山玉""极丰年""咏霓裳"等戏班也相继来沪。20 世纪初，一些广东商人在粤人聚集的海宁路、江西北路转角处搭起了一些竹木结构的戏台，成为上海最早专演广东戏的剧场。1907年，梁炳垣将东鸭绿江路一座货仓改作同庆大戏院，聘请几位粤剧名伶来沪演出。之后海宁路上的"高升戏院"专演广东戏。1924 年，广东戏班即

① 柯木林主编：《新加坡宗乡会馆联合总会》，新加坡：新加坡教育出版私营有限公司，1995年，第41页。

② 刘森华：《仁化县长江镇的商业会馆与六月六》，见劳格文（John Lagerwey）主编：《客家传统社会》上编《民俗与宗族社会》，北京：中华书局，2005年，第163页。

③ 杨仲绰：《天津"广帮"略记》，见《天津文史资料选辑》第27辑，天津：天津人民出版社，1984年，第51页。

④ 黄伟：《近代上海粤剧繁荣的原因》，载《四川戏剧》2009年第3期。

在虹口路兴建广东戏院，取名"广舞台"，从此广东戏便开始在新式戏院开锣演出。① 尹蓉认为这种慰藉满足了当地广东人的乡情，同时宣传了广东文化，并在服装、舞台布景以及男女合演等方面对京剧以及上海剧坛产生了一些影响，促进了海派戏曲的形成，丰富了上海的戏曲文化。② 李静提出，实力强大的商帮推动了地方戏的流播与发展，粤剧等广东戏曲及文化亦通过各地会馆的演出很快传播到其他省份和城市，并一度成为粤籍人士所居区域的重要文化现象。③

潮剧在泰国的演出，有研究者认为 17 世纪已经开始。据曾祖武、杨木等介绍，近代广东的潮剧班来泰国演出，多先通函托人和当地商号接洽。当地商号如认为合意，即组股合资，订约聘请，为期约 4 个月，每月的聘金二千至三千铢。来暹的船租旅费及箱囊运费，由聘请公司负责。期满，如觉得有利可图，便再续期。如认为不合，戏班便回归祖国。回程旅费，有的也由聘方负责。其中顺便往马来西亚、新加坡、印度尼西亚、越南等地演出的很多，对潮剧在东南亚的传播很有助益。20 世纪 40 年代初，由于战祸和出入境管制，部分潮剧班改为永久居留，自租戏院，自作经营。④

清末，一些粤商开始直接投资兴建戏园戏院。据程美宝研究，美国三藩市（旧金山）的粤商多次自广州等地延请戏班到三藩市的剧院演出，未几更出资兴建专供中国戏班演出的戏院。与此同时，上海也陆续兴建为数不少的戏园，其中在同治五年至同治六年间（1866—1867 年）开设、被认为是上海最早演出京戏的戏园"满庭芳"，由英籍粤商罗逸卿投资兴建。同治年间出现的"久乐"和光绪年间的"庆乐""一仙""三雅"等戏园或茶园，亦有广东戏班表演。1895 年及 1899 年，先后出现了专演广东戏的"同庆茶园"和"叙乐茶园"。1891 年至 1900 年间，广州鸣盛堂商人李升平等多位商人相继提出申请，在西关、南关等处开办盈利性的广庆戏园、同乐戏园、大观园等。⑤

商人组织参与演剧，祭祀、娱乐的同时，不可避免地将自己的思想与爱好、道德观念等带入戏曲活动，传递给民众，造成一定的影响。

据描述，19 世纪的马来西亚，真人演剧或傀儡戏是华人在城镇及矿场

---

① 姜斌：《旧上海的广东戏》，见广州市政协文史资料研究委员会、粤剧研究中心合编：《广州文史资料第 42 辑》《粤剧春秋》，广州：广东人民出版社，1990 年，第 107 页。

② 尹蓉：《晚清上海粤人粤剧》，载《南国红豆》2008 年第 3 期。

③ 李静：《明清会馆演剧述论——以广东会馆演剧为例》，载《戏曲研究》2010 年第 1 期。

④ 林淳钧：《潮剧闻见录》，广州：中山大学出版社，1993 年，第 180 页；杨木：《广东潮剧传到泰国之后》，广东省艺术创作研究室编：《潮剧研究资料选》，广州，1984 年，第 280 页。

⑤ 程美宝：《清末粤商所建戏园与戏院管窥》，载《史学月刊》2008 年第 6 期。

庆祝庙会、农历新年和其他特别节日的必备节目。J. D. Vaughan 说："华人热切喜爱戏曲，可以连续几个晚上坐着欣赏对我们来说是毫无意义的剧情。戏曲包含了士兵的不断进进出出，中间穿插着最滑稽可笑方式的个别打斗。"吉隆坡的开拓者、粤商，同时也是军事领袖的叶亚来任吉隆坡"甲必丹"期间一直不断进行慈善事业、捐助神庙和出钱演戏。研究者 Sharon A. Carstens 称其为"一个积极操纵思想意识"的人，认为他在新年和佳节期间出钱演戏招待矿工，"表现出把演出转为有用传达信息手段的认同"。当雪兰莪州的 Federick Weld 总督在 1880 年莅临吉隆坡时，叶亚来演剧招待，Weld 形容剧情"代表着苏丹和大土酋互相争吵，可是却在安邦治国的总督出现时把纠纷搁置一旁"。叶亚来还筹建"仙四四爷"庙和资助演大戏给矿工看，"传达了关于权力和政治合法地位的复杂而混合的信息"①。

显然，Sharon A. Carstens 对华人民众对热闹打斗戏根深蒂固的热爱和这类戏曲往往被赋予的驱邪祈福等功能不够理解，也不清楚传统中国人以建祠立庙的方式纪念恩人、领袖及英烈并企望他们保佑的思想和行为。但从他的评论我们能看到，粤商组织参与戏曲活动的热情和切实的效果，包括戏曲的广泛传播，对民众潜移默化的影响，以及组织演剧对他们威望的提升、意志的传达，以及商业的推动等作用。

四、小结

广东戏曲的形成与发展，它们在本地及外埠的发展演进，与商人的活动和商品经济的发展有密切的关系。商人们的积极参与和热情襄助，在创造、影响和推动所在地区的传统文化、戏曲文化乃至政治经济文化等各个方面功不可没。他们的经营活动也与他们组织参与的戏曲活动相辅相成、相得益彰。

正如商品经济一直未曾成为中国封建社会的主流一样，田仲一成所言的，其实受商品经济影响最深的市场戏剧，也并没有成为中国戏剧的全部。近代以来，新型的城市戏剧戏曲与乡村的传统宗族、祭祀演剧并存，是文化发展的必然，也是文化传承的幸事。在诸多传统戏曲濒危的今天，我们为后者的孑存而庆幸，不仅因为其在演剧内容和形式上的价值，而且因为其中民众的参与，很多情况下与几百年前一样真实和自然。

---

① Sharon A. Carstens 著、赖顺吉译：《十九世纪马来亚华人文化与政体——叶亚来个案研究》，见李业霖编：《吉隆坡开拓者的足迹：甲必丹叶亚来的一生》，吉隆坡：华社研究中心，1997 年，第 240 – 243 页。

第二节　辛亥革命前后岭南艺术潮流和改革①

20 世纪初的广东是"革命策源地",亦是"艺术革命策源地"。康有为、梁启超维新在前,孙中山革命于后。启蒙思想家梁启超在变法维新的同时,亦大力倡导"诗界革命""小说界革命""文界革命"以及"戏剧改良",如其在《班定远平西域》自谓"在俗剧中开一新天地"②。阿英认为,这类班本"对于后来的戏曲改革运动,有很大的影响"③。辛亥革命同样伴随和造成着轰轰烈烈的艺术革命。

一、岭南艺术家对辛亥革命的支持和参与

亲历宋亡、明亡的广东,有着惨痛历史记忆,又因其地处与外界交通的重要通道,往往得风气之先。对专制、暴政的痛恨,对民主、共和的追求,是接受革命启蒙后,从知识分子到普通百姓的共识,亦成为广东艺术界的共同行动。

广东戏剧界有光荣的革命传统。在广东人民反抗清廷强迫沿海内迁 50 里的"移界"斗争,就有不少艺人参与。乾隆五十二年(1787 年),林功裕、赖亚边、林阿玲、梁亚步等艺人因参加天地会的反清武装斗争而被捕。咸丰四年(1854 年),佛山粤剧艺人李文茂率数千名红船弟子起义,在广西建立大成国,称"平靖王",是中外戏剧史上"戏子称王"第一人。辛亥革命前后,革命者非常重视戏曲歌谣开启民智的作用。1898 年 12 月发行的《中国日报》副刊《旬报》开辟了"鼓吹录"栏目,由杨肖欧、黄鲁逸等记者撰写戏曲歌谣,"或讽刺时政得失,或称颂爱国英雄,或庄或谐,感人至深",号称"革命元祖"④。香港、广州各报纷起响应,戏剧歌谣,盛极一时。当时陈少白曾仿效流行一时的《陈世美不认妻》小调作了一首粤曲,进行反清宣传:"同胞们,若问起,亡国遗民凄惨事,待我从头说你知,未言开来心内悲……万望你,众志士,尝胆卧薪切齿记。但愿光复汉江山,

① 原载《岭南文史》2013 年第 1 期,题为《论辛亥革命对岭南艺术发展的影响——以岭南画派和粤剧改革为中心》。

② 梁启超:《梁启超全集》"诗话"第 184 则,北京:北京出版社,1999 年,第 5388 页。

③ 阿英:《晚清文学期刊述略》,载《文艺报》1957 年第 28 期。

④ 冯自由:《中华民国开国前革命史续编》上,上海:上海书店出版社,1989 年,第 154 页。

洗尽遗民奴隶耻。"① 歌谣、戏剧等各种形式，成为宣传革命、发动群众的利器。潮州歌谣《天顶一条虹》亦显示了民众对革命的热情和支持："天顶一条虹，地下出革命。革命铰掉辫，娘仔摺脚缠；脚缠摺来真着势，插枝鲜花动动曳。"②

孙中山非常重视舆论宣传，特别重视戏剧的宣传和感染作用，他常与戏班人员接触，鼓励他们以戏剧宣传革命思想，鼓励他们加入同盟会。廖仲恺也鼓励其弟粤剧艺人靓雪秋说："汝之业，适为革命之宣传，人人皆当努力，而汝可闲歌逸唱乎。"③ 在他们的影响下，同盟会的一些革命家如陈少白、程子仪、李纪堂等，团结了一批志士，共同致力于倡导戏剧改良。辛亥革命前后十年间，在港澳穗等地曾出现30多个"志士班"。冯自由的《中国革命运动二十六年组织史》分别以"广州采南歌剧团"（1905年）、"澳门优天影剧团"（1907年）、"香港振天声剧团"（1908年）、"东莞梦天醒剧团"（1909年）为题，介绍志士班于革命的组织作用，谓革命党人李纪堂、程子仪、陈少白建立广州采南歌剧团，"是为粤人改良新戏之滥觞……以改革陋俗及灌输民族主义为宗旨。剧本有《黄帝征蚩尤》《六国朝宗》《地府革命》《文天祥殉国》诸种"。"自广州采南歌剧团解散后，粤港两地志士黄鲁逸、卢梭魂、欧博明、黄世仲、李孟哲、姜云侠等组织优天影新剧团于澳门。诸志士多现身说法，对于暴露官僚罪恶及排斥专制虐政，不遗余力，粤人颇欢迎之，号之曰'志士班'。"其后的香港振天声剧团演出《张良击秦》《熊飞起义》《剃头痛》等剧目，赴南洋募款之际，剧团中未入会者集体加入同盟会。东莞志士黄侠剧、莫纪彭、李文甫、林直勉等组织醒天梦剧团，四人于1909年加入同盟会。④

戏剧界动员群众、推动革命，被誉为于革命"有大力"，许多成员直接参加了同盟会领导的武装起义，如莫纪彭、李文甫等人，先后参加1910年的广州新军起义和1911年黄花岗起义。李文甫在黄花岗起义中壮烈牺牲，为黄花岗七十二烈士之一，冯自由《中华民国开国前革命史续编》专列第

---

① 陆丹林：《革命史谭·革命杂事谈丛》，北京：中华书局，2007年，第253－254页；陈华新：《辛亥革命时期的粤剧》，见中国人民政治协商会议广东省委员会文史资料研究委员会编：《广东文史资料》第35辑，广州：广东人民出版社，1982年，第178－179页。

② 吴显齐：《谈潮州歌谣》，载《新中华》复刊第6卷，1948年第2期。

③ 中国戏曲志编辑委员会、《中国戏曲志·广东卷》编辑委员会编：《中国戏曲志·广东卷》，北京：中国ISBN中心，1993年，第16页。

④ 冯自由：《中国革命运动二十六年组织史》，上海：上海书店出版社，1989年，第107、144、168、200页。

14 章《广东戏剧家与革命运动》叙述。① 当时革命戏剧的影响很大，许多后来参与粤剧改革的艺术家也受到辛亥革命的直接或间接影响。如时为岭南中学学生的陈非侬，由谢英伯介绍，冯自由监誓，加入了革命党，并由冯自由带去晋谒革命领袖孙中山。② 革命戏剧也为华侨认识革命、参与革命提供了助力。当时经常在东南亚演出的粤剧艺人京仔恩，根据中国各地反清斗争所发生的重大事件和英雄事迹，编演了《徐锡麟刺恩铭》《蔡锷云南起义师》等一批富于革命性、战斗性的新戏。在《温生才打孚琦》一剧中，佚名作者满腔热情地讴歌了华侨志士温生才舍生取义的革命精神。

戏剧界对辛亥革命的参与不是偶然。"岭南三杰"高剑父、高奇峰、陈树人作为岭南画派的创始人被人关注，但他们更是辛亥革命的直接参与者、民主革命的先驱，被誉为"革命画家"。

"岭南三杰"俱是同盟会的元老。1905 年 6 月，孙中山从欧洲经香港抵达日本，在船上与陈少白、冯自由、郑贯公、黄世仲晤谈，陈树人亦随往，并在船上加入同盟会（时同盟会尚未正式成立）。③ 高剑父 1906 年正式加入同盟会，1907 年早春受孙中山、黄兴委派，从日本返回广州筹组"中国同盟会广州支会"，发展会员，进行各种革命活动。高奇峰于 1907 年加入中国同盟会。1909 年中国同盟会广州支会成立，高剑父被指派为会长，潘达微为副会长。两人在广州河南合开"守真阁裱画店"，作为同盟会广州支会的总机关，以画店掩护革命工作，并倡设"审美画会"作为宣传革命的机构。又于河南保光里开设"博物商会美术磁窑"，以烧制工艺美术陶瓷为掩护，制造土炸弹。高剑父 1910 年参与策动新军广州起义，事败，百余人阵亡；在香港与程克、李熙斌等组织"支那暗杀团"，次年暗杀凤山成功，革命党人士气大振。他又与潘达微、陈树人联合举行"三友画展"，为下次广州起义筹集经费。1911 年，高剑父在广州黄花岗之役中任支队长。失败后，护送黄兴逃亡香港。后潜回广州。不久，高剑父又在新安组织"东新军"兼统领各路民军，攻克东江、虎门，威胁广州。高剑父与胡汉民等计议，派密使游说原清水师提督李准。11 月 9 日，广州革命军宣布成立，高剑父联络海陆军，组成临时最高统帅机构——"海陆军团协会"，高剑父被推为

---

① 冯自由：《中华民国开国前革命史续编》上，上海：上海书店出版社，1989 年，第 154 - 160 页。

② 温华湛：《陈非侬传略（1899—1984）》，见张国民主编：《葵乡俊彦列传》第 2 辑《近代杰出人物·当代俊贤合辑》，新会：新会市政协学习文史社会法制工作委员会出版，1998 年，第 92 页。

③ 上海书画出版社编：《岭南画派研究·岭南画派活动年表》，上海：上海书画出版社，2003 年，第 263 页。

副会长。同年年底，高剑父与邹鲁发起组织"广东女子北伐队"。在辛亥革命之后的各种斗争中，他们也坚定地站在革命一边。1914 年 7 月，孙中山在日本创建"中华革命党"，高剑父首批参加入党仪式。陈树人于立教大学就读之余，时至孙中山寓所，参加中华革命党的有关工作。其后任职党务政务，不堕名节。[①] 就是与高剑父在艺术观上不同的国画研究会的领袖潘达微，也是广东同盟会的副会长。

二、"艺术救国"思想和现代艺术观建立

可以说，广东的新国画运动、岭南画派的兴起，以及粤剧的改革，都在革命思想的直接影响下进行。

清末，中国画危机日深，主流绘画沿着董其昌、"四王"（王时敏、王鉴、王原祁、王翚）的路子，因循守旧，如陈传席所言："一片萎靡柔弱和软甜俗赖，毫无生气，而且动辄用某法，法某笔，总是在前人的圈子里打转。"[②] 康有为喟叹："中国画学至国朝而衰敝极矣。岂止衰敝，至今郡邑无闻画人者。其遗余二三名宿，摹写四王、二石之糟粕，枯笔数笔，味同嚼蜡。""已非唐宋正宗，比之宋人已同郐下。""若仍守旧不变，则中国画学应遂灭绝。国人岂无英绝之士，应运而兴，合中西而为画学新纪元者，其在今乎？吾斯望之。"[③] 虽言画，其实亦是当时社会面貌的反映。

康有为寄望的"英绝之士"，很快在广东出现。简又文称："咸同之世，全国已入大革命时期，重以西洋文化大量输入，全民族各方面的生活皆倾于大变动的趋势。广东文化所受影响尤深，于绘画方面亦可见之。山水、人物两体画风之转变前已见诸两苏。花岛昆虫静物画亦有崭新的姿态表现出来。此则两居——居巢、居廉——之画学可以代表之。粤东绘事至是已到了一个划时代的阶段。"简又文认为，入民国后，广东绘画对于全国艺术贡献特大者则为"新国画运动"之兴起，而倡此运动者为番禺之高剑父；他立改善国画之浩志，倡折衷画派，融汇中西、一炉共治，"有西洋画学之形理技术，而充实中国画学之精神意境"，并预言高剑父及其同道、后学

---

① 蔡星仪：《高剑父》，石家庄：河北教育出版社，2002 年，第 220 - 224 页；林木：《20 世纪中国画研究·现代部分》，南宁：广西美术出版社，2000 年，第 281 页；郑彼岸、何博：《暗杀团在广东光复前夕的活动》，见中国人民政治协商会议广东委员会文史资料研究委员会编：《广东辛亥革命史料》，广州：广东人民出版社，1981 年，第 81 - 84 页。

② 陈传席：《谈批评和危机及轻批评问题》，载《南京艺术学院学报》2004 年第 3 期。

③ 康有为：《万木草堂所藏中国画目》，见姜义华、张荣华编校：《康有为全集》第 10 集，北京：中国人民大学出版社，2007 年，第 451 页。

"将来之成绩与贡献正未有艾，而在中国绘画史中此艺术大革命的运动必占重要的一章无疑"①。

高剑父的艺术革命思想酝酿于辛亥革命时期，其核心是"艺术救国"，目标是创立"中华民国之现代绘画"。黄宾虹 1935 年到广州，就曾亲眼见过高剑父门楣上"以画救国"四个大字。② 高剑父在《我的现代绘画观》中自述："兄弟追随（孙）总理作政治革命以后，就感觉到我国艺术实有革新之必要。这三十年来，吹起号角，摇旗呐喊起来，大声疾呼要艺术革命，欲创一种中华民国之现代绘画。几十年来，受尽种种攻击、压迫、侮辱。盖守旧之画人的传统观念，恐比帝皇之毒还要深呢！"他宣称："愚要引导一般素来过着低级趣味的生活之人们，把艺术之思路打开，使他们变作优美高尚的思想。"③ 高奇峰也说："我以为画学不是一件死物，而是一件有生命能变化的东西。每一时代自有一时代之精神的特质和经验。所以我常常劝学生说，学画不是徒博时誉的，也不是聊以自娱的，当要本天下有饥与溺若己之饥与溺的怀抱，具达己达人的观念，而努力于缮性利群的绘事，阐明时代的新精神。"④ 陈树人也明确地说："中国画至今日，真不可不革命……艺术关系国魂。推陈出新，视政治革命尤急。予将以此为终身责任矣。"⑤ "试就吾华想，方兹艺运衰。苟无新借镜，那扩旧遗规。自审于斯道，虽微亦有裨。复兴文艺望，堪并国家蕲。"⑥ 高剑父、高奇峰功成身退，投入新国画运动，与他们"艺术救国"的思想是分不开的。

以文艺结合爱国救亡运动，倡导文化革命，学习引进西方先进思想技术，建立民主与科学的新文化，是 20 世纪初的文化主流，也是岭南文化的时代特征。⑦ 康有为、梁启超、孙中山等人都提出了许多文化革命和改良的观点，主张中西结合，将中外优秀文化"一一撷其实咀其华，融会而贯通焉"。⑧ 高剑父提倡的所谓现代画，首先建立在对传统精髓的继承上，并吸

---

① 简又文：《广东绘画之史的窥测》，载《大风》1940 年第 67 期。

② 王贵忱：《记黄宾虹钤赠高奇峰印谱》，见《墨海烟云——黄宾虹研究论文集》，合肥：安徽美术出版社，1989 年，第 177 页。

③ 高剑父：《我的现代绘画观》，见广州美术学院岭南画派研究室编：《岭南画派研究》第 1 辑，广州：岭南美术出版社，1987 年，第 9、2 页。

④ 高奇峰：《画学不是一件死物》，见中国图书大辞典编辑馆编印：《高奇峰先生哀荣录》第一辑，奇峰先生学说之一，1934 年。

⑤ 陈大年：《陈树人小传》，载《良友》1927 年第 20 期，第 35 页。

⑥ 陈树人：《双周花甲赋呈若文一百五十韵》，载《旅行杂志》1943 年第 6 期。

⑦ 刘太雷：《论岭南画派产生的思想文化背景》，载《美术大观》2008 年第 6 期。

⑧ 梁启超：《论中国学术思想变迁之大势》，台北：台湾古籍出版有限公司，2005 年，第 3 页。

收西方的优点、长处。它"不是个人的、狭义的、封建思想的，是要普遍的、大众化的。现代艺术，也不是前无古人、一空依傍如幻术化的突然而来，寻不出它的来踪去迹。必须先了解古画的源流，思想、作风，然后容易认识现代画"。他说："兄弟是最主张现代绘画的、艺术革命的。我之艺术思想、手段，不是要打倒古人、推翻古人、消灭古人，是欲取古人之长，舍古人之短，所谓师长舍短，弃其不合现代的、不合理的东西。是以历史的遗传与世界现代学术合一之研究，更吸收各国古今绘画之特长，作为自己之营养，使成为自己之血肉，造成我国现代绘画之新生命。""新国画是综合的、集众长的、真美合一的、理趣兼到的；有国画的精神气韵，又有西画之科学技法。"①

新国画的目标，也是民主革命的目标。"岭南三杰"进行的国画革命，正是他们为之奋斗的民主革命的一部分。他们呼吁："艺术要民众化。民众要艺术化。"艺术要"与国家，社会和民众发生关系"。艺术也要与时代呼应。"一时期有一时期的精神所在。绘画是要代表时代、应随时代而进展，否则就会被时代淘汰了。""无论学哪时代之画，总要归纳到现代来。无论学哪一派、哪一人之画，也要有自己的个性与自己的面目呵！"② 丁衍庸评述高剑父"是一革命的画家，又是调和中西艺术的一位折衷派画家"，他"毅然以调和东西美术为己任，本他革命的精神，来从事中国的艺术革命，经数十年的奋斗和修养，成功了一种新兴的中国画。这种伟大的成功，在中国美术史上是不可磨灭的。"③

三、辛亥革命对艺术内容形式变革的推动

欧阳予倩认为，粤剧受到文明戏的影响很早。"光绪末年，文明新戏传到广东。最初是一个春柳社的社员从日本回国组织剧团，在广州香港演出，粤剧立刻受了影响。"④ 辛亥革命前后，一些粤剧老倌包括金山炳、朱次伯等人开始对粤剧进行革新运动。志士班在创作和演出具有革命意识和革命内容的戏剧的同时，也在改良戏剧的形式，成为中国现代戏剧史的开端之

---

① 高剑父：《我的现代绘画观》，见广州美术学院岭南画派研究室编：《岭南画派研究》第1辑，广州：岭南美术出版社，1987年，第8、19页。

② 广州美术学院岭南画派研究室编：《岭南画派研究》第1辑，广州：岭南美术出版社，1987年，第8、9、19页。

③ 丁衍庸：《中西画的调和者高剑父先生》，见广州艺术博物馆、香港中文大学文物馆、香港艺术馆编：《丁衍庸艺术回顾文集》，广州：岭南美术出版社，2009年，第18、19页。

④ 欧阳予倩：《欧阳予倩戏剧论文集》，上海：上海文艺出版社，1984年，第75页。

一，影响了粤剧戏班"渐有排演爱国新剧"之倾向，培养了大批粤剧人才。冯自由谓，采南歌剧团"所训育人材颇为鼎盛。诸童伶于解散后，多改就旧式戏班"，如靓元亨、戴谦吉、利庆红、杨州安、赛子龙、余秋耀、靓荣、大眼钱、新丽湘、冯公平等。① 此外，许多参加粤剧改革的艺术家也来自志士班。白驹荣19岁入"天演台"志士班学戏。桂名扬亦曾随"优天影"志士班的潘汉池学习。陈华新认为，这些志士班出身的名角，通过授徒传艺，对粤剧进行改革和创新，逐渐形成不同的艺术流派。直到现在，还有不少粤剧艺人以师承志士班的"叔父"为荣。在粤剧改革方面，志士班为了适应演现代戏（时装戏）的需要，把粤剧由舞台官话改用粤语演出，又采用平喉唱粤曲，用真嗓（实声）代替假嗓（假声）。"优天影"志士班演出的《周大姑放脚》，就是以平喉唱粤剧之滥觞，比朱次伯、金山炳还早。"可见志士班对粤剧发展的影响，确是不可低估的。"②

随着革命形势的发展，民风、民智大开，粤剧改革得以积极推行，促进了粤剧本身的成熟和百花争艳局面的形成，粤剧迎来了黄金时期。薛觉先认为戏剧是"社会教育之利器"，应该与时代一道前进，马师曾也以"爱国"为思想基础，一方面纠正对传统全盘否定、"唯欧美是效"的倾向；另一方面"取他人之长，以补吾所短"。他们"放着胆子，打倒千百年的老例"，效他方之长，保存粤剧之精华而发扬之，在舞台上实行"合南北剧为一家""综中西剧为全体"，粤剧史上长达十余年的"薛马争雄"、群星璀璨、影剧互动的繁盛局面因此开启，彻底扭转了粤剧危机，使粤剧获得一次很大的发展机会。这是清末以来西方文化传入中国和新文化运动带来的共振，也是粤剧适应"城市化"的自我更新过程。一代伶人各树一帜，各领风骚。在众多粤剧艺人的努力下，粤剧的题材、编剧、唱腔、音乐、表演、舞台、戏班等各个方面都发生了根本性的变革，使粤剧随着时代潮流向前大步跨越，从"古朴的以农村为主要演出基地的民间旷野草台戏班的戏曲，过渡到以大城市为主要演出基地的室内剧场艺术"③。

辛亥革命前后，除了广府戏艺人直接参加革命斗争和改革戏曲外，其他剧种亦不落后。海南戏艺人郑洪明，既在舞台上演出揭露和抨击官府的剧目，宣传和发动群众，又秘密组织"三点会"，自任"会母"，提出"红

① 冯自由：《中华民国开国前革命史续编》上，上海：上海书店出版社，1989年，第157页。

② 陈华新：《粤剧与辛亥革命》，载《戏剧艺术资料》1981年第5期；陈华新：《辛亥革命时期的粤剧》，见中国人民政治协商会议广东省委员会文史资料研究委员会编：《广东文史资料》第35辑，广州：广东人民出版社，1982年，第198页。

③ 赖伯疆：《广东戏曲简史》，广州：广东人民出版社，2001年，第241－246页。

旗飘飘，人马征召，革命起义，推翻清朝"的革命纲领。1904 年，他带领"洪明班"起义暴动，攻下万州城，转战陵水，不幸在突围时壮烈牺牲。此段时期，海南戏不断吸收广府戏在剧目、音乐、表演和舞台等方面的经验，加工提炼形成具有地方特色的"海南腔"。潮剧在辛亥革命前后出现了不少新剧目，如《印度寻亲记》《揭阳案》《龙船案》《龙井渡头》《林则徐》《徐锡麟》。这些新剧目的出现，引起了舞台艺术一系列的变化。外江戏、白字戏、木偶戏、西秦戏也进行了类似的变革。赖伯疆总结说："从辛亥革命开始的广东戏曲的变革转型的结果，使各个剧种从题材、思想到艺术形式、制作技术，都更加丰富和提高，更贴近社会和人民群众，并受到人民群众的支持和欢迎。这种戏曲变革和转型，是在辛亥革命的时代风云中完成的，它又为辛亥革命的发展，发挥了振聋发聩、鸣锣开道的重大作用。"①

四、辛亥革命影响下岭南艺术改革的意义

上述岭南画派所进行的美术革命和粤剧等岭南传统艺术的改革是当时社会革命的一部分，是社会思潮的反映。林木等学者认为："20 世纪的美术革命是隶属于社会革命的，20 世纪的美术革命最重要的倡导者不是美术家而是革命家，这是认识 20 世纪初期美术革命的一个基本的观点。"②

以"岭南三杰"为代表，许多岭南艺术家在辛亥革命胜利后，以革命精神从事艺术改革，推动了岭南艺术的发展。高剑父辞去广东都督之职，继续研究画学，被称为"革命画师"。1912 年，高剑父与其五弟高奇峰在上海创办"审美书馆"，又发行《真相画报》，自食其力，影响画坛甚巨。"高剑父是同盟会会长。在黄花岗之役中任支队长，事败幸脱，与死神擦身而过。又任'中国暗杀团'团长，刺杀清廷要员。兄弟高奇峰亦不甘落兄后，其胆与识，异于常人，同志咸服。总之，他们都有'出没枪林弹中、举鼎革战场'的革命经历。创办者独特的经历，政局动荡不定的时刻，两者都注定了这份画报必然是以艺术鼓吹革命的刊物"③，令上海一带"风气为之丕变"，并将新国画的影响推向全国。

徐悲鸿对岭南画派元老在政治上和艺术上的革命精神深为敬佩，曾撰

---

① 赖伯疆：《广东戏曲简史》，广州：广东人民出版社，2001 年，第 212 – 216 页。
② 林木：《20 世纪中国美术革命的策源地——论 20 世纪初期的广东画坛》，见"广东与二十世纪中国美术"国际学术研讨会组织委员会编：《广东与二十世纪中国美术国际学术研讨会论文集》，长沙：湖南美术出版社，2006 年，第 221 页。
③ 王中秀：《黄宾虹十事考之七——〈真相画报〉之缘》，载《荣宝斋》2001 年第 5 期。

文《谈高剑父先生的画》称赞说："明之林良，在粤开派，最工翎毛，笔法雄健，突过古人。闻语文学家言，粤语杂汉音最多，今之粤派，亦多承继吾国艺术主干，剑父先生其尤著者也。吾弱冠识剑父于海上，忆剑父见吾画马，致吾书，有'虽古之韩干不能过也'之语，意气为之大壮。时剑父先生与其弟奇峰先生，画名籍甚，设审美书馆，风气为之丕变。奇峰亦与吾友善，并因之识陈树人先生，亦艺坛之雄长也……其艺雄肆逸宕，如黄钟大吕之响，习惯靡靡之音者，未必能欣赏之。顾其鹰隼雄视，高塔参天，夕阳满眼，山雨欲来，耕罢之牛，嬉春之燕，皆生命蓬勃，旗帜显扬，实文艺中兴之前趋者。陈树人先生言：当年之高剑父，曾身统十万大军；轰动一时之凤山案，其炸弹实制诸剑父画室者也。被推为革命画家，宜矣！艺如其人，尤如其性。"①

1921 年高剑父迁居广州城内，集老友陈树人、五弟奇峰、门弟子容大块、黎葛民等，切磋艺事，倡导"新国画"。他倡办全省"第一次美术展览"，全力推动"新国画运动"，以求不分派别，不分中外，去芜存菁，一炉共冶，创造出一种不脱离民族风格而又推陈出新的现代新国画。1923 年，他创办春睡画院，培养了一批优秀的学生。后来他还前往东南亚及印度一带考察，亦参加意大利、巴拿马、比利时的万国博览会并分别获得金牌奖及最优等奖，影响日增。

20 世纪初的广东是"革命策源地"，亦是"艺术革命策源地"（高剑父《由古乐说到今乐》），推动了全国美术的发展和新变。广东美术革命的主要内容包含多个方面，如提倡中西融合，主张写实主义，改变传统题材，创造新派画法，引入美术展览，进行媒体传播，主张实现美术大众化，兴办现代美术教育，等等。当时广东美术刊物之多，展览之频，画院、研究机构和人才之众、之盛，极为特出。陆丹林描述道："海通以后，我国因受欧风美雨的思潮影响，政治军事经济教育等等，都有急剧的转变，美术自然不能例外。新派画就由高剑父、高奇峰、陈树人等从事研究绘制而且努力倡导，它的发源是在珠江流域，最近两年流到长江流域来。尚美美术研究社、缤华女子美术学校、美学馆、春睡画院、岭南画苑等，都是公开招生教授新派画。主事的异常努力，常常集合同志们举行画展，在吾国艺术界已造成一种新的势力。"② 1919 年，天马会在江苏省教育会举办第一届绘画

---

① 徐悲鸿：《徐悲鸿谈艺录》，长沙：湖南大学出版社，2009 年，第 82、83 页。

② 陆丹林：《广东美术概况》，见黄小庚、吴瑾编：《广东现代画坛实录》，广州：岭南美术出版社，1990 年，第 177 页。

展览会，展览分中国画、西洋画、图案画、折衷画四部分。① 李寓一评价 1929 年的教育部全国美术展览会说："以全部之作品而统述其概，则四王、八大、石涛、石溪上人及倾向于西洋之折中画法，实于无形中占最大之势力。"且谓高奇峰作品"除往年之金拱北而外，无有出其右者。现设教于岭南，岭南之学子，望风景从，蔚然自成一派"②。傅抱石认定"中国画的革新或者要希望珠江流域"③。林木认为，"广东美术的革命性在 20 世纪二三十年代具有毋庸置疑的重要影响，起到了现代中国美术革命策源地的作用，并为 30 年代以后中国现代美术京沪粤三足鼎立的格局奠定了基础"④。

综上，广东艺术界对辛亥革命贡献甚大。一批仁人志士持救国之念，不惜殒身奋战，直接参与轰轰烈烈的社会革命，是革命的猛士。他们亦将此种革命精神带入艺术领域，成为艺术革命的先驱。在他们影响下的广东艺术因此得以革命性的变化及迅猛的发展，形成和确立了自身特色，并将影响推向更广的范围，带动了新的发展和变化。

---

① 袁志煌、陈祖恩编著：《刘海粟年谱》，上海：上海人民出版社，1992 年，第 27 页。

② 李寓一：《教育部全国美术展览会参观记（一）》，载《妇女杂志》1929 年第 15 卷第 7 号，第 6 页。

③ 傅抱石：《民国以来国画之史的观察》，载《逸经》1937 年第 34 期，第 33 页。

④ 林木：《20 世纪中国美术革命的策源地——论 20 世纪初期的广东画坛》，见"广东与二十世纪中国美术"国际学术研讨会组织委员会编：《广东与二十世纪中国美术国际学术研讨会论文集》，长沙：湖南美术出版社，2006 年，第 219 页。

第三节　新文化运动促生下的潮州歌谣研究①

一般认为，地域文化与现代学术潮流泾渭有别。然而，地域文化固然存在各种不同的地域特质、历史表现，但亦不可能脱离具体的时代和社会，从而带有时代与社会的某些风貌，甚至成为其某些特点的具体表现。作为北大歌谣运动组成之一的潮州歌谣研究恰是在特殊的历史时期形成和参与到新文化运动之中，因此与现代文学研究同时起步，并成为文学研究和思想发展的纪录和缩影。

民系意义上的潮州包括旧潮州府所属各县。潮州历史悠久，文化深厚，素有"海滨邹鲁""岭海名邦"之称。有关潮州歌谣的文字记录目前最早见于明嘉靖本《荔镜记》，亦见于林大钦《吾乡》诗、屈大均《广东新语》、陈坤《岭南杂事诗抄》、李调元《南越笔记》、吴震方《岭南杂记》和小说《荔镜奇逢传》等，以及顺治《潮州府志》、乾隆《潮州府志》和《揭阳县志》等方志。但这些文字多属一般性的记录。有学者认为，自宋元的《三阳志》《三阳图志》至民国《潮州志》，大部分潮汕地方志对潮州歌谣鲜有关注。其中较有研究意识者，如清人郑昌时《韩江竹枝词》自注："潮近闽，歌参闽腔，韩江舟户又尚'马头调'云。"清嘉庆《澄海县志》卷6《风俗》"声歌"一目谓："粤人好歌……澄邑亦好之，共矜新调，名曰畲歌。郡故与漳泉接壤，音颇相近，特多有声无字，且平仄互叶，俗谓潮音，疑无足采。然其触物兴怀，连类见义，咏叹滛液，有使人情深而不能自已者。"又介绍元宵秧歌等习俗和《钓鱼歌》等7首歌谣，谓其"天机所触，衬以土音俚言，弥觉委曲婉转。信口所出，莫不有自然相叶之韵焉。千古风雅，不以僻处海滨而有间，斯固采风者所不废也"②。这是为数不多对民间歌谣进行正面评价和记录的地方志之一。

对潮州歌谣的正式研究始于20世纪20年代。近百年来，潮州歌谣的研究亦随着时代、社会变迁和民俗学、民间文学、音乐学、社会人类学、非物质文化学等学科的发展而从各方面展开，不断丰富。

---

① 原载《汕头大学学报》（社会科学版）2012年第4期，与陈晓燕合作，题为《潮洲歌谣研究史述略——地域文化与现代学术潮流的接合》。

② 李书吉等纂修：《嘉庆澄海县志》，上海：上海书店出版社，2003年，第66页。

一、潮州歌谣的早期整理和初步研究（1918—1949 年）

对潮州歌谣的早期整理和初步研究，是在北大歌谣运动的影响下开始的。

1918 年，在新文化运动中心的北京大学，刘复、沈尹默、周作人等人发起征集歌谣，1920 年成立歌谣研究会，1922 年《歌谣》创刊，提出"歌谣是民俗学上的一种重要的资料"，"民俗学的研究在现今的中国确是很重要的一件事业"。① 1923 年 3 月 25 日出版的《歌谣》第 11 号《民歌选录》"广东"部分发表了林醉陶投寄的一首潮州歌谣："渡头溪水七丈深，一尾鲤鱼头戴金。一条丝线钓不起，钓鱼哥儿枉费心。"这是潮州歌谣向外推介的开始，投寄发表潮州歌谣的浪潮由此延续至 20 世纪 30 年代。② 1924—1925 年，海丰人钟敬文三次向《歌谣》投稿并被陆续刊发，包括海丰歌谣78 则、《歌谣杂谈》2 册等，涉及各种口传歌谣和刻本俗歌资料和研究，亦有潮州书坊所刻《老丑歌》《戒烟歌》等唱本、《南洋的歌谣》《潮州婚姻的俗诗》及《海丰的邪歌》等，并曾专作《畲歌集》。③ 《海丰的邪歌》1925 年发表在《歌谣》第 81 号，该文对"邪歌"（即畲歌）的结构、分章、用韵、音节等方面的特点和内容进行了详细的说明，对潮州歌谣由资料收集转入文本研究起到重要作用。就读于燕京大学的丘玉麟在周作人的鼓励下，与林培庐组织霦簌文学社，出版周刊讨论歌谣问题，并致力于潮州歌谣的收集，亦有章雄翔、卢伋民等同道并待机出版。④ 1928 年，金天民的《潮歌》出版。1929 年，任教于金山中学的丘玉麟编辑的《潮州歌谣（第一集）》出版。此外，还有徐志庵的《潮属儿歌》，黄洁心、张之金的

---

① 北京大学歌谣研究会：《歌谣》第 1 号，卷首《发刊词》，1922 年。

② 据王焰安《20 世纪上半叶潮汕民间文学活动概述》（《汕头大学学报》2006 年第 4 期）统计，当时有林醉陶、刘声绎、李痴郎、林培庐、朱克邦、赵梦梅、亦梦、陈经熙、林离、豫同、陈立夫、昌祚、鸣盛、郑汉民、刘万端、郭坚等人先后在《歌谣》《民俗》等刊物发表潮州歌谣和绍介文字。此外，尚有 1927 年林培庐在《语丝》第 143 期发表的《潮州的畲歌》、1928 年若水在《民俗》第 33 期发表的《二首同闽歌相似的歌谣》、1936 年焰浦在《歌谣》2 卷 10 期发表的《潮南歌谣》6 首等。

③ 钟敬文：《〈歌谣〉周刊·我与她的关系——纪念该刊创办 70 周年》，见《沧海潮音》，哈尔滨：黑龙江人民出版社，2002 年，第 269 – 274 页。

④ 丘玉麟：《潮州歌谣（第一集）》，汕头：汕头开明出版部，1929 年，第 2 页。

《潮州歌谣集（一）》①，林桢的《潮阳儿歌集》，刘万端的《陆安女儿歌》②，丘玉麟编、卢侠民注的《潮州畲歌集》以及章雄翔、林德侯等人的未刊本。

除了北大歌谣研究会外，1927年，顾颉刚与容肇祖、董作宾、钟敬文等人发起成立的中山大学民俗学会，直接推动广东歌谣研究进入民俗学研究阶段，也对潮州歌谣产生了积极的影响。研究潮汕民间文学的组织和刊物陆续出现，如广东揭阳民间文学会在《潮梅新报》刊行《民间周刊》，汕头也出现了林培庐编辑的《民俗周刊》、《民间周刊》等刊物。③ 广东歌谣研究在各方努力下得到重视。1928年成立的中央研究院历史语言研究所，其民间文艺组由刘半农任组长，大力搜集民间文艺资料，准备几年之内作一"全国歌谣总藏"。语言组由赵元任负责，采用科学的方法记录广东歌谣197首，其中90首用蓄音器进行录音，其余亦以国际音标记音。④ 1928年，中山大学语言历史学研究所周刊发表郑德能的《潮俗中秋的观戏童及其他》，提及戏童歌、落阿姑、观猴仔等民间歌谣。⑤

这一时期的歌谣整理首先基于明确的乡土意识。这种乡土意识和民间视野并不局限在潮州本地，而与社会变迁的时代关怀息息相关，同时亦有存史、怀旧的脉脉温情。丘玉麟在《潮州歌谣（第一集）》问世时，以给周作人的长信为序，称："大规模的机器工业代替了家庭手艺工业，社会制度改变，家庭组织改变，新生活的反映的歌谣或将产生。至于能像旧歌谣一样多量与否还是疑问。而反映旧生活的歌谣将渐不在妇孺的红唇白齿间婉唱则是一定的断论。十年二十年后，旧歌谣将消灭，无复能流传，岂不是一大可惜的损失！我不愿这反映潮州生活的流动文学的歌谣消灭，我当把这些歌谣抄写编印成书，为固定文学，以保留我们这个农业化的旧时代的潮州生活之残影。""歌谣的多方面自由的体裁与平易婉妙的语句，可以帮助我们的新文学的发达"。⑥ 这既反映了当时许多潮州歌谣搜集者、研究者

① 周作人：《两种歌谣集的序·潮州畲歌集序》，载《语丝》1927年4月9日，第126期；叶春生：《岭南俗文学简史》，广州：广东高等教育出版社，1996年，第426－429页。

② 刘万章：《广东潮阳的儿歌——林桢〈潮阳儿歌集〉序》，见北京大学歌谣研究会：《歌谣》1936年第2卷第8期。

③ 杨成志：《民俗学会的经过及其出版物目录一览》，载中山大学研究院文科研究所编印：《民俗》1936年第1卷第1期，第228页。

④ 段宝林：《蔡元培先生与民间文学》，载《北京大学学报》（哲学社会科学版）1982年第6期。

⑤ 郑德能：《潮俗中秋的观戏童及其他》，载《国立第一中山大学语言历史学研究所周刊》1928年第11－12期。

⑥ 丘玉麟：《潮州歌谣》（第一集），汕头：汕头开明出版部，1929年，第2、4页。

的共同愿望，也是《歌谣》发刊词所言歌谣运动"学术的""文艺的"两大目标的体现。

20世纪二三十年代是潮州歌谣研究的自觉时期。潮州歌谣的发展也与时代保持同步。许多潮州歌谣如《天顶一条虹》等都是时事的反映。在收集民间歌谣以外，一批具有进步思想的知识分子开始大量创作歌谣，呈现出整理汇编和创作共进的新局面。特别是随着日寇的节节进逼，潮州歌谣成为抗战的有力武器。1936年，王亚夫提出"建立潮州大众的抗日歌谣文学"，创作出近百首抗战歌谣，如《奴仔歌》《行情一年苦一年》等。潮汕党组织1937年7月发出指示："发动党员和群众写文章、通讯、歌谣。"1940—1942年，吴南生在潮澄饶任职时主编出版了油印小册子《尺合士上》，刊登抗日歌谣。① 潮汕大地，从诗人到文艺青年，从教师到中小学生，从民间艺人到普通群众，创作热情高涨，产生了数以万计的抗战歌谣，男女老幼纷纷吟唱，家喻户晓。一些美术创作者以漫画配方言歌谣的形式号召保家卫国。②

潮汕抗战歌谣的影响也被推向外界。1939年，爱梅在《上海妇女》发表《潮汕妇女的抗战歌谣》一文，介绍当时潮汕最流行的两首妇女抗战歌谣——《月含云》和《望你记得在心中》，并向"孤岛的姊妹们"描述潮汕妇女积极参加救亡工作的情形，称："这不但是妇女运动最光荣的一页，而且是我们民族解放运动史值得大书特书的！因为这样，目前潮汕妇女救亡歌曲真是十分流行，不论热闹的城市，抑或冷静的乡村，你到处可听到：'莉仔花，开一枝，阿妹捧饭到田边，催促阿兄上前线，杀尽倭奴莫延迟！'这一类慷慨动人的歌谣。"③

1948年，潮州学者吴显齐在《新中华》上发表《谈潮州歌谣》一文，总结在歌谣运动影响下潮州歌谣20年研究的发展，对潮州歌谣的源流、意识形态、艺术价值进行了系统的论述，还论及它与潮州戏剧、故事、歌册曲册等的关系，并选出30首歌谣，附有主题、注释、押韵，以助于潮州歌谣的宣传普及和创作指导。文章提出"最早最朴素的潮歌，是谣谚和畲歌"，认为它具有民间性、大众性，"富于生命力、想象力和语言的复杂性"，同时说明潮歌"以潮州方音为表现工具"，"潮歌是最精炼的潮州话，

---

① 林炎藩：《抗日、解放战争时期潮澄饶地区党办报刊的一些情况》，见澄海市委党史办公室编：《澄海党史资料》，总第21期，1994年，第55、56页。

② 郑惠玉：《潮汕抗战文化活动及其影响论略》，载《汕头大学学报》（人文社会科学版）2004年第4期。

③ 爱梅：《潮汕妇女的抗战歌谣》，载《上海妇女》1939年第1期。

而潮州话则是潮歌永久的源泉，表现的宝库"。这开启了以语言界定潮州歌谣的学术肇端。文章的另一贡献是对潮州歌谣源流发展史和进展的梳理，强调潮州歌谣发展与社会变动的密切关系，突出其现实性特点。作者认为鸦片战争之前是"潮歌的传统（古典）时期"，"此后，就进入蜕变时期，一直到现在。在这一时期中，潮州社会发生了剧烈的变化，中间有两次大变动，先是满清专制政治的推翻，如火如荼的展开了新旧之争，使潮歌走向蜕变；它对于革命前后动荡的社会，有着形象的表现，和深刻的批评。次之，是八年的抗战，这伟大的历史过程，使潮歌充实了蜕变的条件。"文章特别注意潮州歌谣在特殊历史时期的艺术价值和进步意义，尤其突出潮州歌谣在全民族抗战中的伟大作用乃至"转化成更实际更坚韧的行动——由流亡到反抗"①。

1918—1949 年可谓潮州歌谣的初步整理和研究阶段。在全国歌谣运动的影响下，潮州歌谣的意义和价值进入学者的研究视野。此期研究者搜罗遗逸、筛选命题、注音注释，对潮州歌谣的定义、特征、源流、意义等问题进行了研究，开辟了一个新的学术领域。这是潮州歌谣研究史极为重要的开端。

二、潮州歌谣发展与研究的多方深入（1950—1979 年）

新中国成立以后，潮州歌谣的研究和发展受到相当程度的政治影响，特别是 1958 年的新民歌运动、"大跃进"运动对潮州歌谣的影响很大，相关创作、出版极为繁盛。② 1958 年，丘玉麟在其《潮州歌谣集》、金天民《潮歌》、徐志庵《儿歌》及林德侯抄本的基础上选辑《潮汕歌谣集》出版。丘玉麟在书序中对潮州歌谣的思想内容、语言形式等方面进行了充分的论述，认为潮州歌谣可以表现民间演唱者鲜明的情感，"思想内容多种多样，文字形式也多种多样"，如"汉魏乐府诗歌本色""乐府十二时民歌""《诗经》反复吟咏形式"等。有的像南北朝吴声歌曲，有的像近体诗五绝、七绝、律诗，也有的像词、曲、格言、劝世歌、符咒、神曲、歌诀。"这是人民为适应表达多种多样的思想感情而创造、模仿的多种多样形式。"③ 此

---

① 吴显齐：《谈潮州歌谣》，载《新中华》复刊第 6 卷，1948 年第 2 期。

② 例如 1958 年广东人民出版社出版的潮州歌谣集有汕头市文联编《工农就是活神仙：大跃进民歌》《万人欢呼迎公社》、汕头专区工农业生产评比展览会编《汕头大跃进民歌选集》，揭阳县民歌工作委员会、揭阳县文化馆编《揭阳民歌选》、潮安县文化馆编《潮安民歌选》等也有大量此类内容。

③ 丘玉麟：《潮汕歌谣集·序》，广州：广东人民出版社，1958 年，第 1－2 页。

言指出民间歌谣的共性和艺术趣味性，说明潮州歌谣是在不断对其他诗歌、谣唱进行学习、模仿的基础上得到发展的。

这个时期的创作和整理成果还包括《潮州新童谣》（南方通俗社，1955年）、澄海县委宣传部《澄海民歌选》（广东人民出版社，1958年）、潮安县文化馆《民歌》（1977年）等。由于时代的影响，这个时期政治气息较重，学术研究较为单薄。

此期海外对潮州歌谣一直保持关注。其实潮州歌谣中的"过番歌"就是对海外潮人的记录。丘玉麟编辑的《潮州歌谣》在海外十分畅销，书的《再版序言》说："敬爱的侨胞，我们谨献上这一小册歌谣，以引起诸君的旧梦。"这些歌谣连同以往传出去的歌谣激起很大的回响，多有拟作、润饰或改编。据杨方笙研究，近几十年，东南亚的华语电台、报纸、书刊等都传播过潮州歌谣，也陆续有不少歌谣文本整理出版，如1956年泰国新艺出版社出版史青编辑的《精选潮州歌谣》等。①

马来西亚学者萧遥天在研究潮州戏剧音乐时屡次谈及潮州歌谣，认为它与潮音戏的起源有关。1957年，他的《民间戏剧丛考》一书在香港出版。这是最早对潮剧潮乐进行系统研究的专著，亦提及秧歌、关戏童等内容。②1978年，萧遥天发表《潮音戏的起源与沿革》一文，认为畲歌、疍歌是潮州歌谣的主体。他说："潮州的土著，陆为畲民，水为疍户……畲歌、疍歌是最纯粹地方性潮歌，也是潮歌的主流。今日的潮州歌谣，犹有概称作畲歌的。当外来各种戏剧未入潮境以前，关戏童唱的尽是畲歌和疍歌。当诸戏接踵而至，潮音戏萌蘖之际，所唱的戏曲，仍多畲歌。"③萧文"从潮音戏起源考证了畲族是潮州最早的土著民族"，虽然对畲族是否是潮州最早原住民存在争议④，但这一研究方法为一些民族学研究者所肯定⑤，亦是潮州歌谣价值的另一发现。

---

① 杨方笙：《潮汕歌谣》，香港：艺苑出版社，2001年，第21－22页。

② 中国戏曲志编辑委员会：《中国戏曲志·广东卷》，北京：中国ISBN中心，2000年，第463页。

③ 萧遥天：《潮音戏的起源与沿革》，原载1978年《泰国潮州会馆成立四十周年纪念特刊》，见广东省艺术创作研究室编：《潮剧演剧资料选》，广州，1984年，第129－130页。

④ 吴榕青《历史上潮州的畲人——对文献记载之再检讨》认为，今天潮州凤凰山的畲族究竟是历史遗存下来的所谓"土著"，还是从他处迁徙过来的，因其族群迁徙不常的习性和文献阙如，尚难断明。见《畲族文化研究论丛》编委会编：《畲族文化研究论丛》，北京：中央民族大学出版社，2007年，第93页。

⑤ 蒋炳钊：《东南民族研究》，厦门：厦门大学出版社，2002年，第286页。

三、潮州歌谣研究多学科多层次的展开（1980 年以后）

20 世纪 80 年代以后，潮州歌谣研究及活动在民间和政府的推动下蓬勃开展，成绩令人瞩目。

随着学术复兴特别是民俗学的恢复，潮州歌谣的民间文学价值再次被肯定。在钟敬文发起组织编写"中国民间文学三套集成"活动的影响下，潮汕各地对歌谣收集出版比较重视，相继编辑了多种潮州歌谣书籍。例如由陈觅主编、汕头市民间文学三套集成编委会编的《中国民间歌谣集成广东卷·汕头市资料本》是从汕头下属各县市 1984—1985 年普查上报的 8894首歌谣中，选出 500 多首，汇编而成的铅印本。① 南澳、揭阳、澄海、普宁、饶平等地也有相应铅印、打印资料本。在 20 世纪八九十年代新修志书活动中，《揭阳县志》《揭西县志》《惠来县志》《潮阳县志》《丰顺县志》等纷纷录入歌谣，或录入文化篇民间文学一章，或作为社会风俗被记录。此中，郭马风认为《丰顺县志》录入的歌谣很有代表性，内容丰富多彩，较全面反映了地方民情和地方特色，分类得当，眉目清楚。② 歌谣入志是不登大雅之堂的乡俗俚唱成为民间文学、地方文化艺术和学术研究对象的阶段性标志，也是潮州歌谣整理者、研究者数十年默默耕耘的结果，意义重大。

与此同时，各地也相继整理出版潮州歌谣集。马风、洪潮编的《潮州歌谣选》（汕头市文联民间文艺研究会，1982 年），王琳乾编的《潮汕革命诗歌民谣》（汕头市文联民间文艺研究会，1982 年），汕头市文化局的《新编潮汕方言歌》《新编潮州方言歌（一）》（1986 年），王云昌、孙淑彦的《潮汕歌谣选注》（揭阳县民间文学研究会，1987 年），吴嘹、邵仰东的《潮汕歌谣新注》（广东高等教育出版社，1997 年），王永鑫的《潮俗诗歌选注》（中国戏剧出版社，1999 年）等著作相继问世。在音像方面，也有 2000 年杨登隆、李楚生编导、福建省长龙影视公司拍摄的《潮汕童谣歌谣》一、二集问世。③ 此外，还有歌谣集如 1985 年香港南粤出版社出版陈亿琇、

① 潮汕历史文化研究中心资料征集委员会编：《潮汕历史文化研究中心资料库藏书叙录》中，汕头，1999 年，第 467 页。

② 郭马风：《谈潮汕地区新旧志辑录歌谣入志》，载《广东史志》2007 年第 2 期。

③ 张嘉星辑著：《闽方言研究专题文献辑录索引（1403—2003）》，北京：社会科学文献出版社，2004 年，第 176 - 180 页；郑可因主编、汕头市图书馆编委会编：《汕头市图书馆潮汕文献书目》，广州：花城出版社，2001 年，第 231 - 234 页；潮汕历史文化研究中心资料征集委员会编：《潮汕历史文化研究中心资料库藏书叙录》中，汕头，1999 年，第 462 - 474 页。

陈放选编的《潮州民歌新集》，新加坡潮州八邑会馆 1988 年出版潮汕学者马风、洪潮编的《潮州歌谣选》，1995 年出版黄正经选注、陈传忠校订的《音释潮州儿歌撷萃》，香港东方文化中心 2003 年出版的蔡绍彬的《潮汕歌谣集》等。

　　世纪之交，随着非物质文化遗产保护工作的兴起，潮州歌谣作为非物质文化遗产也引起了一定的重视，相关工作逐步展开，并渐趋深入。

　　这一时期的潮州歌谣整理研究成果十分丰富。除了具体问题的探讨，系统研究如香港艺苑出版社 2001 年出版的杨方笙的《潮汕歌谣》，该书讨论了潮州歌谣的定名、历史发展、内容形式等各方面，内容详尽而充实。在此前工作的基础上，学者们对潮州歌谣的许多重大问题进行了探讨，在许多方面取得了共识，同时也提出了很多新的问题，为进一步研究开辟了道路。

（一）潮州歌谣与畲歌

　　潮州歌谣与畲歌的关系是潮州歌谣研究史上的重要课题。早期研究多有以畲歌为潮州歌谣源头甚至为潮州歌谣者。当代学者也普遍认为畲歌与潮歌关系密切。陈汉初指出了"斗畲歌"这一原始娱乐方式对潮州歌谣的影响，认为"畲歌、畲歌是古老的潮州民歌。潮人历来也习惯把潮州歌谣称作'畲歌'"。[1] 杨方笙认为潮州歌谣"在流行过程中深受畲族歌谣的影响，后来习惯上又称为'畲歌'"。[2] 陈海鹰说："潮汕歌谣以畲歌为主。"[3] 陈月娟从金天民《潮歌》将畲歌作为潮州歌谣的一类入手分析，认为："潮州汉畲两族歌谣在内容、形式、手法等方面互相影响、渗透、融合，达到了你中有我、我中有你，难以分辨你我的程度，甚至于人们有时也把潮歌称作畲歌。"[4] 随着文化人类学、文化地理等方面研究的展开和学科交流的深入，对于潮州歌谣产生的文化源头和多源性得到进一步发掘。1987 年，陈榕滇从"种族（多民族的交汇）、环境（地理、气候等）和时代（社会制度、政治、经济等）方面条件"进行论证，认为"潮汕歌谣的形成，即是畲歌、黎歌、客家山歌、畲家船歌与古中原文化的融合，其产生的渊源

---

　　① 陈汉初：《潮汕民间原始娱乐形式——斗畲歌》，载《广东民俗》2000 年第 2、3 期；陈汉初：《潮俗丛谭》，汕头：汕头大学出版社，2002 年，第 56 页。

　　② 杨方笙：《潮汕歌谣》，香港：艺苑出版社，2001 年，第 10 页。

　　③ 陈海鹰：《潮汕歌谣浅探》，载《汕头大学学报》（社会科学版）2003 年 第 3 期。

　　④ 陈月娟：《泛论潮歌与畲歌——从金天民的〈潮歌〉说起》，载《文化遗产》2010 年第 3 期。

是多方面多渠道的"。① 1989 年出版的《潮州市文化志》称："潮州歌谣是旦歌、畲歌和外来汉族民谣三者的混合体。它吸收了当地土著居民歌谣的丰富营养,融汇了中原地区汉族民谣的表现形式,逐步形成了一种具有自身艺术特色的文学样式。"② 蒋宝德、李鑫生所编的《中国地域文化》(山东美术出版社,1997 年)对"潮州歌谣"的论述采用了这个说法。

讨论潮州歌谣与畲歌的关系,必然涉及畲族和畲歌的情况。冯明洋对粤东特别是凤凰山地区畲族民歌进行了深入研究,将其概括为天然性、宣叙性、平讲性、三声性、古朴性五个形态。他运用多学科理论和材料,提出并论证了"潮汕民系和潮汕民歌风格的形成,是越汉杂处以来越人汉化和汉人越化的漫长的历史——社会结晶","潮汕民系的民间信仰、民俗事象,是潮汕歌乐风格形成的文化土壤与生活基础",并认为,潮汕民歌"每种体裁都有不同的源流和风格特点,但总的都离不开越汉融合的轨迹,有的越多汉少,有的汉多越少,最终都化为潮语潮俗潮风的总体之中,成为潮汕民系从古闽越人转化到今潮汕人的历史文化记忆"。③ 对于潮州歌谣研究来说,这个过程的探讨,以及潮州歌谣不同于早期畲歌的特点,应该是下一步的研究方向。

(二)潮州歌谣的定义标志

对于潮州歌谣的定义,金天民在《潮歌》一书"编辑大意"中提出:"是编专采潮属各处,妇人及孺子,用福老语言,所咏叹的长言片语,有天然音韵的,纂辑成编,故名《潮歌》。"④ 这种定义方式虽已较为清晰,但地域与语言孰先孰后,或者哪个更为根本,研究者意见长期不能统一,也影响到潮州歌谣的界定和研究的深入。

一种意见以地域为潮州歌谣定义标志。地域影响是民歌变化发展中不可忽视的因素。根据地理环境、行政区划对潮州歌谣进行定义,是对潮州歌谣进行界定的一种方法。翁辉东在《潮州志·潮州风俗志》卷8"娱乐种别·歌谣"一目录入畲歌2首、儿歌1首、民歌16首、山歌6首,皆有注并加按语。郭马风认为,从"翁辉东先生这一录入潮州歌谣作品的情况,我们明显地看到翁氏是将当时流传在潮州的客语山歌,也列入潮州歌谣之

---

① 陈榕滇:《潮汕歌谣探美》,载《韩山师范学院学报》(社会科学版)1987 年第 1 期。
② 潮州市文化志编写组编:《潮州市文化志》(内部资料),1989 年,第 109 页。
③ 冯明洋:《越歌·岭南本土歌乐文化论》,广州:广东人民出版社,2006 年,第 200、209、221 页。
④ 金天民:《潮歌》,南大书局,1928 年,第 1 页。

一种；也就是说潮州歌谣是潮州辖属多种族群、多种语言、多种风格歌谣的总称；歌谣种类的区分是依行政归属为界线而不是依语音为基本属性来区分"。①

另一种意见是以吴显齐1948年强调提出的语言为标志。这种观点目前比较普遍，同时也开启了潮州歌谣的语言学研究进程。杨方笙《潮汕歌谣》一书中的"潮州歌谣、潮汕歌谣还是潮语歌谣"一节突出"潮语歌谣"概念，认为："在所有文化特征中，语言是最具区别性的。""准确地说，我们要研究的是潮汕地区除客家山歌、极少数畲族歌谣以外的歌谣加上海丰讲潮语那一带的歌谣，总起来说就是潮语歌谣。不过比较起来，潮汕歌谣的名称更约定俗成，更具有地域指别性，我们还是用了这个名字。"② 余亦文的《潮乐问》亦采用"潮州方言歌"的说法。③

（三）潮州歌谣与潮州歌册

潮州歌谣与潮州歌册颇有渊源，两者在潮州歌谣研究史上也经常出现互相牵连的情况。其原因除了歌谣歌册本身界定的问题外，也与它们发生发展的历史有关。吴奎信认为，"早期的歌册是由歌谣、畲歌、俗曲演变而成"。④ 谭正璧、谭寻所言"潮州歌"实为潮州歌册："所谓潮州歌，它的文体原是一种长篇叙事歌，也可称为诗体小说，因为它以叙述故事为主，所以有人径直把它当作小说看待。""追溯它的来源，当是开始于一般潮州民间小曲，由短调踏歌逐渐发展而成为多至数十万字的长篇。"⑤ 随着研究的深入，这个问题亟待解决。1987年，陈榕滨提出："我们在研究潮汕歌谣时，应把潮州歌册独立出来研究。"⑥ 2002年，吴奎信在《潮学》第1、2上期发表《潮州歌谣与潮州歌册比较》一文，对二者的不同进行了清晰的说明。一些分类实践亦对二者予以明确区分。1989年出版的《潮州市文化志》在"民间文学"一节将潮州歌册、潮州歌谣各自独立介绍。⑦ 叶春生《岭南俗文学简史》沿用"潮州歌"之名称呼歌册，但将潮州歌册和歌谣分

---

① 郭马风：《谈潮汕地区新旧志辑录歌谣入志》，载《广东史志》2007年第2期。

② 杨方笙：《潮汕歌谣》，香港：艺苑出版社，2001年，第3－4页。

③ 余亦文：《潮乐问》，广州：岭南美术出版社，2006年，第424－438页。这部分亦说明了潮州歌谣与时代社会的密切关系。

④ 吴奎信：《潮州歌册》，广州：花城出版社，1999年，第4页。

⑤ 谭正璧、谭寻编著：《木鱼歌、潮州歌叙录》，北京：书目文献出版社，1982年，第111、102页。

⑥ 陈榕滨：《潮汕歌谣探美》，载《韩山师范学院学报》（社会科学版）1987年第1期。

⑦ 潮州市文化志编写组编：《潮州市文化志》（内部资料），1989年。

别归入"潮州歌册与潮州方言文学""岭南儿歌"两章。① 林伦伦、吴勤生主编的《潮汕文化大观》"潮州歌册与潮州歌谣"一章明确将二者分开,强调前者是"说唱文学""吸吮中原文化乳汁"的"潮汕方言口语的诗化",后者是"民间文学""歌谣"。② 2005 年叶春生、施爱东主编的《广东民俗大典》,将潮州歌册收入第八章第一节"音乐戏曲",将其定义为"潮州方言区的民间说唱文学";将潮州歌谣列入第二节"民间文学",认为是"民间文艺"。③

随着上述问题的逐步厘清,潮州歌谣的研究也在前人工作基础上开辟了新的空间,包括潮州歌谣的美学属性、艺术特征、语言特点、社会文化、海外传播等方面,对于潮州歌谣研究史的讨论也开始出现,再如潮州歌谣的分类和归类、潮州歌谣与潮州音乐、文学等艺术形式的关系等问题。一些问题随着学术发展、学科交叉和多种研究方法的运用成为新的值得关注的命题,比如潮剧与畲歌、歌谣成分,畲歌、畲族文化及影响等。④ 在方言使用减少、社会环境变迁的情势下,潮州歌谣的传承与保护也成为重要的学术和实践命题。

近年来,一些学者也从文学、文化关怀的角度重新审视潮州歌谣及其背后的人文生态,并从潮州歌谣的研究历程进入学术史、社会史和思想史的追寻。陈平原在《俗文学研究视野里的"潮州"》一文中认为:"1920—1930 年代潮汕地区的俗文学研究,做得有声有色,且与北京及广州学界保持相当密切的联系。了解了这些,你对丘玉麟、林培庐、杨睿聪等潮汕学人的工作,不能不表示由衷的敬佩。他们的编著,并非古已有之的乡邦文献整理,而是深深介入了现代学术潮流。"并重提:"并非所有的文学形式都具有思想史的意义,但俗文学的崛起与 20 世纪中国政治、思想的变迁密切相关,因而具有深厚的思想史价值。"⑤ 此文为作为"区域历史及方言文化"一部分的潮州歌谣进入现代文学研究视野奠定了基础,亦为潮州歌谣研究的未来发展提供了新的思路。

---

① 叶春生:《岭南俗文学简史》,广州:广东高等教育出版社,1996 年。
② 林伦伦、吴勤生主编:《潮汕文化大观》,广州:花城出版社,2001 年。
③ 叶春生、施爱东主编:《广东民俗大典》,广州:广东高等教育出版社,2005 年,第 372、378 页。
④ 陈耿之:《畲族的发源地与畲族的文化影响》,载《学术研究》2004 年第 10 期。
⑤ 陈平原:《俗文学研究视野里的"潮州"》,载《南方都市报》2010 年 4 月 12 日;《学者呼吁加强中国俗文学研究》,载《中华读书报》2001 年 10 月 24 日。

四、小结

祝佩秋在为《潮州歌谣选》撰写的弁言中指出，潮州歌谣"不但反映了不同时代人民生活的实况，同时具体揭示了他们的社会结构、价值观念、意识形态、道德规范以及风俗习惯等。这毋宁是一部先人生活的发展史，给我们提供了更加直接的认识和体会，使我们对本身的根源，有更加深刻的发现和了解"[①]。作为一种民间文艺形式，潮州歌谣的存在和发展折射了潮州的历史风貌、潮人的精神生活和人文形象，并与时代潮流、社会巨变息息相关。从早期无意识的文字记载，到后来自觉的整理、创作、研究，在不同时代诸多学者的精研力索下，潮州歌谣的研究取得了很多成果，也开辟了一片广阔的天地。

潮州歌谣的过去已经淡入 20 世纪学术史，它的现在和未来还有待更深入的探索和更积极的努力。在漫漫历史中，如同吴显齐等前辈所坚持的，"潮歌的精神，终究是不会消灭的——它将透过时间的尘土，放射出永恒的光芒"[②]。因为，这也是我们这个民族的精神，时或微弱，但并不渺茫。

① 马风、洪潮编：《潮州歌谣选》卷首，新加坡潮州八邑会馆文教委员会出版组，1988 年。
② 吴显齐：《谈潮州歌谣》，载《新中华》复刊第 6 卷，1948 年第 2 期。

第四章 岭南文化与岭南人

第一节 六祖惠能与岭南

惠能（638—713 年）亦作慧能，唐代僧人，禅宗南宗创始人，后被推为禅宗六祖。本姓卢，世居河北范阳（今涿州），生在广东新州（今广东省云浮市新兴县）。据说他原是不识字的樵夫，听人诵《金刚般若经》，才发心学佛。龙朔元年（661 年，一说咸亨三年，即 672 年）投禅宗第五祖弘忍门下作"行者"。后弘忍为选嗣法弟子，命寺僧各作一偈。惠能作偈曰："菩提本无树，明镜亦非台。本来无一物，何处惹尘埃？"以此表示对佛理的体会。弘忍秘授禅法，并付予法衣。惠能于仪凤元年（676 年）回广东，后在法性寺（今广州光孝寺）落发、受戒。翌年到韶州（今广东省韶关市）曹溪宝林寺弘扬禅学，宣传"见性成佛"，成为禅宗的正系。因其在南方倡导顿悟法门，被称为南宗。其说教在死后由弟子汇编成书，称为《六祖坛经》。[①]

惠能在当时即影响很大。唐朝皇帝曾一再诏请他进京弘法，惠能"竟不奉诏"。他自述的理由有："又先师记，吾以岭南有缘，且不可违也。"[②]惠能生长在新州，得法自湖北黄梅，剃度在广州，弘法于曹溪。在弘法过程中，他始终坚持足不过韶关武溪。可以说，除了曾经到湖北求法，他一生的活动轨迹都在岭南，行驻之地包括今新兴、韶关、曲江、广州、怀集、四会、肇庆等。五祖弘忍大师预言惠能的"缘"不在北方，而在岭南，惠能的一生也的确如此。

一、岭南的农禅经历

《六祖坛经》记惠能初见五祖，自称"岭南人，新州百姓"，"本贯范

---

① 夏征农主编：《辞海·宗教分册》，上海：上海辞书出版社，1988 年，第 71 页。

② 赞宁：《宋高僧传》第 8 卷，北京：中华书局，1987 年，第 316 页。

阳，左降迁流岭南，作新州百姓。慧能幼少，父又早亡。老母孤遗，移来南海，艰辛贫乏，于市卖柴"。① 惠能出身贫苦，一直从事农业生产。惠能出生的新州，最早为古越人所在，北方汉人南下，其父也被贬谪到此，后来又有瑶族等民族南下，新州成为南北文化交错、撞击和融汇，族群相互融合的地区。

惠能"不生族姓之家""不居华夏之地"，王维《六祖能禅师碑铭》称为"耕桑之侣""蛮貊之乡"。② 惠能的父亲卢行瑶在唐高祖武德三年（620年）被流贬岭南新州为民，寓于夏卢村，与新州塛村李氏结婚。李氏于唐太宗贞观十二年（638 年）生下惠能。惠能三岁而孤，由母亲辛苦抚养长大。新州所在是稻作文化区。学者邓辉综合分析了云浮市郁南县出土的桂南大石铲、罗定市罗平镇沙头横峒村战国墓出土的铜镰以及商周、秦汉时期的农耕遗址，结合唐代当地部分地区已经使用《齐民要术》里的先进稻作方法等情况，认为在这样的文化氛围影响下，惠能对农业耕种应该很熟悉。③ 惠能在到黄梅求法之前，曾经在曹溪"昼与略役力，夜即听经至明"。到黄梅后，五祖弘忍"遂令能入厨中供养，经八个月。能不避艰苦"。为了踏碓，他"系大石著腰"，以致损伤腰脚，仍谓"不见有身，谁言之痛"（《曹溪大师传》）。④ 踏碓即给稻谷等农作物脱壳，这是很重的农活。后来惠能受法回到岭南，隐匿在猎人中（《曹溪大师传》）⑤，同样参与社会生产劳动。

惠能"混农商于劳侣"（《六祖能禅师碑铭》）⑥ 的生活经历和他对艰苦劳动的接纳态度，与禅宗四祖、五祖"农禅并重"的思想一致，成为他回到岭南弘法、发扬光大禅宗的前提。佛教传入中国后，僧人最早通过乞食为生。北周时，由于寺舍不足出现大批流浪僧人，引发社会不安、劳动力减少等各种问题，以致出现朝廷"毁佛"、勒令百万僧侣还归编户等情况。达摩以降的三位禅宗祖师沿袭了早期印度佛教不事生产、沿门乞食的方式，

① 《南宗顿教最上大乘摩诃般若波罗蜜经六祖慧能大师于韶州大梵寺施法坛经》《（大乘寺本）韶州曹溪山六祖师坛经》，见杨曾文校写：《新版敦煌新本六祖坛经》，北京：宗教文化出版社，2001 年，第 7-8 页。

② 杨曾文校写：《新版敦煌新本六祖坛经》，北京：宗教文化出版社，2001 年，第 139 页。

③ 邓辉：《论禅宗六祖慧能与广东南江文化之联系》，载《广西科技师范学院学报》2016 年第 4 期。

④ 杨曾文校写：《新版敦煌新本六祖坛经》，北京：宗教文化出版社，2001 年，第 119、120 页。

⑤ 杨曾文校写：《新版敦煌新本六祖坛经》，北京：宗教文化出版社，2001 年，第 122 页。

⑥ 杨曾文校写：《新版敦煌新本六祖坛经》，北京：宗教文化出版社，2001 年，第 139 页。

均以"游化为务"（《齐邺下南天竺僧菩提达摩传五》）①，这种修行方式被称为"奉头陀行"。因为行无轨记、动无彰记，所以所传弟子都很少，影响也有限。隋唐之际，道信（即禅宗四祖）带领僧众在湖北黄梅双峰山开垦荒地，定居下来，自耕自食，发展到五百徒众。他认为劳作是修行的一个重要组成，强调"坐作并行"。这于是为佛教发展提供了经济保障，对禅宗乃至整个佛教史具有革命意义；同时适应了中国这样一个农业文明的国家，是促进佛教中国化的重要创举。《传法宝纪》中说道信进入双峰山后"择地而居，营宇立像，存没有迹，旌榜有闻"。五祖弘忍继承了道信的农禅思想，带领徒众七百余人共同劳动、一起参禅悟道，将砍柴挑水等劳作都视为修行手段，把佛学道理融入日常生活。他提倡山林佛教，认为学道应该山居："大厦之材，本出幽谷，不向人间有也。以远离人故，不被刀斧损斫，一一长成大物，后乃堪为栋梁之用。故知栖神幽谷，远避嚣尘，养性山中，长辞俗事，目前无物，心自安宁。从此道林开花，禅林果出也。"（《楞伽师资记》）② 集体生活、劳动让修行从寺庙禅堂扩展到了日常生活的方方面面，随时随地均可以修行，极大地扩展了禅宗的天地。道信将其称为"守一"，弘忍则表述为"守心"。

长期的劳作和与下层群众的密切来往、深厚感情，对惠能的思想产生了深远的影响。他提出每个人的出生地方不同，"佛性本无南北"；自己"獦獠与和尚不同"，但是"佛性有何差别"；他认为"心平何劳持戒，行直何用修禅""下下人有上上智"等，都是结合自己的亲身经历，在与广大劳动者的接触和观察中所产生的深刻认识。

二、岭南的文化孕育

惠能并非一般描述的"不识文字"的氓愚。惠能家世系范阳卢氏，据王承文研究，自北魏太武帝时卢玄执政，范阳卢氏遂蔚为北方巨姓，历久不衰；从惠能一生行迹也可以看出其早年所受的家庭教育对其有深刻影响。《宋高僧传》本传称其"纯淑迁怀，惠性间出。虽蛮风獠俗，渍染不深"。契嵩《传法正宗定祖图》记惠能"初以至孝事母"。《传法正宗记》亦称惠能晚年尝命建浮屠于新州国恩寺，"国恩寺盖其家之旧址。为塔之意，乃欲

---

① 道宣：《续高僧传》（上），北京：中国书店，2018 年，第 256 页。
② 净慧主编：《中国灯录全书》第 14 册，北京：中国书店，2008 年，第 15 - 16 页。

报其父母之德耳"。① 饶宗颐先生曾到访惠能故里，了解到他早年受家庭教育熏染，认为禅家重孝道即源于六祖之教化，释儒合流，其泽长远。②

岭南新州地区当时佛教文化的发展也引人注目。北方汉族移民的增加与南北交流的深入，使这个原来的烟瘴之地到唐初时已经受到中原文化很深的影响，成为佛教传播发展的重要地区，唐武德二年（619 年）已出现佛教寺院。《曹溪大师传》等资料显示，青少年时期的惠能"虽处平辈之中，介然有方外之志"。他 30 岁到韶州曹溪后即为无尽藏尼解释《涅槃经》义，提出"佛性之理，非关文字能解"③ 的创新性的观点，甚为众人赞叹。此后他又在宝林寺修道经三年，在韶州乐昌远禅师和五祖弘忍法嗣惠纪禅师处学习禅法。④ 正因如此，他在惠纪的介绍下到蕲州黄梅山找弘忍大师时，目标就是"唯求作佛"。可以说，岭南是惠能禅宗思想的孕育和成长之地。

岭南也是惠能禅宗思想的发扬光大之地。禅宗四祖道信、五祖弘忍，均有"天子呼来不上船"的故事。贞观十七年（643 年），唐太宗闻道信之名，三诏入京，他均上表辞谢。帝乃遣使，谓若不起，命取首级。道信引颈就刀，神色俨然，使者异之。还入奏，帝愈叹慕，赐珍缯。五祖弘忍从法门宗旨的角度论证"山居学道"的理由并践行，多次拒绝征诏。他门下老安，一生之中拒绝、回避朝廷征诏多次，包括隋炀帝、唐高宗、则天皇帝、唐中宗的邀请。⑤ 惠能也三次拒绝武则天和唐中宗的入京诏请。⑥ 他继承了四祖、五祖衣钵，躬耕岭南，令禅宗在岭南根深叶茂，辐射华夏乃至世界。

三、岭南的民间基础

惠能的思想言论直指人心，让禅宗能够深入下层民众，迅速获得广大的信徒。惠能虽然身为禅宗祖师，但人们对他感情深厚，一些地方还将其

---

① 王承文：《六祖惠能早年与唐初岭南文化考论》，载《中山大学学报》（社会科学版）1998年第 3 期。

② 饶宗颐：《谈六祖出生地（新州）及其传法偈》，见北京大学中国中古史研究中心编：《纪念陈寅恪先生诞辰百年学术论文集》，北京：北京大学出版社，1989 年，第 49 - 52 页。

③ 杨曾文校写：《新版敦煌新本六祖坛经》，北京：宗教文化出版社，2001 年，第 19 页。

④ 王承文：《六祖惠能早年与唐初岭南文化考论》，载《中山大学学报》（社会科学版）1998年第 3 期。

⑤ 顾伟康：《东山门下被忽视的高僧——嵩山老安》，见顾伟康：《如是我闻·顾伟康佛学论文自选集》，北京：宗教文化出版社，2016 年，第 390 页。

⑥ 韩传强：《神秀与慧能关系考》，见明生主编：《禅和之声·2011—2012 广东禅宗六祖文化节学术研讨会论文集》下，广州：羊城晚报出版社，2013 年，第 239 页。

视为灵验的神明。这样一种朴素的民间信仰发自内心，是其影响的重要体现，也是惠能思想能够在岭南发扬光大的深厚的民间基础。

民间流传大量关于惠能的故事。其中许多来自《坛经》《六祖大师法宝坛经序略》《六祖大师缘起外记》《光孝寺座法塔记》等佛教著述，如韶州大梵寺讲经、初闻《金刚经》、礼拜五祖、南廊作偈、夜传《金刚经》、庾岭传法、释诸法要义、刺史问难、"南能北秀"说，等等。在六祖惠能行驻过的新兴、韶关、曲江、广州、怀集、四会、肇庆等地，也有很多有关惠能生平的民间故事，例如祖居圣地不生草、龙山风水穴、闻经向佛、拜石别母、腰石舂米、隐藏龟咀岭、"肉边菜"、猎人归佛、肇庆卓锡插梅、曹溪避难、归隐藏佛坑、烟香定去留等。它们多是口头传说，虽然比较粗糙，也有神奇和不合情理之处，但描绘的是民间情感、民间记忆中的惠能，令他的形象更为丰富感人。

学者冼剑民认为，惠能提出"我心自有佛""佛在我心中"，把刻板的读经坐禅的宗教仪规大大简化，提出修行不一定在寺庙，修行可以在砍柴担水等日常生活中。他不讲天堂地狱，不讲轮回报应，只谈心性修养，自见真如本性。他开拓创新，改造了宗教中的神怪色彩，引向心灵的觉醒，使佛教归向正途。他矢志不渝，创顿教法门。他普度众生，教人行善，把行善与成佛联系起来。《坛经》说："思量一切善事，即生善行。""一念善，智慧即生。""一念善，报得河沙恶灭。""念念自性自见，即是化身报身佛。"[1] 惠能构建了禅宗逻辑严密的哲学体系，以纯真质朴的智慧之美、清静之美、哲理之美传递生命的喜悦，"超越了时刻的限制，进入了无限的境界，无限的空间，无量的时光，无边的心境"。而关于惠能的民间故事也很好地体现了真、善、美的特点。比如《别母石》的故事说，惠能决意出家，母亲李氏不舍得。舅舅要他跪拜塊村边的巨石，直到石头裂开才得允诺。惠能跪拜了七七四十九天，突然空中响了个晴天霹雳，把这块大石头劈开成了两块，正是精诚所至，金石为开。李氏无奈，忍痛送惠能到大石头前，洒泪作别。这则故事不见载于《坛经》，却在六祖的家乡新兴广泛流传。这两块大石头，经历了一千多年的风雨，至今仍耸立在村路口。在"文革"中，村民为防止石头被人损毁，偷偷将其藏于河中，改革开放后，才把此石移回原位。1991 年夏，县里在原址建一别母亭，亭内供奉着这块一分为

---

① 《（大乘寺本）韶州曹溪山六祖师坛经》，见杨曾文校写：《新版敦煌新本六祖坛经》，北京：宗教文化出版社，2001 年，第 19 页。

二的"别母石"。① 此故事亦真亦幻，充满了世俗情味，寄托了民众对六祖的感情。其他一些民间故事如说惠能的善行感动了猎人，使他们放弃了杀生捕猎；在大庾岭上原想抢夺袈裟的惠明、为神秀作细探的志诚，也被惠能的善感动，转变敌对态度，归依惠能的门下，把世俗的社会道德与宗教的修行觉悟完满地结合起来，"体现了惠能对中国传统道德观的吸收和运用，成为中国化佛教的显著特点"②。

　　惠能的故事具有平民性和生活性，能够与广大的民众相互沟通，它们讲述的，"是一个不识字的下层农夫，凭着不畏艰险、努力奋斗、顿悟成佛的经历。六祖故事淡化了宗教色彩，加强了生活气息和人生意味，更生动传神地再现了现实精神"③。同时，它们质朴、丰厚，是现实生活的真实反映，与民众生活有着紧密的联系。

　　岭南的广州光孝寺及六榕寺、韶关南华寺、新兴国恩寺等许多地方都供奉有惠能神像。④ 在民间，也有许多有关六祖的祭祀和崇拜活动。六祖诞辰为农历二月初八日，忌诞为八月初六日，韶关南华寺每年春秋两诞举办"六祖诞"，又称"南华诞"。不仅韶关当地、广东各地的善男信女纷纷赶来，大量港澳同胞、海外华侨及佛教徒也都不远万里前来朝拜祈福，香火鼎盛，场面壮观。六祖诞在广州、中山、珠海、肇庆等各地也都有举办。

　　新兴地区的民众将六祖惠能视为亲切的本土神祇，认为他非常灵验。新兴县河谷、平地地带的民众时常到寺庙祭拜，南部低山丘陵地带的民众则多以迎接六祖到村寨里，逐村逐户轮流供奉为荣，称"六祖轮斋"。新兴县六祖惠能神像轮斋仪式大致兴起于明末清初，每逢年例、节庆或地方遭遇灾害，民众多通过迎六祖巡境的方式祈求平安。新兴县南部的太平镇、六祖镇、里洞镇以及大江、簕竹等乡镇的部分地区都曾经存在或现在仍存这一习俗。⑤ 这固然有上古"索室逐疫""沿门祈福"的遗风，但更多的是基于对惠能的深厚感情和充分信任。这同时也显示了惠能深入人心的平民精神和情感力量。

---

　　① 辛宁：《别母石》，见黄尔崇编撰、广东新兴县六祖惠能思想文化研究会编印：《六祖惠能民间故事》，2004年，第28页。

　　② 冼剑民：《真善美的六祖惠能传说故事》，见黄尔崇编撰、广东新兴县六祖惠能思想文化研究会编印：《六祖惠能民间故事》，2004年，第1-18页。

　　③ 冼剑民：《真善美的六祖惠能传说故事》，见黄尔崇编撰、广东新兴县六祖惠能思想文化研究会编印：《六祖惠能民间故事》，2004年，第6页。

　　④ 沈丽华、邵一飞：《广东神源初探》，北京：大众文艺出版社，2007年，第71页。

　　⑤ 区锦联：《慧能信仰与地域祭祀共同体建构的人类学考察——广东新兴县"六祖轮斋"的个案研究》，载《宗教学研究》2018年第2期。

　　概言之，六祖惠能生于岭南，一生的活动轨迹多在岭南，其禅宗思想孕育于岭南。他继承了四祖、五祖"农禅并重""山居学道"的思想，在岭南创立并弘扬禅宗。岭南民众也信仰、爱戴惠能，在民间故事、民间祭祀、民间情感中赋予惠能以平民性和生活性，为禅宗在岭南传承传播并向外辐射奠定了坚实的基础。

第二节　湛若水名号考论

湛若水是明代著名思想家、教育家，于成化二年（1466 年）生于增城县甘泉都（今广州增城区新塘镇）沙贝村，自号甘泉，人称甘泉先生。又于各地建书院，许多书院名以甘泉。这其中既有乡土情感，也有襟抱追求。

一、"甘泉"名号的由来

据李斗《扬州画舫录》卷 3 载，嘉靖年间湛若水扬州考绩，早年学生葛涧等人在广储门外甘泉山下建行窝为讲道之所。"门人吕柟以湛公之号与山名不约而同，书'甘泉'二字于门，又撰《甘泉行窝记》"，"通山朱廷立为巡盐御史，改名甘泉山书馆"①。扬州之甘泉山，恰与湛若水号同，湛若水对此很惊喜，说："甘泉之名若预为我设者"，赋《甘泉山诗》："是山皆我乐，何必吾家山。此山非我有，胡乃名甘泉。而我有行窝，适在泉山前。始知天所作，意或遗斯人。"②

关于"甘泉"之号的由来，一般认为与其母祷于甘泉洞而生有关。屈大均《广东新语》曰："甘泉洞，在增城东洲西岭下。湛文简（甘泉）之母陈，因祷是洞，生文简，故文简以为号，而建甘泉书院其上。其后文简所至，辄为楼，名曰'见泉'，以示不忘所生之地。"③ 也有意见认为是因其家居增城甘泉都。究竟是因甘泉洞，还是因甘泉都，莫衷一是。

笔者查考湛若水自述认为，湛若水以"甘泉"为号，是因家乡甘泉都。他在扬州创作的一首《初宿甘泉山》诗已经说明："甘泉合是吾家山，吾都吾号姓亦然。"④ 他为家乡所作的《甘泉洞修造书馆记》称："甘泉子生长于甘泉之都，是曰甘泉子。是故称甘泉子之号，由于甘泉之都；名甘泉之都，由于甘泉之洞，是知甘泉洞其古矣，尚矣。甘泉子喟然曰：'今夫生长名于甘泉，而不究于甘泉洞之胜者，如人性于天，而不知性知天，可谓人

---

① 李斗著、许建中注评：《扬州画舫录》，南京：凤凰出版社，2013 年，第 65 页。
② 中山大学中国古文学研究所编：《全粤诗》第 6 册，广州：岭南美术出版社，2009 年，第 719 – 720 页。
③ 屈大均著、李育中等注：《广东新语注》卷 3，广州：广东人民出版社，1991 年，第 103 页。
④ 中山大学中国古文学研究所编：《全粤诗》第 6 册，广州：岭南美术出版社，2009 年，第 772 页。

乎?'盖甘泉子生三十年,尝入其洞门,而未究其奥也。"①

二、湛若水名号的意义

古人以家乡地名为号非常普遍,也可以理解。除此之外,湛若水还有什么其他考虑呢?

首先,湛若水对家乡的一草一木、山山水水充满了感情。

增城以低山为主,是九连山脉的南延部分,呈北东—南西走向,其间形成了东江与增江;南部是广阔而典型的三角洲平原区及河谷平原。按地形分析,甘泉洞而上,左为东洲、罗浮山,右为扶胥之口、波罗之涯,洞门外一溪接流,南指虎门、南海,气势浩渺,有独立之姿,有远望之怀。这些景物,在他的诗作里斑斑可见。

在《用原韵酬姜仁夫兼柬董道卿》中,湛若水慨然宣称,"我本增城子";《送何于逵北上会试》亦曰"番山才子富文华"②,对家乡非常自豪。他有《弘治壬戌仲冬六日,予与丹山赵元默归自罗浮,复有西云之行。予方有事于先祖,不得偕往,小诗二绝奉赠》言:

> 吾山虽小从吾爱,不向罗浮更乞灵。信息朝来先到洞,山灵拍手笑相迎。
>
> 七洞天深还别洞,白云摇手向西行。到时笑与山灵道,已许罗浮作友生。③

湛若水对自然万物都满心欢喜。他曾说:"人言秋云薄,我爱秋云淡。淡以明我心,薄以忘世念。"(《于何柏斋奉常宅修会得牛首秋云》)④ 家乡的山虽然不如罗浮山或其他山高大,但是,"吾山虽小从吾爱",他与家乡的山水心意相通、遥相感召。湛氏后人云,"族中所藏甘泉公墨迹,署甘泉

---

① 湛若水撰,汪廷奎、刘路生整理:《湛若水文集》第 2 册,上海:上海古籍出版社,2024 年,第 566 页。

② 中山大学中国古文献研究所编:《全粤诗》第 6 册,广州:岭南美术出版社,2009 年,第 678、872 页。

③ 中山大学中国古文献研究所编:《全粤诗》第 6 册,广州:岭南美术出版社,2009 年,第 810 页。

④ 中山大学中国古文献研究所编:《全粤诗》第 6 册,广州:岭南美术出版社,2009 年,第 704 页。

二字者乃为得意之作，不可多得。普通应酬，则署若水"①，或可见湛若水的乡梓深情。

其次，湛若水认为，字号有独特的含义和象征意义。

湛若水对字号有一定的关注。他在《寄题卢民任玉泉别号》诗中说，"玉泉似与甘泉通，风味两泉何以同。及泉煮玉为甘旨，始见乾坤造化工"②，可见有认真的思考。在《芝南篇赠徐子》一诗的序里，湛若水对徐子远的字号"芝南"如此解释："夫芝南何谓者也？侍御徐子远卿自谓也。夫芝南者，芝山之南也，徐子居焉。故芝以言其德也，南以言其方也……君子之德，法乎天地焉也。芝不世出，君子不世有，故以比诸君子。"③ 他认为，字号具有表明心迹、抒发志向、砥砺名节的作用。徐远卿选择以"芝南"为字号，既因为所居的芝山，也因为芝有五行之"德"、五彩之"色"、五臭之"香"，为君子之本，可以化天下如在芝兰之室，故以此自谓、自勉。对此，湛若水是认同的。他也赞赏另一位友人以"清"入字号以激励自己的行为。《题陈郎主清别号》曰："主清一以清，为洗世间浊。君家石礀流，千丈从天落。"④

湛若水甚至为泉水改名。《改名至喜泉》序曰：

　　　大茅峰下有泉焉，人至其间，则泉眼喷起如琼花，拍手振动则愈涌出，如有感应然，故旧名喜客泉。予爱其泉之异，而恶其名之不雅。门人周玮曰："请先生易之。"遂更名曰"至喜"。噫，泉既有喜，亦必有怒。若清者至则喜，浊者至则怒，是得喜怒之正矣。既为大书，前黄门李九皋立石泉上，乃纪之以诗，俾至者有警焉。"诗曰："何名至喜泉，泉翁至则喜。后有清似泉，许尔来共此。"⑤

湛若水借山水胜迹的命名寄托自己的思想，"俾至者有警焉"，用心良苦，用意深沉。由是可知，他对自己名号的选择，必然更为慎重。

---

①　麦华三：《岭南书法丛谈》，见广东省文史研究馆编：《广东文物》，上海：上海书店出版社，1990 年，第 716 页。

②　中山大学中国古文献研究所编：《全粤诗》第 6 册，广州：岭南美术出版社，2009 年，第 889 页。

③　中山大学中国古文献研究所编：《全粤诗》第 6 册，广州：岭南美术出版社，2009 年，第 750－751 页。

④　中山大学中国古文献研究所编：《全粤诗》第 6 册，广州：岭南美术出版社，2009 年，第 854 页。

⑤　中山大学中国古文献研究所编：《全粤诗》第 6 册，广州：岭南美术出版社，2009 年，第 785 页。

再者，湛若水选择以山水为名号，表明自己的道德理想追求。

湛若水初名露，避祖讳改名雨，40 岁后定名若水。成年后方以"若水"为名，应该经过仔细斟酌考虑。"若水"何解？老子认为："上善若水，水利万物而不争。处众人之所恶，故几于道。居善地，心善渊，与善仁，言善信，正善治，事善能，动善时。夫唯不争，故无尤。"① 孔子也认为："水者，君子比德焉。"他说，"遍与之而无私，似德；所及者生，所不及者死，似仁；其流行庳下倨句，皆循其理，似义；其赴百仞之溪不疑，似勇；浅者流行，深渊不测，似智；弱约微通，似察；受恶不让，似包蒙；不清以入，鲜洁以出，似善；化以注，量必平，似正；盈不求概，似度；万折必以东，似意。"因为水具有德、仁、义、勇、智、善、正等品德，"是以君子见大川必观焉"② 。联系岭南心学传人湛若水冲淡平和而又积极进取的一生，这的确是他的人生写照和理想追求。

湛若水爱水。他认为，心需明、需湛、需平。《送周道原易掌教之和州诗》曰："金陵见月送周郎，心如月圆性如光。我将心性托明月，随子去照和川阳。"《题扇赠郭平川太守》曰："心平灵似水平清。"《长江杂咏》有："湛然坐到廓然时，不着纤毫看一丝。谁今未识虚明体，更拜延平一问之。（书院后一亭名曰湛）"他爱水，爱泉（"白水亦是川"），认为泉、水清澈，"润下"，"善"（《偶笔答白川子张秋官嘉秀》）。又有《酌惠泉》诗，其一曰："天一元生我，来看第二泉。平生观海意，此际更渊渊。"其二曰："我屋甘泉洞，泉甘亦自同。独怜生海外，题品未曾逢。"《过分水岭书所见》曰："水性本平止，胡乃生怒涛。势亦不得已，前石后流驱。"他将清澈的泉水和澄净的心源联系在一起。《题山西王内泉号》说："内泉是我泉，外尘飞不到。飞尘一点无，心泉本浩浩。"他又认为"泉与心同渊"，有诗《观玻璃泉》："吾爱玻璃泉，泉与心同渊。不待酌饮之，心源已涓涓。涓流作大海，坯土成高山。山高乃有灵，水深蛟龙蟠。"《为永顺鼓宣慰题·清心亭》说："心源无一物，何物更能浑。活活天泉在，凭君莫挠源。"他在婺源作《福山素心亭诗》称："天一以生水，水泉应心澄。是名为洗心，是心亦何形。无形亦无滓，素心无可洗。"无形无象的水澄澈无滓，以应心泉的素淡不染，具"洗心"之妙。他教育学生："山下涓涓石下泉，惟应与尔洗心言。先生已在忘言处，一任滔滔赴大川。"（《题甘泉精舍》）

湛若水的姓、名、号均与水有关，而且和他的思想、理论息息相通，也是他的人生实践。作为理学家、教育家的湛若水如此，作为世俗中人的

① 王弼注：《老子道德经》八章，北京：中华书局，1985 年，第 6 页。
② 戴德撰、卢辩注：《大戴礼记》卷 7，北京：中华书局，1985 年，第 122 页。

湛若水也是如此。《辛亥元日作》可看作他晚年对现实人生的一个总结："我今行年八十六，生平自庆平为福。平时长在五中居，不管双轮闲往复。"

仁者乐山，智者乐水。湛若水不仅爱水，也爱山。他说："我与名山有夙缘"（《宿借眠庵题壁》）；"升高而望远，泮涣而优游，坐倚乎五峰，登歌乎盘石，恍然若蹑匡庐、揖五老，而与下上旋辟焉。俯鉴澄潭，仰见天光，而知夫变态之无穷矣"（《甘泉洞修造书馆记》）；"静观山下泉，因知水来处。湛然涵太虚，余波欲东注"（《题东湖书院》）。他对山水的思考，不仅仅在于简单的"乐"，而是基于对孔子、老子、荀子等前哲山水思想的吸收融汇，所形成的自己的自然之思、哲学之思。

湛若水过扬州时巡盐求教，与之同登甘泉山、酌其泉，畅叙山水，作《答侍御朱君诗》其一曰："陟彼泉山，其山崇崇。其崇曷以，坏土之丛。坏土之受，坏土之积。于千万仞，维以崇德。崇德曷以，□信其址。谁学此山，子朱子礼。"其二曰："酌彼泉水，其泉泄泄。其泄维何，有源其浼。其源维何，众卑之归。卑以受善，维天下溪。其善其察，涓涓始达。溥溥渊泉，渊深天阔。"[1] 此诗乃"即事明理"。《宜兴甘泉精舍记》也记录了湛若水的意见："在《易》之《蒙》曰：'山下出泉'，静而清也。静言其功也，清言其性也。仲尼亟称于水曰：'水哉，水哉，源泉混混，不舍昼夜，盈科而后进，放于四海。'故混混不舍，言其本也。盈科放海，言其积而大也。其在川上曰：'逝者如斯夫，不舍昼夜'，言道体之浑全也。诸子诚欲学焉，吾请学于斯泉焉，足矣。是故学其静以养之，学其清以淑之，学其混混不舍以本之，学其盈科放海以积之。极之其大焉，学于逝川以观之，道体之全焉。尽之矣，夫复何言。故曰：'四时行焉，百物生焉，天何言哉。'是故感而通之，则凡运而为四时，发而为百物，峙而为山，流而为川，飞跃而为鸢鱼，皆吾之性充塞流行于无穷，莫非教也。易曰：'天行健'，君子法之以自强不息。夫学至不息焉，至矣，夫何容言？诸子志之。"[2] 他又有诗《井井亭》曰："有亭井井，山下出泉。以静而清，活泼天源。汲之不勤，汲之日新。唯德日新，以济渴人。"[3] 在这里，他再一次引用了周敦颐《通书》对《周易》蒙卦"山下出泉"的阐说——"静而清

---

① 中山大学中国古文学研究所编：《全粤诗》第6册，广州：岭南美术出版社，2009年，第649页。

② 湛若水撰，汪廷奎、刘路生整理：《湛若水文集》第2册，上海：上海古籍出版社，2024年，第544页。

③ 中山大学中国古文学研究所编：《全粤诗》第6册，广州：岭南美术出版社，2009年，第640页。

也"①，并将它与"天源"联系在一起。由此可见，湛若水的确是在山水之中，祖述先哲，澄怀味道。

湛若水不仅乐山乐水，而且坚定信念，绝不转移。他认为，山水本性坚韧。在《石潭》诗中，他说："水行石上，用柔破刚。涓涓成渊，蛟龙是藏。"②《以甘泉洞一石赠杨克复铭》曰："知者乐水，仁者乐山。谁能乐石？吾与勇焉。杨子乞石，上洞甘泉。心如石坚，与尔一卷。"在湛若水眼里，宇宙山川，莫非是道；鸢飞鱼跃，流行无穷。他主张动静着力，随处可见的灵山秀水，成为活泼泼的天理心源，而将他的理论世界推向极远。这其实也是湛若水"随处体认天理"的阐发与表现。

《颜氏家训》卷2《风操篇》谓："古者，名以正体，字以表德。"③ 湛若水以山水为名号，显示自己对家乡的热爱，对道德、理想、人生的追求。他还有一首诗，表明自己的心迹和乐山乐山的情怀："乐山乐水亦人情，仁智元来一体成。不用游人更分别，诸天踏遍又蓬瀛。"（《访李鳌峰别驾于西台，遍观胜景，乐而有作》）④这或许也是湛若水能够悠游于哲学人生，在理想和现实之间找到平衡、快乐的一个原因。

---

① 周敦颐著，谭松林、尹红整理：《周敦颐集》，长沙：岳麓书社，2002 年，第 56 页。

② 中山大学中国古文学研究所编：《全粤诗》第 6 册，广州：岭南美术出版社，2009 年，第 640 页。

③ 王利器：《颜氏家训集解》（增补本），北京：中华书局，2002 年，第 92 页。

④ 中山大学中国古文学研究所编：《全粤诗》第 6 册，广州：岭南美术出版社，2009 年，第 869 页。

第三节 招子庸的文人画精神[①]

招子庸，字铭山，号明珊居士，南海横沙（今属广州白云区金沙洲）人。父茂章，字凤来，能诗。招氏世居橘天园，是邑中望族。[②] 招子庸文笔矫健，善骑射，多才艺，曾受业于张维屏。清嘉庆二十一年（1816 年）中举，大挑一等以知县用，分发山东。有干济才，勤于吏职。出为山东潍县知县，曾任于峄县、临朐，继任青州知府，有政声。后寻坐事落职，旋罢官归里，卒于家。招子庸为人不修边幅，敏慧多能。革职还乡后，以卖画为生。尝于牍尾画竹，人谓有郑板桥（郑燮）风致。与温汝遂、张维屏以诗画唱酬。善词曲，创粤讴新调多种，流行民间。以画水墨芦蚧著称，兼工山水，尤擅兰竹。招子庸画作现列为国家级珍品[③]，其中的文人画传统尤其引人注目。

一、师法造化的画学思想

招子庸所画的兰竹，或雪杆霜筱，或纤条弱篆，俱得生趣。尤以画蟹知名，着墨无多，令人想见江湖远景。山水仿王宸得其神似，又善人物，非俗手可及。然其画无承授，纯师自然。尝跋自画竹云："画竹应师竹，何须学古人。心眼手俱到，下笔自通神。"[④] 又说："余初学画竹，取宋元诸家学之，皆寸寸节节真画竹也。涉历江湖有年，每过竹深处，辄流连竟日；雨叶风梢，尽得其趣，乃悟何者真画竹耳。世有解人，愿将此意共参之。"[⑤]

招子庸绘画，先是学习宋元之法，继而师竹画竹，也就是中国传统绘画理论中的"师法造化"。画竹，是明代以来文人画的必修课程。伴随着"书画同源"等理论的兴起，文人画在宋以后勃兴，一批文人相继投入美术创作。如名满天下的苏轼、书画学博士米芾都学问深湛。文同举进士，迁太常博士、集贤校理。钱选为景定间进士，精音律之学。赵孟頫仕元授翰林学士承旨，有《松雪斋文集》十卷。黄公望稔经史，善散曲，学术博杂

---

① 原载《岭南文史》2015 年第 4 期，题为《论招子庸及其文人画精神》。

② 李云谷：《招子庸粤讴事迹考》，见广州市白云区政协文史资料研究委员会：《白云文史》第 4 辑，1989 年，第 39 页。

③ 张志欣编著：《国家限制作品出境著名书画家图典》，石家庄：河北美术出版社，2006 年。

④ 佛山市南海区文化广电新闻出版局编：《南海市文化艺术志》，广州：广东经济出版社，2008 年，第 452 页。

⑤ 《广州市文物志》编委会：《广州市文物志》，广州：岭南美术出版社，1990 年，第 351 页。

有异才。柯九思任奎章阁鉴书博士，擅曲。倪瓒自建清閟阁，藏书数千卷，手自勘定。至于沈周、文徵明、唐寅、董其昌等人，或隐或仕，并有文名。诸家之作，展卷自有一种书卷气袭来。① 倪瓒《跋画竹》谓："余之竹，聊以写胸中逸气耳。"（《清閟阁全集》卷9）明人发展了"适兴寄意"（汤垕《画鉴·杂论》）的思想，提出"胸中造化，吐露于笔端"（董其昌《画旨》引杜琼语）。王履则宣称，"吾师心，心师目，目师华山"，要求"师法造化"。从心，到目，到造化，沟通了主观与客观、艺术与现实世界。

招子庸画竹如此，画蟹也是如此。他家乡周围的滩涂田埂常有蟹。招子庸自小观察细致，刻画有神，而画蟹自用新意，平沙浅草，着墨无多，令人想见江湖风景，风味为平常所未有。每展纸落墨，一片秋水稻芒中，几只郭索横行，跃然纸上，逸趣无穷。由于画名日彰，求之者众，他便定下润格，以资限制。传说有一求画者仅致润格半数，招子庸则戏作半边蟹与之。其画法：作一浅滩巨石，在石罅中有蟹仅露半体，状极生动，胜于全蟹。其人得之大喜，观者叹为绝品云。② 又有《芦苇蟹图轴》，纸本水墨，纵116厘米，横55.1厘米。图中描绘了沼泽地中的数株芦苇及游走其间的蟹若干，笔法生动形象。款识："锦遇二兄雅属，铭山招子庸画。"印章为招子庸印（白文方印）、铭山（朱文方印）。③

招子庸家乡有不少竹林，成为他写生的好素材。早晚、阴晴、寒暑等不同季节气候，他都认真观察竹子的变化，为绘画创作积累第一手材料。其画笔笔生动，叶叶关情，良有以也。

二、大笔挥洒的逸士情怀

招子庸"有逸才，雅善绘事，墨竹尤名一时"④，善画大幅。今广州美术馆收藏招子庸《墨竹十二联屏》为纸本水墨，各纵300厘米、横92厘米，联屏共宽1100厘米，气魄宏大。此联屏为杨铨捐献，画竹林百竿矗立，劲直挺拔，坚真高节，翠姿摇影，有渭川气派。图自识："道光辛卯三月画于西爽斋。招子庸。"钤"招子庸""铭山"二印，为极罕见的巨幅大作。

---

① 李永林：《文人习画本无师：中国古代文人画教育思想述要》，载《美术观察》2002年第5期。

② 熊雨鹃、李曲斋、龙劲风主编，广州市文史研究馆编：《羊城撷采》，北京：中华书局，2005年，第93页。

③ 佛山市南海区文化广播电视新闻出版局编：《南海市文物志》，广州：广东经济出版社，2007年，第113页。

④ 赵亚伟主编：《峄县志》点注本（上册），北京：线装书局，2007年，第322页。

此画作于辛卯，为道光十一年即公元 1831 年，招子庸时 38 岁，正是他精力充沛、技艺趋向成熟的时期。画作笔力挺秀、墨色华润，表现了新篁丛竹、老干柔枝的一片潇湘逸景。①

招子庸任职于山东期间，曾在蓬莱阁上留有画作。其诗《因公至蓬莱阁，信宿阁下，得观海市。酒后兴酣，拂壁作大墨竹，缀以奇石，并次坡公醉画竹石壁上诗韵》，描述了在蓬莱阁作画的情景和万丈豪情：

> 奇观得酒奇气出，奇气纵横生竹石。
> 濡染十指何淋漓，洒向蓬莱雪色壁。
> 生平游兴寄诗画，坡老文章皆笑骂。
> 此山看竹无主人，此壁不挥谁挥者。
> 欲界仙都竹有光，随风叶叶生剑铓。
> 大风披拂龙蛇走，入海定作老蛟吼。②

道光间任登州知府的英文曾作《题招大令蓬莱阁画竹》一诗，记录招子庸的作画场面，诗曰："昔闻坡公善画竹，胸中自具无声诗。千寻鹄落陡发笔，洒洒现出檀栾姿。世闻俗手不解此，一枝一节徒尔为。洋川遗迹今已矣，眼前突兀逢招子。自从黔楚到幽燕，秃却千毫灾万纸。生平奇意写不足，东来瀛洲观海水。顿开眼界大放狂，尽道奔澜收腕底。龙蛇直立气盘盘，但听乾声响笔端。急挥迅扫不停手，满壁飒飒生秋寒。须臾墨汁数升尽，化作十万青琅玕。沧溟四面接此障，横风骤雨连惊湍……"③ 其情其景，焕然眼前。

可惜这幅泼墨珍品毁于甲午战争期间。1895 年 1 月 18 日，日本军舰炮击蓬莱阁，一发炮弹击中阁北壁间的"海不扬波"刻石。硝烟散去，人们发现阁内墙壁的灰皮大面积被震脱落，招子庸的巨幅墨竹图从此被毁。日舰炮火击中蓬莱阁后，"海不扬波"刻石上的"不"字至今残痕犹在。④

---

① 广州市地方志编纂委员会编：《广州市志》卷 16《文化卷》，广州：广州出版社，1999 年，第 719 页；谢文勇：《广东画人录》，广州：岭南美术出版社，1985 年，第 133 页。

② 万伟成编著：《佛山历代诗歌三百首》，广州：广东人民出版社，2017 年，第 87 页。

③ 高英选注：《蓬莱阁诗文选粹》，烟台：山东省出版总社烟台分社，1985 年，第 124－125 页。

④ 蓬莱市历史文化研究会编：《蓬莱金石录》，济南：黄河出版社，2007 年，第 316 页。

三、理想人格的精神追求

传统文人画论认为，画家必须有道德理想追求。郭若虚《图画见闻志·论气韵非师》说："窃观自古奇迹，多是轩冕才贤，岩穴上士，依仁游艺，探赜钩深，高雅之情，一寄于画。人品既已高矣，气韵不得不高；气韵既已高矣，生动不得不至，所谓神之又神，而能精焉。"① 刘学箕《送画士张道人序》亦云："古之所谓画士，皆一时名胜，涵泳经史，见识高明，襟度洒落，望之飘然，知其有蓬莱道山之丰俊，故其发为毫墨，意象萧爽，使人宝玩不置。"（《方是闲居士小稿》卷下）在文人画理论家看来，人品，是一种独立的人格尊严，不求闻达，不为利诱，"无求于世，不以赞毁挠怀"（董其昌《容台集》引钱选语）。李日华说："姜白石论书曰：一须人品高。文徵老自题其《米山》曰：人品不高，用墨无法。乃知点墨落纸，大非细事，必须胸中廓然无一物，然后烟云秀色，与天地生生之气，自然凑泊笔下，幻出奇诡。若是营营世念，澡雪未尽，即日对丘壑，日暮妙迹，到头只与髹采垸墁之工争巧拙于毫厘也。"② 他们的观点实承庄子"解衣般礴"而来，并从一种外在的创作态度，进入创作主体人格修养、道德品质的内在层面，反映了创作主体在艺术创作的过程中保持艺术自由，超然尘世的创作需要和个性前提，代表了明代文人画论的基本倾向。

招子庸虽然没有特别的师承，但其画作明显受到了两个人的影响：一为苏轼；一为郑燮。

招子庸所知的山东潍县，苏轼曾留下足迹和《除夜大雪留潍州，元日早晴遂行，中途雪复作》等诗作。当年苏轼因为再三上书反对王安石变法，被调任杭州通判，不久出任密州知州。郑燮也在清乾隆七年（1742 年）年出任山东范县知县，一年后调任潍县；乾隆十三年（1748 年），乾隆皇帝弘历东巡至泰山，他为书画史；乾隆十八年（1753 年），他因请赈得罪大吏而罢官。苏轼与郑燮二人均以骨鲠爱民著称。

招子庸的诗里，经常提及苏轼。《因公至蓬莱阁，信宿阁下，得观海市，酒后兴酣，拂壁作大墨竹，缀以奇石，并次坡公醉画竹石壁上诗韵》一首，乃次苏轼韵而作，他亦对苏轼的文章精神大加赞赏："坡老文章皆笑骂。"登州知府英文也对招子庸对苏轼的模仿和爱好了然于胸，所作的《题

---

① 郭若虚著、黄苗子点校：《图画见闻志》卷1，北京：人民美术出版社，1964 年，第 15 页。
② 王原祁等纂辑：《佩文斋书画谱》第 2 册，卷16 "明李日华论画" 条，北京：中国书店，1984 年，第 409 页。

招大令蓬莱阁画竹》曰："昔闻坡公善画竹，胸中自具无声诗……世闻俗手不解此，一枝一节徒尔为。洋川遗迹今已矣，眼前突兀逢招子。"英文以招子庸为得苏轼画竹精神的继承者，说明招子庸技艺的高超，也显示了招子庸的文人画精神与苏轼等前辈的相通。

兰孤芳远尘、不媚不俗，竹风骨凛然，高逸有节，被誉为"画中君子"。招子庸尝于牍尾画竹，人谓有板桥（郑燮）风致；画兰，"几步板桥后尘"①。招子庸曾为潍县知县，郑燮亦曾任此职。招子庸一直以郑燮为榜样，关心民间疾苦。在任期间，他经常单骑只身下乡，了解民情，深受百姓爱戴。他为官雷厉风行，曾驱驰千里追捕巨盗，英姿勃发，人们以为他是"并州健儿"。他还严禁鸦片，深孚民望。冯询有《送招铭山之官朝城》诗赞曰：

> 东山偶作风尘吏，南人生有幽燕气。
> 短衣匹马慷慨行，读书杀贼男儿事。
> 兵刑钱谷问不知，手擒巨盗千里驰。
> 旁人不识鲁邑宰，见君错认并州儿。
> 曳绂依然名士服，喜时画兰怒画竹。
> 风流为政今在兹，知君善造平安福。②

清人邹光越在《题招子庸二马图》诗中概括了招子庸在山东任职时慷慨侠义、为政爱民以及后来去职的一些情况：

> 铭山之姓世稀有，铭山之名功不朽。人语才奇貌更奇，剑仙须趁菩萨眉。喜画兰花怒画竹，比郑板桥那肯服。画罢更题诗一章，自有古法无此长。上官屈作潍夷长，未到民亏肩万两。火耗都因银价增，穷死亦弗设是想。牙角纷纷片言折，公余习射射尤绝。弹弓弹出大堂前，宿鸟惊飞胆先裂。百姓都知不爱钱，钉扁多于屋上椽。出门懒坐四人轿，争夸乘马如乘船。边防告急当去夏，非君前去谁去者？大风卷水浪掀天，又叹使船如使马。入海惟凭寸舌锋，抱头远窜窜无踪。姓名已播英吉利，祸端却为阿芙蓉。归来论勋当密保，功成转自讨烦恼……③

---

① 汪兆镛：《岭南画征略》，广州：广东人民出版社，1988 年，第 161、162 页。
② 汪兆镛：《岭南画征略》，广州：广东人民出版社，1988 年，第 162 页。
③ 王培荀著、蒲泽校点、严薇青审订：《乡园忆旧录》，济南：齐鲁书社，1993 年，第434 页。

由上可知，招子庸的为画、为政及其为人确有追摹郑燮之意。郑燮有诗："衙斋卧听萧萧竹，疑是民间疾苦声。些小吾曹州县吏，一枝一叶总关情。"（《潍县署中画竹呈年伯包大中丞括》）爱民如子的郑燮，的确是招子庸及后来官吏的榜样。招子庸"喜画兰花怒画竹，比郑板桥那肯服"，民声亦卓著。另据画史记载，招子庸的儿子光岐、汝济，秉承家学，善画墨竹、兰石，人称亦板桥派也①，可见郑燮的影响。招子庸去职后清贫度日，淡泊为生，人生坎坷与苏轼、郑燮有相似之处，其精神也与文人画家对独立和尊严的追求保持一致。

招子庸是岭南画派和粤语文学的前导，亦是一名学养深厚的文人画家，秉承了文人画的优秀传统。他追摹山东潍县的前任知县郑燮，郑燮则深喜明代文人画家徐渭。徐渭（字青藤）与陈淳（字白阳）并称"青藤白阳"，其水墨大写意的技法画风，深刻影响了清代的朱耷、石涛、"扬州八怪"乃至后来的赵之谦、吴昌硕、齐白石、潘天寿等人。郑燮不惜重金换取徐渭涂抹的一枚石榴，并治"青藤门下牛马走"印章钤盖。他说："徐文长先生画雪竹，纯以瘦笔破笔燥笔断笔为之，绝不类竹；然后以淡墨水钩染而出，枝间叶上，罔非雪积，竹之全体，在隐跃间矣。"② 这些画法和精神虽然表现不一，但都是文人画的精髓。招子庸的画作大笔淋漓，竹影疏阔，兰叶披拂，意在画外，其文人旨趣、道德精神深受文人画前辈的影响，也与其独特的生活经历和个性特征相关，形成了自己的风格气质，至今为人敬重爱惜。

---

① 广东省南海市政协文史和学习委员会编：《南海文史资料》第34辑，2001年，第69页；汪兆镛：《岭南画征略》，广州：广东人民出版社，1988年，第163页。
② 郑燮：《板桥题画·竹》，见卞孝萱编：《郑板桥全集》，济南：齐鲁书社，1985年，第202页。

第四节　梁启超广东研究考述①

梁启超虽然自称"乡曲陋学"（《上南皮张尚书书》）、"极南之一岛民"（《三十自述》），但他对家乡广东和岭南文化极为自豪，从小即萌爱国之志，有兼济天下的远大抱负，尝自述："余乡人也。于赤县神州，有当秦汉之交，屹然独立群雄之表数十年，用其地，与其人，称蛮夷大长，留英雄之名誉于历史上之一省。于其省也，有当宋元之交，我黄帝子孙与北狄异种血战不胜，君臣殉国，自沉崖山，留悲愤之记念于历史上之一县。是即余之故乡也。乡名熊子，距崖山七里强，当西江入南海交汇之冲，其江口列岛七，而熊子宅其中央，余实中国极南之一岛民也。先世自宋末由福州徙南雄，明末由南雄徙新会，定居焉，数百年栖于山谷。"②

梁启超故居新会县茶坑村，南向正是崖山海口。幼时祖父梁维清以宋明义理名节教贻后昆，时举"亡宋亡明国难之事"，教其"古豪杰哲人嘉言懿行"（《三十自述》）。梁启勋记："每与儿孙说南宋故事，更朗诵陈独漉'山木萧萧'一首，至'海水有门分上下，关山无界限华夷'，辄提高其音节，作悲壮之声调，此受庭训时之户外教育也。"③乡间亦以忠义相尚，世代宝藏清初一异士所赠忠臣孝子图画，每年灯节在北帝庙展览。④

崖山之战，是生存之战，是尊严之战，更是自由之战。它是千百年来华夏儿女爱国精神和民族气概的集中体现，也是对生命自由和理想人格的极致追求。梁启超以崖山为故乡，为国人"悲愤之记念"，崖山精神照耀后世，也更加激发和凝重了梁启超的家国观念和自由思想。

一、梁启超的广东研究

梁启超的广东研究首称对学术发展的梳理。《近代学风之地理的分布》中"广东"一节始于明中叶陈湛之新会学派，清则以嘉庆间学者陈昌奇为粤中第一学者。除介绍陈昌奇传统研究外，尤赞"善算学"。继而说明阮元

---

①　原载《广东社会科学》2015年第2期，题为《梁启超的广东研究及其学术意义》。

②　梁启超：《三十自述》，见梁启超：《梁启超全集》2，北京：北京出版社，1999年，第957页。

③　丁文江、赵丰田编：《梁启超年谱长编》，上海：上海人民出版社，2009年，第5页。

④　梁启勋：《曼殊室随笔》"史论"二七，上海：正中书局，1948年，第242页。卢湘父《万木草堂忆旧》亦记述了梁启超、梁启勋、陈荣衮等学子处罚灭宋的张弘范木主的故事。见康有为撰、陈汉才校注：《长兴学记》附录，广州：广东高等教育出版社，1991年，第111页。

督学两广、创立学海堂，造成"粤学乃骤盛"、才学特出的状况，着意介绍校刻《粤雅堂丛书》的谭莹、著述《汉西域图考》的李光庭和精于算学、光学的邹伯奇、梁汉鹏等人。梁启超推重咸同间的两位大师陈澧、朱次琦，以及朱氏弟子简朝亮、康有为。他认为简朝亮折中汉宋，康有为是新思想的先驱。另述其友黄遵宪及其《日本国志》，又称朱执信"以学术辅革命"①。此文刊于《清华学报》1924 年第 1 期首篇，虽发表时间在丁文江《历史人物与地理的关系》② 一文之后，但影响亦广，更是最早的广东文化地理的研究，"高度肯定近代广东学术文化在全国地位"③，以至于"清代中叶以后，粤学乃骤盛"为当时文化地理学者认识。④ 文中梁启超对学术的意见已经超出传统的范围而注重自然科学，对推动社会发展、产生现实作用的新思想新技术很是推崇。这是他《中国近三百年学术史》等著作的思想的延伸（如是著列有"历算学及其他学科"等目），亦在当时产生积极的影响。

梁启超在《儒家哲学》之"二千五百年儒学变迁概略"中对广东学术另有一段说明："阮（元）作官很大，到的地方亦很多，学问不如东原，而推广力过之。即如广东，他经手创学海堂，只取四十个学生，大多积学之士，在学问上贡献极大；广东近百年的学风，由他一手开出。"梁启超着力提出"粤学"特色："广东近代几位大师，都主张调和汉宋，可以陈兰甫、朱九江作为代表。兰甫比九江声名更大，考证学亦很好，他作《东塾读书记》，《孟子》一卷，《诸子》一卷，《程朱》一卷，联合贯通发明处颇多。又作《汉儒通义》，以为宋儒并不是不讲考据，汉儒并不是不讲义理。这种学风，也可以说是清末'粤学'的特色。"梁氏自称受了陈、朱两人的影响，"对于各家都很尊重，朱程的儒学固然喜欢，考据学亦有兴趣"⑤。

对于上述学者，梁启超多有介绍。梁启超称陈献章居处"离吾家不过十余里"，"是荒僻小县的学者（我的乡先辈），不曾做过教学以外的事业；生平足迹，只到过广州一次，北京两次；生的时世又很太平：简直可以说他和时事没有直接的关系"。他对陈献章的评论是"纯粹的学者、文人"，更说他"那种萧然自得的景象，与其谓之为学者，毋宁谓之为文学家"，说

① 梁启超：《梁启超全集》7，北京：北京出版社，1999 年，第 4274 页。

② 丁文江《历史人物与地理的关系》1922 年连载于《努力周报》第 43、44 期。1923 年《科学》第 8 卷第 1 期刊时题注曰，是篇之作，得益于梁启超藏书及与梁启超、胡适的讨论切磋。又刊于同年《史地学报》第 2 卷第 4 期及《东方杂志》第 20 卷第 5 号。

③ 司徒尚纪：《地理学在广东发展史》，香港：中国评论文化有限公司，2003 年，第 301 页。

④ 张其昀：《近二十年来中国地理学之进步》（续），载《科学》1936 年第 5 期，第 353 页。

⑤ 梁启超：《梁启超全集》9，北京：北京出版社，1999 年，第 4987 页。

他像陶渊明，像庄子，像曾点，说他"人格是高尚极了，感化力伟大极了，可惜不易效法，不易捉摸"①。

梁启超对陈澧极为推重，称其为"乡先生""乡先辈"。《中国近三百年学术史》的"清代学者整理旧学之总成绩"之十一"乐曲学"以陈澧为后于凌廷堪而"最能明乐学条贯者"之一，以极大篇幅介绍其《声律通考》与凌廷堪不同的意见，并转录陈澧《东塾集》中《复曹葛民书》一篇文章以说明其述作之旨："吾认此书之著作为我学术界一大事，故不避繁重，详录此函。读之，则书之内容大概可识矣。"在《中国历史研究法》中，他介绍了陈澧的"勤于抄录"："我的乡先生陈兰甫先生作《东塾读书记》，即由抄录撰成。新近有人在香港买得陈氏手稿，都是一张张的小条，表成册页。或一条仅写几个字，或一条写得满满的。我现在正以重价购求此稿，如能购得，一则可以整理陈氏著作，一则可以看出他读书的方法。古人平常读书，看见有用的材料就抄下来；积之既久，可以得无数小条；由此小条，辑为长编；更由长编，编为巨制。顾亭林的《日知录》，钱大昕的《十驾斋养新录》，陈兰甫的《东塾读书记》，都系由此作成。"他在"补编"之末的"文物专史做法总说"里，再一次提到"乡先辈"陈澧的这些纸片，认为其一生治学的纸片不知有几百万张，感佩有加。②

梁启超以陈澧等前辈学者的严谨治学，教年轻人做踏实的功夫："这种工作笨是笨极了，苦是苦极了，但真正做学问的人总离不了这条路。""你所看见者是他发表出来的成果，不知他这成果原是从铢积寸累因知勉行得来。大抵凡一个大学者平日用功，总是有无数小册子或单纸片，读书看见一段资料，觉其有用者即刻抄下（短的抄全文，长的摘要记书名卷数页数）。资料渐渐积得丰富，再用眼光来整理分析它，便成为一篇名著。想看这种痕迹，读赵瓯北的《二十二史札记》、陈兰甫的《东塾读书记》最容易看出来。"③ 梁启超也说明，抄写资料是为了用，要会用、用好。在讨论"用辩护的性质"为被诬的历史人物作传时，梁启超引《东塾读书记》中《申范》一篇，说明陈澧如何运用各种材料和逻辑推理"作律师"，为人格高尚的范晔洗去谋反之冤。④ 他赞赏陈澧的广东方言研究。早在 1896 年，梁启超在《论报馆有益于国事》一文论及闽粤与中原的巨大隔阻时，曾指

---

① 梁启超：《梁启超全集》8、9，北京：北京出版社，1999 年，第 4828、4979 页。
② 梁启超：《梁启超全集》8，北京：北京出版社，1999 年，第 4611－4613、4802、4877 页。
③ 梁启超：《梁启超全集》7，北京：北京出版社，1999 年，第 4242－4243 页。
④ 梁启超：《梁启超全集》8，北京：北京出版社，1999 年，第 4815 页。

出与语言有很大关系，"言语不通，故闽粤之与中原，邈若异域"①；后来介绍陈澧的语言学研究，亦有沟通之意："即如广东话，在中国自成一系。乡先生陈兰甫著《广东音学》，发明了广东话和旁的话不同的原则。"②

梁启超对近代历史学、民族学、文化地理学等诸多学科俱有开创性的贡献，亦有不少关于广东且意义重大。略举一二。

一般认为，佛教是先经路上丝路传入中国。据何方耀研究，梁启超最早提出佛教先由海路传来，影响也最大。梁启超提出"佛教之来，非由陆而由海；其最初根据地，不在京洛而在江淮"，指出第一个有文献可考之西来译经僧安世高亦从海道入华。③梁启超的海路先于陆路说带动了后续的研究。他关于"广东之徐闻、合浦为海行起点，以彼土之已程不为终点，贾船转相送致"④等观点，堪为近年"海上丝绸之路""哥德堡号海船"等文化事件的嚆矢。在研究古代中印之间的交通时，梁启超逐一列表整理了105名西行求法僧，包括由海道往印度的交州人解脱天、慧琰，荆州人昙光、慧命，经番禺出海的范阳人义净以及义净的侍者、助译，广州人孟怀业等，并说明，由广州放洋是唐代海道求法诸僧的主要选择。⑤

陈树良、陈春声认为，梁启超的《明季第一重要人物袁崇焕传》"当之无愧是具有近代学术意义的袁崇焕研究的肇始之作"，亦是梁启超史学理论的实践，"表达了梁启超探索新的历史研究方法的努力"⑥。其文曰："有人焉，一言一动，一进一退，一生一死，而其影响直及于全国者，斯可谓一国之人物也已矣。吾粤崎岖岭表，数千年来，与中原之关系甚浅薄，于历史上求足以当一国之人物者，渺不可睹。其在有唐，六祖慧能，大弘禅宗，作佛教之结束。其在有明，白沙陈子，昌明心学，导阳明之先河。若此者，于一国之思想界，盖占一位置焉矣。若夫以一身之言动、进退、生死，关系国家之安危、民族之隆替者，于古未始有之。有之，则袁督师其人也。"又表其"如可赎兮，人百其身，专阃十数能赎一袁督师乎"之二百年"余痛"，述其著作原因："以数千年来历史上一大异动，重以乡先正之记念，蒙虽不文，乌可以已，作袁督师传"，行文谨严，可谓梁氏史著的典范。结论部分则昂扬意气，盛誉其爱国热血和军人气骨，引乡人传录督师遗诗者颂其"以中国为家"、不计个人安危荣华、"杖策必因图雪耻，横戈原不为

---

① 梁启超：《梁启超全集》1，北京：北京出版社，1999 年，第 66 页。
② 梁启超：《梁启超全集》8，北京：北京出版社，1999 年，第 4859 页。
③ 何方耀：《晋唐时期南海求法高僧群体研究》，北京：宗教文化出版社，2008 年，第 7 页。
④ 梁启超：《梁启超全集》7，北京：北京出版社，1999 年，第 3729 页。
⑤ 梁启超：《梁启超全集》7，北京：北京出版社，1999 年，第 3768－3781 页。
⑥ 陈树良、陈春声：《梁启超与袁崇焕研究》，载《学术研究》1995 年第 3 期。

封侯"① 的高尚节操。两位学者还发现，光绪十九年（1893 年）冬，时为万木草堂学长的梁启超赴袁崇焕家乡东莞讲学，以后毕生"以表彰袁督师为职志"的张伯桢成为梁启超的学生，后又经梁启超推荐，成为康有为的学生。光绪三十一年（1905 年），张伯桢在嘉道间佚名所编《袁督师事迹》的基础上，编成《袁督师遗集》和《袁督师遗集附录》，于赴日留学时携至横滨，请教正流亡于那里的梁启超，梁启超欣然为两书题签。"以后张伯桢以推崇、表彰袁督师为世人所瞩目，成为继梁启超之后研究袁崇焕之最有影响者，梁启超早年提携之功不可没。"②

　　梁启超对广东的历史和现实问题都十分重视。《中国历史上民族之研究》一文梳理了广东民族的发展："广东在汉称南越，其土著盖杂摆夷。当在六朝时，冼氏以巨阀霸粤垂二百年。冼，摆夷著姓也，然累代江淮人及中原人移殖者不少。番禺古城，相传为越灭吴时，吴遗民流亡入粤者所建，楚灭越时，越遗民亦有至者。其最重要之一役，则秦始皇开五岭，发谪戍四十万人，随带妇女，实为有计划的殖民事业。盖粤人之成分，早已复杂矣。汉武平南越后，亦数次徙其民于江淮，则江淮间人，又含有南越成分也。今粤人亦无自承为土著者，各家族谱，什九皆言来自宋时，而其始迁祖皆居南雄珠玑巷；究含有何种神话，举粤人竟无知者。要之，广东之中华民族，为诸夏与摆夷混血，殆无疑义。尚有蛋族，昔居丛箐间，迄未全同化，今已被迫逐作舟居，然亦未澌灭，粤人名之曰'蛋家'，不与通婚。琼崖间有黎人，是否古代九黎之后不可考。"③ 这是以相当于今天之"中华民族"的"民族"概念④分析广东省情的开始。

　　梁启超的关注面十分广泛。1902 年 5 月 22 日《新民丛报》第八号"国闻短评"栏目刊发其《粤学端倪》一篇，介绍"甚好维新"⑤ 的两广总督陶模"锐意振兴庶务"，将广东广雅书院改为学堂，课程与各国公立学章接轨，计划派学生日本游学，详细列出课程表和学校经费表⑥。《中国历史研究法补编》曰："淮扬盐商，广东十三行，都是一时的商业中心，可惜资料不易得了；若由口碑及笔记搜集起来，作为合传，可以看出这部分的经济

① 梁启超：《梁启超全集》3，北京：北京出版社，1999 年，第 1353 – 1365 页。
② 陈树良、陈春声：《梁启超与袁崇焕研究》，载《学术研究》1995 年第 3 期。
③ 梁启超：《梁启超全集》6，北京：北京出版社，1999 年，第 3443 页。
④ 郝时远：《中文"民族"一词源流考辨》，载《民族研究》2004 年第 6 期。
⑤ 康有为：《致谭张孝书》，见康有为撰、姜义华、张荣华编校：《康有为全集》第 5 集，北京：中国人民大学出版社，2007 年，第 399 页。
⑥ 梁启超主编、下河边半五郎编辑：《壬寅新民丛报汇编》，东京：帝国印刷株式会社，1904 年，第674 – 675 页。

状况，及国内外商业的变迁。"① 他很善于运用各种新观点、新材料研究广东历史和现实问题，而不局限于旧学的樊笼。他于1905年写作的《世界史上广东之位置》参考了美国、日本学者的著作，主要考察广东的交通交流问题，论述章目有"中国史上广东之位置与世界史上广东之位置""东西交通海路二孔道""南路海道之开通""广东交通发达期""广东交通忧患期""广东与世界文化之关系""广东之现在及将来"等。最后一章说："今之广东，依然为世界交通第一等孔道"，将来"广东非徒重于世界，抑且重于国中矣"②。此文资料丰富，论述清晰，是最早以较为规范的学术方法进行的广东对外交通史论述。

梁启超的研究也往往以广东为切入点。由黄巢寇广州、杀侨民材料的发现，梁氏引而开来，作为历史研究法之教习。此事旧史记载很少。9世纪阿拉伯人所著的《中国见闻录》有如下文字："有 Gonfu 者，为商舶荟萃地……纪元二百六十四年，叛贼 Punzo 陷 Gonfu，杀回耶教徒及犹太波斯人等十二万……其后有五朝争立之乱，贸易中绝。"经东西学者细加考证，其年黄巢实寇广州。梁启超解释说："广州者，吾粤人至今犹称为'广府'，知 Gonfu 即'广府'之译音，而 Punzo 必黄巢也。"并传授研究门径："吾侪因此一段记录，而得有极重要之历史上新知识：盖被杀之外国人多至十二万，则其时外人侨寓之多可想。吾侪因此引起应研究之问题有多种。例如：其一，当时中外通商何以能如此繁盛？其二，通商口岸是否仅在广州，抑尚有他处？其发达程度比较如何？其三，吾侪联想及当时有所谓'市舶司'者，其起源在何时，其组织何若，其权限何若？其四，通商结果，影响于全国民生计者何如？其五，关税制度可考见者何如？其六，今所谓领事裁判权制度者，彼时是否存在？其七，当时是否仅有外国人来，抑吾族亦乘此向外发展？其八，既有许多外人侨寓我国，其于吾族混合之关系何如？其九，西人所谓'中国三大发明'——罗盘针、制纸、火药——之输入欧洲，与此项史迹之关系何若？……"又说："吾侪苟能循此途径以致力研究，则因一项史迹之发见，可以引起无数史迹之发见。此类已经遗佚之史迹，虽大半皆可遇而不可求；但吾侪总须随处留心，无孔不入，每有所遇，断不放过。须知此等佚迹，不必外人纪载中乃有之，本国故纸堆中，所存实亦不少，在学者之能施特别观察而已。"③

---

① 梁启超：《梁启超全集》8，北京：北京出版社，1999年，第4825页。
② 梁启超：《梁启超全集》3，北京：北京出版社，1999年，第1692页。
③ 梁启超：《梁启超全集》7，北京：北京出版社，1999年，第4123–4124页。

二、梁启超的乡土情感

梁启超成年后辗转颠簸而乡音依旧，他对故乡的感情也不曾变过。袁世凯复辟帝制，蔡锷和梁启超相继逃出天津筹划起事。蔡锷率领护国军起义，梁启超感动广西陆荣廷独立，又奔赴广东，希望说服反复的广东将军龙济光。龙济光摆出鸿门宴，形势剑拔弩张。梁启超慨然起立道："我单人独马手无寸铁跑到你千军万马里头，我本来不打算带命回去。我一来为中华民国前途来求你们帮忙，二来也因为我是广东人，不愿意广东糜烂，所以我拼着一条命来换广州城里几十万人的安宁，来争全国四万万人的人格。既已到这里，自然是随你们要怎样便怎样！"① 对国事、对家乡的血诚让梁启超视死如归、意气横厉，举座为之震动。

家乡官绅商民对梁启超敬爱有加。1915 年 4 月，梁启超专程返乡为其父做寿。5 月 1 日、3 日与梁思顺两函，记述欢迎之热烈及庆典盛况："初九发上海，十二午抵港，粤吏以兵舰迓，其夜抵粤。十六在家庆祝，十八乃开筵受贺，老人康豫欢悦，自不待言，抑几于全城雷动矣。初拟一切从简，而群情所趋，遂不许尔尔。十八日竟演剧侑祝，盖合全城官绅商之力，乃能于数日间布置略备也。在八旗会馆开筵，其地之宏敞，过于湖广馆。将去年之屏联择尤悬张（龙将军殆成刘老老），此间人莫不咋舌叹美，谓是全省之荣幸也。二十日返乡（兵舰五只护送），乡中仍演剧三日，届时全乡若狂之状，更可想耳。吾自上岸后，酬应乃无一刻暇，每日仍以数小时归家承欢，大约一日未离粤，则一日不能休息也……"② 梁启超也视家乡为依靠。1927 年 6 月，时局动荡，京津恐慌。梁启超 6 月 15 日《给孩子们书》言："广东现在倒比较安宁些，那边当局倒还很买我的面子。两个月前新会各乡受军队骚扰，勒缴乡团枪枝，到处拿人，茶坑亦拿去四十几人，你四叔也在内。乡人函电求救，情词哀切，我无法，只好托人写一封信去，以为断未必发生效力，不过稍尽人事罢了。谁知那信一到，便全体释放（邻乡皆不如是），枪枝也发还，且托人来道歉。我倒不知他们对于我何故如此敬重，亦算奇事了。若京津间有大变动时，拟请七叔奉细婆仍回乡居住，倒比在京放心些。"③

广东对于梁启超来说，不仅是给他支持的家乡和最可靠的后方，也是

① 梁启超：《梁启超全集》7，北京：北京出版社，1999 年，第 4058 页。
② 梁启超：《梁启超全集》10，北京：北京出版社，1999 年，第 6153 - 6154 页。
③ 梁启超：《梁启超全集》10，北京：北京出版社，1999 年，第 6271 - 6272 页。

他革命和研究的重要对象。梁启超虽长期奔波、旅居京津，但广东无疑是他最为熟悉和关心、关注的省份。他往往以广东为中国的一部分、一个缩影、一个个案，以此做对中国问题的讨论和改良。

梁启超家中收藏了大量方志，清代方志仅"随举所知及所记忆"就达117种，包括道光《广东通志》《雷州府志》《海康县志》《南海县志》《新会县志》、同治《南海县志》《番禺县志》。① 他对乡邦文献整理也很关注，包括温汝适《粤东文海》《粤东诗海》、罗学鹏《广东文献》，以及《岭南遗书》等。② 他对中国问题的认识，最具体最深刻的是来自家乡，这些不是从书本上来，而是切身观察体会。1902 年《新民说》"论进步"一节谈及各省纷纷设学堂，但弊端丛生，包括学生就学只求应时，徒为时世妆，"考选入校，则张红然爆以示庞荣"（自注："吾粤近考取大学堂学生者皆如是"）、"资派游学，则苟且请托以求中选"等现象，他深表忧虑："循此以往，其所养成之人物，可以成一国国民之资格乎？"③ 1915 年所作的《痛定罪言》一文形象地描述了甲午、庚子之难以后的中国："他省吾不敢知，吾新自故乡广东来，闻诸父老昆弟所言，殆不复知人间何世。官吏也，军士也，盗贼也，荼毒之，煎迫之。民之黠者悍者，则或钻营以求为官吏军士，或相率投于盗贼，而还以荼毒煎迫他人。其驯善朴愿者，无力远举斯已耳。稍能自拔，则咸窃窃然曰：逝将去汝，适彼乐郊。香港、澳门、青岛乃至各通商口岸，所以共趋之如水就壑者，夫岂真乐不思蜀，救死而已。"梁启超对时局民生"殆哉岌岌乎"④ 的状况痛彻心扉，并赞扬了民众的爱国热忱，以之为存亡续绝的信心和力量："以若彼之政象，犹能得若此之人心，盖普世界之最爱国者，莫中国人若矣。呜呼！此真国家之元气，而一线之国命所借以援系也。"⑤

在文章论述甚至论战中，梁启超不时举出"吾粤"故事作为论据论证而见微知著，探讨国计民生的大问题。为了反驳革命派以欧美地价"涨至极点"证明社会革命在外国难、在中国易的观点，梁启超说："吾国现在之地价，则涨于秦、汉、唐、宋时多多矣。吾粤新宁、香山之地价，则涨于二十年前多多矣。若因其涨而谓其无标准，则我国亦何从觅标准耶？若我国有标准，则欧美各国，果以何理由而无标准？吾以为欲求正当之标准，

---

① 梁启超：《梁启超全集》8，北京：北京出版社，1999 年，第 4582 - 4583 页。
② 梁启超：《梁启超全集》8，北京：北京出版社，1999 年，第 4588 页。
③ 梁启超：《梁启超全集》2，北京：北京出版社，1999 年，第 687 页。
④ 梁启超：《梁启超全集》3，北京：北京出版社，1999 年，第 1711 页。
⑤ 梁启超：《梁启超全集》5，北京：北京出版社，1999 年，第 2777 页。

亦曰时价而已。我国有我国之时价，欧美有欧美之时价，吾苦不解其难易之有何差别也。"结论是："要之，孙文所以言中国行社会革命易于欧美者，实不外前此与吾言'大乱之后人民离散，田荒不治，举而夺之'之说。"①《驳某报之中国已亡论》说："若谓凡卫属皆未取得国籍，岂凤、滁、邳、泗诸卫之人民，亦皆未尝取得中国国籍耶？即吾粤亦有广州前后左右卫及南海卫等，彼报记者之远祖其属于广东布政使司治下之民籍耶？抑属于广州卫等之兵籍耶？盖不可考。万一属于兵籍，岂彼报记者之祖亦未尝取得中国国籍耶？此其谬，吾不待辨矣。夫中都留守司所属凤阳卫、滁州卫等之人民，广东都指挥使司所属广州卫、南海卫等之人民，不问其曾入布政使司之编籍与否，而不得不谓为中国臣民。"② 相关例证一方面是论述的需要，另一方面显示了梁启超对广东的熟悉、关心和自信，同时也起到对当时僻在岭表、寂寂无闻的家乡进行宣传的效果。

三、乡土观念和大国民思想

梁启超第一次走入人们视线，是"代表广东公车百九十人"③ 上书时。但很快，人们忽略了他佶屈聱牙、概莫能辨的方音，而赞叹其思想，其情怀，其奋不顾身的斗志。他时时在前端、在前线，他不仅属于广东，更属于中国，也属于世界。他一意"新民"，教人做中国国民、世界公民，一意让人放开手眼，做古今中外的大学问，在家乡与国家的问题上自然有格外宏阔和超越的视野和精彩的论述。

梁启超引领潮流的思想来自他对国内外问题的清醒判断和他的全球视野、现代意识。"他不仅研究、考察、介绍了世界各国的社会制度，而且直接参与了中国从专制走向共和的制度变革"，"除了在制度变革中充当急先锋之外，他在思想文化的变革中，更是发挥了第一启蒙家的作用。"④ 他首次将中国历史"置入世界历史发展的格局之中加以重新定位"⑤，在《新史学》中提出"国民史"的概念，认为对中国历史的解释应是激发国民意识

---

① 梁启超著、夏晓虹辑：《〈饮冰室合集〉集外文》上，北京：北京大学出版社，2005年，第431页。

② 梁启超：《梁启超全集》3，北京：北京出版社，1999年，第1605页。

③ 梁启超：《梁启超全集》3，北京：北京出版社，1999年，第1605页。

④ 刘再复：《〈梁启超传〉序》，见解玺璋：《梁启超传》卷首，上海：上海文化出版社，2012年。

⑤ 杨念群：《美国中国学研究的范式转变与中国史研究的现实处境》，见黄宗智主编：《中国研究的范式问题讨论》，北京：社会科学文献出版社，2003年，第293页。

的工具，并以"大国民"的姿态积极参与思想文化建设和政治活动。

　　梁启超认为，在弱肉强食的国际环境中，更需要国家和民族的凝聚。1921 年，梁启超在"双十节"天津学界庆祝会上发表演讲：一个民族"站得住或站不住，就要看民族自觉心的强弱何如。所谓自觉心，最要紧的是觉得自己是'整个的国民'，永远不可分裂、不可磨灭"。① 他一再强调中国的统一、民族的团结，突出国家和文化的自豪感。1922 年的《中国历史上民族之研究》一文表明了他总的观点：中华民族为一极复杂极巩固之民族；这个民族的形成曾经付出了极大的代价；中华民族的将来绝不至衰落，而且有更扩大的可能性。② 又说："我们自古以来，就有一种觉悟，觉得我们这一族人像同胞兄弟一般，拿快利的刀也分不开；又觉得我们这一族人，在人类全体中关系极大，把我们的文化维持扩大一分，就是人类幸福扩大一分。这种观念，任凭别人说我们是保守也罢，说我们是骄慢也罢，总之我们断断乎不肯自己看轻了自己，确信我们是世界人类的优秀分子，不能屈服在别的民族底下。这便是我们几千年来能够自立的根本精神。"③

　　梁启超对中华民族有着满满的自信。他以广东和广东文化为中国和中华文明的组成，自尊、自信、自强而不自外，自觉承担起对国家、民族和文化，甚至对世界的责任。他对广东及广东文化的信心和肯定，一是从"地运"、从民性上说。《中国地理大势论》称："两广民族之有大影响于全国，亦自五十年以来也。"他将这一历史发展描述为："自唐以前，湖南、浙江、福建、两广、云南诸省，曾未尝一为轻重于大局。（项羽虽起于会稽，其根据地不在此。）自宋以后，而大事日出于此间矣。宋之南渡在浙，其亡也在广东；明之亡也，始而江，继而浙、而闽、而粤、而桂、而滇：此亦地运由黄河、扬子江而渐趋于西江之明征也。"又说："黄河、扬子江开化既久，华实灿烂；而吾粤乃今始萌芽，故数千年来未有大关系于中原。虽然，粤人者，中国民族中最有特性者也。其言语异，其习尚异，其握大江之下流而吸其菁华也。"他满怀激情地预言："自今以往，而西江流域之发达，日以益进。他日龙拏虎掷之大业，将不在黄河与扬子江间之原野，而在扬子江与西江间之原野。"④

　　二是从广东在历史和现实中起的作用来说。1912 年梁启超从日本回国，在北京的广东同乡茶话会上，他怀着对故土乡人的期望，论述广东在中国

① 梁启超：《梁启超全集》6，北京：北京出版社，1999 年，第 3379 页。
② 梁启超：《梁启超全集》6，北京：北京出版社，1999 年，第 3450 页。
③ 梁启超：《梁启超全集》6，北京：北京出版社，1999 年，第 3380 页。
④ 梁启超：《梁启超全集》2，北京：北京出版社，1999 年，第 930 – 939 页。

的地位："吾粤僻处岭海，与中原邈隔，故在数千年历史上观之，其影响于国家政局者不甚大。虽然，以世界的眼光观之，则吾粤实为传播思想之一枢要也。"梁启超认为，社会之进化、文化之更新，必与"他社会"接触。中国吸纳"他社会"之文明最著者，一是六朝、唐间吸收印度文明成一种新哲学，一是明清之交吸收欧洲文艺复兴时代文明以启科学，此二事皆与广东关系极大。前者如西来传法僧、六祖惠能，后者如利玛窦、洋务派等。"今日思想变化之速，广东人与有力焉。"梁启超充满激情地回顾："昔欧洲古代，文化烂然。而腓尼基人传播之功，史家诵之。及其中世，晦盲否塞，能启其端绪以赴于革新之运者，则南意大利之诸市府也。鄙人窃以为广东之在中国，其地位恰如欧洲古代之有腓尼基，中世之有南意大利市府也。"他热切盼望乡人承担起历史运命，能够"自认此地位，而益负责任，则可以有光于国"①。

梁启超虽然以理想家、革命家的姿态时作激情语甚至偏激语，但做学术研究则力求客观。他首先肯定地理环境对人的影响，肯定乡土观念、乡邦文化及学风濡染、学术承传的积极意义。他说："盖以中国之大，一地方有一地方之特点，其受之于遗传及环境者盖深且远，而爱乡土之观念，实亦人群团结进展之一要素。利用其恭敬桑梓的心理，示之以乡邦先辈之人格及其学艺，其鼓舞浚发，往往视逖远者为更有力。地方的学风之养成，实学界一坚实之基础也。彼全谢山之极力提倡浙东学派，李穆堂之极力提倡江右学派，邓湘皋之极力提倡沅湘学派，其直接影响于其乡后辈者何若？间接影响于全国者何若？斯岂非明效大验耶。"②

梁启超生长于广东，受本土文化影响甚深，比如对于他非常重视的惠能，即将其禅学理论融入学术研究。在《释革》一文中，梁启超说"革"字含有英语 Reform 与 Revolution 二义，并以禅宗的说法来作比，"Ref. 主渐，Revo. 主顿"③。他虽然认为惠能是第一个"能动全国之关系""风靡天下"④ 的粤人，但并不因此盲目崇拜，而常常做认真的批评。梁启超认为，虽然"禅宗出而荡其障"，但"密传心印，取信实难，呵佛骂祖，滋疑尤众"；"及夫两干开基，五花结实，禅宗掩袭天下而诸宗俱废；公案如麻，语录充栋，佛法于兹极盛，而佛法即于是就衰矣"⑤。又说："禅宗末流，参

---

① 梁启超：《梁启超全集》4，北京：北京出版社，1999 年，第 2519 – 2520 页。
② 梁启超：《梁启超全集》8，北京：北京出版社，1999 年，第 4588 页。
③ 梁启超：《梁启超全集》2，北京：北京出版社，1999 年，第 759 页。
④ 梁启超：《梁启超全集》1，北京：北京出版社，1999 年，第 482 页。
⑤ 梁启超：《梁启超全集》7，北京：北京出版社，1999 年，第 3721 页。

话头，背公案，陈陈相因，自欺欺人，其实可厌。"① 他是努力做到他渴求的 "客观的研究"（《中国历史研究法·史之改造》）② 的。

梁启超 "冒九死一生，首先发难，勇往直前的冲锋"③，有无数的发明创造、惊人之语，也勇于以平等开放的心态进行反省和批判。他在《先秦政治思想史·序论》中自豪地宣称："人类全体文化，从初发育之日起截至西历十五六世纪以前，我国所产者，视全世界之任何部分，皆无逊色。"④ 但他对中国旧文化的批判也十分猛烈。梁启超 1903 年赴美洲游历考察，作有《新大陆游记》一书，特别通过观察广东人聚居的 "旧金山一市之现象" "粤山谷犷顽之民俗"，对传统和中国人进行了严厉的批判："一曰有族民资格而无市民资格"；"二曰有村落思想而无国家思想"；"三曰只能受专制不能享自由"；"四曰无高尚之目的"。因此，才会有种种 "不可思议" "无理取闹" 甚至 "殆如敌国" "杀人流血" 的怪事，出现弱国弱民的现象。对此，梁启超提出，既要有爱省心、爱市心，也要有爱国心。他认为，爱乡与爱国是统一的，但局限于乡土而不顾大局则是危险的，小则伤身，大则亡国。《国民浅训》第九章《乡土观念与对外观念》说："爱乡心扩而大之，即为爱国心。"但是，分析中国国情，他提出，中国人故乡土观念强本来很可贵，国民团结颇赖此，但是若发达过度又可能为国家之害，容易造成分系分帮，互相排挤，比如闽粤时有两乡械斗，俨若敌国。梁启超痛惜在 "国与国争之世" 还内斗不止的同胞，期待以 "大国民之气度"⑤，自立自强，团结对外。

梁启超痛下针砭，正是基于对家国深沉的爱。刘再复、林岗言："在梁启超看来，真正要救国，要真正地分担民族的忧烦，就应当求诸自己，而不是责备他人。只有这种不推诿责任，而勇于自责自救的爱国者，才是具有忧国精神的切实的爱国者。"⑥ 他的主张往往与他对 "新民" "大国民" 的期待有关。他呼吁自由、自治、自律三者的结合（《什么是新文化》），也经常对广东的自治表示乐观。他呼吁国民增强政治意识，形成一种觉悟："国家是我的，政治是和我的生活有关系的。谈，我是要谈定了；管，我是

---

① 梁启超：《梁启超全集》8，北京：北京出版社，1999 年，第 4432 页。
② 梁启超：《梁启超全集》7，北京：北京出版社，1999 年，第 4103 页。
③ 吴其昌：《梁启超传》，天津：百花文艺出版社，2004 年，第 17 页。
④ 梁启超：《梁启超全集》6，北京：北京出版社，1999 年，第 3603 页。
⑤ 梁启超：《梁启超全集》5，北京：北京出版社，1999 年，第 2842 – 2843 页。
⑥ 刘再复、林岗：《传统与中国人》，合肥：安徽文艺出版社，1999 年，第 9 页。

要管定了。"① 他呼吁国人养成政治意识、政治习惯、判断政治能力。② 他尤其强调国民意识，认为"政治及其他一切设施非通过国民意识之一关，断不能有效"③。梁启超一生"流质易变"，但爱国救国的主线贯彻始终，则是后人和学界的共识。

梁启超与广东是一个说不完的话题。上引相关论述与梁氏本人的爱国救国之情、国家民族观念、全球视野密不可分，也是其思想和行动的重要组成部分。回顾百年前的思想文章，今天也依然鲜活有力。

---

① 梁启超：《梁启超全集》6，北京：北京出版社，1999 年，第 3384 页。
② 梁启超：《梁启超全集》7，北京：北京出版社，1999 年，第 3995 – 3996 页。
③ 梁启超：《梁启超全集》6，北京：北京出版社，1999 年，第 3606 页。

第五节 任剑辉的精神和意义

任剑辉是粤剧史上最有成就和影响的女文武生，对粤剧的发展贡献巨大。黄兆汉教授誉其"实可称为一代宗师"①。迈克认为任剑辉是"香港二十世纪最重要、最独特的文化符号"②。她献身粤剧，不仅贡献了精深绝美的粤剧艺术，更树立了崇高的精神典范。在她身上所体现的全情投入的职业精神、勇于突破的创新精神以及刚正传统的中国精神，具有重要意义，也是粤剧艺术的魅力之所在。

一、全情投入的职业精神

任剑辉毕生投入粤剧事业。在舞台上，她一丝不苟，兢兢业业，塑造出大量经典的舞台形象，推动了粤剧的发展，尤其为香港粤剧的创建做出了巨大贡献；淡出舞台之后，她致力于粤剧传承工作，培养了大批接班人。

1949 年新中国成立以后的一段时期，广东粤剧界呈现出生机勃勃的景象，香港粤剧界则因受到经济衰落及大批粤剧名伶离港返穗的双重打击而相对低迷。1957 年 10 月，作为内地"戏改"重要成果的粤剧戏曲影片《搜书院》在香港上映，造成巨大轰动，更给香港粤剧界带来极大的震撼。对于香港粤剧面临的危机，任剑辉和她所在的"仙凤鸣"剧团自觉担负起历史的责任。她强调："内地的粤剧现在已经进步了不少，他们如薛觉先、白驹荣、马师曾、红线女等号称'大老倌'的演员所演的戏剧都要经过很长时期来排练，然后才肯演出，和我们在香港的只排两次或三次便算认真的不可同日而语了。"③ 针对香港粤剧存在的剧本粗糙、演员演出前不排练、缺乏默契等问题，任剑辉坚决认定"我要先排戏"④。任剑辉的妹妹任冰儿多次回忆任剑辉在"仙凤鸣"剧团时期排戏时的细节："任姐以前做戏，根本不用排戏，熟读剧本便出场演出。但自从'仙凤鸣'开始，仙姐（白雪仙）要求所有演员都要排戏。那时任姐年纪已不轻，仍不怕辛苦，又彩排，又装身做戏，有时还要出席记者招待会，但她一句怨言也没有，一边做一

---

① 黄兆汉：《我们要为任姐做点事——谈"任剑辉研究计划"的过去，现在与将来》，载《南国红豆》2013 年第 2 期。
② 迈克：《任剑辉读本》，香港：香港电影资料馆，2004 年，第 6 页。
③ 曾影靖编：《重刊任剑辉自述》，香港：任剑辉研究计划，2012 年，第 253 页。
④ 曾影靖编：《重刊任剑辉自述》，香港：任剑辉研究计划，2012 年，第 248 页。

边学，希望提升自己的演出水平。"虽然唐涤生的很多戏都是为任剑辉和白雪仙量身定制的，但对于不谙工尺谱的任剑辉来说，仍然是一种挑战。任冰儿说："她拍戏录音时，经常带我去，我便将那些工尺谱读给她听，她一听便上口。"不同于有些"大老倌"会修改剧本，任剑辉对编剧非常尊重，从不修改剧本，而且对剧本研读非常认真，"读剧本是细细声地读，看剧本是静静地看"。①

　　任剑辉为人随和，做戏认真。据她回忆，幼时为了能够熟悉曲白和做手，她经常练习到"鸡鸣报晓的时分"，困意袭来时，"频频用冷水洗面，以驱睡魔"②。同时，她也非常重视观众，强调："观众付出相当的代价来看我们的演出，如果不能令他们满足，这事我们对不起观众。"③"设若他们花了一笔相当庞大的开支，而看到一出没有经过严密排练的戏，演来乱七八糟，岂不是令他们以后对粤剧存有厌弃之心呢？那么，粤剧的观众，不是会越来越少吗？"④ 正是因为对粤剧的全情投入、对自己的严格要求、对观众的高度负责，任剑辉得以塑造众多的经典形象，成为众多观众心中的"戏迷情人"。她和"仙凤鸣"剧团的成功，也极大地鼓舞了当时低迷的香港粤剧，对香港粤剧后来的发展有重要的推动作用。

　　任剑辉对粤剧艺术的投入，也体现在她对粤剧新人的无私栽培上。任剑辉回忆自己在广州先施天台全女班做"小武生"时，曾向当时的"老叔父"（戏行长辈）请教一场《杀忠妻》的排场戏，不料"老叔父"都耍起"太极"，不肯指点，以至于自己最后万分焦急，无奈大哭。但任剑辉并没有放弃，她"大破悭囊，请饮茶，请吃晚饭，希望以'鸡髀打人牙骹软'（广东俗语，'鸡髀'指鸡腿，意为好处或甜头）的手段"⑤ 打动"叔父们"，岂知他们谈笑吃喝之后，对任剑辉所请求指导的，还是讳莫如深。这种不授后辈的作风，在任剑辉看来是班中的一种陋习，是老一辈深受"教晓徒弟冇师傅"观念影响的结果。每每回想，她都会感慨："粤剧到今天的田地，有一部分原因是由于叔父辈太过珍惜自己所学得的功夫，不肯转告给后辈，所以现在有许多秘技已经失传了。"⑥ 因为有过这些经历，她更深知鼓励后学、扶掖晚辈对于粤剧发展的重要性。20 世纪 30 年代郎筠玉在广

　　① 木子：《百年一遇任剑辉：当年提携的一对"小灯笼"——谭倩红、任冰儿说师傅轶事》，载《戏曲品味》2013 年总第 147 期。

　　② 曾影靖编：《重刊任剑辉自述》，香港：任剑辉研究计划，2012 年，第 38 页。

　　③ 曾影靖编：《重刊任剑辉自述》，香港：任剑辉研究计划，2012 年，第 214 页。

　　④ 曾影靖编：《重刊任剑辉自述》，香港：任剑辉研究计划，2012 年，第 248 页。

　　⑤ 曾影靖编：《重刊任剑辉自述》，香港：任剑辉研究计划，2012 年，第 43 页。

　　⑥ 曾影靖编：《重刊任剑辉自述》，香港：任剑辉研究计划，2012 年，第 34－35 页。

州长堤大新公司游乐场全女班时，就得到了任剑辉的提携，任剑辉还邀请她加入自己的全女班"镜花艳影"剧团。粤剧名伶曹秀琴、马丽明等也都得到任剑辉的肯定和赞扬。20 世纪 60 年代后任剑辉淡出舞台，与白雪仙组建了"雏凤鸣"剧团，培养了龙剑笙、朱剑丹、梅雪诗、江雪鹭、言雪芬和谢雪心等新人。"除了教演技唱功，任姐还会教弟子做人道理，要她们不可自以为聪明，最重要尊师重道。"① 可以说，不管是在台前还是退居幕后，任剑辉全情投入、忘我奉献的职业精神一直贯穿始终。她毫无保留地将个人生命融入粤剧事业，也令自己成为粤剧和文化的一部分。她的热情、激情和不懈奋斗，激励、鼓舞着后来的粤剧工作者。

二、勇于突破的创新精神

任剑辉的创新精神，首先体现在她对粤剧唱腔的创新上。粤剧的魅力之一，在于众多的粤剧表演名家在实践中创造出的独特唱腔艺术，包括"白腔"（白驹荣）、"薛腔"（薛觉先）、"马腔"（马师曾）、"桂腔"（桂名扬）、"廖腔"（廖侠怀）、"新马腔"（新马师曾）、"凡腔"（何非凡）、"镜腔"（吕玉郎，原名吕庭镜）等生角唱腔。任剑辉将本身清丽的女性声音与充满阳刚之气的男性化唱法巧妙地结合起来，形成了适合粤剧女小生的"任腔"。她擅唱中板、反线中板，流畅自然、爽朗明快的"任腔"成为粤剧女文武生唱腔的典范，深受女性观众喜爱。她还冲破粤剧舞台程式性念白的束缚，将念白改为贴近自然的生活语言。这种唱法转折自由，不需每句都押韵，使演员的情绪表达得到了自然充分的发挥，在当时成为一股新的潮流。② "任腔"影响了香港剧坛数代演员，历久不衰。

"任派"艺术的形成，源于任剑辉的积极创新、大胆突破。她吸收了不同流派的长处，并融入自己的诠释方式。③ 任剑辉开始时随姨母小叫天学习粤剧，后拜师当时广州先施天台全女班有"女马师曾"之称的黄侣侠。黄侣侠的演出以诙谐戏为主，不是真正的文武生。任剑辉仰慕有"生赵子龙"之称的文武生桂名扬，闲时便前往海珠戏院打戏钉，偷师学艺，故当时任剑辉的身形台步极受桂名扬的影响，赢得"女桂名扬"的称号。后来任剑辉与欧阳俭在澳门创办了新声剧团，开始以名角身份挑班，并有意识地突

---

① 木子：《百年一遇任剑辉：当年提携的一对"小灯笼"——谭倩红、任冰儿说师傅轶事》，载《戏曲品味》2013 年总第 147 期。

② 王泸生：《粤剧史话》，北京：社会科学文献出版社，2015 年，第 54 页。

③ 戴淑茵：《任剑辉唱腔艺术：以〈紫钗记〉为例》，载《戏曲研究》2013 年第 2 期。

破原来的唱腔，尝试以具有自己风格的腔调演唱粤剧，彼时其代表作《晨妻暮嫂》《红楼梦》等已经慢慢凸显出"任腔"风格。20世纪50年代在"仙凤鸣"剧团，任剑辉与白雪仙、唐涤生等的合作更是默契，她也在这一时期将"任派"艺术推向高峰。

任剑辉不仅在粤剧唱腔艺术方面转益多师，形成了自己的风格，也勇于尝试粤剧电影等新型的表现形式。1951年，任剑辉为了给当时的慈善机构东华三院筹集善款，出演了自己的第一部电影《情困武潘安》，公映后好评如潮。之后任剑辉陆续拍过300多部电影，既有《福至心灵》《女少爷》《戏迷情人》《富士山之恋》《自梳女》等反映现实生活的时装片，也有《真假武潘安》《多情孟尝君》《孟尝君与风流天子》等古装剧，塑造了丰富多彩的角色，极大地扩展了粤剧的表现形式，也为香港电影史和粤剧史留下了珍贵的历史资料。1993年，香港电影金像奖"戏曲电影百年殿堂大奖"被授予任剑辉，以此表彰她在香港粤剧电影史上的成就与贡献。

任剑辉在粤剧电影表演艺术上多有创造。比如《新梁山伯祝英台》，在这部电影中，男女主角在婚宴上应众人要求讲述恋爱经过，由此倒叙出一段类似于梁祝的爱情故事。其中任剑辉既扮演时装打扮的新娘，又扮演古代乔装改扮的祝英台。在《情困武潘安》中，她亦演自幼女扮男装且有武功的武潘安。罗丽认为："她在影片中既扮演真实的女性，亦假扮男性。观众看来，这刚好与其在舞台上的女文武生身份产生对比，片中她忸怩作女儿态，拈花微笑，一副煞有介事的娇羞态，在看惯她反串男角的潜台词之下，观众倍感有趣。"[1] 任剑辉还善于将自己的粤剧舞台经验创造性地融入时装影片中，形成有趣的"戏中戏"和性别交互。如在《福至心灵》中，任剑辉和白雪仙合演戏中戏《海角红楼》；在《观音兵》中与罗艳卿合演《薛丁山拜活樊梨花》；在《为情颠倒》中与白雪仙和梁碧玉合演《摩登宝玉会红娘》；在《古灵精怪》中，甚至出现了任剑辉参演的七个角色的戏中戏。[2] 任剑辉在古今和男女扮相之间自由切换，充满创意，彰显了深厚的表演功力。

任剑辉的创新精神，亦体现在她与白雪仙、唐涤生卓有成效的戏班制度改革上。香港粤剧在20世纪50年代后的繁荣有赖于新的戏班制度的建立，而任白及其"仙凤鸣"剧团在这个过程中的积极探索与创新，为新戏班制度的建立做出了巨大的贡献。传统的粤剧表演，重人而不重剧，"观众进场，主要是看老倌演出，很少是为了欣赏剧情。他们主要欣赏'唱做念

---

① 罗丽：《粤剧电影史》，北京：中国戏剧出版社，2007年，第208－209页。
② 张春田：《表演性与抒情性——任剑辉的戏梦人生》，载《美育学刊》2013年第4期。

打'，支持全剧的故事情节和人物形象塑造，都被放在次要位置。情节结构和故事冲突，这些现代戏剧相当讲究的艺术观念，在传统粤剧剧本中，并不受重视"①。没有专职的编剧，曲词、说白也任由演员自行发挥，很多粤剧剧目文辞粗鄙，剧情荒诞离奇。20 世纪 40 年代初薛觉先就开始对旧的戏班制度进行改革。1956 年，任剑辉和白雪仙成立的"仙凤鸣"剧团开始真正地任用导演、尊重剧本、重视排练，摒弃舞台上的即兴表演。虽然对剧本创作和演员排练的重视导致"仙凤鸣"剧团每年只能演出一至二届粤剧，但在这为数不多的新戏中，他们却创造出了《牡丹亭惊梦》《帝女花》《紫钗记》《再世红梅记》等经典名作，足见"仙凤鸣"剧团新戏班制度的优越性。阮兆辉赞叹："仙凤鸣是一个有朝气、有目标的剧团，领导人更有着极强的魄力，积极为粤剧界进行改革。"②"仙凤鸣"的戏班制度改革对 20 世纪 60 年代乃至其后的香港粤剧剧团影响很大，也极大地促进了香港粤剧的发展。

三、传统刚正的中国精神

任剑辉具有传统刚正的中国精神。这体现在她的中国立场、中国风格和充满传统而温情的个性魅力上。她塑造的大量正面的舞台形象，也与这种精神风范高度契合。

任剑辉有坚定的中国立场。"九一八"事变后，她义无反顾地投入拯救国家和民族的浪潮，出演了徐若呆编剧的《汉奸之子》《杨八顺虎啸金沙滩》等爱国侠义剧，还在菲律宾义演，为抗战筹款。从菲律宾回程时，任剑辉"在邮船的甲板上望着空中的日本飞机，想到不知多少同胞牺牲在轰炸之下，禁不住泪如雨下"。她感慨："在日军占据的期间，有许多人不肯回去做'顺民'的，宁愿在澳门挨苦。"1937 年 8 月，澳门四界（学术界、音乐界、戏剧界、体育界）救灾会成立，任剑辉担任该会游艺部粤剧股副主任，多次参加慈善筹款表演。抗战胜利时，任剑辉正在澳门演出，听到消息后大家都欢呼雀跃起来。她回忆说："为了庆祝胜利来临，家家户户燃放爆竹……爆竹声和锣鼓声混成一片，我们每一个都有说不出的愉快，大

---

① 潘步钊：《五十年栏杆拍遍——唐涤生粤剧剧本文学探微》，香港：汇智出版有限公司，2009 年，第 2 页。

② 朱少璋：《灯前说剑——任剑辉剧艺八十咏》，香港：汇智出版有限公司，2009 年，第 19 页。

家欢喜得如中了头奖马票一样"①。在"仙凤鸣"剧团时期，任剑辉和白雪仙也多次参加慈善演出。1972年，她与白雪仙复出，为6月18日广东水灾进行筹款义唱，那次演出，也成为任剑辉的最后一次公开演出。

任剑辉在为人处世上秉承传统文化孕育的中国风格。黄兆汉先生评价任剑辉"平淡、平和，念旧而长情，堪称温良敦厚，于平淡处见真情"②。任剑辉年轻时曾接了班约在佛山万寿宫茶楼演出，有嫉妒者，认为任剑辉"紮升"得这么快，将来肯定"阿跛上树，惯亲就起唔得身"（意指容易跌倒，不能翻身）。任剑辉并不放在心上，淡然表示："他们或她们也许看过这样的事实，所以说不中听的话，但我没有仇视他们，并不当他们存有妒忌意，反而认为他们的说法也是鼓励我的。"③ 后来她成了"大佬倌"也从不摆架子，对戏迷总是笑脸相向，极为亲近。对待授业之师的恩情，任剑辉更是终生如一。她曾在姨母小叫天的引荐下师从黄侣侠学艺，虽然因为自己更加痴迷桂名扬而对黄侣侠的戏路不感兴趣，但是她从来没有忘记黄侣侠的恩情，主动赡养年迈的黄侣侠。1959年黄侣侠在香港病逝的时候，也是任剑辉料理了她所有的后事。任剑辉独特的人格魅力和高尚品德吸引了无数的戏迷，在她离开20多年后的今天，戏迷对其依然追怀不已。

任剑辉塑造的舞台形象有多情才子，有落难帝王。虽然有的人物貌似风流不羁，但骨子里往往比较传统，体现着传统的道德文化。他们在遭遇家仇国恨或者各种苦难时，多重情重义、忠贞不渝，显示出强烈的人格力量。由于大部分剧目选择和演绎由任剑辉主导，可以说，任剑辉的舞台形象就是任剑辉精神的艺术体现。她的戏迷也将她塑造的这些"理想的男性"视为有情有义的"精神符号"。《帝女花》中的周世显就是这种精神最为集中的体现。与传奇《帝女花》中性格软弱的周世显不同，任剑辉所扮演的周世显有自尊、有抱负、有主见、有激烈的情感与行动，充分体现了"书生报国""惜花护花"的真诚、智慧和勇气。

全情投入的职业精神、勇于突破的创新精神以及传统刚正的中国精神，不仅是粤剧艺人和粤剧艺术精神的反映和集中体现，也是戏曲艺人和戏曲艺术最灿烂的光华。任剑辉艺术高峰的创造有赖于此，粤剧的振兴也将由此而生。

---

① 曾影靖编：《重刊任剑辉自述》，香港：任剑辉研究计划，2012年，第207页。

② 廖妙薇：《黄兆汉说任剑辉——做戏如做人·平淡见真情》，载《戏曲品味》2012年总第141期。

③ 曾影靖编：《重刊任剑辉自述》，香港：任剑辉研究计划，2012年，第79页。

第五章　岭南文化的书写

第一节　汤显祖的岭南想象及徐闻之行考述①

明万历十九年（1591 年）闰三月，汤显祖上《论辅臣科臣疏》抨击宰辅张居正与申时行，亦触及明神宗。五月十六日，神宗以"不遂己志，敢假借国事攻击元辅"的罪名将汤显祖从重贬为极边的广东省徐闻县典史。

邹迪光《临川汤先生传》记曰："徐闻吞吐大海，白日不朗，红雾四障，猩猩狒狒，短狐暴鳄，啼烟啸雨，跳波弄涨。人尽危公，而公夷然不屑。曰：'吾生平梦浮丘、罗浮、擎雷、大蓬、葛洪丹井、马伏波铜柱而不可得，得假一尉，了此夙愿，何必减陆贾使南粤哉！'"② 这既体现了汤显祖对自己仗义执言后果的清醒预判和勇于承担，也说明，遥远的岭南，那里的山水风物之奇对他具有巨大的吸引力。

一、浮丘等地的传说与文化意蕴

我们来看看汤显祖提到的浮丘等地在何处，有何典故传说。

第一，浮丘。

浮丘公为古代传说中的仙人，后衍生出咏游仙的典故。《文选》卷 21 晋郭璞《游仙诗》其三："左把浮丘袖，右拍洪崖肩。"唐李善注引《列仙传》："浮丘公接王子乔以上嵩高山。"唐人诗歌中大量出现此典，如钱起《夕游覆釜山道士观因登玄元庙》"倘把浮丘袂，乘云别旧乡"，借浮丘公表现游仙之想。李渤《南溪诗》："若值浮丘翁，从此谢尘役。"这里的浮丘翁指神仙，表示作者愿在岭南的桂山漓水之间遁迹尘俗，求仙学道。孙偓

---

① 原载《佛山科学技术学院学报》（社会科学版）2017 年第 2 期，题为《汤显祖的岭南想象及远赴徐闻之思想研究》。

② 汤显祖著、徐朔方笺校：《汤显祖集全编》（六），上海：上海古籍出版社，2015 年，第 3138 页。

《寄杜先生诗》："我行同范蠡，师举效浮丘。"这里用"效浮丘"喻指修道求仙。故李群玉在广州作的《登蒲涧寺后二岩三首》其二曰："九霄身自致，何必问浮丘。"这里的浮丘既指传说中到过广州的浮丘公，也泛指神仙。

据说浮丘公是广东南海人，周灵王时，他曾陪周太子晋入嵩山修炼。后至罗浮，在南海县西得道。① 后人将其地称作"浮丘"，浮丘的山称为"浮丘山"，浮丘的石称为"浮丘石"，文人骚客在其地成立"浮丘社"，吟诗作对。清范瑞昂《粤中见闻》卷4记载，明万历年间，学士赵志皋以谪官至粤，在浮丘开浮丘社，与士大夫赋诗，并塑造浮丘丈人、葛稚川二仙人像以祀之。② 又据曾昭璇《广州历史地理》记述，"浮丘石即为（广州）西门口外小丘"，"如果西濠和西关为古代江道所在，则浮丘就是海中浮出的样子了"。③

第二，罗浮。

罗浮山"在增城、博罗二县之境。旧说罗浮高三千丈，有七十二石室，七十二长溪。神明神禽，玉树朱草"（《艺文类聚》引《罗浮山记》）④。唐吴均《天柱观记》说司马迁称"太荒之内，名山五千。其在中国有五岳作镇，罗浮括苍辈十山为之佐命"⑤，即肯定罗浮山为五岳外的最重要的名山之一。罗浮山方圆250多平方公里，被誉为"岭南第一山"，共有大小峰峦432座，流泉瀑布980多处，石室幽岩72个。⑥ 罗浮山山势挺拔雄伟，层峦叠翠，巨石幽壑，奇峰嶙峋，飞瀑如雷，溪涧幽深。罗浮山亦是中国道教十大名山之一。据《云笈七签》卷27《洞天福地》记载，罗浮山为道教十大洞天之"第七洞天"，七十二福地之"第三十四福地"。传说秦时"安期常游罗浮"（《罗浮山志》引《神仙传》）。汉文帝元年（公元前179年），陆贾奉使南越，回朝复命后撰《南越行纪》，称"罗浮山顶有湖，杨梅山桃绕其际"。晋成帝咸和六年（331年），葛洪到罗浮山，先后在山中建了东、西、南、北4庵，葛洪及其妻针灸名医鲍姑在此炼丹、传道、行医。屈大均《广东新语》称："考罗浮始游者安期生，始称之者陆贾、司马迁，始居者

---

① 史澄等：《广州府志》，卷10《舆地志略二》，台北：成文出版社，1966年，第171页。
② 范端昂撰、汤志岳校注：《粤中见闻》，广州：广东高等教育出版社，1988年，第30页。
③ 曾昭璇：《广州历史地理》，广州：广东人民出版社，1991年，第35、36页。
④ 欧阳询撰、汪绍楹校：《艺文类聚》卷7，北京：中华书局，1965年，第139页。
⑤ 王应麟：《玉海》卷20，南京：江苏古籍出版社；上海：上海书店，1987年，第399页。
⑥ 广东省地方史志编纂委员会编：《广东省志·地理志》，广州：广东人民出版社，1999年，第491页。

葛洪，始疏者袁宏，始赋之者谢灵运。"①

罗浮也是许多诗人向往和吟咏的对象。南朝宋王叔之即有《游罗浮山》。李白《金陵江上遇蓬池隐者》："心爱名山游，身随名山远。罗浮麻姑台，此去或未返。"《江西送友人之罗浮》："尔去之罗浮，我还憩峨眉。中阔道万里，霞月遥相思。"杜甫也怀想罗浮："南为祝融客，勉强亲杖屦。结托老人星，罗浮展衰步。"（《咏怀》）苏轼谪惠州居白鹤峰下，"留惠者凡四年，往来罗浮者，殆居其半"②，在葛洪丹灶旁搭建"东坡山房"居住。他曾作大量诗歌咏赞罗浮，如《游罗浮山一首示儿子过》："人间有此白玉京，罗浮见日鸡一鸣。南楼未必齐日观，郁仪自欲朝朱明。东坡之师抱朴老，真契早已交前生。"《食荔枝》："罗浮山下四时春，卢橘杨梅次第新。日啖荔枝三百颗，不辞长作岭南人。"《寄邓道士》："一杯罗浮春，远饷采薇客。遥知独酌罢，醉卧松下石。"明代学者湛若水晚年在此办书院讲学，多有咏罗浮诗："春宜居罗浮，冬宜居甘泉……罗浮春花发，西樵夏木蕃。"（《四居吟》）③"罗浮众仙人，缥缈排云迎。"（《初程出郭望罗浮》）④ 郭子直《今雨奇游序》曰："罗浮之胜，余十年梦寐也。"⑤

第三，擎雷山。

擎雷山在雷州府南。马端临《文献通考》卷 323《舆地考九·雷州》记："雷州，秦象郡地。二汉以后，并属合浦郡地……宋开宝五年，废徐闻、遂溪。属广西路。贡班竹。领县一，海康，有擎雷山、擎雷水、冠头一寨。"⑥ 有擎雷山为雷神故里的说法。宋祝穆《方舆胜览》卷 42 记广西路雷州府之雷公庙，引南宋丁谓所撰的《雷州显震庙记》："旧记云，州南七里有擎雷水，今南渡是也。始者，里民陈氏家无子，因射猎中获一大卵，围及尺余，携归家，不知其何名。忽一日，霆霹而开，遂生一子，鞠育抚养，遂成其家。乡俗异之，曰雷种。陈太建二年也。今其庙曰震显。"⑦ 明万历《雷州府志》卷 3 载："（雷郡）南十里曰擎雷山，形如列屏，茂植葱

---

① 屈大均著、李育中等注：《广东新语注》卷 3，广州：广东人民出版社，1991 年，第 85 页。

② 陈梿：《罗浮志》，北京：中华书局，1985 年，第 45 页。

③ 中山大学中国古文献研究所编：《全粤诗》第 6 册，卷 202，广州：岭南美术出版社，2009 年，第 911 页。

④ 郭棐编撰、王元林校注：《岭海名胜记校注》卷 12，西安：三秦出版社，2012 年，第 555 页。

⑤ 郭棐编撰、王元林校注：《岭海名胜记校注》卷 12，西安：三秦出版社，2012 年，第 540 页。

⑥ 马端临著，上海师范大学古籍研究所、华东师范大学古籍研究所点校：《文献通考》第 1 册，北京：中华书局，2011 年，第 8877 页。

⑦ 祝穆：《方舆胜览》中，北京：中华书局，2003 年，第 761 页。

翠，环拱郡治，即案山也。俗传陈氏为雷震，与雷敌，不死，故名。"① 清顾祖禹《读史方舆纪要》曰："擎雷山，府南八里，府治之案山也，擎雷水出焉。又府北五里有英灵冈，府治主山也，状如屏几，一名乌卵山。相传陈太建间雷出于此，因更今名。又府西南八里有英榜山，上有雷师庙。"②

第四，大蓬。

大蓬，原是蓬莱的别称，唐宋以后又指秘书省。《后汉书》卷23《窦章传》云："是时学者称东观为老氏藏室、道家蓬莱山。"李贤注："老子为守藏史，复为柱下史，四方所记文书皆归柱下，事见《史记》。言东观经籍多也。蓬莱，海中神山，为仙府，幽经秘录并皆在焉。"③ 唐宋人称监掌古今经籍图书、国史实录、天文历数之事（《宋史》卷164《职官志四》）的秘书省为蓬莱道山，或称蓬山，或称道山，或称大蓬。王勃《上明员外启》有："宠夺攀轮，更掌蓬山之务。"李白《宣州谢朓楼饯别校书叔云》曰："蓬莱文章建安骨，中间小谢又清发。"陆游《喜杨廷秀秘监再入馆》曰："公去蓬山轻，公归蓬山重。"陆游《老学庵笔记》卷4："秘书新省成，徽庙临幸，孙叔诣参政作贺表云：'蓬莱道山，一新群玉之构……'"④ 文天祥《秘省再会次韵》："蓬莱春宴聚文星，多荷君恩赐百朋。"黄庭坚《和答外舅孙莘老病起寄同舍》："道山邻日月。"⑤ 又《和答子瞻和子由常父忆馆中故事》："道山非簿领。"⑥

地名大蓬者甚多。江西吉安地区泰和县，明清时八都有大蓬村。⑦《直隶澧州志》卷5《食货志·田赋·澧州》记载了大蓬、左家峪、道口等地名。⑧ 据云南水富县1951年行政区划，新安乡有大蓬村。⑨ 这些地方多不为人知，没有查到特别深意或来历，也不在汤显祖前往徐闻的路线上，关联性不大。

---

① 欧阳保纂修：《（万历）雷州府志》，日本藏中国罕见地方志丛刊，北京：书目文献出版社，1990年，第176页。

② 顾祖禹：《读史方舆纪要》卷104"广东五"，上海：商务印书馆，1937年，第4303页。

③ 范晔撰、李贤注：《后汉书》第3册，北京：中华书局，1965年，第821–822页。

④ 陆游撰、李剑雄、刘德权点校：《老学庵笔记》卷4，北京：中华书局，1979年，第121页。

⑤ 黄庭坚著、刘琳等校点：《黄庭坚全集》第1册，成都：四川大学出版社，2001年，第35页。

⑥ 黄庭坚著、刘琳等校点：《黄庭坚全集》第1册，成都：四川大学出版社，2001年，第22页。

⑦ 泰和县地方志编纂委员会：《泰和县志》，北京：中共中央党校出版社，1993年，第39页。

⑧ 澧县档案馆整理：《直隶澧州志》上，澧县档案馆整理翻印，1981年，第202页。

⑨ 水富县志编纂委员会编纂：《水富县志》，昆明：云南人民出版社，1996年，第41页。

又查地名资料，称蓬山亦很多。最有名的是宁波大蓬山，又名达蓬山，相传徐福东渡由此入海，山上有秦渡庵画像石刻。《四明谈助》卷45《西四明外护》（上）："山上有岩，高五六丈。有石穴，深四丈余。岩上有佛迹，多香草。秦始皇至此，欲自此入蓬莱，故号'达蓬山'。"① 宋人周锷诗云："灵山名大蓬，香水霭薝卜。龙祇久覆护，云物翳深谷。拂衣向劫中，神斧断苍玉。至今天人尊，灵迹印金粟。"② 黄宗羲《达蓬纪游》曰："东尽观沧海，往事一慨然。浪中鼓万叠，鲸背血千年。何物秦始皇，于此求神仙。"③

其他地方也有大蓬山，多与神仙佛道有关。《大元混一方舆胜览》卷中《四川等处行中书省》称营山县（古代称蓬州）有大蓬山，"状如蓬莱，因以为名。《列仙传》：'葛由乘木羊上绥山，随者皆得道。'绥山即大蓬山之号。"④ 这座大蓬山上有唐代题刻及造像，大蓬山历代题刻有60余幅。⑤ 又四川什邡县（今什邡市）亦有大蓬山，"高崖矗天，六月积雪不消。每于朝云初起，日射圆光于山顶，五色光晕数重，中有黑影，仿佛佛像"⑥。陆游有诗《过大蓬岭度绳桥至杜秀才山庄》，淳熙元年（1174 年）夏作于蜀州，但这是另一个大蓬⑦。江西铜鼓县有大蓬山，山有福寿寺。⑧

那么，按邹迪光的说法，汤显祖提到的、与雷州的"擎雷（山）"并列的"大蓬"，是在哪里呢？笔者遍寻文献也只找到明代肇庆府德庆州有大蓬陂，高州府信宜县（今信宜市）有大蓬塘⑨，梅州平远五指峰山脉分支有大蓬山⑩。大蓬陂、大蓬塘的可能性不大，梅州大蓬山亦暂未找到更多记载。

---

① 徐兆昺著、周冠明等点注：《四明谈助》下，宁波：宁波出版社，2003 年，第 1591 页。

② 浙江省地方志编纂委员会编著：《宋元浙江方志集成》第 7 册，杭州：杭州出版社，2009 年，第 2932 页。

③ 宁波市镇海地区地名志编纂委员会：《宁波市镇海区地名志》，西安：西安地图出版社，2010 年，第 518 页。

④ 刘应李原编、詹有谅改编、郭声波整理：《大元混一方舆胜览》，成都：四川大学出版社，2003 年，第 274 页。

⑤ 四川省地方志编纂委员会编：《四川省志·文物志》上，成都：四川人民出版社，1999 年，第 230 页。

⑥ 段木干主编：《中外地名大辞典》第 1 册，台中：人文出版社，1981 年，第 269 页。

⑦ 钱仲联校注：《剑南诗稿校注》第 1 册，卷 5，上海：上海古籍出版社，1985 年，第 311 - 312 页。

⑧ 黄国勤主编：《江西绿色农业》，北京：中国环境科学出版社，2012 年，第 221 页。

⑨ 郭棐撰，黄国声、邓贵忠点校：《粤大记》卷 29，广州：广东人民出版社，2014 年，第 849、850 页。

⑩ 梁德新编著：《松口民俗文化风情》，《松口镇地名考》吴殿元撰写"径礤村"条，梅州：梅州市英梅印刷厂印刷，2009 年，第 57 页。

根据"大蓬"的典故，以及汤显祖所提到的浮丘、罗浮、擎雷均为仙迹胜地的情况，如果邹迪光没有记错且汤显祖没有口误，那么汤显祖所指的"大蓬"，应该也是岭南一带的类似名胜，而且很可能与"蓬莱"一类仙境有关。

第五，葛洪丹井。

浙江昌化、天目、绍兴、丽水、宁波、余姚等地有多处葛洪汲水炼丹的丹井或传说。①但汤显祖所指应在罗浮山或广州、南海一带。《晋书》卷72《葛洪传》："以年老，欲炼丹以祈遐寿，闻交阯出丹，求为句漏令。帝以洪资高，不许。洪曰：'非欲为荣，以有丹耳。'帝从之。洪遂将子侄俱行。至广州，刺史邓岳留不听去，洪乃止罗浮山炼丹。"②葛洪炼丹采药，在珠江三角洲屐痕处处，许多地方都有丹井的说法。顾嗣立《罗浮山记》云："葛稚川入罗浮炼丹，弟子从之者五百余人，置观四所，今井存焉。"今罗浮山冲虚观原为葛洪所置南庵都虚，观内的长生井传为葛洪丹井。③佛山南海的丹灶，据说也是葛洪炼丹的地方，过去也有传说是他炼丹的丹灶。宋代王存《元丰九域志》卷9记广州有"葛洪丹井"④。据戢斗勇研究，宋代方信孺《南海百咏》记载广州白云山蒲涧有碧虚观，其东岭之上也有"葛仙翁炼丹石"⑤。

第六，马伏波铜柱。

马援是汉代名将，战功赫赫，官至伏波将军，人们尊称其为"马伏波"。他爱国忠勇，以穷当益坚、老当益壮、马革裹尸的英雄气概受到人们的崇敬，殁后谥"忠成"。马援曾南征交阯，晋郭义恭《广志》记载，"马援至交阯，立铜柱为汉之极界"。明邝露《赤雅》卷下曰："伏波铜柱，一在凭祥州思明府南界，一在钦州分茅岭交阯东界。马文渊又于林邑北岸，立三铜柱为海界，林邑南，立五铜柱为山界。"⑥

雷州城西南有伏波祠，又称伏波庙。又有伏波井，传说是马援的马蹄踢出来的。嘉庆《雷州府志·沿革》在记述马援于建武十八年至建武十九

---

① 朱德明：《自古迄北宋时期浙江医药史》，北京：中医古籍出版社，2013年，第112 - 114页。

② 房玄龄等撰：《晋书》，北京：中华书局，1974年，第1911页。

③ 李日森：《博罗宗教源流小考》，见博罗县政协文史资料研究委员会编：《博罗文史》第7辑，1994年，第96页。

④ 王存撰，王文楚、魏嵩山点校：《元丰九域志》附录《新定九域志》卷9，北京：中华书局，1984年，第694页。

⑤ 戢斗勇编著：《广府先贤》，广州：暨南大学出版社，2011年，第25页。

⑥ 邝露：《赤雅》卷下，北京：中华书局，1985年，第55页。

年（42—43 年）征交趾一事时，有"是时，援略地至雷州"之句，说明马援到过雷州。① 清范端昂《粤中见闻》载："海康、徐闻两县所建伏波庙则专祀新息侯马援。侯平安南，治琼海，有大功德于粤，粤人祀之。"②

二、汤显祖心路历程及仙境向往

由上所述，我们看到，汤显祖所了解到的和他心目中的岭南，除了马伏波立铜柱这个近乎被神话化了的历史英雄事迹外，还有他所提到的浮丘、罗浮、大蓬、葛洪丹井、擎雷等文化意象。其中前四个为道教神仙传说仙迹，擎雷则是民间俗神故事。

其实铜柱意象，在汤显祖心中代表极边极远的蛮荒之地。汤显祖在南京任官期间所作的《送袁生谒南宁郡》即有："白发孤游铜柱西，瘴来江影似虹霓。"③ 他想象中的岭南，就是一片烟瘴，而以伏波铜柱为标志。

汤显祖为什么会对神仙道术最感兴趣呢？这首先是受家庭的影响。《和大父云盖怀仙之作》有："第少仙童色，空承大父言。"④《和大父游城西魏夫人坛故址诗》序云："家大父早综籍于精簧，晚言筌于道术。捐情末世，托契高云。家君恒督我以儒检，大父辄要我以仙游。"⑤ 其次，这与汤显祖自身有关。他是一个博览群书、尚奇好奇之人，对这些典故非常熟悉。邹迪光《临川汤先生传》称他"五经而外，读诸史百家汲冢连山诸书"，"于古文词而外，能精乐府歌行五七言诗，诸史百家而外，通天官地理医药卜筮河渠墨兵神经怪牒诸书"⑥，这些题材也常见于古诗文中。正因如此，汤显祖经常在自己的作品里提及它们，也很容易在得悉自己被贬岭南时想起。

与此同时，汤显祖也将这些地方作为想象中超越现实的神秘而美好的仙境。比如"大蓬"所指的蓬莱，汤显祖的文学作品里也屡屡出现。《邯郸记》第 3 出《度世》开头就说"蓬岛"："〔扮吕仙褡袱葫芦枕上〕〔集唐〕

---

① 吴建华编：《雷州传统文化初探》，天津：天津古籍出版社，2000 年，第 118、120 页。

② 范端昂撰、汤志岳校注：《粤中见闻》卷 5《地部二·伏波庙》，广州：广东高等教育出版社，1988 年，第 48 页。

③ 汤显祖著、徐朔方笺校：《汤显祖集全编》（三），上海：上海古籍出版社，2015 年，第 1282 页。

④ 汤显祖著、徐朔方笺校：《汤显祖集全编》（一），上海：上海古籍出版社，2015 年，第 118 页。

⑤ 汤显祖著、徐朔方笺校：《汤显祖集全编》（一），上海：上海古籍出版社，2015 年，第 124－125 页。

⑥ 汤显祖著、徐朔方笺校：《汤显祖集全编》（六），上海：上海古籍出版社，2015 年，第 3138 页。

蓬岛何曾见一人，披星带月斩麒麟。无缘邀得乘风去，回向瀛洲看日轮。"①
第29出《生寤》让卢生唱了一支【小蓬莱】："八十身为将相，如今几刻时
光。猛然惆怅，丹青易老，舟楫难藏"，并感慨身世，"思想当初，孤苦一
身，与夫人相遇。登科及第，掌握丝纶。出典大州，入参机务。一审岭表，
再登台辅。出入中外，回旋台阁，五十余年。前后恩赐，子孙官荫，甲第
田园，佳人名马，不可胜数。贵盛赫然，举朝无比。圣恩未报，一病郎
当"②。然终未悟道，直至剧末第30出《合仙》，吕洞宾将其引入仙境，交
代："此乃蓬莱沧海，大修行之处也。"诸般点化，又借张果老叹："甲子何
劳问，蓬山好看春。"③"蓬莱"，代表的是汤显祖本人以及当时迷惘彷徨的
知识分子所向往的与现实相对的理想世界。

　　有意思的是，"蓬莱"在《临川四梦》中的意义前后是不同的。《邯郸
梦》创作时间最晚，一般认为它反映了汤显祖在归乡三年、被正式免职，
经历了世事浮沉之后对社会、人生、事业的总的感悟。其中涉及蓬莱的共
10处，分别是第3出《蓬岛》《蓬莱山门》《蓬壶》《蓬莱洞》；第29出
《小蓬莱》《蓬莱方丈》；第30出《蓬莱》《蓬莱沧海》《蓬莱方丈》《蓬
山》，全是指传说中的蓬莱仙山、仙岛。而在此之前，汤显祖在南京任职期
间所作的《紫钗记》，情况则大不一样：

　　第6出《堕钗灯影》：

　　【前腔】〔生韦崔上〕逞风光看人儿那些，并香肩低回着笑歌。天
街甃琉璃光射，等的个蓬阆苑放星槎。〔望介〕④

　　第10出《回求仆马》：

　　【小蓬莱】〔韦崔上〕春意渐回沙际，风流长聚京都。终南韦曲，
博陵崔氏，潇洒吾徒。⑤

　　① 汤显祖著、徐朔方笺校：《汤显祖集全编》（六），上海：上海古籍出版社，2015年，第
2979页。
　　② 汤显祖著、徐朔方笺校：《汤显祖集全编》（六），上海：上海古籍出版社，2015年，第
3082页。
　　③ 汤显祖著、徐朔方笺校：《汤显祖集全编》（六），上海：上海古籍出版社，2015年，第
3090、3092页。
　　④ 汤显祖著、徐朔方笺校：《汤显祖集全编》（五），上海：上海古籍出版社，2015年，第
2430页。
　　⑤ 汤显祖著、徐朔方笺校：《汤显祖集全编》（五），上海：上海古籍出版社，2015年，第
2448页。

第 18 出《黄堂言饯》：

〔生〕小生量浅。告行。〔尹〕未也。少年中了探花郎，还有好处哩。

【短拍】翰苑风清，蓬莱天近，御香浮满眼氤氲。视草玉堂人，紫荷囊金鱼佩那些风韵。到大来管掌着紫薇堂印，少不的人向凤池头立稳。越富贵越精神。〔尹送生介〕①

第 21 出《杏苑题名》：

〔众〕请状元谢恩。〔生谢恩介〕

【滴溜子】圣天子，圣天子，万寿临轩。贤宰相，贤宰相，八柱擎天。人中选出神仙，总送上蓬莱殿。宫袍赐宴，谢皇恩今朝身惹御炉烟。

〔众〕请状元赴宴。〔行介〕②

第 23 出《荣归燕喜》：

【前腔】〔浣、鸿〕春满玉蓬瀛，宝烛笼纱篆烟鼎。看宫袍袖惹，翠翘花胜。雨露恩天上碧桃，春风燕日边红杏。③

【尾声】从今后一对好夫妻出入在皇都帝辇行，谢皇恩瞻天仰圣。〔生〕则怕少不得绿暗红稀出凤城。

朱衣头踏引春骢，归到蓬壶昼锦浓。

果称屏开金孔雀，休教镜剖玉盘龙。④

第 42 出《婉拒强婚》：

① 汤显祖著、徐朔方笺校：《汤显祖集全编》（五），上海：上海古籍出版社，2015 年，第 2473 – 2474 页。

② 汤显祖著、徐朔方笺校：《汤显祖集全编》（五），上海：上海古籍出版社，2015 年，第 2479 页。

③ 汤显祖著、徐朔方笺校：《汤显祖集全编》（五），上海：上海古籍出版社，2015 年，第 2484 页。

④ 汤显祖著、徐朔方笺校：《汤显祖集全编》（五），上海：上海古籍出版社，2015 年，第 2485 页。

【小蓬莱】〔生上〕憔悴寻常风月，甚拘留咫尺关山。花无人问，酒无人劝，醉也无人管。①

由上所引，《紫钗记》中提及蓬莱者共 7 处，除其中曲牌名"小蓬莱" 2 处外，其余"蓬莱""蓬莱殿""玉蓬瀛""蓬壶昼锦浓" 4 处，所指均可以确定是朝廷、皇苑。如京兆府尹为即将在洛阳参加春试的李益送行时，祝愿他金榜题名，得享荣华富贵。李益中了状元，谢恩、荣归时也美称金殿、朝廷为"蓬莱"。需要琢磨的是第 6 出《堕钗灯影》写李益与中表崔允明、密友韦夏卿元宵天街看灯提及的"蓬阆苑"。查第 2 出《春日言怀》，二人已从李益"东风吹绽了袍花衬"的吐露，猜测出他的功名之意和求得佳偶的心声，因此，"等的个蓬阆苑放星槎"应该是希望他的愿望达成。联系本出前面一曲【园林好】"谢皇恩灯华月华，谢天恩春华岁华。遍写着国泰民安天下，遨头去唱声哗"可知，这愿望之中，第一种或许更强烈。也即此处的蓬莱，还是多指朝廷。

根据黄世中的研究，蓬山意象除神仙居处、可望而不可即之事物、道观、秘书省之外，由于唐高宗时将大明宫改为蓬莱宫，因此蓬山、蓬莱又有朝廷殿堂之意。如杜甫《莫相疑行》"忆献三赋蓬莱宫，自怪一日声显赫"，岑参《酬成少尹骆谷行见呈》"忆昨蓬莱宫，新受刺史符"、《送颜平原·序》"上亲赋诗觞群公，宴于蓬莱前殿"等。②

《紫钗记》是汤显祖的早期作品。万历十一年（1583 年），30 岁的汤显祖以第三甲第 211 名赐同进士出身。之后不受辅臣申时行、张四维招致，出为南京太常寺博士，正七品。一般认为《紫钗记》作于万历十五年（1587年）前后。当时的汤显祖正血气方刚，意欲有一番作为，也渴望得到天子的肯定、赏识和重视，因此他和笔下人物最向往的"蓬莱"不是天外仙山，而是人间朝廷。即使上奏《论辅臣科臣疏》，也并非汤显祖对现实失望，而是希望能够重振朝纲，是他满怀希望地参与政事，力图振衰起颓、鼎新弊政的力举。而到了仕途末年，经历了一次次的打击，他对现实绝望了，最终才会将希冀和梦想放到虚无缥缈的非人间。

被贬徐闻，是汤显祖仕宦生涯中的一次重大打击。一般来说，在无法反击时，人的内心会应激性地选择回避，渴望短暂的出逃或游离。中国古代文学史上浩如烟海的游仙诗、田园诗，那样丰富的吟咏渔樵耕读的诗文

---

① 汤显祖著、徐朔方笺校：《汤显祖集全编》（五），上海：上海古籍出版社，2015 年，第 2548 页。

② 黄世中：《从"蓬山"意象说到古典诗歌的解读》，载《天府新论》1997 年第 2 期。

画作，或多或少，都与作者在社会生活中的不满、不达、不遇、不能等情绪有关。由于现实受挫，便思想起，或寄望于他乡，而且是充满梦幻和瑰奇、足以抚慰心灵的美好境地，其可理解。汤显祖所想到的远在岭南的浮丘、罗浮、蓬莱等，就代表了这样的、远离现实纷扰、天高地迥的异域他方。

三、尚奇的心理倾向和精神追求

在汤显祖心目中，岭南的文化意象，无论是浮丘、罗浮、大蓬、葛洪丹井、擎雷还是马伏波铜柱，无论是神仙传说还是历史故事，它们都有一个共同的特点，就是"奇"。

"奇"，并非传统批评观念里的正宗。《二十四诗品》斥新奇、轻靡，《文心雕龙·体性》认为"新奇者，摈古竞今，危侧趣诡者也"，评价不高。《定势》篇认为"奇"源于"近代辞人"的"好诡巧""穿凿取新"，"似难而实无他术也，反正而已"。又说"密会者以意新得巧，苟异者以失体成怪"，将"逐奇而失正"作为文体之"弊"。[1]

长期以来，崇雅尚正一直是一种主流的审美观和价值判断。但是，从创作经验看，"奇"的风格可以开人眼目，也是许多作品成为经典的原因。唐代殷璠《河岳英灵集》卷上评论李白"志不拘检"，文章"率皆纵逸。至如《蜀遭难》等篇，可谓奇之又奇。然自骚人以还，鲜有此体调也"[2]。卷中又称赞岑参"语奇体峻，意亦造奇"，"可谓逸才"[3]。皇甫湜《答李生第一书》认为一些以"奇"著称的优秀作品具有"意新""词高"的特点："意新则异于常，异于常则怪矣。词高则出于众，出于众则奇矣。""非有意先之也，乃自然也。"[4] 宋人陈师道《后山诗话》也称，"善为文者，因事以出奇，江河之行，顺下而已。至其触山赴谷，风抟物激，然后尽天下之变"[5]，认为优秀的"奇"作乃因事而生成、顺其自然而行笔。吕祖谦《古文关键·论作文法》甚至将过去作为对立面的"奇"与"正"结合起来："为文之妙，在叙事状情。笔健而不粗，意深而不晦，句新而不怪，语新而不狂。二常中有变，正中有奇。"[6] 这其实是一种理论反拨，为被贬斥的

---

① 刘勰著、范文澜注：《文心雕龙注》，北京：人民文学出版社，1962 年，第 505、531 页。

② 元结、殷璠等选：《唐人选唐诗（十种）》，上海：上海古籍出版社，1978 年，第 53 页。

③ 元结、殷璠等选：《唐人选唐诗（十种）》，上海：上海古籍出版社，1978 年，第 81 页。

④ 姚铉、杨意辑：《四部丛刊初编》集部 319《唐文粹》卷 85《书七》，上海：上海书店，1989 年。

⑤ 何文焕辑：《历代诗话》上，北京：中华书局，2004 年，第 309 页。

⑥ 吕祖谦编：《古文关键》，北京：中华书局，1985 年，第 5 页。

"奇"正名。

在戏曲界，由于戏曲的民间性、叙事性，很早就将"奇"列为关注对象。钟嗣成《录鬼簿》赞誉范康"一下笔即新奇，盖天资卓异，人不可及也"；称鲍天佑"跬步之间，惟务搜奇索古而已。故其编撰，多使人感动咏叹"。① 乔吉《作今乐府法》提出作曲要"意思清新"（《辍耕录》卷8）。顾瑛《制曲十六观》认为"曲以意为主，要不蹈袭前人语""跳出窠臼外，时加新意，自成一家"。许多南戏文本直接以"奇"相标榜。南戏《荆钗记》第1出家门《临江仙》："一段新奇真故事，须教两极驰名。三千今古腹中存，开言惊四座，打动五灵神。"《赵氏孤儿记》第1出副末开场《满江红》："咏月披云，诗曲赋得趣，偏得惯诨砌，斜乔这般学识。毕竟世情多孟浪，何妨肺腑为编捻，闲观处，撰掇一曲新词真奇特。"朱有燉《〈继母大贤〉传奇引》也认为，元杂剧"清新可喜""为识者珍"。

与此同时，在明代，对"奇"的追求和喜好，成为站在时代前端的知识分子的一个有代表性的趋势。

明代知识分子对"奇"的追求，是对长期以来压抑人情人欲的理学思想的反拨。明中期以后，随着阳明心学对理学的冲击，儒、释、道三教合流等思想意识的变化，人们开始关注人性、人情和人欲。从程朱理学衰落到王学崛起，再到泰州学派，传统的思想道德、价值观念受到冲击，人们的自我意识开始觉醒，更多地关注己身。特立独行、拔于流俗的"奇""畸"，往往成为一些处于边缘地带的知识分子的共性，甚至成为他们的人格特征和生命追求。他们在艺术上崇尚奇丽景物、奇特思想，提出创作要自适己意。如李日华《为人图扇题》说"写出胸中奇"，"切莫计工拙，聊以自娱嬉"②。这类思想在明人中非常普遍。

尚奇好奇的风气，与明中后期经济的发展和市民社会的兴起有关。蓬勃发展的社会经济和市民意识，新变迭出的文化环境，令求新、逐异成为时代浪尖上知识分子的表现形式之一。他们盛赞奇人奇事。磊砢居居士作《四声猿跋》对徐渭大加赞赏，谓其"旷代奇人也"，称其"行奇，遇奇，诗奇，文奇，画奇，书奇，而词曲为尤奇"，甚至希望"天下后世好奇之士

---

① 中国戏曲研究院编：《中国古典戏曲论著集成》（二），北京：中国戏剧出版社，1959年，第120、122页。

② 李日华著、潘欣信校注：《竹懒画滕》，杭州：西泠印社出版社，2008年，第75页。

读是书而共赏其奇也"①。汤显祖称他敬仰的李贽为"畸人"②。徐渭自作《畸谱》，把自己看作乖时背俗的畸人。唐寅人称"畸人"③。潘耒在《徐霞客游记序》中赞叹徐霞客"宇宙间不可无此畸人，竹素中不可无此异书"。畸人奇士"畸于人而侔于天"（《庄子·大宗师》），正是本真之人、率性之人，与自然天理相通。

汤显祖尚"奇"、好"奇"，也善于写"奇"。吕天成《曲品》将汤显祖置于"上之上"，称其"搜奇""摘艳"，譬如"狂、狷"④，评《牡丹亭》"杜丽娘事，甚奇。而著意发挥，怀春慕色之情，惊心动魄。且巧妙叠出，无境不新，真堪千古矣"⑤。汤显祖本人的确非常注重"奇"，他热情讴歌奇士、灵心。《序丘毛伯稿》说："天下文章所以有生气者，全在奇士。士奇则心灵，心灵则能飞动，能飞动则下上天地，来去古今，可以屈伸长短生灭如意，如意则可以无所不如。"⑥ 他又作有一篇《合奇序》，赞赏"奇伟灵异高朗古宕之气"，以孤陋寡闻的"拘儒老生"为乡愿，以循"古今画格""有意为之"为乡愿，以无奇之文、不灵笔墨、步趋形似为乡愿。他提倡的，就是自然灵气、任心无意、神工化笔。画如此，文章亦是如此。汤显祖认为，它们的精神主张是一致的。他呼吁："士有志于千秋，宁为狂狷，毋为乡愿。"⑦

由此我们更可以理解汤显祖对岭南那些所谓"怪力乱神"的神话传说、缥缈故事的向往与欣赏。事实上，他本来就不愿同于流俗，而往往自出胸臆、自作主张。

汤显祖不仅文采出众，而且行止高尚。他以"童子诸生中，俊气万人一"（汤显祖《三十七》）⑧ 之质，21 岁中举之才，名满天下之声，竟然两

---

① 徐渭：《徐渭集》（四），北京：中华书局，1983 年，第 1359 页。

② 汤显祖在《答邹实川》的信中说过自己哲学思想的师承关系："幼得于明师，壮得于可上人。"又在《寄石楚阳苏州》中提道："有李百泉先生者，见其《焚书》，畸人也。肯为求其书，寄我驼荡否？"

③ 万历年间何大成为《唐伯虎全集》作序，曾引客言曰："唐伯虎，畸人也。"

④ 中国戏曲研究院编：《中国古典戏曲论著集成》（六），北京：中国戏剧出版社，1959 年，第 213 页。

⑤ 中国戏曲研究院编：《中国古典戏曲论著集成》（六），北京：中国戏剧出版社，1959 年，第 230 页。

⑥ 汤显祖著、徐朔方笺校：《汤显祖集全编》（三），上海：上海古籍出版社，2015 年，第 1532－1533 页。

⑦ 汤显祖著、徐朔方笺校：《汤显祖集全编》（三），上海：上海古籍出版社，2015 年，第 1535 页。

⑧ 汤显祖著、徐朔方笺校：《汤显祖集全编》（一），上海：上海古籍出版社，2015 年，第 409 页。

次会试不中，直到 34 岁方以极低名次中了进士，然后以七品微职淹留 6 年，其原因就在于他拒不接受张居正、申时行、张四维等人的拉拢利诱，不肯与执政交通，不愿与权臣、文坛领袖如王世贞、王世懋等酬应，不甘与世俯仰。同游的沈懋学等人是识时务者，也是主流，而汤显祖可谓"奇"而"倔"。万历十六年（1588 年），南京在遭到连年饥荒之后又发生大瘟疫，以致"白骨蔽江下"，民不聊生。次年，时任礼部祠祭司主事的汤显祖毅然上书，抨击万历以来的朝政，弹劾首辅申时行和科臣杨文举等人，震动朝野。直批逆鳞，汤显祖可谓"奇"而"勇"。他欣赏海瑞和徐渭这样"耿介""纵诞"的人物；他仕途坎坷，颠沛流离，直到晚年困顿亦不肯与郡县官周旋。《明史》说汤显祖"意气慷慨""蹭蹬穷老"①，真乃千秋之士、狂狷之人。

四、小结

汤显祖抗言上疏被贬徐闻，对此他有足够的心理准备，同时也开启了他的岭南文化之旅。行前他向邹迪光提到的浮丘、罗浮、擎雷、大蓬、葛洪丹井、马伏波铜柱等神话传说、历史故事，代表了他的岭南想象：既是极边极荒之地，又是充满奇情异彩、天高地迥的异域他方。汤显祖对岭南的文化想象和向往，符合他好奇尚奇、"奇而倔""奇而勇"的性格特点，也是他狂狷人格的具体表现。

据周育德研究，令汤显祖被贬岭南的上疏并非其自称的"乘兴偶发一疏"②，乃是他万历十四年（1586 年）受到来南京讲学的罗汝芳影响所致，从而追求关注民生、化导天下的圣贤作为。是年汤显祖有《三十七》诗，表达了"慷慨趋王术"的人生抱负，有了"兴至期上书"的现实准备。万历十八年（1590 年），汤显祖读到李贽的《焚书》，又结识了达观。三人的影响，兼之汤显祖固有的狂放执着，形成了他强烈的进取精神，使他更加关注朝政国事，终于无论"不知当事何以处我"③，亦在所不辞地毅然上疏。尽管牺牲了仕途，但这奋力的一击，令"具臣泥首自窜，贪夫濡尾不前，群浮之徒聿役如鬼"（梅鼎祚《与汤义仍》），而朝野士气大振。④

但现实不可能容许这样的千秋之士、狂狷之人傲兀恣肆，或一直傲兀

---

① 张廷玉等撰：《明史》卷 230，北京：中华书局，1974 年，第 6016 页。
② 钱谦益：《列朝诗集小传》（下），丁集中，上海：上海古籍出版社，1983 年，第 563 页。
③ 钱谦益：《列朝诗集小传》（下），丁集中，上海：上海古籍出版社，1983 年，第 563 页。
④ 周育德：《汤显祖的贬谪之旅与戏曲创作》，载《戏剧艺术》2010 年第 6 期。

恣肆下去。于是汤显祖被贬岭南。"八千里烟瘴地"①，他一路吟咏，寻奇探胜，过梅岭，入南华，进广州，绕道两百多里来到了他向往的罗浮山，展开他不减"陆贾使南粤"（邹迪光《临川汤先生传》）的壮游。

"诗人不幸诗家兴。"岭南的奇山秀水、奇风异俗、奇情百态，激发了汤显祖的创作热情，引起了他深沉的思考，也体现在他的诗文剧作之中，令人惊叹，令人回味。这就像唐代陇右的长河落日、黄沙莽莽激发了边塞诗人横溢三军的意气、"不求生入塞，唯当死报君"的浩歌；又像屈子行吟泽畔，观日月不淹，春秋代序，草木零落，哀民生之多艰，太息而作为《离骚》。千古文人之心，大略一也。

---

① 汤显祖：《邯郸记》卷 30，见汤显祖著、徐朔方笺校：《汤显祖集全编》（六），上海：上海古籍出版社，2015 年，第 3090 页。

第二节 《帝女花》的历史空间和岭南叙事①

《帝女花》传奇最早由清人黄燮清所作，因其"哀感顽艳，声情俱绘"而"唱遍江南"②、流播日本③。但将其发扬光大则有赖唐涤生编剧，任剑辉、白雪仙主演的同名粤剧。是剧 1957 年问世后历演不衰，先后多次被拍成电影、电视剧，改成各种版本、形式不断被演绎，可谓"经典不死，改版不止"④。1999 年全球乐迷通过表格和港台网址投票选出 20 世纪最具代表性的十首中文歌曲，《帝女花·香夭》为唯一入选的粤曲。在纪念粤剧《帝女花》面世 50 周年之际，雏凤鸣剧团进行了 31 场演出，票价高达 800 元，仍然场场爆满。⑤ 笔者在广州的调查显示，《帝女花》也是年轻人心目中传统戏曲的代表，许多学生以《帝女花》为最爱，认为它对他们具有不可磨灭的影响。⑥

一出戏经历半个世纪沧桑而弥新，活跃在舞台上，证明了它巨大的艺术魅力，也说明其中必然有让其垂世的永恒的价值在，有让观众听众共鸣的不变的情感在。可以说，粤剧《帝女花》一方面继承了原作"谱兴亡之旧事，写离合之情悰"⑦ 的主旨，另一方面大胆进行了历史重构，并采用独特的、符合岭南人文环境的岭南叙事，演绎了一个岭南人接受和喜爱，反映许多人共同的苦痛经历、爱恨情仇，反映他们心声血泪的感人故事。

一、《帝女花》创作的历史文化背景

岭南地处边疆和边缘，历史上就是汉民族退守的最后阵地、存亡续绝的生息沃土，又有百越文化一脉相承。作为文化生态过渡地带，岭南界面

① 原载《文化遗产》2013 年第 6 期，题为《在家与国的边缘——〈帝女花〉的历史空间及岭南叙事》。
② 黄际清：《跋》，沈金蕊《题辞》，见黄燮清：《倚晴楼七种曲》4，《帝女花》卷末，清光绪七年（1881 年）海盐冯肇曾集成刊本。
③ 孙恩保：《桃溪雪题词》自注："韵珊前制《帝女花》曲，日本人咸购诵之。"见黄燮清：《倚晴楼七种曲》8，《桃溪雪》卷末，清光绪七年（1881 年）海盐冯肇曾集成刊本。
④ 禅茶一味：《帝女花——经典不死，改版不止》，http://www.zen-tea.com/comments/2009/08/02/dinvhua/dinvhua.html。
⑤ 叶世雄：《戏曲窗口：〈帝女花〉面面》，载《文汇报》2007 年 3 月 20 日。
⑥ 徐燕琳：《广府文化区大学生戏曲接受情况调查报告》，载《南国红豆》2008 年第 3 期。
⑦ 陈其泰：《帝女花传奇序》，见黄燮清：《倚晴楼七种曲》3，《帝女花》卷首，清光绪七年（1881 年）海盐冯肇曾集成刊本，钱塘卧游草堂藏板。

活跃，异质性强，反应敏锐，民性倔强坚韧。黄尊生研究认为，崖山一役对岭南影响深远，因此岭南的民族思想特别发达，形成了忠勇义烈、热血满怀、澎湃磅礴和苦节坚贞、特立独行、孤芳自赏的两种特质。它们一外一内、一政治一道德，共同光大岭南文化。①

黄尊生《岭南民性与岭南文化》一书作于 1941 年，广州沦陷、作者"欲归不得"之际。在山河破碎的痛苦中，作者以饱满的激情书写他深爱的家园故土，高声颂赞血沃共和的辛亥英烈，颂赞淞沪抗战的十九路军，颂赞为抗战以血汗筹款百万的港澳小贩。这种经历和情感，同样属于粤剧《帝女花》的编剧唐涤生，以及演绎这一创作的任剑辉、白雪仙。

据唐涤生的同学鲍康尧回忆，唐氏 1935 年从上海回到广东中山，就读于"总理家乡纪念中学"（下文简称"纪中"）。此时"一·二八"事变刚过，日本亡我之形势日渐严峻，校长黄中庐请来曾参加过淞沪抗战的十九路军军官为学生讲课，开展军事训练，动员大家学好本领，保家卫国。1936年，纪中学生会发起纪念"一二·九"运动示威游行，唐涤生时任学生会主席。随后，他把学生会分成若干小组，假日分头到乡村访问，了解社会情况。他说："爱国须有本领。我们读书学习的机会已不多了，大家要静下心来，学好知识本领，今后无论上前线或到后方都有用处！"1937 年 7 月卢沟桥事变发生，8 月日军攻占上海，不久来到珠江口侵占了荷包、高栏等海岛，骚扰中山。学校无法上课，迁到澳门。毕业时有的同学去读大学，有的去当兵，有的去当教师，各奔前程。唐涤生时读高三，与他们相约"今后在社会上都有作为"。

1938 年秋，薛觉先、唐雪卿夫妇回唐家村探亲，见堂弟唐涤生兄弟俩在家搞创作，便邀请二人加入"觉先声"粤剧团。唐涤生答应了，弟弟唐浩溢则要北上抗日。唐雪卿当即赠送唐浩溢港币三百元作路费以壮其行。唐浩溢赴延安参加八路军，1941 年秋在山东沂蒙山区与日军作战，壮烈牺牲。

国难当头，不仅唐涤生的亲兄弟为国捐躯，他的许多同学也义无反顾地走上前线。1937 年和 1938 年，空军派员来纪中招兵，梁祺、吴寿康、黄导民、苏得才、苏德胜等同学纷纷参军。陆玉昆是孙中山的战友陆皓东的长孙，从中山大学毕业后去了美国，太平洋战争爆发后参加了美国空军，升至上校。杨吕、唐绍林等纪中校友参加了八路军。杨日韶和杨日璋兄弟参加了中山抗日义勇大队，牺牲在战场上。

---

① 黄尊生：《岭南民性与岭南文化》，曲江：民族文化出版社，1941 年，第 11、46、47 页。

抗战是全民族的事业。为宣传抗日，唐涤生曾以珠江口渔民抗战杀敌的故事为题材，创作话剧《渔火》，在学校排练演出，颇受欢迎。[①] 粤剧人在反清、在辛亥革命、在抗战中的壮举可歌可泣，同样予进入粤剧行的唐涤生以浸染。在抗战期间，在沦陷中的香港，唐涤生先后编写了《杨宗保》（1939 年）、《枪挑小梁王》《火烧红莲寺》《穆桂英》《双枪陆文龙》（1943年）、《班超》《黄飞鸿》《文天祥正气歌》（1944 年）、《文天祥》（1945年）等反抗侵略暴行的剧作。此后他还写了《岳飞出世》（1948 年）、《文姬归汉》《四郎探母》（1949 年）、《大明英烈传》《还君昔日烟花泪》（1953 年）、《艳阳长照牡丹红》（1954 年）等作品。例如《还君昔日烟花泪》（任剑辉主演）写李师师多年筹划，联络义军，反抗暴行，反映了积极的思想内容。而任剑辉、白雪仙等粤剧艺术家，包括观众，也经历了同样的烽火流离，共同的经历令他们在演出和欣赏时很容易投入真情、激起共鸣。据任剑辉自述，"九一八"事变后，她激情出演了徐若呆编剧的《汉奸之子》《杨八顺虎啸金沙滩》等爱国义侠剧，并在菲律宾演出，甚至义演 5个月，为抗战筹款。回程时，她"在邮船的甲板上望着空中的日本飞机，想到不知多少同胞牺牲在轰炸之下，禁不住泪如雨下"。她是绝不肯屈膝的。她赞叹："在日军占据的期间，有许多人不肯回去做'顺民'的，宁愿在澳门挨苦。"[②] 正因如此，任、白改动过的舞台本中，一些地方甚至更激烈和集中。这些，均构成了粤剧《帝女花》创作独特的历史文化背景。

二、苦节孤芳与忠勇义烈：《帝女花》的遗民精神

传奇《帝女花》本事源出《明史》。张宸曾作《长平公主诔》，吴伟业有《思陵长公主挽诗》。囿于时代，黄燮清只能写"恩礼胜国，与贵主之缠绵死生"，"附熙朝之雅颂，传贵主之孝贞"，但"谱兴亡之旧事，写离合之情惊"[③]。然而，"声捐靡曼，不同燕子吟笺；事涉盛衰，窃比桃花画扇"（黄燮清《自序》）。如同吴梅所说，黄燮清此剧"虽叙述清代殊恩，言外自见故国之感"[④]。曾永义认为："韵珊（黄燮清）于俯仰兴亡之际，感儿女江山之情，以其事可以歌可以哭，因援少陵咏怀之例，以冷吟闲醉之笔，

---

① 鲍康尧：《我所认识的唐涤生等几位中山"纪中"校友》，见中国人民政治协商会议珠海市委员会文史资料委员会编：《珠海文史》第 16 辑，2006 年，第 86～90 页。

② 曾影靖编辑：《重刊任剑辉自述》，香港：任剑辉研究计划出版，2013 年，第 174～207 页。

③ 见黄燮清：《帝女花》卷尾黄际清《跋》、卷首陈其泰《帝女花传奇序》。

④ 吴梅：《中国戏曲概论》，北京：中国人民大学出版社，2011 年，第 200 页。

寓宇宙贮悲之境，寄渺远愁思之怀，而付之于挽不住的恨水波涛。就因为他写作帝女花时的胸怀意境是如此，所以表现在作品中自然是重重迭迭的凄婉哀艳之音。我们在二十出曲文之中，竟然找不出一句温暖明媚的话语。这种气氛虽是心境、曲境的契合，在文学领域上有其高超的成就，但从戏曲的功能来说，就不免困顿消沉，难于终场了。"又说："韵珊寄意的遥深是和云亭相仿佛的。有清一代的传奇作品，像梅村乐府三种，像昉思长生殿，均莫不寄以麦秀黍离之悲。""对于故明的怀念，溢于言表。""遗民的悲痛，虽时异千古，犹有余哀。"① 碍于时势，黄燮清不能尽抒己意，只能宣泄遗民杜鹃啼血的哀痛伤感。于是他将李自成放在对立面，歌颂清帝礼葬崇祯，感恩为长平公主重新赐婚，回避了清屠杀侵略和明社覆亡的残酷事实。但他仍然在《佛饵》《草表》两出戏中描写了长平公主的傲骨。刘燕萍评论道："公主痛骂国戚和欲遁入空门之志节，与周钟腼颜事李闯之趋炎附势，不但形成对比，更展示帝女花（菊花）耐冷之傲骨。"②

粤剧《帝女花》对造成悲剧的原因有极为明确的认识，在传奇原著的框架下，对清帝的伪善、奸诈进行了充分的渲染和揭发。这使得戏剧冲突紧张而激烈，长平和周世显的形象更为光辉。粤剧对原著后半部分进行大斧改动，将重赐完婚改成二人誓不降清，在洞房的花烛乐声中双双自尽，以身殉国。此惊天壮举，如裂帛，如断弦，剧情到此戛然而止，以大喜衬映大悲，令悲剧达到顶峰。

粤剧《帝女花》中的长平公主性格坚定决绝。她与周世显的婚配由自小婚配改成凤台选婿，凸显了她的独立意志。剧中两处提到她的"孤芳自赏"。一处由其妹昭仁公主之口道："王姐，礼部选来一个你唔啱，两个又唔啱，王姐你独赏孤芳，恐怕终难寻偶。"另一处是通过其母周后之口："倘若宫主佢过于孤芳自赏，就会选婿艰难。"③ 所谓"孤芳自赏"，其实是有所持守。因此，当她遇到同样有人格尊严又同样有情有义的周世显时，立刻情投意合，定下终身。

长平不是平常人家的女儿，是身负国家重任的公主。一开场就说明：

① 曾永义：《黄韵珊的〈帝女花〉》，见《中国古典戏剧论集》，台北：联经出版事业公司，1975 年，第 286、287 页。

② 刘燕萍：《性格与命运·乱世情和谪仙——论〈帝女花〉的改编》，载《文学论衡》2009 年第 15 期。

③ 唐涤生选撰：《帝女花》，载《1963 粤曲之霸》，香港：濠江联合出版社，1963 年，第 695、698 页。

"宫主是天下女子仪范。"① 国破之时，崇祯下了必死的决心。周后悲咽："主上，民间烈妇尚能从夫而死，何况臣妾忝为三宫之主，望主上赐三尺红罗，待臣妾以身倡仪范。"袁妃亦言："主上，娘娘既能为国而死，妾身亦不愿苟活贪生。"② 她们的慷慨赴死，奠定了《帝女花》的悲剧基调，亦成为后来公主、驸马双双仰药殉国的前驱。崇祯手刃长平，昭仁说虎毒不噬亲，长平却理解父亲的心意，宁可自殉也要保全贞操，绝不受辱："父王，臣女虽不幸生在帝王之家，但尤幸得为崇祯之女，自古道君要臣死只凭一谕，父要子亡只凭一语，父王你今日欲赐我红罗，反复不能传诸金口，可见你爱女情深，驸马佢反复不能转达其情，可见佢爱妻情切略。父王，臣女年虽十五，经已饱尝父爱，更难得夫宠新承，虽死亦无些微可怨。父王，我望你速赐红罗，愿我死后九转轮回，来世再托生为父王之女，驸马之妻，于愿足矣。（与崇祯相抱而哭介）""父王，父王，一剑唔死得架，望你再加一剑，免我痛成咁惨。"③ 这样的人间惨剧，让人心痛欲裂。

长平公主死而复生，在庵遇之后，她的心情十分矛盾："唉，郎有千斤爱，妾余三分命，不认不认还须认，遁情毕竟更痴情，倘若劫后鸳鸯重合并，点对得住杜鹃啼遍十三陵。君父赐我别尘寰，我若再回生，岂不是招人话柄。""山残水剩痛兴亡，劫后重逢悲聚散，有梦回故苑，无泪哭余情，雨后帝花飘，我不死无以对先王，偷生更难以谢黎民百姓。不孝已难容，欺世更无可恕，我虽生人世上，但鬼录已登名。"④ 死，对于她来说，是一个"未完嘅责任"⑤。虽然长平公主在驸马的真情感动下终于相认，但自觉愧对皇陵、愧对黎民，人格尊严、国家民族始终是压在她心中的一块巨石。"夷齐耻食周朝粟，明朝帝女亦耻降清。"长平公主避世而不成，逃情也不成，清帝步步相逼，已退无可退。在误会周世显为贪荣华富贵将自己出卖时，她悲愤万分，拔出银簪自毁，以保存贞节，维护个人和国家最后的尊严："名花，不配被俗世污，银簪，阻断了配婚路。当初先帝悲金鼓，两番挥剑灭奴奴，要我存贞操，殉父母，我虽是人还在世，你那堪卖我毁清操。

---

① 唐涤生选撰：《帝女花》，载《1963 粤曲之霸》，香港：濠江联合出版社，1963 年，第 696 页。

② 唐涤生选撰：《帝女花》，载《1963 粤曲之霸》，香港：濠江联合出版社，1963 年，第 699 页。

③ 唐涤生选撰：《帝女花》，载《1963 粤曲之霸》，香港：濠江联合出版社，1963 年，第 701、703 页。

④ 唐涤生选撰：《帝女花》，载《1963 粤曲之霸》，香港：濠江联合出版社，1963 年，第 701、702 页。

⑤ 唐涤生选撰：《帝女花》，载《1963 粤曲之霸》，香港：濠江联合出版社，1963 年，第 704 页。

清室今朝有金铺，我也不再爱慕，骂句狂夫，共你恩销，义老，我自刺肉眼模糊。"（举簪欲刺目介）[1] 面对爱人她尚如此决绝，更何况对于造成破家覆国的人！剧末的殉国，就是这个弱女子倾全力的反抗。全剧长平的刚烈坚贞、嶙峋傲骨始终如一，可钦可仰。

传奇《帝女花》中的周世显性格十分软弱，好似一个歌功颂德的传声筒，其行动和悲喜也均围绕长平公主而发。粤剧《帝女花》里的周世显则被塑造成一个有自尊、有抱负、有强烈爱憎、有主见的志士。正是因为他是一个独立的完整的人，所以他能够得到长平公主的赏识而风台中选。二人互相爱慕定下誓盟之时彩灯尽灭，反而坚定了盟誓。随着剧情的发展，周世显更用行动证明了自己，也证明了长平公主的眼光和信任。在"无情烽火撼皇城，眼底天愁和地惨"的时刻，他虽然只是一介文弱书生，却未临阵退缩，反而毅然提出："请主上易服而行，微臣愿替身殉难。"[2] 旧时忠君即是爱国，护主即是卫国。烽烟已靖，周世显仍然惦记着先帝的灵柩和公主。即使已经确认了公主死讯，他还是念念不忘，痴痴寻觅旧人的影踪。"我飘零犹似断蓬船，惨淡更如无家犬，哭此日山河易主，痛先帝白练无情。""歌罢酒筵空，梦断巫山凤，雪肤花貌化游魂，玉砌珠帘皆血影。幸有涕泪哭茶庵，愧无青冢祭芳魂，落花已随波浪去，不复有粉剩脂零。""钗分玉碎想殉身归幽冥，帝后遗骸谁愿领。"[3] 他终于找到公主，并设计上表，不惜"颈血溅宫曹"，与清帝展开面对面的交锋，指斥他"沽名钓誉，骗取民安"，"借帝女之花，可以把全国遗民收服"[4] 的险恶，促成了"宫主一哭撼帝城"的斗争高潮，迫使清帝安葬崇祯、释放太子，最后他与爱人双双自尽。世显的忠烈，是推动剧情发展的主要力量。

"蔺相如能保连城璧，周驸马能保帝花香。拼教颈血溅龙庭，冲冠壮志凌霄汉。"[5] 评论者认为周世显有"铮铮铁骨""凌霄壮志"，"是戏曲作品里少有的悲剧英雄，才华盖世，忠毅勇烈，人格几乎完美。国亡家破之后，周世显潦倒落泊，仍然排除万难，供奉崇祯帝后的遗体；又四处访寻下落

---

① 唐涤生选撰：《帝女花》，载《1963 粤曲之霸》，香港：濠江联合出版社，1963 年，第717 页。

② 唐涤生选撰：《帝女花》，载《1963 粤曲之霸》，香港：濠江联合出版社，1963 年，第699 页。

③ 唐涤生选撰：《帝女花》，载《1963 粤曲之霸》，香港：濠江联合出版社，1963 年，第707 页。

④ 唐涤生选撰：《帝女花》，载《1963 粤曲之霸》，香港：濠江联合出版社，1963 年，第719、720 页。

⑤ 唐涤生选撰：《帝女花》，载《1963 粤曲之霸》，香港：濠江联合出版社，1963 年，第719 页。

不明的公主，张皇失态，都是为了'哀我一生一世寂寞，虚有其名，梦难成，债难清'。那是什么样的赊债啊？'宁甘粉身报皇封，不负蛾眉垂青眼'，大丈夫一言既出，驷马难追，周世显那文静、孤独的背影，肩负着忠君护花的神圣任务，管他时移世易，始终不离不弃，甘之如饴。"①

"妻你能尽节，夫那得复再偷生。"② 苦节孤芳与忠勇义烈，是长平与世显的写照，也是遗民的精神。长平与世显，一个是"重不过百斤"的"小小一个前朝帝女"，一个是"书生无力护红颜"，"既无千斤力，枉有万缕情"。面对"有覆灭一朝之力"的强寇，他们却用退无可退的最后一击，"把国魂唤醒"，用生命灿烂的爆发显示出人格精神的伟大力量。

国破山河在。遗民秉持气节，用鲜血和生命谱写出壮烈的史诗，在口口传诵中将此种民族精神发扬光大。曾永义认为："盖异族入主，国脉沦亡，凡是有民族意识的文人，无不付托千古长恨于繁弦别调之中。但梅村、昉思、云亭生当清初，民族的创痛犹新；难能可贵的是韵珊生于晚清，大清帝国的统治已历二百余年，而尚能于击节悲歌之际，见其故国依恋之思。可见中华民族之所以能屹然独立，绵延不绝，自有其道理在，这个道理就是民族的正义感。韵珊本此正义之感，以沉郁之笔写兴亡之恨，所以通篇惨惨凄凄，令人酸鼻，令人呜咽。"③ 传奇《帝女花》以悲情，粤剧《帝女花》则以狂歌，热情渲染、极力颂赞此种精神和意志。这既是黄尊生所言岭南文化禀赋的遗民精神，同时也是民族精神、民族魂魄。苦节孤芳与忠勇义烈，构成了粤剧《帝女花》叙事的情感旋律。

三、任情任性与至真至情：《帝女花》的人性展示

汤显祖在《牡丹亭记题词》里说："情不知所起，一往而深，生者可以死，死可以生。生而不可与死，死而不可复生者，皆非情之至也。""情"是普遍的人性，是古往今来痴男怨女的共通心声。曾永义认为，黄燮清原作"其文词的顽艳凄丽，所寓的苍凉感叹，却可以远追玉茗，近抗心余"。"像这样凄凄切切、荡人魂魄的文字，即使是子规夜啼也不足以喻其悲，情真意挚，而出以白描的手法，愈见自然感人的力量。"但此剧基本上"有曲

---

① 秋盈：《下笔千钧 遗珍万代——纪念唐涤生先生》，http://www.dianying.com/ft/topics/hkstars/TangDisheng.php。

② 唐涤生选撰：《帝女花》，载《1963 粤曲之霸》，香港：濠江联合出版社，1963 年，第701 页。

③ 曾永义：《黄韵珊的〈帝女花〉》，见《中国古典戏剧论集》，台北：联经出版事业公司，1975 年，第286、287 页。

无戏"①，"不是一本演之场上的好作品"②。唐涤生非常钦佩汤显祖，赞赏汤显祖剧作中富有真情实感而风格优美的曲词。他说："这样有血有泪的词，纵使是铁石心肠，念它二三十遍，一有感悟，便会泪凝于睫。"（《编写〈牡丹亭·惊梦〉的动机与主题》）汤显祖倡导的"真情""至情"理论，"意趣神色"的追求，以及传奇原作的声声泣血，完美体现在粤剧《帝女花》中。

粤剧《帝女花》继承了传奇原作的文字特色，并以情为主线，贯穿以"情"，终结于"情"，演尽了男女情、夫妻情、父女情、姊妹情、君臣情。"谁慕新恩负旧情""我愿能殉国更殉情，取义更酬鸳鸯梦""无泪哭余情，雨后帝花飘，我不死无以对先王，偷生更难以谢黎民百姓"，将他们的心声一一述说。特别是长平与世显生死相依的爱情，更是感天动地。

粤剧《帝女花》继承了传奇原作的优美和凄美，并将全剧发展成为对真挚爱情的壮美礼赞。原剧人物性格平淡，剧情平铺，排场"不甚研讨"，"所谓案头之曲，非氍毹伎俩也"③。粤剧《帝女花》的改动非常大，特别是将后半部分完全改掉，对情节人物进行独创性新构，形象真实饱满，情感连贯统一，同时加强了戏剧矛盾冲突，令全剧高潮迭起。在激烈的冲突中，令"爱"益真、"情"益切，发出夺目的光华。"长平公主表现的是一种对国事大义凛然的气度，然而对驸马却是情深意切，含情脉脉，面对驸马将和自己共赴黄泉、喝砒霜以死殉国又于心不忍。在这种错综复杂的感情斗争中，她的心情是万分矛盾和沉重的。"④尤其以生旦对唱浓墨重彩地渲染了男女主角的儿女情、家国恨，因此《香夭》《庵遇》众口传诵，"落花满天蔽月光"款款情深。

周世显被称为"憨驸马"。他的"憨"，表现在他对人的至诚、对盟誓的执着、对事的执拗。由于"宁甘粉身报皇恩，不负娥眉垂青眼"的誓言，在大厦将倾、崇祯准备赐死长平时，周世显不顾一切，挺身护花："宫主是吾妻，生死同忧患，千拜百拜拜岳王，沥血陈情金阶上，且容我携凤，上华山。"御监将他拄棍叉出，他狂叫白："主上，主上，（快滚花下句）书生

---

① 吴梅：《中国戏曲概论》，北京：中国人民大学出版社，2011 年，第 200 页。

② 曾永义：《黄韵珊的〈帝女花〉》，见《中国古典戏剧论集》，台北：联经出版事业公司，1975 年，第 294、297 页。

③ 吴梅选录：《曲选》卷 4，北京：商务印书馆，1930 年，第 54 页。

④ 刘明娟：《情动于衷而形于外——塑造〈帝女花〉角色时的理解与体现》，载《南国红豆》2009 年第 5 期。

纵短还魂力，尚可疯狂把柱攀，但求乞见凤来仪，俯伏哀哀求圣鉴。"[1] 为寻长平骨骸，他"历尽千辛和万劫，也要乞取尸还"[2]，几成"疯癫汉子"："乞取艳尸寻周府，可怜十室九皆空，贼兵塞断帝皇城，十日才能离狼虎洞。……周世伯，（悲咽口古）周世伯，因为十日兵困皇城，我今日至到嚟揾你咋，我知道宫主嘅尸骸畀你抱左番嚟，究竟你安葬响边度，你话我知啦，我要取回桐棺，开坟掘冢。"[3] 为了能与长平相认，他苦苦哀求："唉，观音菩萨，大慈大悲，你救苦救难，若果我能够与宫主团圆，我真系答谢神恩。""贮泪已一年，封存三百日，尽在今时放，泣诉别离情。昭仁劫后血痕鲜，可怜梦觉剩空筵，空悼落花，不见如花影，难招紫玉魂，难随黄鹤去，估不到维摩观，便是你驻香庭。（七字清）避世情难长孤零，轻寒夜拥梦难成。往日翠拥珠围千人敬，今日更无一个可叮咛。"[4] 呓语般的求恳，苦痛的哀诉，可见他对长平的一片痴情与真心。

对爱真，对情诚，因为这样的情义和坚持、决心和勇气，周世显和长平二人才会互相激励、慷慨赴死。彼此相爱情深义重，但是，"生命诚可贵，爱情价更高。若为自由故，两者皆可抛"。剧情发展到后半段，为了他们心目中的道德律，为了自由之身和自由之心，二人相约事成之日，花烛之时，"夫妻双双仰药于含樟树下，我嘅节义都难污"[5]，并相继在金殿面斥清帝，这是何等的壮怀激烈，何等的同声共气！长平的第一次死是被动的，这一次两人自愿地、坚决地、在一般人可以顺水推舟屈节事清、安享荣华富贵的时刻选择了死，是爱情的升华，也是人格人性的升华。

这样的结局，是粤剧《帝女花》的独创，也是二人性格和剧情发展的必然结果。以世显和长平之执着、之刚烈、之决绝，以他们之有情有义、之自由追求，以他们一再表现、一直支持他们行动的"不负旧情"，断不可能在违背誓言之后，"甜蜜幸福地生活在一起"。周世显本无须死，长平的节烈感染了他："妻你能尽节，夫那得复再偷生。""我愿能殉国更殉情，取义更酬鹣鲽梦。"他亦给长平以力量。二人消除误会、商量上表时，世显拈

---

[1]　唐涤生选撰：《帝女花》，载《1963 粤曲之霸》，香港：濠江联合出版社，1963 年，第 700 页。

[2]　唐涤生选撰：《帝女花》，载《1963 粤曲之霸》，香港：濠江联合出版社，1963 年，第 703 页。

[3]　唐涤生选撰：《帝女花》，载《1963 粤曲之霸》，香港：濠江联合出版社，1963 年，第 706 页。

[4]　唐涤生选撰：《帝女花》，载《1963 粤曲之霸》，香港：濠江联合出版社，1963 年，第 710、711 页。

[5]　唐涤生选撰：《帝女花》，载《1963 粤曲之霸》，香港：濠江联合出版社，1963 年，第 718 页。

纸磨墨，长平病喘心伤、无力拈毫，世显鼓励她："你且向泉台求父母，自有神恩把玉腕扶。"二人殉情前长平犹有疑虑："我半带惊惶，怕驸马惜鸾凤配，不甘殉爱伴我临泉壤。"周世显再次表明心迹："寸心盼望能同合葬，鸳鸯侣相偎傍，泉台上再设新房，地府阴司里再觅那平阳巷。""江山悲灾劫，感先帝恩千丈，与妻双双叩问帝安。"一方面是殉情，一方面是殉国，周世显的选择，是"宁甘粉身报皇封，不负蛾眉垂青眼"誓言的践行，让观众同声而泣。长平的心中，既感动，又内疚："唉！盼得花烛共偕白发，谁个愿看花烛翻血浪，唉，我误君累你同埋孽网，好应尽礼揖花烛深深拜，再合卺交杯，墓穴作新房，待千秋歌赞注驸马在灵牌上。"① 这样真实细腻的刻画，尽现女儿本色，感人至深。

我们看到，全剧而下，长平与世显都是真实的、完整的、率性的。他们的真情至情，他们的一切行动，都是个人性格和自由意志的充分表达。作为观众，我们欣赏的就是这份情，这份真。尽管他们走过那样的地狱劫火，但他们的精神是充实的，他们的爱情是完美的，他们的意志始终是自由的。我们渴望与他们一样，飞翔于自由的天空，找到自己的痴心爱人，与所爱同生共死，共同经历命运的风雨雷电。乐府诗唱道："上邪！我欲与君相知，长命无绝衰。山无棱，江水为竭，冬雷震震，夏雨雪，天地合，乃敢与君绝！"长平与世显经历了天崩地解、人间惨痛、死去活来，他们的情仍然不"绝"，并将这份真情挚爱，带入地府阴司，这又如何不让有情人倾倒、泪下。以真感人，以情动人，这是粤剧《帝女花》成为可以传诵千古的艺术经典的人性力量。

四、《帝女花》岭南气质和香港演绎

《帝女花》是粤剧，主要观众是粤人，它必须有"粤味"，有本地特色，才能让大多数观众欣赏和流传下去。这部具有岭南气质的粤剧，对故事进行了具有香港特色的发挥和加工，赋予其时代的意识和本土情感，从而更加赢得了人们的心。

岭南为百越旧地、"山海野民"，兼之恶劣的地理和生存环境的锻炼熏陶，自古勇猛顽强、"剽悍难驯"。"男人固无论矣，即在女子，亦有一种刚强之气。"② 不知名的史官乐史为博白少女绿珠作传称："绿珠之没已数百年

① 唐涤生选撰：《帝女花》，载《1963 粤曲之霸》，香港：濠江联合出版社，1963 年，第723 页。

② 黄尊生：《岭南民性与岭南文化》，曲江：民族文化出版社，1941 年，第 1、2、38 页。

矣，诗人尚咏之不已，其故何哉？盖一婢子，不知书，而能感主恩，愤不顾身，其志烈懔懔，诚足使后人仰慕歌咏也。至有享厚禄，盗高位，亡仁义之性，怀反复之情，暮四朝三，惟利是务，节操反不若一妇人，岂不愧哉。"[1] 明嘉靖年倭寇作乱，田州土官妇瓦氏夫人"誓不与贼俱生"，率六千狼兵千里奔赴江浙抗倭前线，取得王江泾战役等一系列胜利，令敌人闻风丧胆。[2] 现代人类学研究认为，古越人的文化特质，仍有部分为岭南文化所吸收和保存，尤以广府文化最为明显。其中一些原始婚俗如女子婚后不落夫家等一直保留到近代，是对偶婚家庭向一夫一妻制家庭过渡时的婚姻形式，反映了母系制对父系制的顽强斗争。包括后来顺德一带因蚕丝业的发展给妇女提供了自食其力的经济条件，出现自梳女，也是岭南妇女对封建婚姻制度的反抗。她们仿效古越人"箕踞椎髻"，将头发梳成高高的发髻，以区别于其他女子。[3]

相较内地，岭南民间男女婚配比较自由，礼教束缚较少。明嘉靖《德庆志》卷16《夷情外传》说，男女"配合多因赛神。男女聚会唱歌，适意而成"。嘉靖《广东通志初稿》卷36称海南四郡"生黎"的风俗："女年将及笄，置酒会亲属，春则秋千会。邻洞男女妆饰来游，携手并肩，互歌相答，名曰作剧。有乘时为婚合者，父母卒相无禁。"[4] 卷18《风俗》记载，兴宁地区的聚饮场合也往往"男女饮酒混坐无别，醉则歌唱"。惠州"乡落之民，每当月夜，男女聚于野外，浩歌率用俚语"[5]。《风俗》"音歌"条记载的唱歌堂、民间踏歌、对歌习俗至今在岭南山林海滨广泛流传，是民间重要的娱乐方式，也是男女自由交往恋爱的重要形式。

"岭南的一切的一切，本来都是粗鄙野陋，无足为讳。"[6] 不拘礼法、任性自然的岭南风格，也体现在粤剧《帝女花》之中。昭仁与长平相见，长平微笑白："昭仁二妹，我地姐妹之间应叙伦常，少行宫礼叻。"岭南妇女吃苦耐劳、坚忍决断，长平也被赋予刚强坚毅的性格。剧中有"长平慧质

---

① 鲁迅校录、王中立译注：《唐宋传奇集》，天津：天津古籍出版社，2002年，第388页。

② 钟文典主编：《广西通史》卷1，南宁：广西人民出版社，1999年，第369－375页。

③ 陈国强等：《百越民族史》，北京：中国社会科学出版社，1988年，第58页；司徒尚纪：《岭南历史人文地理·广府、客家、福佬民系比较研究》，广州：中山大学出版社，2001年，第278－280页；黄淑娉：《广东族群与区域文化研究——多学科综合研究方法的尝试》，见徐杰舜主编：《族群与族群文化》，哈尔滨：黑龙江人民出版社，2006年，第621页。

④ 戴璟：《广东通志初稿》，嘉靖十四年刻本，广东省地方志办公室誊印，2003年，第587页。

⑤ 戴璟：《广东通志初稿》，嘉靖十四年刻本，广东省地方志办公室誊印，2003年，第337、336页。

⑥ 黄尊生：《岭南民性与岭南文化》，曲江：民族文化出版社，1941年，第57页。

殊少有，君王有事必与帝女谋"，这是很特别的描述。传奇《帝女花》中长平与周世显的结合是被动的，粤剧将这个情节改成长平公主和周世显互相的选择，尤以女方为主，二人由互相试探到彼此倾慕，当场盟誓。选驸马的过程大大方方，坦坦荡荡，舞台上还有周钟，有侍臣，有昭仁，可谓一众围观者，就像茶楼相睇或者登台抛绣球，丝毫不同于一般小姐的扭扭捏捏，欲语还休。这显示了长平公主和周世显有深厚的感情基础，为后面二人相携赴死铺垫，又是岭南民间风俗的表现，观众熟悉而亲切。同时，也是女性意识的张扬，成为符合本土性格和具有时代气息的艺术表现。

岭南人艰辛跋涉，耕耘劳作，浮舟泛海，时刻面临着与各种毒蛇猛兽、烟霭瘴气、烈日海浪的殊死搏斗，因此坚忍、现实、乐天知命、随遇而安。这种性格，在粤剧《帝女花》里有很好的表现。世显与长平订立婚盟时，忽然行雷闪电，大风将彩灯吹熄。二人毫不动摇，因为"乱世姻缘要经风雨，得郎如此复何求。生时不负树中盟，又何必张惶惊日后"。剧中"有福依照在，无福莫强求""所谓祸福天降，不能趋避，不明其惨，其情更惨""生就生，死就死，最难堪者就系流泪眼看流泪眼"等文辞，充满了民间智慧和情感。

剧中配角的表现富于民间趣味。崇祯知道女儿选定的佳婿周世显也是学文，十分失望，周钟急忙说："不如嗷啦主上，臣子宝伦，现在午朝门外镇守，不若将长平宫主配与微臣之子，佢一夫当关，万人莫敌。"① 周世显听闻，作惊惶反应介。这个情节设置，一方面让场面生动，另一方面，考虑到大明江山风雨飘摇的时势，不能说周钟仅是趋炎附势，也有灵活机变的成分。李自成破城，形势十分危急，周钟口古："主上，所谓见一步时行一步，得逃生处且逃生，望主上莫犹疑不决，老臣亦愿保驾同行。"② 所言"见一步时行一步，得逃生处且逃生"，审时度势，倒也不错。当然，后来周钟的表现让人大跌眼镜，这是后话。包括秦道姑的设置也反映了一些市民的思想意识，可气可乐，舞台因此变得活泼亲切。

灵活机变，是岭南性格之一，也是推动粤剧《帝女花》情节发展的一个关键。公主设接木移花计，逃出周府。周世显也同样机智，所谓"因风驶帆"的"应变之能"。庵遇之后，为了让公主与他相认，他千方百计，动之以情。先是佯问道姑名姓，然后突然叫唤公主，然后诉说帝女花遭劫，

---

① 唐涤生选撰：《帝女花》，载《1963 粤曲之霸》，香港：濠江联合出版社，1963 年，第698 页。

② 唐涤生选撰：《帝女花》，载《1963 粤曲之霸》，香港：濠江联合出版社，1963 年，第699 页。

相思苦痛，然后一句一句，句句逼问，句句真情，让公主心痛难忍。实在无奈，他毅然准备当场自杀，让公主急急出手现身。正是："不认不认还须认，遁情毕竟更痴情。"周世显智斗清帝的"智慧"，更让人赞叹。为了迷惑求官禄的周钟，他假意答应让公主去见清帝，但先讲好条件："（世显白）宫主番去都得，佢系有条件嘅嘛。（白榄）先朝一朵帝女花，劫后依然存傲性。不着新朝衣，不听新朝命，至少有十二宫娥妆台伴，十丈红绒铺花径。从臣皆着明朝服，宫主入朝不改清朝姓。"① 不仅自己和公主可保名节不污，而且见清帝之前"周钟，宝伦着明装分边上"。见到公主，（世显故作洋洋得意嬉笑口古）："宫主，我以为我地合欢筵桌摆在小楼一角就略嫌局促，应该摆在深宫大殿，受千人拜，万人拜，一声百诺，后拥前呼。"（世显佯作绝不难堪，见长平痛哭又不忍介口古）"唾面可以自干，夫妻情难反目，唉，宫主，做人应该要随机应变，你又何必惨切哀号。"② 周世显这出戏演得好，不仅瞒过周钟和清廷的耳目，连公主也气得要自残。众人退下，周世显将计策告诉公主，拟表后的廷辩就是他和公主智斗清帝的舞台。他们俩一个昂然宣称"拼教颈血溅龙庭"，"你杀人不在金銮殿，可以一张芦席把尸藏。倘若杀身恰在凤凰台，银廓金棺难慰怨畅"③，让清帝一怒再怒，"震怒"又"不敢发作"；仅仅"露齿而笑"，就让三百旧臣心慌意乱，再一哭帝城震撼，从而达到安葬先帝、释放太子的目的。他们完全掌握了主动权，将一手遮天的清帝辩得哑口无言，哀叹自己的失败："我未作捕蛇人，却被双蛇蟠棍上，休说女儿笔墨无斤两，内有千军万马藏，凤未来仪先作浪，帝女机谋比我强"④，只得乖乖相从。这是机智灵活、以弱胜强的很好表现，支持他们智斗强寇的，是不怕死的精神和顽强的意志。

黄燮清原作《帝女花》的创作空间是有限的，学者认为："在统治者意志牢笼之下匍匐着的小民，存在的价值是什么？挣扎的意义在哪里？相形之下，黄燮清将悲怆留给了天国，将无奈解释为上天对下民的善意戏弄，或许是无意反思历史，或是无力反思历史，黄氏撰著的传奇《帝女花》轻巧地避开了人们在面临抉择时心理的原始动力，而过分依赖神灵虚无飘渺

---

① 唐涤生选撰：《帝女花》，载《1963 粤曲之霸》，香港：濠江联合出版社，1963 年，第714 页。

② 唐涤生选撰：《帝女花》，载《1963 粤曲之霸》，香港：濠江联合出版社，1963 年，第717 页。

③ 唐涤生选撰：《帝女花》，载《1963 粤曲之霸》，香港：濠江联合出版社，1963 年，第720 页。

④ 唐涤生选撰：《帝女花》，载《1963 粤曲之霸》，香港：濠江联合出版社，1963 年，第720 页。

的灵异力量。从这个意义上说，以'金童玉女'这种人造因缘重归天上的世显与长平，作为'人'的形象是较为苍白的。"① 如同传奇中自言，公主是"花一朵受风霜"，"周世显忝膺甥馆，碌碌半生，未酬犬马之劳，徒作黍禾之叹，好生惭愧也"。又将故事饰以虚幻的神话和"空色"思想，归结于"拈花微笑，大有因缘；堕劫诸天，还多烦恼。韵珊黄君，独参妙旨，郁为宏词。觉情文之相生，悟空色之即是。锄奸摅愤，铁笔森严；对酒当歌，唾壶碎缺。借前朝之幽怨，刻羽引商；仗我佛之慈悲，惊神泣鬼"②。真挚的爱情，也归结到"二人婚姻，真有前定也"，而以"好夫妻，终有日因缘了，也算将来没甚难抛"自解，固然是无奈，也确实是缺憾。

　　粤剧《帝女花》超越传奇原作甚至许多男女情长作品的一个重要原因，就是有这样一种直面现实、自强自立、积极进取、不怕死、不投降的劲头。这是千百年来中华民族的信心和勇气所在，也是岭南崇尚的共同精神特点。崖山十万军民慨然蹈海，他们不怕死。1650 年（清顺治七年，南明永历四年）广州军民被围攻数月而不降，他们不怕死。时人戴笠记录了全民抵抗的英勇情形："城中人亦婴城自守，男子上城，妇女馈饷。清兵环围城外……"③，"广州孤城在血与火中巍然屹立、殊死抗争，这场惊天动地的保卫战是中国人民抗清斗争最久、最激烈的战斗。"据记载，清兵尸体在攻城地点下堆得几乎和城墙一样高④。尽管最终城破，清兵"怒其民力守""杀七十万人"⑤，但强权暴政并没有吓倒广东人民，各地抗清运动前赴后继，最终建立民国，恢复中华。

　　粤剧《帝女花》是岭南民性和情感的反映。它属于岭南，诞生于香港，20 世纪 50 年代香港的精神气质同样影响和塑造着它。它的创作和演出，已经开始具有香港的特色：香港的思维方式、香港的编剧方式、香港的表演方式、香港的现代气息。梁沛锦认为 1956—1960 年香港"新的编剧家在量和质两方面不仅不逊于前人，还有不少超越之处"，"香港型的粤剧建立起

---

① 程芸等编著：《中国戏曲》，武汉：湖北美术出版社，2005 年，第 152 页。

② 许绮汉：《序》，见黄燮清：《倚晴楼七种曲》3，《帝女花》卷首，清光绪七年（1881 年）海盐冯肇曾集成刊本。

③ 戴笠：《行在阳秋》，见李逊之等著：《三朝野记（外四种）》，北京：北京古籍出版社，2002 年，第 287 页。

④ 邢照华：《平南王铁钟考》，载《岭南文史》2001 年第 3 期；金叶：《尚府：多少楼台风雨中》，载《广州日报》2007 年 7 月 28 日；《"庚寅之劫"——1650 年广州大屠杀》，大洋网 http://news.dayoo.com/history/201007/13/88672_13281884.htm。

⑤ 周骏富辑：《清代传记丛刊·综录类·清史稿列传（一）》卷 234，台北：明文书局，1985 年，第 9406 页；广州市宗教志编纂委员会编撰，李伟云主编：《广州宗教志》，广州：广东人民出版社，1996 年，第 58 页。

来，不必亦步亦趋地硬性仿效内地粤剧形式"①。赖宇翔认为，其中唐涤生与任白有巨大贡献。② 苏翁也说，"唐涤生的剧本创作就是典型的香港粤剧的创作方法，香港粤剧的若干潮流是由唐氏所创的"。③ 唐涤生善于"因人写戏"，粤剧《帝女花》人物形象是为任剑辉、白雪仙度身打造的，也通过任白苍凉悲怆的演绎和发挥达到极致，充分表现了人们对剧情和人物的理解和情感。白雪仙和任剑辉经历过烽火连天的日军入侵、辗转流离，仙凤鸣剧团也是香港沦陷时，在澳门成立的。而观众也同样经历着这样的家园破碎、颠沛走难。大量难民涌入使香港人口大增，成为香港人口的主体。但许多人只是把香港当做一个暂居地，一个中转站，并没有"香港人"的意识，而保持着对中国的身份认同和复杂的故乡情怀。当时港英殖民政府的压制更强化了他们的民族意识。但是，随着时事变迁，许多香港人发现，原来自己已经回不去了。舞台上的风云激荡、爱恨情仇，是一代香港人的共同经历和情感。《帝女花》的演绎，让当时的观众产生了深沉的共鸣。正因如此，该剧首演便轰动香港，场场爆满。

香港地处岭南之南，孤悬一角。在特殊的时代和环境下，一方面是文化的血脉无法割舍，一方面是"国"之夹缝，之边缘，有国难回，有家难奔，无所适从、无言可诉的茫茫悲哀，弥漫天地。于是，"在别人的故事里，流下自己的眼泪"，《帝女花》成为一代人的集体记忆和情感发抒。今天我们可以平静地欣赏花开花落，是因为我们无须经历异族入侵、山河破碎的风云变幻，没有颠沛流离、身份迷失的茫然苦痛。这固然可能影响我们更深刻地理解《帝女花》，但又何尝不是大幸呢。

五、小结

综上，《帝女花》没有对正统和史实进行机械的书写，而是进行了充满边缘特质的人性化、地方化、民间性的解读和叙事。编剧所塑造的人物形象带有明确的岭南精神和岭南特点，并以岭南化的方式演绎推展故事。它颂赞苦节孤芳、忠勇义烈的遗民精神，颂赞至真至情的尽情发抒。这样一种表现，是岭南民间意识、民间记忆、民间情感的真切反映，也带有 20 世

---

① 梁沛锦：《香港战后至七十年代粤剧发展初探（1945—1970）》，见广州市政协文史资料研究委员会、粤剧研究中心合编：《广州文史资料》第 42 辑《粤剧春秋》，广州：广东人民出版社，1990 年，第 104 页。

② 赖宇翔：《唐涤生和任剑辉对"香港型的粤剧"形成的贡献》，载《南国红豆》2012 年第 3 期。

③ 谢彬筹：《顺德粤剧》，北京：人民出版社，2005 年，第 277 页。

纪香港的地域特点和时代特征。这种精神与特点，内核是中华民族的精髓，是风雅传统的孑遗。其中对于自由的礼赞，对于避无可避、逃无可逃的绝地一击的蓄势和渲染，酣畅淋漓，感人肺腑。至此，双双殉国殉情的悲剧光芒将人们积累的剧场情绪充分释放。

《帝女花》是粤剧编剧、表演的经典，亦是戏曲传统继承与本土建构的典范。粤剧的成长得益于对中原和主流文化的吸收，是传统戏曲的传承与发展，因此许多题材具有明确的家国观念和寻根意识，反清的传统和民族文化认同根深蒂固。唐涤生的身份经历构成了粤剧《帝女花》对历史事件改编处理的独特视角和手法，也寄寓了他的苦痛哀怨。因共同的社会动荡和心路历程，任剑辉、白雪仙能够很好地发挥自身艺术特点，把握剧情结构，加以发挥创作，塑造出栩栩如生的人物形象。也因为共同的时代心理和特殊的社会、地域因素，以及超越时代的普遍的人情人性和艺术追求、人类共同的心声渴望，此剧亦为众多乃至一代代观众所接受和喜爱，完全可以立于世界大悲剧之林而无愧色。

陈寅恪曾说："华夏民族之文化，历数千载之演进，造极于赵宋之世。后渐衰微，终必复振。"① 粤剧《帝女花》让我们重温先辈的荣光，也注视着我们走向那一天。

---

① 陈寅恪：《邓广铭宋史职官志考证序》，见陈寅恪文集之三《金明馆丛稿二编》，上海：上海古籍出版社，1980 年，第 245 页。

第三节　大型历史剧《黄花岗》的创作演出

1938 年，为了进一步发动全民族在抗日民族统一战线的旗帜下团结战斗，上级指示中共广州市委宣传部戏剧支部、在"三二九"黄花岗起义纪念日①，举办以革命历史来激励和教育群众的大规模的联合演出。此举得到当时在广州的地下党文化界领导人夏衍、周钢鸣的大力支持和推动②。剧本由广东戏剧协会组织 20 多位剧作者集体创作。3 月 29 日，在广州太平戏院举行的纪念黄花岗起义 27 周年戏剧歌咏大会上，成功演出了《黄花岗》，参演单位 20 多个，工作人员 600 多人，包括共产党员、国民党员、民主党派等多方面的爱国人士，群情激昂，盛况空前。

一、创作时代和背景

"九一八"事变后，由于当时国民政府的不抵抗政策，东北三省不到半年全部沦丧；河北、察哈尔的主权大部丧失，日军铁蹄踏过黄河长江，东南沿海相继失陷，形势越来越严峻。

在亡国灭种的危机面前，抗日救国的呼声席卷全国，但救亡运动和宣传仍备受压制。在广州，1934 年"一·二八"晚，抗日剧社在中山大学演剧纪念，特务及军警逮捕近百人，8 月 1 日将温盛刚、谭国标等 6 人集体杀害③。一些流亡歌曲被禁止演唱，广州民众歌咏团不得不到郊外，到白鹤洞真光女子中学宣传演唱；艺协剧团为了避开特务的盯梢，不得不每天换一个地方排戏。④

12 月 12 日西安事变之后，国民党广东当局出现了较为开明的政治倾向，适度开放言论、出版、结社自由，倡导救亡运动。1937 年 3 月，中共广州市委宣传部成立了戏剧支部；8 月，在广州正式成立了广东戏剧协会，

---

① 黄花岗起义发生在 1911 年 4 月 11 日，即旧历辛亥年三月二十九日。1925 年 3 月，国民党中央执行委员会决议，以阳历 3 月 29 日为黄花岗起义纪念日。参见周兴梁《黄花岗起义以阳历三月二十九日为纪念日的由来》，载《中山大学学报》1980 年第 4 期。

② 广东省地方史志编纂委员会：《广东省志·文化艺术志》，广州：广东人民出版社，2001 年，第 302 页。

③ 杨康华：《承前启后千秋业，碧海丹心报中华——广州"文总"六烈士五十周年祭》，见中国戏剧家协会广东分会、广东话剧研究会编：《广东话剧运动史料集》第 1 集，1984 年，第 69 - 71 页。

④ 陈波：《难忘的一页》，见广东话剧研究会、《鸣镝篇》编委会编：《鸣镝篇——广州锋社话剧团的战斗历程》，1994 年，第 147 页。

有艺协、锋社、蓝白、前锋等剧社的 275 人参加。12 月，广东文化界救亡协会在广州成立（1938 年 2 月改名广东文化界抗敌协会，简称文抗会）。一批进步文艺刊物相继出版，八路军办事处在东山百子路公开设立，广东青年抗日先锋队成立。1937 年"七七事变"后，广州的文学、美术、戏剧、歌咏各方面的抗日救亡宣传风起云涌，达到 30 多个剧团、20 多个歌咏队，超过 5000 人，话剧界先后举行了多次联合公演。上海沦陷后，广州成为当时国统区除汉口之外的第二个抗战文化活动中心。①

与此同时，日军侵略越来越深入。1937 年 8 月 18 日，敌机四架首次在广东虎门侦查。8 月 31 日，日军以中山县唐家湾为基地，开始轰炸、侵略广东，很快广东沿海多地为日军占据。1938 年 3 月下旬，两艘航空母舰停泊在唐家湾及赤溪崖门，作为轰炸广东的基地。到 3 月 29 日黄花岗起义纪念日前后，每天数十架日机轰炸广东各地，无日无之。②

广东形势越来越危急，团结抗日、救亡图存是符合国家、地方和民族利益的唯一选择。但是，国民党内一些顽固派、动摇派、投降派不断制造摩擦，破坏团结，破坏抗日民族统一战线。③ 中共南方工委党刊《大路》发表文章，主张团结大多数，孤立少数，运用"抗战建国纲领"，正面宣传孙中山先生三民主义的积极因素。④

《黄花岗》就是在这样的背景下诞生的。为了进一步在抗日民族统一战线的旗帜下，"团结广大戏剧工作者来贯彻保卫华南、保卫大广东的号召"⑤，上级指示在纪念"三二九"黄花岗起义时，举办一次以革命历史来激励和教育群众的较大规模的联合演出。广东戏剧协会的梁绮向夏衍、周钢鸣同志请教，又和张村向广东戏剧协会理事会提出扩大纪念黄花岗起义，组织编写剧本、筹划演出的动议。经过与国民党省党部的罗海沙及一些党政人士多方面的串联活动，取得了国民党当局一些负责人钟天心、方少云、余俊贤等人的支持，由国民党省、市党部、党政军联席会议宣传部、广东抗战教育实践社及广东歌咏协会、文抗会、剧协七个团体共同举办纪念黄

① 潘琦：《抗战期间中共领导下的省港文化活动》，载《党史博览》2018 年第 3 期。
② 广东省立中山图书馆编纂：《民国广东大事记》，广州：羊城晚报出版社，2002 年，第 583 页。
③ 李门：《革命历史话剧〈黄花岗〉的创作和演出》、陈波：《难忘的一页》，见广东话剧研究会、《鸣镝篇》编委会编：《鸣镝篇——广州锋社话剧团的战斗历程》，1994 年，第 134、147 页。
④ 李门：《革命历史话剧〈黄花岗〉的创作和演出》，见广东话剧研究会、《鸣镝篇》编委会编：《鸣镝篇——广州锋社话剧团的战斗历程》，1994 年，第 107 页。
⑤ 周钢鸣：《在〈黄花岗〉演出四十三周年纪念大会上的书面发言》，见中国戏剧家协会广东分会、广东话剧研究会编：《广东话剧运动史料集》第 1 集，1984 年，第 105 页。

花岗起义的扩大活动，定名为黄花岗纪念戏剧歌咏大会，并首先由广东戏剧协会主理《黄花岗》剧本的集体创作。①

二、剧本编创与特色

关于《黄花岗》的创作主旨，1938 年 3 月 29 日，广州《中山日报》"黄花岗纪念戏剧歌咏大会专刊"登载当时中共戏剧支部通过梁绮发表的文章②，说明："我们要继承七十二烈士伟大的革命精神，来完成反日本帝国主义和建立自由独立幸福底新中国的任务。"③

《黄花岗》一剧为广东戏剧协会组织 20 多位同人集体创作。序幕是同盟会员、爱国归侨温生才刺杀清代广州将军孚琦，中间是以黄兴为首的同盟会农历"三二九"起义的重大事件，主要人物有喻培伦、方声洞、林觉民、朱执信等，尾声是在抗战中召开纪念大会。该剧人物众多，情节动人，每一幕由 4 至 6 人创作，执笔分别为阮琪、罗海沙、周钢鸣、楼兆揭、蔡碧青、夏衍，总整理阮琪、胡春冰、夏衍。据周钢鸣回忆，大家都不分党派，一致联合去做好工作，动员面很广，包括《救亡日报》全体同人，乃至国民党省党部罗海沙办的前锋剧社等等。④

（一）认真的创作过程

"八一三"事变后，许多文化界人士从上海来到广州。1938 年 1 月，茅盾、巴金、欧阳予倩、夏衍、周钢鸣、白薇等人先后来到广州。"有一次在太平馆开欢迎会，当时茅盾、巴金和欧阳予倩几位老前辈都提到，广东过去有不少抗敌御侮的英雄事迹。如鸦片战争、三元里抗英、温生才炸孚琦、黄花岗起义等等，都是很好的题材，应该写成剧本。夏衍同志当场表示赞成广州的戏剧工作者写黄花岗这个题材。之后，在几个剧团的联席会议上讨论通过，决定写黄花岗七十二烈士的事迹。"⑤

①　梁绮、白璋川：《戏剧支部领导剧运的回顾》，见中国戏剧家协会广东分会、广东话剧研究会编：《广东话剧运动史料集》第 3 集，1990 年，第 14－15 页。

②　广东省地方史志编纂委员会编：《广东省志·文化艺术志》，广州：广东人民出版社，2001 年，第 303 页。

③　梁绮：《〈黄花岗〉演出前的几句话》，见广东话剧研究会、《鸣镝篇》编委会编：《鸣镝篇——广州锋社话剧团的战斗历程》，1994 年，第 124 页。

④　周钢鸣：《在〈黄花岗〉演出四十三周年纪念大会上的书面发言》，见中国戏剧家协会广东分会、广东话剧研究会编：《广东话剧运动史料集》第 1 集，1984 年，第 105 页。

⑤　钟启南：《钟启南同志的发言》，见广东话剧研究会、《鸣镝篇》编委会编：《鸣镝篇——广州锋社话剧团的战斗历程》，1994 年，第 140 页。

在剧本编创之前，进行了细致的调研。夏衍和周钢鸣叮嘱钟启南等三人去搜集资料，查明关键史实。他们联系了黄兴的夫人徐宗汉、亲历的革命者姚雨平、当年陪着潘达微去收葬七十二烈士忠骸的潘达微的女儿，还找了其他一些人，了解清楚当时的具体情况，例如因为清军有了准备，起义的时间临时提前到旧历三月二十九日；革命党人运军火的方式是乔装潘家嫁女、送嫁妆，军火藏在花轿和箱子里，二三十只箱子送到珠江北岸的指挥部。有位潘家的女儿来回扮了三次新娘。这些情况掌握了，基本剧情就清楚了。

据钟启南回忆："初稿是我们大家写的，写得不好，很粗糙，后来由夏衍同志、周钢鸣同志和林娜同志帮我们修改。……戏写出来以后，国民党当局也知道此事，派了他们的省党部主任委员余俊贤、市党部主任委员方少云和党政军联席会议宣传部长钟天心来参加黄花岗纪念戏剧歌咏大会的筹备工作。当时有一个很有趣的插曲，就是余俊贤知道了这次工作实际是由共产党领导的，广东的几千文艺工作者都参加进去以后，曾背地里对他的下属讲：'这次共产党打了一张牌，非常漂亮，我们不得不应战。'"①

（二）有序的结构安排

虽然出于众手、场景变幻，但《黄花岗》的四幕，以时间顺序依次展开，贯穿着救国救民的主线，洋溢着壮志牺牲的豪情，人物形象生动。

序幕为温生才刺杀孚琦，时间三月初十日，地点在广州东门外，场景颇有寓意："夕阳斜照着路旁发着新芽的树枝，两行青葱的树，夹着一条康庄的大路。"② 开场为党人甲乙仰观飞艇，盼望"像麻鹰一般的，自由自在的飞"。而回到现实，路人诉说被蛮横的满洲守卫鞭打，谴责"这世界……还是人的世界吗"，带出温生才的国仇家恨、他和小贩的对话：

> 小贩乙：如果我们真是革命党，我们倒不怕！
> 温生才：为甚么不怕？
> 小贩乙：因为不怕杀头，才会加入革命党。

温生才刺孚琦，在黄花岗起义之前，引起了官府的戒备，是起义提前

---

① 钟启南：《钟启南同志的发言》，见广东话剧研究会、《鸣镝篇》编委会编：《鸣镝篇——广州锋社话剧团的战斗历程》，1994年，第140-141页。

② 集体创作：《黄花岗》（广东戏剧协会创作丛刊第一种），广东戏剧协会印行，怒吼出版社发行，第2页。

发动的原因之一。剧作通过他的口，昭示了革命的目的：

> 温生才：（仰天狂笑）如果我怕死，我就不干这事情了！……我虽然死了，相信千百万不愿做奴隶、不甘受压的中国人，一定会比较我更不怕死的，为着民族的自由平等，为着全中国人民的幸福而斗争！
>
> （……温生才沉毅的面孔，呈现着一种不屈不挠的大无畏精神，凝眸朝着天空，阔步的下。）①

第一幕是起义前的策划，革命党人在广州甘家巷紧张地商量布置。其中，夹杂着林觉民对年轻妻子意映、黄兴与徐宗汉作为战友和恋人的深情。林觉民"面貌如玉，肝肠如铁，心地如雪"②。他对战友们说："革命者应该以自我牺牲去换取未来人类的幸福"③：

> 林觉民：请你们原谅我。我不是一个残忍无情的人，我是极爱她的。但是因为我太爱我们的民族，所以使我勇为革命而死。（更痛苦）我自和她结婚以来，我何尝不想天下有情人都成眷属。但是遍地腥云，满街狼犬，称心快意，有几家能够呢？
>
> 以今天的情势看来，天灾可以死人，盗贼可以死人，被列强侵略可以死人，贪官污吏虐民可以死人……所以我拿爱她的心，助天下人爱其所爱，才敢先她而死，不去顾她。但是我也希望她以天下人为念，乐于让我去牺牲我和她自己的幸福，而为天下人谋永久的幸福啦！④

这些台词，源出黄花岗起义前三天，即农历三月二十六日（4月24日）的深夜，林觉民在香港滨江楼，用一块白绢，墨笔书写，托人辗转带到福州、秘密交给妻子陈芳佩（字意映）的绝命书⑤，阐述他为推翻帝制、建立共和，已抱定为革命捐躯的决心⑥。此前林觉民曾想让意映来帮助运军火，

---

① 集体创作：《黄花岗》，广东戏剧协会印行，怒吼出版社发行，第26页。

② 王铁藩：《一纸遗书千行泪——记林觉民烈士夫妇》，中国人民政治协商会议福建省福州市委员会文史资料工作委员会等编印：《福州文史资料选辑》第6辑，1986年，第113页。

③ 集体创作：《黄花岗》，广东戏剧协会印行，怒吼出版社发行，第37页。

④ 集体创作：《黄花岗》，广东戏剧协会印行，怒吼出版社发行，第50－52页。

⑤ 林性奎（林觉民侄子）讲述、管柏华整理：《林觉民遗书的故事》，见福州市民间文学集成编委会编印：《中国民间故事集成·福建卷·福州市分卷》上，1990年，第140页。

⑥ 福建省地方志编纂委员会编：《福建省志·文物志》，北京：方志出版社，2002年，第269页。

因她已经怀孕8个月作罢。为了让剧情更为集中，《黄花岗》编剧者对历史进行了艺术化处理，将内容集中到了广州革命党人的策划总部，设计了意映从福建前来找林觉民，他强忍痛苦、避而不见的情节。同时，剧中将黄花岗起义时的徐宗汉身份设计为"机警，坚定勇敢的女革命者，黄克强的爱人"①，其实黄兴（黄克强）与徐宗汉当时未必是恋人关系②。但是，舞台上的儿女情长，令革命者有血有肉，拉近了观众的心理距离。他们为国家民族的义无反顾，深深感染了舞台下的观众。

"不成功，当成仁，现在大家抱着决死之心的。"（第三幕喻培伦语）但是，他们同样期待后来者，期待最后的胜利。历史上的林觉民在举事前曾经对战友说："此举若败，死者必多，定能感动同胞……使吾同胞一旦尽奋而起，克复神州，重兴祖国，则吾辈虽死之日，犹生之年也，宁有憾哉，宁有憾哉。"③《黄花岗》第四幕，李文甫等革命党人掩护战友朱执信等撤退时：

> 李文甫：（一面射击，一面回过头来说）：……为了革命，为了拯救中国，……我在这里，你们放心走吧！
>
> 党人七：如果我们因这次失败而灭亡，那么，拯救中国的责任就落在你们的身上了。
>
> 黄兴：（流泪）同志们！再见吧，我们会踏着你们的血迹前进的。
>
> 朱执信：为了国家民族，再会吧，同志们，中国能够在重重的危难中生长，只在靠我们底坚决不屈的精神去努力，珍重些，同志们！
>
> 严骥：中国是不会忘掉你们的！④

由于众寡悬殊、起义失败，李文甫等被执，仍教育兵丁："你们都是中国人，为甚么甘愿做满族的奴才呢？""当然，我们是要大家不做满奴。因为中国现在快要被满清政府断送给了列强，我们国民连子子孙孙，都要做

---

① 集体创作：《黄花岗》，广东戏剧协会印行，怒吼出版社发行，第27页。

② 据冯自由《革命逸史》中《徐宗汉女士事略》，二人确立感情是在黄花岗起义失败后。四月一日徐宗汉护送黄兴赴港就医，"照例割症须有亲族签字负责，从权以妻室名义行之。未几伤愈出院，而夫妇虚名竟成事实，洵可谓患难奇缘也。"（北京：新星出版社，2016年，第600页）刘绍唐主编《民国人物小传》第7册《徐宗汉》记载稍详，称出于"张竹君怂恿"，"未几伤愈出院，虚名夫妇，竟成事实，自是患难与共，几无役不与。"（上海：上海三联书店，2015年，第207页）

③ 邹鲁：《中国国民党史稿》下，上海：东方出版社中心，2011年，第1315页。

④ 集体创作：《黄花岗》，广东戏剧协会印行，怒吼出版社发行，第142－143页。

列强的奴隶牛马，我们中国人要生存要自由，非起来革命不可。"①

这些对话，说的正是日寇入侵的民族危机、生死存亡的国家大势。黄兴和革命党人坚定的话语"我们革命的前途是胜利的"（第三幕），也是抗战军民共同的决心。

正是出于为国为民的高尚目的，剧中，统带李准等清吏狼狈万分地从水缸旁爬出来，要杀掉被捕的革命党人时，他们毫无惧色地说："杀啦吧，杀啦吧！就在我们血的上头，会开出自由的花朵，中华国族，从此要翻身了！"②

（三）激愤共鸣的尾声

《黄花岗》一剧的主体部分，观众都是作为远离舞台的旁观者观看演员演出，与舞台有时间和空间的距离。到了尾声，创作者采取了独特的结构安排。剧本说明，景是"民国二十七年广州黄花岗七十二烈士殉难纪念大会的群众大会会场。整个舞台就是大会的演讲台，全体观众就是出席纪念大会的群众。"③ 这样，观众虽然还是静坐着，但是，起义失败、烈士慷慨陈词、总督府后火起，伴随着幕落下，在传统的镜框式舞台上，原来由观众对舞台"三向度"空间实体联想而产生的、阻隔演员与观众的无形的"第四堵墙"轰然倒塌，观众被推向前台，与表演者共处同一时空，成为进行中的"纪念大会"的"现场观众"。虽然"加入纪念大会"很突然，但是，经过长时间的剧情浸染和情感共振，对于观众来说，这个转折并不突兀，满腔悲愤也在为后面的喷薄蓄积力量。

幕启，"沉着悲痛"的演讲者 A "继续着讲"，提出"后死者的责任"，以及"革命尚未成功"的任务：

> A：二十七年前的三月二十九日所展开的一幕悲壮的革命剧，就这样惨烈地失败了！（稍停）但是，诸位同胞！屠杀者的血手是禁压不住全民族的反抗的，黄花岗七十二烈士的死，并不是革命的终结，而正是革命的开端！……七十二烈士没有成功，但是他们是成仁了，他们相信着他们成仁了之后，中华民族里面一定会有千万更英勇更干练的同志能够继续他们的遗志，创造和建设一个自由平等的国家……
>
> 但是，这伟大的目的，经过了黄花岗、辛亥革命、五四运动、国

---

① 集体创作：《黄花岗》，广东戏剧协会印行，怒吼出版社发行，第 144 – 145 页。
② 集体创作：《黄花岗》，广东戏剧协会印行，怒吼出版社发行，第 147 页。
③ 集体创作：《黄花岗》，广东戏剧协会印行，怒吼出版社发行，第 149 页。

民革命，一直到今天。还不曾完全实现，中国历史上最光辉的革命导师孙中山先生，领导国民革命四十余年，直到心疲力竭，而在北平逝世的时候，还不能不悲痛地说："现在革命尚未成功！"

舞台上的演讲者指出，"革命尚未成功"，原因是"中国在满清三百年的支配下面，已经沦落成为一个半殖民地的国家，所以革命党要清除的专制政治、封建军阀、土豪劣绅也正就是帝国主义束缚中华民族的最好的工具。"他说，北伐失败，就是因为日本帝国主义者"一方面援助北洋军阀，一方面拼命的挑拨离间，使我们内部分裂，这样，我们的革命事败垂成，我们烈士的遗业功亏一篑！"他提出："我们要继续烈士们的遗教，完成国民革命，第一就要全民族团结起来，打倒国民革命最后的敌人——日本帝国主义！"①

在慷慨激昂的演讲之后，黄花岗七十二烈士的遗族代表进一步以地域纽带，将现场观众拉近距离：

> B：广州是七十二烈士起义和成仁的地方，广东人在七十二烈士里面占了最大的比例……（大声）广东人全体都是革命烈士的遗族！（鼓掌）广东四千四百万人全体都有革命的光荣！广东四千四百万人全体都有革命的责任！（鼓掌欢呼）……（全国）四万万五千万人团结成一个人，一个心，团结到底，抗战到底，中华民族才能自由解放，地下的我们的父兄叔伯才能含笑！②

他再次呼吁团结一致，共抗日寇："敌人的心是最险毒不过的，他们处心积虑地在破坏我们，希望我们分裂，我们内乱，这样他们才能不费兵力，并吞整个中国！同胞们，我们在国外，对于国内的不能统一、内乱，是如何的伤心，如何的苦痛，如何的忧愤，这也许是国内的同胞想像不到的！……我们要团结到底，抗战到底！最后的胜利是我们的！（鼓掌）"③

接着，剧本将现场观众设计进入表演。演员扮演的台下群众发言，然后走上舞台：

> 主席：（正要致辞的时候）

---

① 集体创作：《黄花岗》，广东戏剧协会印行，怒吼出版社发行，第150－152页。
② 集体创作：《黄花岗》，广东戏剧协会印行，怒吼出版社发行，第154页。
③ 集体创作：《黄花岗》，广东戏剧协会印行，怒吼出版社发行，第155－156页。

　　台下群众之一：主席！方才主席和×××先生……

　　主席：（制止他，）有意见，请上来发表。

　　C：（登台）主席，诸位同胞，（登台）主席，诸位同胞，方才两位先生的演说里面，几次提到加强我们团结和抗战到底的必要。……现在敌人的求和，正表示了我们的胜利已经快要实现，我们决不该中他的毒计。……同胞们，决胜点已经近了，我们是胜利的！我们要在这个严重关头，特别警惕，特别努力，"团结到底！""抗战到底！"

　　从观众席走上舞台的演员，之前一直以观众身份在观看，他的上台，更将台下观众视线从身边拉到舞台，仿佛观众的代言人，诉说共同的心声。在《夏衍全集》里，这一写法为《尾声（B）》。而《尾声（A）》更着重加强了观众和演员的联系。如烈士遗族、抗日战士在发言前坐在观众席，"热烈的掌声。战士站起来向大家鞠了躬。"他演讲之后，有两位青年演员从观众席进入表演，令现场观众切实参与到戏剧场景：

　　热烈的鼓掌。战士退到自己的位子。

　　这时台下有喧嚷的声音。青年乙拉着青年甲，青年甲向前跑过来。

　　主席：请各位维持秩序！

　　青年甲：我要说话！

　　主席：有话请到台上来说！

　　青年甲在大众视线的包围中跳上舞台。[①]

三、演出组织及盛况

　　1938 年 3 月 29 日是同盟会广州起义（即黄花岗起义）28 周年纪念日。在中共推动下，广东当局举办规模空前的戏剧歌咏纪念大会。参加筹备的单位有国民党广东省党部和广州特别市党部、广东省党政军联席会议宣传部、广东文化界救亡协会、抗战教育实践社、广东歌咏协会、广东戏剧协会等。钟天心任大会主任，胡春冰、马思聪任副主任，赵如琳任戏剧组长，陈世鸣任音乐组长。戏剧演出由广东戏剧协会主办，参加的有艺协、锋社、蓝白三大剧社，以及八一三歌咏队、七七剧社、文化界战时服务团、抗战

---

　　① 刘厚生、陈坚编：《夏衍全集·戏剧剧本》下，杭州：浙江文艺出版社，2005 年，第441 页。

剧社、民众教育委员会戏剧股、奔风剧社等 20 多个文艺单位。① 其中八一三歌咏团和海关同人救亡长征团是从上海来的。

《黄花岗》演出整容鼎盛。演出委员会委员为胡春冰、赵如琳、夏衍、罗海沙、钟启南等五十余人，又设导演团 7 人，下设装置股委员及工作人员 31 人、照明股 12 人、化装股 22 人、服装股 10 人、效果股 8 人、道具股 10 人、事务管理股 13 人②。演员共有 80 多个，舞台工作人员 100 多人。原预定在中山纪念堂公演，后改在太平戏院。另外动员了数百人参加歌咏队及街头演出队，还有省府、市府、四路军总部及海军司令部的军乐队也参加了演出。③

3 月 29 日，广东各界在中山纪念堂召开纪念革命先烈及全国阵亡将士、死难同胞大会。会后到黄花岗七十二烈士陵园公祭先烈及阵亡死难军民，宣传队作街头演说并演出街头剧，晚上举行火炬游行。④ 纪念戏剧歌咏大会于 3 月 29 日到 31 日连续三天在广州丰宁路太平戏院举行。参加人员有 1000 多人，连省政府、广州市政府、四路军军乐队也参加演出，场面壮观，秩序井然。⑤

据当时执笔和负责排演的周钢鸣说："地下党省委实际上领导着这个活动。广州市文化支部负责人杨康华同志积极支持这项活动，他还在戏剧歌咏大会上参加上台唱歌。演出遵守大会的统一指挥，当时的导演是胡春冰、夏衍、赵如琳等几个人，演出时很热闹，台上台下都坐满了人，演了很多场。"⑥

扮演姚雨平的卓文彬描述当时的情景：

> 《黄花岗》的演出，每晚在唱过《黄花岗纪念歌》后才开幕。当时的歌咏队和军乐队都坐在太平戏院三楼，居高临下，甚为壮观，三楼

---

① 袁小伦：《统一战线与省港抗战文化运动》（中），见中共广东省委党史研究室编：《广东党史资料》第 22 辑，广州：广东人民出版社，1993 年，第 162 页。

② 广东话剧研究会、《鸣镝篇》编委会编：《鸣镝篇——广州锋社话剧团的战斗历程》，1994 年，第 156 - 159 页。

③ 梁绮、白璋川：《戏剧支部领导剧运的回顾》，见中国戏剧家协会广东分会、广东话剧研究会编：《广东话剧运动史料集》第 3 集，第 15 页。

④ 广东省立中山图书馆编纂：《民国广东大事记》，广州：羊城晚报出版社，2002 年，第 583 页。

⑤ 袁小伦：《统一战线与省港抗战文化运动》（中），见中共广东省委党史研究室编：《广东党史资料》第 22 辑，广州：广东人民出版社，1993 年，第 161 - 162 页。

⑥ 周钢鸣：《在〈黄花岗〉演出四十三周年纪念大会上的书面发言》，见中国戏剧家协会广东分会、广东话剧研究会编：《广东话剧运动史料集》第 1 集，第 105 页。

的南面是女师、女中、执信等女校几百人组成的歌咏队，北面则听说是由省府、市府、四路军总部及海军司令部等属下的军乐队所组成的一个大乐队。先由军乐队演奏，然后由歌咏队伴着军乐的节拍齐唱起：

看黄花岗上民族的先锋，

把生命敲响革命的血钟。

正春光明媚、杨柳依依……

顿时台上台下，群情兴奋，庄严肃穆。①

钟启南回忆："演出时，歌咏队位置在三楼，开幕前、幕间和闭幕以后，歌咏队都齐声歌唱，歌声跟着舞台上的表演一起一落，观众的心情热烈兴奋，所以那次演出，可以说是广东戏剧运动的一次空前热烈的演出。从上海和武汉来看演出的戏剧工作者都鼓励我们，说我们演得好，演得不错。"②

演出气魄宏大，"尤其是那'尾声'，更是别出心裁，把历史和现实联系起来……它用台上台下连成一气的办法，把剧情推向高潮，因此剧评家说，这场'尾声'其实就是'戏肉'，大家都佩服夏公（夏衍）构思的巧妙和台词的生动。……台词中有一段话是非常精彩动人的：'东方伟大的凤凰，已经准备好涅槃的香木，勇敢地投入猛烈的火焰中，新的凤凰、新的中国，就要诞生了！'扮演大会主持人的演员是赵如琳，当他念到这段台词的时候，用动作配合起来，台下的观众仿佛看见一只火凤凰在烈火中振翅飞翔的样子，于是全场响起了暴风雨般的掌声，经久不息。这时候，台上台下打成一片，充分显示出中华民族的庄严气派和抗战必胜的信心！"③"最后，观众齐唱《全国总动员》，整个剧场——不，是会场——都沸腾起来了！"④

① 卓文彬：《〈黄花岗〉演出的点滴回忆》，见广东话剧研究会、《鸣镝篇》编委会编：《鸣镝篇——广州锋社话剧团的战斗历程》，1994年，第151页。

② 钟启南：《钟启南同志的发言》，见广东话剧研究会、《鸣镝篇》编委会编：《鸣镝篇——广州锋社话剧团的战斗历程》，1994年，第143页。

③ 鲁毅仁：《夏衍和〈黄花岗〉的尾声》，见广东话剧研究会、《鸣镝篇》编委会编：《鸣镝篇——广州锋社话剧团的战斗历程》，1994年，第138-139页。

④ 李门：《浩气长存〈黄花岗〉》，见广东省戏剧家协会编印：《洁似寒梅：李门遗作选》，2000年，第43页。

四、小结

《黄花岗》兼有史剧、群众剧和革命剧的特点。广州的文艺界在党的领导下，团结国民党员、民主党派和其他爱国人士，创作演出《黄花岗》，呼吁发扬烈士的爱国精神，团结抗战，表达了全国人民的共同心声，充分展现了"巩固统一战线，强化文化国防"的主题。这样规模浩大的演出活动，在广东乃至"全国全世界的话剧史上也是罕见的"①。其"动员之广，不独在广州，就是在全国，也不能不算是一个空前创举"②，是"文艺、戏剧动员抗战的光辉典范"。③

1938 年 3 月 29 日开始，《黄花岗》在广州接连公演 3 场，又加演了 3 场。10 月 10 日第一届戏剧节时，又发动 16 个团体举行联合公演。④ 广州沦陷后，1939 年 5 月 3 日至 5 日，为响应"香港各界赈济华南难民联席会"的号召，由中华艺术剧团、香港青年戏剧协会及广东戏剧协会留港同人发起，全港戏剧界 40 余个社团联合公演《黄花岗》，参加演出的除香港的时代剧团、文化剧团、红蓝剧社等 10 个剧社外，还有内地来港的中国旅行剧团、中国救亡剧团、中华艺术剧团、广东戏剧协会第一剧团等。这次演出，成立了一个由欧阳予倩、胡春冰等人组成的导演团，参加演出的演员八十余人，加上台前幕后的工作人员总数有 200 余人，旅港剧人起到了骨干与核心的作用。⑤ 此次联合公演，据香港媒体报道，"诚戏剧界空前未有之壮举"⑥。

---

① 卓文彬：《〈黄花岗〉演出的点滴回忆》，见广东话剧研究会、《鸣镝篇》编委会编：《鸣镝篇——广州锋社话剧团的战斗历程》，1994 年，第 151 页。

② 谢彬筹：《岭南戏剧思辨录》，北京：中国戏剧出版社，2000 年，第 312 页。

③ 梁绮、白璋川：《戏剧支部领导剧运的回顾》，见中国戏剧家协会广东分会、广东话剧研究会编：《广东话剧运动史料集》第 3 集，1990 年，第 15 页。

④ 广东省地方史志编纂委员会编：《广东省志·文化艺术志》，广州：广东人民出版社，2001 年，第 303 页。

⑤ 方梓勋、胡志毅主编：《中国话剧艺术通史》第 3 卷，太原：山西教育出版社，2008 年，第 99 页。

⑥ 《全港剧团空前壮举 黄花节日联合义演》，载《星岛日报》1939 年 2 月 26 日。

第四节　冼星海《黄河大合唱》文化渊源考[①]

伴随着《黄河》的涛声，冼星海的名字从中国走向世界，也将永远闪耀在人类音乐史。这个生下来没有片瓦遮头，只有茫茫大海、满天星光陪伴的疍家孩子，从珠江之滨、南海之角的小小渔村走出来，成为黄河精神的代表，成为中华民族不屈的意志的代表，成为整个人类为生存、为尊严的永不止息斗争的代表。冼星海和他的音乐所体现的，对个体的人和个体组成的人类群体以及人类命运的深切关怀，已经超越了民族和国家的界限，成为人类精神、意志和力量的丰碑。在这个意义上，我们对冼星海及其思想本源的研究，也因此超越了音乐本身的意义。

一、冼星海音乐之中水的形象

在对这位岭南音乐家进行研究时，一个问题困扰着我们：冼星海的音乐是怎样走向全国、走向世界的？他的音乐有没有受到他生长地的影响？我们知道，冼星海的音乐世界是非常广阔和开放的。尽管他对广东音乐非常熟悉、了解并充满感情，但也曾清晰地表示，《黄河大合唱》"完全没有"受广东音乐的影响。[②] 某一首作品或许如此，或许本人认为如此，但艺术家的创作，真的和他的文化背景没有一点关系吗？

在对冼星海的音乐创作进行研究时，水的形象脱然而出。他创作的音乐，与水相关的有《船娘曲》《黄河之恋》《扬子江》《妹妹你是水》《溆阳河》等多首。而他的代表作《黄河大合唱》，则写尽了水的种种情态："那《黄水谣》的写景抒情、委婉动听；那《河边对口曲》的乡土气息、诙谐激情；那《黄河怨》中的女声独唱，如泣如诉、如怨如怒；那《保卫黄河》的轮唱有如千军万马，驰骋奔腾；那《怒吼吧，黄河》像是向法西斯进军的冲锋号。"[③] 他笔下流出的音符，奔腾的、咆哮的、宛转的、呜咽的、浩荡的、深沉的、坚忍的、有力的……如诗如吟，如泣如诉，如惊涛之拍岸，如雷霆之怒吼。他因此被称为"黄河号手""黄河精神""黄河魂"。

[①] 原载《汕头大学学报》（社会科学版）2014 年第 3 期，题为《水的精神与水的力量——从〈黄河大合唱〉谈冼星海音乐经典的形成》。

[②] 贾明书：《星海谈片》，见聂耳、冼星海学会编：《永生的海燕：聂耳、冼星海纪念文集》，北京：人民音乐出版社，1987 年，第 319 页。

[③] 田冲：《时代的颂歌：忆星海同志写〈黄河颂〉》，载《人民音乐》1981 年第 3 期。后面引文同。

据冼星海创作《黄河大合唱》的见证人田冲回忆，冼星海曾经向他们了解此前渡黄河的经过：黄河上的船夫如何绕过激流险滩，如何与漩涡搏斗，如何呼号，如何划桨。他们向冼星海描述了老船工"袒露着赤铜的脊背"，"庄严而自若""紧张而协调"的动作，描述了船工号子的激越悠长。"星海同志只是默默地听，但他那高度集中的神情里，却显示出在他的心里已经跳动着歌词《黄河船夫曲》中的旋律和节奏，已经准备着要用音符来说话了。果然，第二天我们就从光未然同志住的医院里，拿回星海谱写的《黄河船夫曲》，在练唱的时候，我们都感觉到这不是在表演，这就是我们自己亲身的遭遇啊！"

田冲说："记得星海同志拿到这份定稿时，他迸发出来的第一句话：'我有把握把它谱好，这是我渴望很久的呀！'""他在短短六天之内，就谱完了全部《黄河大合唱》的歌词、朗诵诗和乐队的配曲。这样神速的乐思，难道是单靠灵感促成的吗？难道是单靠技巧促成的吗？"

笔者的疑问也在于此。一个音乐家，是如何能够将他未曾见过的场景，用音乐的语言，描述得如此真切，具有如此的力量呢？当然我们知道当时正以全部身心投入抗日救亡运动的冼星海，一直渴望也努力在用音乐表达抗战军民的心声、表达民族的力量。而他选择的与他的激情契合的最佳载体，是一条河。这条河的声音，因此成为民族的声音。这是偶然的灵感吗？或是单纯的技巧吗？

1939 年 3 月 26 日，冼星海开始创作此曲，3 月 31 日完成。4 月 8 日写关于《黄河大合唱》的文章。4 月 13 日《黄河大合唱》公演，是"延安空前的音乐晚会，也就是全国从没有的音乐晚会"①。在接下来几天的日记里，一直到后来的许多时日，冼星海的活动都与此曲有关。而就在他的创作激情仍然澎湃的 4 月 19 日，冼星海在日记里写下："今天不用功，因身体不十分好，也许是天气的关系。图书馆借了两本书：（1）民族问题讲话，（2）中国的水神。"②

延安阶段，冼星海日记中的读书记录不多，往往是政治书籍。因此，这本看似"闲书"的《中国的水神》就是我们研究冼星海创作思想背景的一个很重要的切入点。从心理学的角度分析，他在关注水，关注水的精神

① 《冼星海全集》编辑委员会编：《冼星海全集》第 1 卷，广州：广东高等教育出版社，1989 年，第 268 页。

② 《冼星海全集》编辑委员会编：《冼星海全集》第 1 卷，广州：广东高等教育出版社，1989 年，第 270 页。生活书店 1934 年出版发行黄芝岗著《中国的水神》，隶国立北京大学中国民俗学会民俗丛书，为我国早期神话研究论著之一种。或为此。

和水的力量。与他这一时期的创作情况结合起来，我们可以做一个大胆的假设，对水的深厚感情和精神依恋，是他创作《黄河大合唱》的情感基础。而对水的了解，对水的力量的了解，是他能够将黄河描述得如此真切、如此激情的根由。

二、水的温情与冼星海的成长

冼星海籍贯广东番禺，他出生在澳门的一条渔船上。"以舟为室，视水为陆，浮生江海者，疍也。"① 生于舟中，长在水边，水的影响贯穿了冼星海的一生。他的音乐，和水密不可分。冼星海的女儿冼妮娜说："我的父亲出生在澳门以航海捕鱼为生的贫苦人家。他是疍民的遗腹子，自幼与我的奶奶相依为命。""他在苦水中诞生，跟着我那以打渔为生的奶奶黄苏英和太公黄锦村，在澳门度过了苦难的童年。在澳门的下环街及番禺水域，都留下了他的足迹。家乡的一切都影响着他……"② 冼星海本人记述："父亲是广东番禺县人，做过打鱼及航海的事情。""家里没有产业，父亲死时，我是一个怀腹子！祖父养我长大，到七岁时祖父死了。我和母亲靠双手去奋斗，经过了将近三十年的惨淡生活，飘流无定的生活，到现在我和母亲还是为着生活奋斗。"③

冼星海出身于被称为水上居民的疍民家庭，1918 年从新加坡回到广州，在岭南大学附属中学半工半读，随母居住于珠江畔岭南大学的一间小木屋，后入住宿舍，一直到 1925 年赴京方离开，其间与疍民有大量接触。据冼星海童年好友、邻居司徒乔的夫人冯伊湄言，司徒乔一家"到广州后住处离凤凰村不远，离码头也近：那些当时被陆上人歧视的水上人家，和村子里低门矮户的妇女，经常出入她（司徒乔母亲）家"。冼星海与司徒乔家比邻而居，且与司徒乔"课外总是形影不离"。同时，冼星海自述，当时他经常接近学校里面饭堂的伙夫、工人和学校外的疍民，并且担任过村童的工作。"在广州时，我又教了不少的工农，尤其是工人夜校及疍民、村童学校，并举行了很多的音乐会。"④

---

① 周去非：《岭外代答》卷 3，北京：中华书局，1985 年，第 29 页。

② 孜人：《冼星海与澳门和母亲及〈顶硬上〉》，载《新文化史料》1999 年第 6 期；冼妮娜：《我的父亲冼星海》，载《人民音乐》2005 年第 8 期。

③ 冼星海：《致中共"鲁艺"支部的自传》，见《冼星海全集》编辑委员会编：《冼星海全集》第 1 卷，广州：广东高等教育出版社，1989 年，第 385、380 页。

④ 冼星海：《致中共"鲁艺"支部的自传》，见《冼星海全集》编辑委员会编：《冼星海全集》第 1 卷，广州：广东高等教育出版社，1989 年，第 379、381 页。

据伍锐麟等学者的研究，民国时期，广州疍民人数超过全市人口的十分之一。珠江南岸（河南）是他们集中的地方。岭南大学地处河南，由广州城过来需要斜渡珠江。棹艇者多为疍民。岭南大学与疍民之间关系比较密切，并有长期的义教、赠医等活动，比如民国八年（1919 年）岭南大学黄启明等学生创办并由青年会接办的方社学校。① 冼星海课余时间积极参加义教。"乔和星海缔结起深厚的友谊，不止因为他们同是住木屋的小居民，不止因为两家母亲是知心的朋友，更重要的是这两个少年人对艺术都很着迷。人们常常看见乔把画架支在江边画浮屋、小艇、船夫，冼星海在离他不远的小山丘上鼓起腮帮吹单簧管……乔和星海两人还有一个共同的兴趣，就是爱参加基督教青年会主办的乡村活动，把假日都消磨在学校附近的伍村、凤凰村。他们教孩子们认字、唱歌。做这工作的时候，乔总是捎带着画速写，冼星海捎带着搜集一些村子里的童谣、山歌。"②

1935 年发表的《旧凤凰村调查报告》载："凤凰村是中国一个旧式农村，在岭南大学校园西南闸之南，建设厅蚕丝改良局之西，伍村之北，地点适中，交通亦颇便利……该村为着靠近岭南（大学），而且乡民较肯接受外界的帮助而合作。所以几年前岭南教职员会已经在该村举办小学校。"此报告收录了凤凰村歌谣《月光光》《鸡公仔》《扒龙舟》等多首。③ 沙南疍民亦有《月光歌》《鸡公仔歌》等儿歌。④ 而在冼星海的作品里，就有广东儿歌《鸡公仔》《月光光》《团团坐》《团团转》等。《团团坐》（团团坐，吃果果）成为电影《小孤女》主题歌。由广东著名编剧黎民伟作词的《团团转》（团团转，地球圆；好兄弟，结成团。储了钱，造战船；铸大炮，几百门）则是一首抗战歌曲。曲尾原注："这是广东民歌的曲调，倘能用广州话唱最好。"⑤

冼星海在岭南大学的生活，是与水联系在一起的。他与司徒乔一起游泳⑥，他对着江水练习、思考音乐。岭南大学当时的音乐气氛很浓，每周都有音乐会、晚会，冼星海在其中起了重要的组织作用。假期间，校内青年

① 岭南社会研究所：《沙南疍民调查》，见李文海主编：《民国时期社会调查丛编：底边社会卷》，福州：福建教育出版社，2005 年，第 594、650 页。

② 冯伊湄：《未完成的画》，北京：人民文学出版社，1978 年，第 19、20 页。

③ 伍锐麟、黄恩怜：《旧凤凰村调查报告》，见李文海主编：《民国时期社会调查丛编：乡村社会卷》，福州：福建教育出版社，2005 年，第 306、331－333 页。

④ 岭南社会研究所：《沙南疍民调查》，见李文海主编：《民国时期社会调查丛编：底边社会卷》，福州：福建教育出版社，2005 年，第 665、666 页。

⑤ 中国艺术研究院音乐研究所：《冼星海专辑》3，广州：广州音乐学院出版，1982 年，第 48、55 页。

⑥ 冯伊湄：《未完成的画》，北京：人民文学出版社，1978 年，第 20 页。

会组织旅行团，乘木船上溯西江，到鼎湖飞水潭和肇庆七星岩游览。冼星海也参加了。同学们在江船上唱歌嬉笑，性格沉静、不大言语的星海则每每独倚船舷，对着祖国壮丽的河山，不断哼出他胸间涌现出来的音乐之流，并教同学唱歌。[①]

当地的许多民俗活动也与水密不可分。凤凰、沙南等广州地区民众信奉天后等神祇，往往有盛大的祭祀。天后即海神妈祖。据伍锐麟等的记录，沙南疍民拜祭的神祇有：天官或天公——安放在艇头的护舟龙神；安放在艇尾的波罗神；娘妈神——天后，是在狂风暴雨时保护的海神；三介神——保护水面上的平安，以及令人添丁的神明；等等。"蒲节——即端午节，在五月初五举行，是日乡民停止工作，大吃果品、粽等食物，男子多往赛龙舟。"[②] 珠江三角洲龙舟竞渡之风很胜。李调元《南越笔记》卷1称："粤中五月采莲竞渡，至五日乃止。广州夺标较胜，有逾月者。"[③] 清末傅维森的《珠江竞渡诗序》、居廉的《荔枝湾龙舟竞渡图》等资料，都记录了广州龙舟竞渡的盛况。冼星海的出生地澳门也有赛龙舟的习俗，民国初年汪兆镛的《澳门杂诗》亦有描述。[④] 在他的家乡番禺，"龙舟以吊大夫，凤船以奉天后，皆于五日为盛会"[⑤]。

乡间种种与水有关的习俗信仰，成为冼星海音乐创作的源泉。他曾创作《广东歌》[⑥]（今佚），并为《疍民歌》谱曲。此曲1936年作于上海，音乐优美，曲词动听，表现了疍家人逐浪的生活和水上情怀："头帆推起尾正正啰，中帆推起船要行啰。大船细船去到了啰，放掉俺妹无心情啰……"冼星海称："《疍民歌》是描写广州的疍民，是一首抒情曲，女声独唱，钢琴和管弦乐伴奏，作风是在中国从来没有听过的，作曲家阿夫夏洛穆夫说'这是我的作风'，他很爱这曲。伴奏是水声，风声，令人呼吸到广州珠江

① 蔡咏春：《关于冼星海同志的几张照片》，载《人民音乐》1985年第7期。

② 伍锐麟、黄恩怜：《旧凤凰村调查报告》，见李文海主编：《民国时期社会调查丛编：乡村社会卷》，第325、329页；岭南社会研究所：《沙南疍民调查》，见李文海主编：《民国时期社会调查丛编：底边社会卷》下，福州：福建教育出版社，2005年，第643、662页。

③ 吴绮等撰、林子雄点校：《清代广东笔记五种》，广州：广东人民出版社，2006年，第193页。

④ 参见马明达《澳门的龙舟运动》（《体育文化导刊》2006年第1期）等资料。冼星海1905年出生，7岁赴新加坡。1910年7月27日《申报》文章《葡兵炮攻过路环盗匪近状》载："岛中原有龙舟数艘，现亦不知踪迹。"说明当时澳门也有龙舟活动。见汤开建、陈文源、叶农主编：《鸦片战争后澳门社会生活记实：近代报刊澳门资料选粹》，广州：花城出版社，2001年，第349页。

⑤ 檀萃：《楚庭稗珠录》卷2，广州：广东人民出版社，1982年，第53页。

⑥ 冼星海1938年4月19日日记，见《冼星海全集》编辑委员会编：《冼星海全集》第1卷，广州：广东高等教育出版社，1989年，第213页。

的气息……"① 这首歌得到许多群众尤其是青年的喜欢②，也寄托了冼星海对家乡的无限情感。

三、水的力量与冼星海的奋斗

冼星海充满激情地将水乡经历融入他的音乐。在《民族解放交响乐》的杂记中，冼星海谈到"保卫祖国"这一乐章时如此解释："这章用三小段构成，象征海、空、陆军力量的建立和巩固来保卫祖国，三段都是舞曲体。(a) 中板（Moderato）'龙船舞'：在五月的时候，中国南方常举行龙船竞赛。这含有竞赛的巨大意义，而且人民都乐于观看。用这舞曲形式写，不外是想激发他们爱护领海而竞争的意义。"③ 以"急鼓千捶船竞发，万桡齐举浪低头"④ 的龙舟竞渡场面，表现激烈的战斗场景，是冼星海将岭南文化应用到音乐创作上的成功尝试，发挥出激励人心的作用。而在《黄河大合唱》里，"咳哟！划哟……伙伴啊，睁开眼！舵手啊，把住腕！当心啊，别偷懒！拼命啊，莫胆寒！咳！划哟！咳！划哟！咳！划哟！不怕那千丈波浪高如山！不怕那千丈波浪高如山！行船好比上火线，团结一心冲上前！"仿佛就是对南方龙舟竞渡场面的描绘。他仅仅通过他人对黄河渡口船夫的描述，就能够以音乐的语言描绘得如此真切、如此激昂，产生如此震撼的效果，让他们"感觉到这不是在表演，这就是我们自己亲身的遭遇啊"⑤，这无疑是有深厚的生活基础和艺术积累的。

更加值得一提的是《顶硬上》（又名《广东劳工歌》)⑥，这是冼星海母亲黄苏英教给冼星海的一首民歌。据冼妮娜回忆："奶奶是澳门渔家女，她纯朴、善良、勤劳，又有远见。她是位非常值得尊敬的女性，我父亲非常尊敬她。她教我父亲唱儿歌童谣，如《月光光》《顶硬上》等等。""《顶硬

---

① 《冼星海全集》编辑委员会编：《冼星海全集》第 1 卷，广州：广东高等教育出版社，1989 年，第 130 页。

② 冼星海在《我的简历（简单历史）》中谈到，《船娘曲》《疍民歌》等作品"在社会一般的青年及群众都喜欢"。见《冼星海全集》编辑委员会编：《冼星海全集》第 1 卷，广州：广东高等教育出版社，1989 年，第 387 页。

③ 《冼星海全集》编辑委员会编：《冼星海全集》第 1 卷，广州：广东高等教育出版社，1989 年，第 152 页。

④ 朱光：《广州好》第二十八，见中共广州市委党史研究委员会编：《朱光文集》，广州：广东人民出版社，1989 年，第 49 页。

⑤ 田冲：《时代的颂歌：忆星海同志写〈黄河颂〉》，载《人民音乐》1981 年第 3 期。

⑥ 中国艺术研究院音乐研究所：《冼星海专辑》3，广州：广州音乐学院出版，1982 年，第 32 页。

上》原是广东珠江口澳门一带的民歌，对我父亲的影响很大。没有当年我奶奶朴实的教导，也不会有我父亲以后的成就。她更借《顶硬上》这首民歌教导我父亲如何做人，她是我父亲人生道路上的第一位启蒙先生。""奶奶以淳朴、善良、勤劳的品质影响着父亲，让父亲从小就记住'鬼叫你穷，铁打的心肠铜打的肺，立实心肠去挨世'，让他从小就知道要用顽强的精神与命运抗争。"① 孟波也记述说："冼星海事母至孝，他多次谈到自己从小是依靠母亲艰苦劳动所获得的微薄收入、抚养成长的，因此对母亲有着特别深厚的感情。他把母亲做搬运工人时唱的劳动号子的词句，填在《顶硬上》这首合唱曲上，并署上母亲黄苏英的名字。"②

据一烟回忆，"他曾经对我讲他创作《顶硬上》的情形。他说：'这个歌子是和我的妈妈合作的！'他告诉我：他小时候在家乡常和工人在一起——星海先生是广东人，家境很贫苦——工人的被压榨的生活，使他如亲受一般的痛苦！那时候他就发誓要一生为劳苦大众的解放而奋斗！他说一直到他从法国回来，一直到他到了上海，广东工人的痛苦情形还是深印在他的脑子里，时刻不能忘记，于是就和他母亲一起回忆着写出了这个广东语的歌子《顶硬上》。"③

《顶硬上》主要歌词如下：

> 顶硬上，鬼叫你穷
> 哎呵唷呵，哎呵唷呵
> 铁打心肝铜打肺，立实心肠去捱世
> 哎呵唷呵，哎呵唷呵
> 捱得好发达早 老来叹翻好
> 血啊 汗啊
> 穷啊 饿啊
> 转弯 抹角
> 撞吓呢！留神呢！借光呢！
> 哎呵唷呵，哎呵唷呵

---

① 冼妮娜：《我的父亲冼星海》，载《人民音乐》2005 年第 8 期。

② 孟波：《不尽的思念：纪念冼星海诞辰 90 周年》，载《音乐研究》1995 年第 4 期。

③ 一烟：《忆伟大音乐家冼星海先生》，见中国艺术研究院音乐研究所、广州音乐学院：《冼星海专辑》4，广州：广东高等教育出版社，1983 年，第 39 页。

冼星海自称"工人出身"①，"写了无数工人的歌，《顶硬上》是一首唯一的纪念母亲的歌，词由她口述的……"他很喜欢这首歌，将其与《拉犁歌》并列，并介绍说这是广州天字码头（位于岭南大学斜对岸）一带的"苦力"唱的。② 也有学者认为它属于咸水歌："咸水歌也不乏有船工苦力的号子。著名音乐家冼星海年幼时在澳门长大，其母黄苏英出身于蜑家，曾口授一首蜑家苦力歌谣给冼星海。""这首苦力号子在一二十年前的澳门码头上，还不时可听到老船工和老搬运工劳作时哼唱。他们伴着劳动的节奏，音调抑扬顿挫，浑厚有力，振奋精神。"③

这首源于底层民众生活的歌曲在珠江口港澳一带水上居民中广为流传，表现他们艰难求存的辛酸无奈和不屈精神。歌词中有大量的粤语方言。如"顶硬上"意指"挺直腰杆往前冲、拼命上"；"鬼叫你穷"意指"不拼命又有什么办法呢？"；"铁打心肝铜打肺，立实心肠去揸世"意为"铁打铜铸的身躯，能承受一切苦痛和困难"。其实哪里是铁打铜铸，不过表明了与命运抗争的决心罢了！"揸得好发达早，老来叹翻好"，表现了对美好未来的憧憬。血、汗、穷、饿，以血汗来解决穷饿，基本上就是穷苦人生活的写照。后面的"转弯，抹角""撞吓呢！留神呢！借光呢！"描写的是干活时的情景。中间穿插的大量语气词则是模仿劳工的劳动号子。歌词真实地反映了广东苦力的生活，也可以借此窥见冼星海的早年经历。通过"哎呵唷呵"的节奏变换，他塑造了码头搬运工人脚步沉重的劳动形象，"可以清楚地感受到肩扛着沉重的货物，吃力地移动着步伐"④。

冼星海深爱这首歌，曾多次表演、教唱，以这首歌激励民众抗战的决心。1937 年 9 月 2 日，他在桐县石桥村的救亡演出中演唱这首歌。9 月 11 日，在河南大学 1600 人的歌咏大会上，他"满腔热情地振臂指挥大家演唱他的《顶硬上》等歌曲"⑤。1939 年 2 月 25 日，"下午去职工大队教歌，他们全校欢迎我。我独唱《顶硬上》给他们听，《拉犁歌》也唱给他们听"。3 月 3 日，他"又唱《顶硬上》，得全场欢迎和掌声"。5 月 6 日，"早上休

① 安波：《星海同志永远在指导与鼓舞着我们》、马可：《冼星海是我国杰出的社会主义现实主义音乐家》，见聂耳、冼星海学会编：《永生的海燕：聂耳、冼星海纪念文集》，北京：人民音乐出版社，1987 年，第 274、354 页。

② 贾书明：《星海谈片》，见聂耳、冼星海学会编：《永生的海燕：聂耳、冼星海纪念文集》，北京：人民音乐出版社，1987 年，第 320 页。

③ 何薇：《珠江三角洲咸水歌的起源与发展》，载《广州大学学报》（社会科学版），2007 年第 1 期。

④ 郭乃安：《冼星海作品中的音乐形象》，载《人民音乐》1955 年第 10 期。

⑤ 冯光钰：《冼星海在开封战斗的九天》，载《音乐世界》1982 年第 8 期。

息，并教'鲁艺'教职员唱《胜利进行曲》及《顶硬上》"。次日"上午休息，又教《胜利进行曲》及《顶硬上》"①。"鲁艺"三期音乐系学生黄准回忆说："星海经常深入到我们学生中和大家聊天，谈他贫困的家庭、他的各种经历，他经常谈起他的家乡和他的妈妈，他特别爱唱他的家乡民歌，我们这些学生会顽皮地学他的广东普通话，并且都学会了用广东话来唱他的家乡民歌'顶硬上啊鬼叫你穷啊……'。记得刚开课不久，他就给我们同学讲'生活及创作经验'，从晚上九点一直讲到凌晨二点。"②

《顶硬上》反映的是底层民众的声音，也得到他们的喜爱。冼星海写道："这歌曲在音乐会表演了许多次，群众非常欢迎。"做过工人的冼星海用这首歌表达了工人的共同心声："我相信工人们总有一天能抬头向上的！"③冼星海与母亲再忆加工的长编歌曲《顶硬上》，虽然呼吼的是当年珠江口、澳门一带苦力们苦难命运与拼搏精神的写照——既似当年苦力们在海湾驾着重载大船、齐力摇橹挖棹于逆风恶涛航进中的一呼众吼的'劳动号子'，又似当年苦力们在澳门岛上拉着重载大车、齐力奋登于上坡路中的一呼众吼的'劳动号子'。但这悲壮刚毅的历史呼吼，却吼出了中华民族广大劳苦大众当年的苦难命运和追求未来幸福的拼搏精神的缩影！"④马可赞叹《顶硬上》所表现出来的"顽强乐观"，认为"根据广东劳动歌曲写的《顶硬上》所吸收的音调在《搬夫曲》和其他一些劳动歌曲中都得到了发展，特别后来在《黄河船夫曲》中运用得更有创造性。他把那种绵延不断但又斩钉截铁似的节奏，那种高亢、质朴的旋律发展到令人惊心动魄的程度"，认为冼星海以高度的艺术概括力表现了"勤劳、勇敢、坚强、自信的浑厚气魄和战斗精神"，反映了"我们这个新生的民族形象"。⑤

冼星海曾说："一个人爱什么，和他的思想、环境很有关系。"⑥"终日局促舟中，所得仅充一饱"，"出海三分命"、只能拼力向前、扬帆逐浪的疍家生活和苦斗精神，对冼星海一生影响很大。苦斗，奋进，是冼星海一生的真实写照，也是当时国破家亡之际中国人唯一的出路。这首歌，因此也

———————————

①　《冼星海全集》编辑委员会编：《冼星海全集》第1卷，广州：广东高等教育出版社，1989年，第193、258、259、274页。

②　黄准：《我的老师冼星海》，载《人民音乐》2005年第6期。

③　《冼星海全集》编辑委员会编：《冼星海全集》第1卷，广州：广东高等教育出版社，1989年，第130、204页；薛世孝：《冼星海与黄石煤矿》，载《当代矿工》1987年第4期。

④　孜人：《冼星海与澳门和母亲及〈顶硬上〉》，载《新文化史料》1999年第6期。

⑤　马可：《冼星海是我国杰出的社会主义现实主义音乐家》，见聂耳、冼星海学会编：《永生的海燕：聂耳、冼星海纪念文集》，北京：人民音乐出版社，1987年，第354页。

⑥　贾书明：《星海谈片》，见聂耳、冼星海学会编：《永生的海燕：聂耳、冼星海纪念文集》，北京：人民音乐出版社，1987年，第320页。

是时代的声音。冼星海 1935 年从巴黎回到祖国，便投身抗日救亡运动。1938 年 10 月 21 日，冼星海在日记中写下："广州失陷，心里很难过！" 10 月 25 日，"武汉也告失陷，心里更觉难过！这样更可增强我的抗战决心！"① 山河破碎，生灵涂炭。怎么办？唯有"顶硬上"！他以"顶硬上"的口号，呼唤同胞精诚团结、挣扎求存；又用音符，塑造了黄河"战斗者的姿态，像巨人般出现在世界的东方"，让人们"听到了黄河的脚步，经过迂回曲折而勇往直前地奔向大海"。② "他要你听到松花江、黑龙江、珠江、扬子江都在呼号。这音乐充满着新时代的战斗的精神，排山倒海，雷霆万钧，用江河的怒吼奔腾，形象地表现了新时代民众伟大的力量。"③ 到过冼星海演出现场的萧三为冼星海音乐的力量、宏伟的气魄所感动，他说："一时作船夫的挣扎，一时作河上父老的哀鸣⋯⋯最后作黄河的怒吼。歌声时而呜咽，如泣如诉，继而悠悠然如读悠闲的田园诗，最后真感到黄河之水天上来，滚滚浊浪滔天，波涛万丈汹涌。" "这部大合唱今晚由音乐系全体学生几十个人参加演出，由教员冼星海指挥。后来在延安有一次有五百人参加这部黄河大合唱，也是在这个礼堂的台上。那的确是伟大的场面！是雄壮的歌声！在延安——边区和在大后方以及全国各地的人听着这部大合唱的时候，都为中国有这样的音乐而自豪！星海同志不愧为人民的音乐家。"④

　　"为抗战发出怒吼！为大众谱出呼声！"冼星海以一个华侨、留学生的身份，一个"普通话讲不来"⑤ 的纯广东人，如何能以粤语版的《顶硬上》，征服那么多完全不懂粤语的人的心，能够激情创造出《黄河》这样代表民族心声的宏大乐章？原因很多，但最重要的一条是：他反映的，不仅仅是一条河的声音，而是千山万壑，激流百川，是汪洋浩渺，波澜万丈；不是一时一地一人的声音，而是很多人的共同心声，是整个民族的怒吼，是人类被逼到绝境时愤怒的迸发，是无穷的勇气和巨大的精神力量。这声音，属于整个人类。它不仅激励了一群人，一代人，而且将为世世代代的、为生存和发展奋斗不息的人类、面临着同样命运的人类点亮前程。

---

　　① 《冼星海全集》编辑委员会编：《冼星海全集》第 1 卷，广州：广东高等教育出版社，1989 年，第 233 页。

　　② 田冲：《时代的颂歌：忆星海同志写〈黄河颂〉》，载《人民音乐》1981 年第 3 期。

　　③ 周畅：《形象化音乐艺术的杰作：评〈黄河大合唱〉兼论冼星海的创作道路（之二）》，载《星海音乐学院学报》1984 年第 4 期。

　　④ 萧三：《悼念人民音乐家冼星海同志》，见《萧三文集》，北京：北京出版社，1983 年，第 149、150 页；萧三：《"窑洞城"》，见中国青年出版社编：《红旗飘飘》19 集，北京：中国青年出版社，1980 年，第 297、298 页。

　　⑤ 孟波：《永不消逝的形象》，见中国艺术研究院音乐研究所、广州音乐学院：《冼星海专辑》4，广州：广东高等教育出版社，1983 年，第 105 页。

四、水的精神与冼星海的胸怀

水在中国文化里有丰富的意蕴。老子云："上善若水，水善利万物而不争。处众人之所恶，故几于道。居善地，心善渊，与善仁，言善信，正善治，事善能，动善时。夫唯不争，故无尤。"① 子贡曰："君子见大川必观，何也？"孔子曰："夫水者，君子比德焉。遍与之而无私，似德；所及者生，所不及者死，似仁；其流行庳下倨句，皆循其理，似义；其赴百仞之溪不疑，似勇；浅者流行，深渊不测，似智；弱约微通，似察；受恶不让，似包蒙；不清以入，鲜洁以出，似善；化以注，量必平，似正；盈不求概，似度；万折必以东，似意。是以君子见大川必观焉。"② 涓涓溪流，滔滔江海，最卑下的，最高贵的，最平和的，最激烈的，都是水。

生长于水上的冼星海，爱水、颂水。他爱水的精神，激赏水的力量。他用音乐来表现他心目中的水。他用自己的一生来演绎水的传奇。

"出海半条命，上岸低头行。"被贱视的疍家人有着"顶硬上"的傲骨和海样的胸怀。生于水、长于水的冼星海，"热情、认真、和蔼、亲切"③，同时又"苦干、耐劳、坚定"，无所畏惧，勇往直前。"他的事记是一连串的苦斗：他做过保姆，做过茶房，做过厨师，做过乞丐，做过轮船烧炭夫，他什么都做过。"马思聪说，"星海不顾一切，真是做到'不怕天，不怕地，只怕自己不努力'的地步"。"对于一个像星海一样以不可想象的苦干精神去学习的人，还有什么可以阻止他的成功？"④ "在创作上取得巨大的成绩，但他并不骄傲自满。别人的夸耀、称赞，没有使他生长出丝毫的傲气。他经常告诫自己仍须继续努力，并为自己未能创作出代表中国人民，具有民族气派、民族形式的作品而难过。他以'别因为现在的成功而不再求进步'的名言来警惕并勉励自己。"⑤ 他是一辈子都在不断抗争，不断进步的。

冼星海的成就自不待言，冼星海的工作热情和无私无畏亦为许多接触过他的人景仰。冼星海在指导演唱《黄河颂》时说，不要唱"自我颂"⑥。

---

① 王弼注：《老子道德经》八章，北京：中华书局，1985 年，第 6 页。

② 戴德撰、卢辩注：《大戴礼记》卷 7，北京：中华书局，1985 年，第 122 页。

③ 许翰如：《冼星海教我们唱歌》，载《新文化史料》1996 年第 5 期。

④ 马思聪：《忆冼星海》，见马思聪：《居高声自远》，天津：百花文艺出版社，2000 年，第 83、84 页。

⑤ 许翰如：《日记二则——整理登记冼星海同志遗作随感》，载《广州音乐学院学报》1985 年 Z1 期。

⑥ 田冲：《时代的颂歌：忆星海同志写〈黄河颂〉》，载《人民音乐》1981 年第 3 期。

他没有见过聂耳，聂耳比他还小 7 岁，且没有进过专门的音乐院校学习，但是他对聂耳的歌曲非常推崇。他认为，聂耳的作品是中国的新的音乐，民族的音乐。[①] 他回国后的第一篇文章《向你致最诚恳的敬礼》就是纪念聂耳逝世两周年的。1938 年聂耳逝世三周年时，冼星海在武汉的《新华日报》上发表文章，再一次高度评价聂耳和他的《义勇军进行曲》。他推辞"音乐泰斗"的称号，却将它奉献给聂耳。[②] 他永远以工作为先，以自己为后。他绝不肯以自己的名字为歌咏队起名；他带着这支歌咏队活跃在各地宣传抗日，唤起民众投身抗日运动。[③]

五、小结

水的精神，也是我们这个民族的精神。水的力量，也是我们民族的力量。我们尊崇水，赞美水，它是生命的源泉，它给我们以希望。冼星海的一生，是水的精神和水的力量的展示。壁立千仞，无欲则刚。恬淡如冼星海，刚毅如冼星海，不仅不曾在乎过任何个人名利，而且将自己的全部，时间，气力，甚至生命，奉献给了千百万人的事业。我们慨叹：也只有如此博大、如此无私，具有如此之精神，如此之力量的作者，才可以也才可能创作出这样的传世之作。正因如此，他与光未然，与同志们，唱出了珠江的声音，唱出了松花江的声音、扬子江的声音，唱出了黄河的声音。他的音乐，成为一个民族的声音、一个时代的呐喊，反映了人类的坚忍和苦斗。就像水一样，带着平静下的激流，奔腾，咆哮，赴百仞之溪，万折而必东。

---

① 何士德：《忆冼星海母子在上海》，载《新文化史料》1995 年第 3 期。
② 孟波：《不尽的思念：纪念冼星海诞辰 90 周年》，载《音乐研究》1995 年第 4 期。
③ 万迪秀、西彦：《与冼星海相处的日子》，载《学习与思考》1996 年第 6 期。

第六章　岭南文化的播迁

第一节　潮剧《陈三五娘》海内外传播影响[①]

"六月热毒天，五娘楼上掷荔枝，陈三骑马楼下过，五娘伸手掷给伊。"
"茶花开来向日红，陈三磨镜为人情，九月初九曾有约，同走花园泉州城。
九月菊花实清红，掌摩镜内有情人，九月初九曾有约，走出花园潮州城。"[②]
演述陈必卿、王碧琚爱情的陈三五娘故事，明代中叶之前就在潮汕、闽南
一带流传，并以小说、戏曲、歌册等形式不断丰富。目前所知，有弘治末
至嘉靖初成书的小说《荔镜传》[③]、嘉靖四十五年（1566 年）《重刊五色潮
泉插科增入诗词北曲勾栏荔镜记戏文》和至少一种"前本"，以及万历九年
（1581 年）《新刻增补全像乡谈荔枝记大全》等。嘉靖本采用潮泉腔，出现
了十支"潮腔"和"答歌""对畬歌""龙船调"等潮汕、海陆丰一带的歌
谣，万历本注明为潮州人"东月李氏编集"，内中夹杂大量潮州方言。这说
明，至少当时，潮音潮调的早期潮剧《陈三五娘》的传播及影响就已出现。

一、南戏精神和民间趣味

潮州地处滨海，"煮海为盐，稻得再熟，蚕有五收"（《寰宇记》），宋
代以来又是南方重要港埠之一，经济繁荣，中原文物衣冠多流播入潮，民
间习俗如酬神巫祀、演梨宴饮、礼佛课诵、笙箫管弦往往承袭古风，戏曲
文化历史悠久。唐代潮州地区兴建的开元寺和灵山寺经常演奏中原燕乐、
法曲、佛教变文、弹词等。漳州镇抚陈元光精通音律，以乐、武治化泉潮。
唐代韩愈在潮州所作的《祭大湖神文》中有"吹击管鼓""奏音声"的记

---

① 原载《汕头大学学报》（社会科学版）2016 年第 1 期，题为《潮剧〈陈三五娘〉传播影响研究》。

② 林淳钧：《潮剧闻见录》，广州：中山大学出版社，1993 年，第 66、68 页。

③ 陈益源：《〈荔镜传〉考》，载《文学遗产》1993 年第 6 期。

载。宋代潮州祭孔有《大成乐》。民间各种音乐舞蹈也丰富多彩。漳州、潮州一带农闲时常有优人演戏。南宋庆元三年（1197 年），漳州知州陈淳在《上傅寺丞论淫戏》中说："此邦陋俗，当秋收之后，优人互凑诸乡保作淫戏，号曰'乞冬'。"明中叶，潮州地区已经形成潮调。据嘉靖年间编修、乾隆三十年（1765 年）重修《碣石卫志》记载，洪武年间，卫所戍兵军曹万余人，先后数抵弋阳、泉州、温州等地，聘来正音戏班。洪武十五年（1382 年），海丰捷胜城所建起戏台①；洪武二十七年（1394 年），陆丰碣石卫城隍庙建戏台。万历七年（1579 年），南澳深澳关帝庙筑起戏台；万历二十九年（1601 年），揭阳榕城关帝庙筑起戏台②。正德九年（1514 年）为潮阳知县的宋元翰提到，"椎结戏剧之俗，一时为之丕变"③，说明当时潮州一带戏曲活动极为繁盛，包括潮州簪缨豪门甚至读书人亦多好戏剧。海阳（今潮安）状元林大钦"举巍科后，纵情于台榭声伎"；御史陈大器（潮阳人）之子"家蓄乐伎"④。

潮剧是南戏的支脉。正音南戏音韵宗洪武而兼中州，节以鼓板。入潮的正音戏在演出过程中错用乡语，以潮腔之弋阳，糅合昆曲之水磨曼妙⑤，同时吸收本地音乐声腔，在包括渔歌、疍歌、英歌、关戏童、纸影戏、木偶戏、斗畲歌、涂脚戏、摔桶戏等民间歌舞小戏极其丰厚的民间文化基础之上，发展出成熟的潮音潮调，进而形成潮剧。早期潮腔潮调、文辞、演出形式等内容都保留得较好。1952 年在武汉举行的中南区第一届戏曲观摩会演，潮剧选取了传统戏《陈三五娘》中的折子戏《大难陈三》参演，其唱词和 1956 年后才见到的明本《荔镜记》第 26 出、1982 年才影印回国的明本《乡谈荔枝记》第 24 出在句式结构和内容上完全相同，用现存唱腔来唱古刻本的词，也还能唱⑥。

潮剧与南戏渊源甚深。民间性，是南戏的重要特征，也是"南戏精神"的体现。"潮人以土音唱南北曲者，曰潮州戏"，"其歌轻婉，闽广相半"

---

① 中国戏曲志编辑委员会：《中国戏曲志·广东卷》，北京：中国 ISBN 中心，2000 年，第 472、473 页。

② 中国戏曲志编辑委员会：《中国戏曲志·广东卷》，北京：中国 ISBN 中心，2000 年，第 424 – 427 页。

③ 光绪周恒重修：《潮阳县志》卷 11《风俗》"林志宋元翰宦绩传"，台湾：成文出版社，1966 年，第 149 页。

④ 广东省戏曲改革委员会汕头专区分会编：《潮剧音乐》1，广州：广东人民出版社，1958 年，第 1 页。

⑤ 萧遥天：《潮州戏曲志》，见广东省艺术创作研究室编：《潮剧研究资料选》，广州，1984 年，第 25 页。

⑥ 《潮剧志》编辑委员会编：《潮剧志》，汕头：汕头大学出版社，1995 年，第 4 – 5 页。

（李调元《南越笔记》）①。以潮剧形式演绎的陈三五娘故事具有鲜明的地方特色。故事说，潮州富户黄九郎之女五娘碧琚元宵观灯，遇泉州人陈伯卿，两人互生爱慕。武举林大鼐向五娘之父提亲得许婚，五娘不乐成病。一日，五娘在楼窗前见伯卿骑马路过，将一并蒂荔枝裹于罗帕中掷下。伯卿接住，为五娘深情所动，遂化名陈三，扮为磨镜匠至黄家磨镜，故意打破镜子，借卖身为奴偿镜而住进黄家。林大鼐婚娶日近，伯卿因婢女益春周旋，与五娘相见，三人离家出走至泉州。林大鼐告状，伯卿获罪。后得其兄相助，平安回家，夫妻团圆。故事发生在潮、泉二地，据说又实有其人其事。陈三故里在泉州市洛江区河市梧宅，附近有一道水坝就叫陈三坝，当年陈三读书处"青阳室"仍有迹可寻，梧宅内还有一座妆楼和传为五娘投井的发生地八角井。今潮州市枫溪区花园乡，据说就是黄碧琚之父黄九郎的蔚园，今称为花园。此外还有五娘井、五娘墩、李公街、绣楼……丰富的传说、美丽的景物、本土的风情，为这个民间故事增添了无穷的魅力。

陈三五娘故事反映了明中叶以后，伴随着商品经济的发展、人性的解放，年轻人对婚姻自主的热烈向往和不懈追求，也折射出市民阶层的思想和愿望。这种新思潮通过戏曲、小说、歌册等民间文艺形式反映出来，产生了很大的社会影响，引起地方官府士绅的不满，出现经常性的禁戏情况。明正德时揭阳薛侃订立的《乡约》说："家中又不得搬演乡谈杂戏。荡情败俗，莫此为甚，俱宜痛革。"② 嘉靖十四年（1535年）编纂的《广东通志初稿》卷18《风俗》中《御史戴璟正风俗条约》的第十一条是"禁淫戏"，只因"潮俗多以乡音搬演戏文，挑动男女淫心，故一夜而奔者不下数女"③。嘉靖二十六年（1547年）《潮州府志》卷4《祠祀志》记载，正德年间"潮阳俗尚戏剧"；嘉靖二十七年（1548年）《广东通志》卷20《风俗》说，潮州"习尚大都奢僭，务为观美，好为淫戏女乐"，潮阳"士夫多重女戏"。清雍正《揭阳县志·风尚》批评"搬戏诲淫"，"尤可恨者，乡谈《陈三》一曲，伤风败俗，必淫荡亡检者为之。不知里巷市井，何以翕然共好。及（崇祯间）邑令君陈鼎新首行严禁，亦厘正风化之一端也"④。清初

---

① 吴绮等撰、林子雄点校：《清代广东笔记五种》，广州：广东人民出版社，2006年，第202页。

② 陈树芝纂修：《揭阳县志》卷4《风尚》，见日本藏中国罕见地方志丛刊，万历《儋州志》、雍正《揭阳县志》合刊本，北京：书目文献出版社，1991年，第330页。

③ 戴璟主修：《广东通志初稿》，广州：广东省地方史志办公室誊印，2003年，第344页。

④ 陈树芝纂修：《揭阳县志》卷4《风尚》，见日本藏中国罕见地方志丛刊，万历《儋州志》、雍正《揭阳县志》合刊本，北京：书目文献出版社，1991年，第329、330页。

潮阳"更有乡谈《荔枝》曲词，败俗伤风，梨园唱之，村落国中搬演戏嬉"①。海丰一带则有"十日演董永卖身，无人行孝；一朝演陈三磨镜，便有人淫奔"的说法②。道光《厦门志》卷15也说："厦门前有《荔镜传》，演泉人陈三诱潮妇王五娘私奔事。淫词丑态，穷形尽相，妇女观者如堵，遂多越礼私逃之案。前署同知薛凝度禁止之。"③看来，传播广、影响大的《陈三五娘》，堪称士大夫痛恨的"淫戏"之首。

陈三五娘的故事在民间深受喜爱，也在漫长的流传过程中不断丰富发展。1995年刊印的《潮州文史资料》第15辑载刘管耀辑录的《荔镜春秋》，对明代正德之前（1521年之前）至1995年400多年的陈三五娘故事相关文化产品做了初步统计，其中有关戏文、剧作36处，出版小说17处，歌册22处，故事3处，音像制品26处，评介、研究文章68处，演出活动68处（包括拍摄电影、电视6处），可见陈三五娘故事在潮闽台乃至海外潮语地区一带影响之深。

二、1950年后的整理演出

20世纪50年代到1966年之前，是潮剧发展的一个黄金时期。此际人才辈出，老艺人焕发青春，新艺人茁壮成长，编导队伍壮大，剧团数量迅速增加，潮剧艺术全面繁荣，出现了《苏六娘》《陈三五娘》《告亲夫》《辞郎洲》等一批好戏。

现代潮剧《陈三五娘》的发掘整理，是在20世纪50年代初期的戏曲改革和抢救潮剧传统遗产运动的背景下进行的。1952年，华东区戏曲改革委员会决定以《陈三五娘》为整理传统剧目的第一部戏。梨园戏率先整理。1952年9月，潮剧代表队参加中南区戏曲观摩会演，演出潮剧《陈三五娘》中的《大难陈三》一折，获优秀剧目奖，潮剧音乐获音乐奖。1953年3月潮剧第一届旧剧目会演，发掘整理了"扫窗会"（《珍珠记》）、"陈三五娘"（《荔镜记》）、"认象"（《琵琶记》）、"桃花过渡"（《苏六娘》）等优秀传统剧目。1953年，潮剧界发起为时三到四年的搜集潮剧旧剧本、音乐曲牌、伴奏音乐以及其他艺术遗产的运动。6月，粤东戏曲改革委员会在内部刊物

---

① 康熙臧宪祖纂：《潮阳县志》卷10《风俗》，见故宫博物院编：《重修镇平县志·丰顺县志·长乐县志·新宁县志·饶平县志·潮阳县志·三水县志》第3册，海口：海南出版社，2001年。

② 张振犁编纂：《钟敬文采录口承故事集》"《陈三和五娘的故事》后记"，郑州：黄河文艺出版社，1989年，第129页。

③ 道光周凯修、凌翰等纂：《厦门志》卷15《风俗记》"俗尚"，台湾：成文出版社，1967年，第327页。

《戏曲简讯》创刊号刊登《认真做好发掘遗产工作》一文，并在《工农兵》刊登《征集地方戏曲资料启事》，向社会广泛征集。其间，玉梨潮剧团在澄海莲阳发掘得潮州李万利等几个书坊刊刻的《陈三五娘》等 111 个潮剧传统本。[①] 后来，潮剧界又搜集记录了《陈三五娘》等音乐剧本。1953 年 11 月，粤东戏曲改革分会编印潮剧《陈三五娘》油印本。12 月，广东省、广州市戏曲改革委员会举办粤剧、潮剧、海南剧联合公演，演出了潮剧《陈三与五娘》中的《大难陈三》一折。

潮剧《陈三五娘》在整理过程中亦受益于梨园戏。闽潮文化本为一体，《荔镜记》的早期版本使用的就是潮泉腔或泉潮腔，陈三五娘的爱情故事及其发展与丰富，也是两地水乳情深的结晶。泉州梨园戏《陈三五娘》根据老艺人蔡尤本、许志仁的口述本整理，经过 1953 年再次修改，1954 年秋，福建省梨园戏实验剧团带着《陈三五娘》参加华东区首届戏曲会演，一举囊括全部奖项：优秀演出奖、剧本一等奖、导演奖、乐师奖、音乐演出奖、舞台美术奖。又有 4 名演员获演员一等奖、2 名演员获奖状，轰动大会。1956 年 12 月，该戏由文化部公布为全国第一批获奖戏曲剧目。1957 年，该戏由上海天马电影制片厂拍摄为彩色戏曲电影，在全国上映，风靡一时，豫剧、川剧、评剧、秦腔等剧种纷纷借鉴改编。梨园戏《陈三五娘》将这个戏曲故事推向全国，也积累了传统剧目传承发展的成功经验。1954 年，正顺潮剧团演员姚璇秋、萧南英（分别为五娘、益春扮演者）到泉州向梨园戏取经；1955 年，谢吟根据潮剧老艺人口述，参考福建梨园戏《陈三五娘》演出本，重新整理出同名潮剧。全剧分为八场，由正顺潮剧团首演，阵容鼎盛，在潮汕各地连演数月，大受欢迎，年底往陆丰、海丰、惠州等地巡回演出。次年在广州连演 4 个月，好评如潮。广东省文史馆副馆长、诗人胡希明，文史界名人秦萼生，观看了潮剧《陈三五娘》后分别填词《念奴娇》。访日归来的中国京剧团梅兰芳、欧阳予倩、袁世海、李少春等在广州中山纪念堂观看正顺潮剧团《陈三五娘》演出后登台祝贺。中山大学戏曲专家王季思、董每戡教授撰文评赏潮剧《陈三五娘》，并动手修改、润色剧本；中共中央华南分局宣传部副部长杜国庠、吴南生，汕头市副市长张华云，都对剧本进行了润色。1956 年政府从六大戏班中抽调部分艺术骨干组建广东潮剧团，《陈三五娘》成为保留剧目，继续精雕细刻、精益求精，不断改进。

经过不断修改完善的潮剧《陈三五娘》于 1957 年赴京汇报演出，并参

① 林淳钧：《潮剧闻见录》，广州：中山大学出版社，1993 年，第 255 – 258 页。

加首都五一劳动节游行，备受赞誉。田汉作诗《赠广东潮剧团》："争说多情黄五娘，璇秋乌水各芬芳。湖边细柳迎环佩，江上名桥走凤凰。法曲久曾传海国，潮音今已动宫墙。难忘花落波清夜，荡气回肠听'扫窗'。"注曰："五六年秋，我曾在汕头听潮汉剧会演，璇秋、南英等《陈三五娘》《扫窗会》，印象甚深。倾潮汉琼剧来京会报演出，重听《扫窗会》诸作，皆有所改进，洪妙先生《辩本》、蔡锦坤《闹钗》、陈馥闺等《桃花摆渡》等，都得一再观摩，诚愿不以此自足，在前辈严格教育下，把潮剧提到应有高度，以满足人们需要。田汉。"（《人民日报》1957年6月1日）1957年6、7月间，潮剧演出团带着《陈三五娘》等戏到上海、杭州演出并录制唱片，画家叶浅予作"磨镜"速写，发表在1957年6月15日《新民晚报》上。1959年10月，广东潮剧院再次进京演出《陈三五娘》。

1960年，国家委派广东潮剧团先后到香港和柬埔寨演出，在东南亚掀起了一股"潮剧热"。① 5月，广东潮剧团将《陈三五娘》带到香港公演。香港《文汇报》《华侨晚报》《循环日报》《先生日报》《银行日报》等报纷纷刊载诗文赞扬《陈三五娘》一剧。香港文学期刊《乡土》以《电影演员谈潮剧》为题刊登夏梦等影星对《陈三五娘》的评价。10月，潮剧团赴柬埔寨访问演出。首场在王宫为王后专场演出，有"观灯"一场。次年，珠江电影制片厂与香港凤凰影片公司联合拍成彩色影片《荔镜记》，由朱石麟导演。在《荔镜记》的基础上，1962年，何苦、魏启光、谢吟、李志浦根据明本《荔镜记》第30至50出整理出《续荔镜记》，由广东潮剧院一团首演，亦大受欢迎。

20世纪60年代初期，潮安艺校潮剧班、汕头戏曲学校少年班都排演过《大难陈三》《藏书》折子戏。《广东画报》曾刊彩照报道省委第一书记陶铸观看《大难陈三》，并与小演员合影。广东潮剧院青年剧团也以《藏书》参加汕头专区会演。与此同时，潮剧《陈三五娘》继续在境外海外演出。1964年，新加坡电视台拍摄第一部潮剧电视片《陈三五娘》，由六一儒乐社演出。香港新天彩潮剧团也多次到新加坡等地公演《陈三五娘》。

1966年以后，陈三五娘从舞台消失。直到1979年、1980年，广东潮剧院一团重排《荔镜记》《续荔镜记》等剧目，在汕头演出60场，场场满座，各个县城的演出出现一票难求的盛况。陈三五娘的海内外交流也重新开启。剧团赴泰国、新加坡、中国香港等地演出，新加坡《星洲日报》报道"三

---

① 陈俊彝：《潮剧发展五十年回顾——兼志潮州市潮剧团创建五十周年》，见政协潮州市委员会文史编辑组编：《潮州文史资料》第26辑，潮州：政协广东省潮州市委员会文教体卫史委员会，2006年，第1-4页。

千观众，屏息而观，拍案叫绝"。1987 年，潮剧院二团出访新加坡，节目有《藏书》等。

此际潮剧《陈三五娘》愈为学术界重视。1983 年，德国鲁尔大学布海歌的博士论文《潮剧》第五章"潮剧代表性剧目"介绍了《陈三五娘》，第六章为《陈三五娘》唱词译文，1984 年以德文首次出版，后又被译成英文。这是第一部潮剧外文学术专著。1986 年 1 月，中央戏剧学院戏剧文学系主任祝肇年教授编写的教材《中国戏曲简述》言："潮调《荔镜记》取材于流传潮、汕一带的民间传说。写陈三和五娘的恋爱故事，反映了青年人对婚姻自由的大胆要求，有浓厚的地方特色和民间气息。"他认为"要求自由恋爱，反对封建宗法制度，始终是中国戏曲的重要主题"，并将《荔镜记》与《西厢记》《牡丹亭》《白蛇传》《玉簪记》《幽闺记》《红拂记》等名剧并称。另外，1956 年梅兰芳、欧阳予倩访日拍照之影印本《重刊五色潮泉插科增入诗词北曲勾栏荔镜记戏文全集》在中央戏剧学院戏剧文学系被指定为选修《中国戏剧史》的"学生必读书目"之一。1985 年 10 月，《明本潮州戏文五种》影印本由广东人民出版社出版，内收《荔镜记》《荔枝记》。1988 年 7 月，夏征农主编、上海辞书出版社出版的《辞海·艺术分册》第 109 页收入"陈三五娘"词条谓："梨园戏、潮剧传统剧目。写官宦子弟陈三爱慕富家女黄五娘，乔装磨镜匠入黄家，同五娘相偕出奔。原本情节同现存明传奇《荔枝记》、小说《奇逢集》较接近，可能系从《荔枝记》改编而成。另有明代传奇《荔镜记》，题材亦同。"

除改编传统的陈三五娘故事外，以益春为主角的戏曲改编也在进行。1982 年，枫溪陈桥业余潮剧团演出郭绪传编折子戏《益春夜遇》。1987 年 3 月，潮州市潮剧团编剧刘管耀完成大型潮剧《益春审林大》初稿，经饶宗杧、连裕斌、李志浦再行改写完成潮剧《益春》剧本。8 月，潮州市潮剧团在登塘戏院排演《益春》，并到香港的新光戏院、澳门的永乐戏院演出，香港《文汇报》以及《澳门日报》发表《喜剧生鬼笑声满堂》等评论文章。1988 年，新编七场古装潮剧《益春》获广东省 1986—1987 年度专业戏剧创作剧本奖；1989 年，潮州市潮剧团《益春》由广东电视台录像，并在广东省第二届艺术节开幕式、庆祝潮州韩文公祠建祠八百周年文艺晚会以及接待泰华庆贺团嘉宾等重大场合演出。1991 年，潮州市潮剧团首次出访泰国，剧目有《益春与六娘》（即《益春》）等，好评如潮，当地《新中原报》《经济日报》《中华日报》纷纷发表评论文章。

20 世纪 90 年代以后，观众对陈三五娘故事的热情不减。1992 年，汕头市潮艺三人小组赴法国为旅法巴黎潮州会馆培训学员，排演潮剧《陈三五娘》选场《观灯》。1995 年，应澳洲潮州同乡会邀请，广东潮剧院演出团前往演出《陈三五娘》等剧；潮州市潮剧团带《益春》等戏赴上海演出，上海电视台现场录像①。此后，《陈三五娘》海内外演出愈发频繁。据新加坡戏曲学院创院院长蔡曙鹏介绍，20 世纪 50 年代之前在新加坡、马来西亚很难看到《陈三五娘》的演出，近年开始复兴。2015 年 7 月 12 日，洪志庆老师带领如切潮剧团全体学员呈演潮剧折子戏的节目单中，即包括《观灯》《荔枝情》《夜奔》等折，令人欣喜。

潮剧《陈三五娘》于明代中叶基本定型，在海内外潮汕族群中流传广泛，影响至深，是南戏精神和本土情怀的代表。新中国成立后，《陈三五娘》又经不断整理改编，剧本、演出日臻完美，影响不断扩大，成为深受欢迎的经典保留剧目。许翼心先生曾在 2012 年 9 月 24 日的第四届潮剧节"潮剧传承与发展论坛"上以《荔镜记》（《陈三五娘》）为潮剧发展"金色十年"第一个时期（即 20 世纪 50 年代前期）整理传统剧目的代表和潮剧发展中的里程碑，指出潮剧作为潮汕文化精髓，传统不能丢，而且要发扬光大。2014 年，赵山林、赵婷婷根据明嘉靖刊本校注的《荔镜记》在台湾出版。近年来，学界对《陈三五娘》的学术研究从多方面展开，成果日益丰富，有力地推动了潮剧事业和岭南文化研究的发展。

---

① 刘管耀：《荔镜春秋》，见政协潮州市委员会文史编辑组编：《潮州文史资料》第 15 辑，潮州：政协广东省潮州市委员会文教体卫史委员会，1995 年，第 140 – 160 页。

第二节　印度"大伯公"杨大钊传说与历史

中印两国经济文化及人员交流历史悠久。汉唐僧人往来的海、陆路线，也是当时商业贸易的路线。① 明时，郑和七下西洋，每次都到达古里国，即今印度科泽科德（Kozhikode，又名卡利卡特 Calicut），或以古里为重要的中转站。② 清代统治残酷，土地兼并严重，广东沿海贫苦民众大量"下南洋"外逃或被贩作苦力。1865 年后被清廷击溃的一部分太平军余部为了躲避通缉匿至港澳，当时正值英国殖民者开始造船筑路、实施种茶的计划，其中约三百人接受英人雇佣，前往印度东北部的大吉岭和阿萨姆等地筑路种茶、制造茶箱，定居下来。③ 随着西方殖民者新航线的开辟、中印轮船公司的出现等，海路交通愈加便利，越来越多的华侨到印度谋生。

加尔各答位于印度东部恒河三角洲地区，是印度第三大城市，世居着许多来自广东的客家人、广府人，也有湖北、山东等各省华侨④。当地华人以杨大钊为始祖，尊称他为"大伯公"。一般记载说，杨大钊是广东香山（今中山）人，曾到越南、暹罗（今泰国）等地卖茶获利。1845 年，他运茶至印度加尔各答贩卖，当地政府认定茶叶至为珍贵，课以重税。杨大钊估计税款远超茶叶成本，于是将全部茶叶赠送给当地政府，获得恒河右岸大片肥沃土地作为酬报。他在该地种植甘蔗、设厂制糖，糖业蒸蒸日上，其地因此以阿钊坡著称⑤。民间流传的杨大钊故事有多种版本，以下试作分析，以求更接近历史真相。

一、杨大钊的经历考察

记载杨大钊故事的早期著述所见有三种：1901 年赴印度的康有为写的《印度游记》、谭云山 1931 年写的《印度周游记》、1957 年台湾出版的戴子

---

① 义净原著、王邦维校注：《大唐西域求法高僧传校注》，北京：中华书局，1988 年，第 12 页。

② 翁乾麟：《郑和、古里与古里马氏——纪念郑和下西洋 600 周年》，见翁乾麟：《翁乾麟集》，北京：线装书局，2011 年，第 245－250 页。

③ 华侨志编纂委员会编：《印度华侨志》，台北：华侨志编纂委员会，1962 年，第 29 页。

④ 黄朝琴：《驻加尔各答总领事馆管辖区域华侨概况》，"（中华民国）外交部档案"1941 年 8 月 4 日－1941 年 10 月 3 日，"国史馆"数位典藏号 020－011908－0008，卷名：《加尔各答华侨概况》，第 10－13 页。

⑤ 杨保筠主编：《华侨华人百科全书·人物卷》，北京：中国华侨出版社，2001 年，第 602 页。中山市外事侨务局、中山市港澳事务局编《中山市华侨志》（2013 年出版）采取了这个说法。

安的《印度华侨史话》。他们均称杨大钊是茶商，运茶到加尔各答贩卖。

一般认为杨大钊是广东人。康有为、戴子安均写作"广东香山县人"。不过谭云山称他是福建人，"是中国人到印度经商的头一个"①。在笔者调查中，1945 年出生在加尔各答的华侨黄英生说杨大钊"肯定是广东人"，他说加尔各答的广东人最多，没有听说过杨大钊是福建人的说法。②

广东、福建均为重要的茶叶产区，历史上海运发达、贸易兴盛，明清时期都大量出口茶叶，也是"下南洋"大省。清康熙四年（1665 年），粤、闽、江、浙设置海关，开海通商；康熙五十六年（1717 年）禁南洋贸易。雍正五年（1727 年）废南洋贸易禁令，许广东照福建例往南洋贸易。乾隆二十二年（1757 年）独留广州一口通商。道光二十二年（1842 年）的《南京条约》，开上海、广州、福州、厦门、宁波五口通商。

从茶叶出口来看，17、18 世纪，中国茶叶大量进入国际贸易市场，一直独家获利。明万历三十八年（1610 年），荷兰商人首次购到由厦门商人运去的茶叶。崇祯十年（1637 年），英国东印度公司商船首次到达广州，运去茶叶 112 磅。清康熙二十八年（1689 年），东印度公司委托厦门商馆代买茶叶 150 担直接运往英国。1699 年该公司定购的茶叶有优质绿茶 300 桶、武夷茶 80 桶。1751—1760 年，英国东印度公司从中国输入茶叶 1678 余万公斤。1785 年，美国"中国皇后号"商船首次从广州运载茶叶回国获巨利。1874—1875 年，美国由厦门运回的乌龙茶 34.7 万公斤。③ 鸦片战争前，广东的出口商品以茶叶占首位，广州每年出口茶叶 35 万担，价值 9445 万银元，占中国出口总值的 70%。④

18 世纪末期，英国已经垄断了中国出口茶叶的 90% 以上。据学者研究，为保证和扩大利益，并将茶叶的栽培与加工制造技术移植于英国和印度，马戛尔尼担任特使的英国使团于 1793 年抵京。虽然他们提出的 6 项要求均为清政府拒绝，但在回程中他们"选取最佳之茶树数棵"带回，送至加尔各答培育，在 1834 年东印度公司对华贸易垄断权被取消后大力种植。1848—1851 年，受命于东印度公司的 Robert Fortune 潜入中国茶叶主产区和广州、上海等重要城市，获取中国的茶叶秘密，盗取了大量茶籽和茶苗。超过 12838 棵茶树苗活了下来，发芽的种子不计其数，在印度大吉岭发展起

---

① 谭云山：《印度周游记》，南京：新亚细亚学会，1933 年，第 14 页。

② 采访时间：2022 年 3 月 15、23、29、30 日。黄英生先生（Ying Sheng Wong）现居加拿大安大略省多伦多市。

③ 张水存：《海外乌龙茶市场纵横谈》，载《福建茶叶》1996 年第 3 期。

④ 姚贤镐：《中国近代对外贸易史资料 1840—1895 年》（第 1 册），北京：中华书局，1962 年，第 258 页。

红茶业。① 到 19 世纪 60 年代，印度茶、日本茶逐渐进入世界市场②；70 年代以后，印度锡兰的大茶园迅速发展，旋即出口。不到数十年功夫，中国茶地位一落千丈。1905 年，英国征收进口茶税共计 800 余万，其中印度茶占 60%，锡兰茶占 32%，中国茶仅占 4%。③

关于杨大钊抵达印度的时间，康有为记载为"乾隆时"。乾隆 1736—1795 年在位，当时中国茶叶出口最盛，中国茶被视为高档品。戴子安则称"大概是在西元一八四五年"，不知何据。如果从印度种茶历史看，当时加尔各答早已种植马戛尔尼使团"取"来的中国茶树，陆续有闽粤人被招揽到当地及大吉岭一带茶园做工。杨大钊作为有经验的出口茶商，是否仍将大批茶叶带往印度产区销售，很可存疑。而且既然当地已有种植茶，就未必珍贵，似不大可能如后文所言，茶被认为是贵重商品而课以重税。另外，杨大钊墓旁有土地庙，有"道光二十二年重修福德祠记"，谭云山曾予记载。这说明，福德祠最初建立在道光二十二年（1842 年）之前，杨大钊被当地华侨视为始祖，他抵达印度也应早于是年。

从英文资料看，研究者已经发现 1781 年杨大钊给沃伦·黑斯廷斯（Warren Hastings）和立法会成员的信，证实杨大钊到达印度的时间在此之前。当时加尔各答已有华人居住。④ 到 1830 年，一名越南旅行者 Li Van Phue（1785—1849 年）记载，他在加尔各答看到"数百名"来自广东和福建的华人定居者，一些人已经建好了庙宇以奉祀中国的神灵关羽。⑤ 1934 年的材料称，杨大钊是一名茶商，1778 年，他将带来的茶送给了英国在印度的总督沃伦·黑斯廷斯，因此得到了加尔各答附近一大片土地。⑥ 综合各种信息，杨大钊抵印时间保守估计在 1770—1780 年。

---

① 赵国栋：《茶叶与西藏：文化，历史与社会》，拉萨：西藏人民出版社，2015 年，第 192 – 195 页。

② 吴兆波：《浅谈清代茶业之兴衰》，见中国第一历史档案馆编：《明清档案与历史研究论文集：庆祝中国第一历史档案馆成立 70 周年》下，北京：中国友谊出版公司，2000 年，第 789 页。

③ 萧致治、徐方平：《中英早期茶叶贸易——写于马戛尔尼使华 200 周年之际》，载《历史研究》1994 年第 3 期。

④ L. S. S. O'Malley, India Civil Service: Bengal District Gazetteers: 24 – Parganas, New Delhi: Logos Press, 2009, p. 205.

⑤ Salmon Claudine, Bengal as Reflected in Two South – East Asian Travelogues from the Early Nineteenth Century, In Commerce and Culture in the Bay of Bengal, 1500 – 1800, edited by Om Prakash and Denys Lombard, Delhi: Manohar, 1999. pp. 383 – 384.

⑥ Base, Basanta Kumar, A Bygone Chinese Colony in Bengal, Bengal Past and Present 47, January – June 1934, pp. 120 – 122, from Zhang Xing and Tansen Sen: The Chinese in South Asia, edited by Chee – Beng Tan: Routledge Handbook of the Chinese Diaspora, Oxon: Routledge, 2013, p. 206.

二、"跑马圈地"传说

在康有为等学者的记载中，茶商杨大钊到印度后，将茶无偿送给了英国统治者，获赠大片土地。至于送茶的原因，所述各不相同。康有为说："杨以贩茶乏利，乃以其茶尽送英印度公司总办"①，何以"乏利"不详。谭云山则说是"土人不许他起岸，他便把茶叶都送给此地底国王"。② 戴子安称，杨大钊因"川资用尽"，无力承担"重税"而送掉珍贵的茶叶：

> 他因为远涉重洋，旅行时日过久，川资用尽，同时当地政府以为他所运的货物——茶叶极为贵重，欲课以重税。他计算课税的数字，超过了整个茶叶的成本，于是他灵机一动，想着：他们把我的茶价估得这么高，可见他们看得太贵重了，我如照章纳税，用茶叶抵偿了还不够。我倒不如把这批茶叶作了礼物，赠送他们——当地政府，这样一个大人情，说不定我还能获得一个大报酬呢。于是他就照他的想法做了。③

台湾 1962 年编纂的《印度华侨志》的记载与戴子安的叙述基本一致。④ 无论是因为当地印度人不许其起岸，还是因为当地统治者课以重税，都从侧面反映了华侨在异域经营谋生的艰难。

按照他们的记录，当地统治者得到茶叶，将大片土地赠给了杨大钊，并采用了一个独特的"跑马圈地"形式。康有为记述：

> 总办厚待之。时新得印，荒地无垠，尝与同车游海滨，问杨所欲，杨指眼前地，总办恣其所欲，得听杨跨马一周，尽马所至地以与杨。盖周数十里，地名唐园，今其土地祠，即祠杨者也。⑤

康有为还说："后杨嗣不肖，典与公司黄姓者。黄姓转典与印人，凡五

---

① 上海市文物保管委员会编：《列国游记——康有为遗稿》，上海：上海人民出版社，1995年，第14页。
② 谭云山：《印度周游记》，南京：新亚细亚学会，1933年，第14页。
③ 戴子安：《印度华侨史话》，台北：海外文库出版社，1957年，第9-10页。
④ 华侨志编纂委员会：《印度华侨志》，台北：华侨志编纂委员会，1962年，第28页。
⑤ 上海市文物保管委员会编：《列国游记——康有为遗稿》，上海：上海人民出版社，1995年，第14页。

千金。吾来欲兴中华会馆，乡人咸献议，请与英吏言赎此地焉。"由此可见，康有为的信息源不止一人，有相当的可靠性，杨大钊曾合法拥有这片土地也是事实。但这个"跨马一周"、圈地相送，究竟是史实，还是民间传说呢？

谭云山是一位著名学者，1928 年应泰戈尔之邀开始任教于印度国际大学，1937 年他创办印度国际大学中国学院。印度国际大学由泰戈尔开创，位于距离加尔各答不远的小镇圣迪尼克坦（Santiniketan）。1931 年 3 月，谭云山第八次到加尔各答，参加"游糖园"，写下《加尔各答小憩》。他记述的杨大钊故事是这样的：

> 国王见他如此慷慨，便非常欢喜，问他要什么东西做报酬？他说不要什么东西做报酬，只请讨一块地方居留，以便做做生意。国王复问要多少大地方，他说随王恩赐。国王便给他一匹走马，叫他骑着去尽量跑一个圈子。圈子跑了多少大，就给他多少大地方。他果然骑着马跑了一个大圈，国王便把这个圈内的土地给了他。他便居留在那里，一面做生意，一面种甘蔗造糖，生意一天一天发达，糖业也一天一天茂盛。他便招了许多中国人来，替他工作，造成很大的财富。[1]

康有为与谭云山所记的故事版本有多处不同，显系不同来源的口述，但他们都提到"跑马圈地"。戴子安的《印度华侨史话》里也有"跑马圈地"的记录。外文资料里也不少。一位法国记者采访加尔各答开办比较早的餐馆南京饭店（Nanking Restaurant）时听到这样的故事：

> 18 世纪 80 年代，那时沃伦·黑斯廷斯做总督。一艘中国船在孟加拉国湾因为暴风雨，停进了加尔各答港口。沃伦·黑斯廷斯为了帮助船员们，允许他们建立定居点谋生。定居点的面积采用跑马圈地的方式。骑手早上从胡格利河（Hooghly）岸出发，日落前回到原地。开始只是一个船员的聚集地，后来越来越多元化。家庭成员到来，开始种植蔬菜、水稻和甘蔗。这片地区火灾之后，新的村落又在加尔各答其他地方出现。[2]

另一个版本在 1934 年出现，同样谈到了"跑马圈地"，提及阿钊坡福

---

[1]　谭云山：《印度周游记》，南京：新亚细亚学会，1933 年，第 11、14、15 页。

[2]　de Hennins, Anne, China Town in Calcutta, Imprint 12, 9, December 1972, pp. 21–23.

德庙神祇，说是杨大钊带来的：

> 一个叫 Atchew 或 Acchi（阿钊），中文名杨大钊的人乘坐一艘英国船旅行，看到两人出现在船上。船长责怪杨大钊未经允许就搭他们。这两人忽然变成了两块木头。杨大钊知道他们是神灵，就把木头带下船，竖在地上，就是那座庙的位置。后来，沃伦·黑斯廷斯同意给他拨了一块地，面积为一天内骑马可以跑的那么大。阿钊回中国招募了劳工，开始种植甘蔗。[①]

Ramakrishna Chatterjee 在《加尔各答的华人社区：早期村落和迁移》（*The Chinese Community in Calcutta: Their Early Settlement and Migration*）一文中分析了这两个传说，认为这两个故事比较突出的共同点是：

> 华人移民最早抵达加尔各答的时间在 1770 年或 1780 年左右；
> 最早的移民定居者是航海者；
> 定居的土地由沃伦·黑斯廷斯批准；
> 土地面积经由一种特殊的方式确定。[②]

另有一份资料，在描述杨大钊的出发时间地点和旅行方式上比较详细，后面同样颇具民间色彩，特别是将杨大钊描述为一个深藏不露的骑马高手。这个故事在其他方面应该比较接近我们所要了解的信息：

> 杨大钊 1770 年代来到加尔各答。他从广东出发，乘坐英国船而来。沃伦·黑斯廷斯许诺给他一块地，让他一天内骑马能圈多大就多大。没想到杨大钊是一个骑马好手，因此得到了一块非常大的土地。杨大钊从中国带来了契约劳工，开始在这片土地上种植甘蔗。[③]

杨大钊曾经获得大片土地确凿无疑，至今糖园（唐园）遗址、福德祠可证。但"跑马圈地"也太过随意和浪漫。对杨大钊这样一个异族异乡、

---

① Basu, Basanta Kumar, A Bygone Chinese Colony in Bengal, Bengal Past and Present 47, January – June 1934, pp. 120 – 122.

② India and China in the Colonial World, edited by Madhavi Thampi, OXON: Madhavi Thampi and Social Science Press, 2017, pp. 56 – 57.

③ Greg Clydesdale, The Art of Business: How the Chinese Got Rich, Chapter 9, Longdon: little, brown book group, 2017.

初来乍到的普通商人来说，突然被英殖民者赋予这样的特权，似也难以置信。

中国历史上的确有所谓"跑马圈地"，但并非传说中杨大钊的那种"一天内骑马能圈多大就多大"：清顺治元年至顺治八年（1644—1651年），清诸王、将士在直隶大规模"跑马占圈"，"两骑携绳奔驰，哪管有主、无主，皇亲、百姓，绳索之内尽归为旗有了"。① 西方历史同样少见这种情况。民间传说倒是有，列夫·托尔斯泰1886年写的短篇小说《一个人需要许多土地吗》根据俄罗斯民间故事改编，讲一个人付钱买地时的计量方法是"一天能（步行）绕多少地，这些地就归你"。杨大钊是否真的"跑马圈地"尚无进一步的史料，但这一故事的流行也反映出，杨大钊是一个很有能力和想法的人；他获得这片土地的方式，具有一定的偶然性和传奇色彩。

三、经济史角度的分析

（一）英印殖民政府的需要

加尔各答的华侨提供了另一种说法，可以让我们从定居华人的角度印证前面的分析。黄英生先生告诉笔者：

> 英国统治印度期间，位于西孟省（即西孟加拉）加尔加答恒河边附近乡下，有一片辽阔的土地。当地人传说杨大钊和西孟省督有政治上的接触，当时西孟省有种甘蔗田的计划，就对杨大钊说：给你一匹马，在马跑的范围内，由你管甘蔗农和家属。（因此）由广东来了大批农民和家人，在该地种植甘蔗和定居。杨公策马扬鞭圈地感人事迹，在历史的长河中湮没，只有附近的老居民耳口相传。

在纪录片《边界移动两百年》（*From Border to Border*）中，另一位第二代华侨、印华文化发展协会会长钟河方（Paul Chung）也说：

> 1780年，一位唐人来印度做生意，得到消息说印度政府的省督想要做一个糖厂，做不成功。唐人非常聪明的，就去见省督，说你们做不出来就拿给我们，我会做。他就1780年回中国，1782年带了110名

---

① 白寿彝总主编，周远廉、孙文良主编：《中国通史17》第10卷（上），上海：上海人民出版社，2015年，第343页。

苦工。来到这边也被英国人管，英国人就把他们放到 Achipur 那边。[①]

如此，杨大钊获得土地的起因是当地政府"要做糖厂"。他很有胆识和商业头脑，消息亦灵通，便自告奋勇，要求承担"做糖厂"的重任。如果从地方经济发展考虑，这个说法比较客观，或许比"赠送全部茶叶获赠土地"的偶然性、"跑马圈地"的随意性更有可信度。当然，这些情况也可能都存在。还有学者说杨大钊当时正好"想放弃经商的生活，在孟加拉国定居下来"[②]。各种说法不一，但当时英国统治者对杨大钊建糖厂的支持这一点是确定的。

文献表明，1781 年杨大钊给总督沃伦·黑斯廷斯（Warren Hastings）和立法会成员写信，谈到了在这片地上取得了一定的收获，以及他的中国工人受到从到达加尔各答的船上逃跑的华人的引诱而离开。过了几天，政府发布了一个通告以维护他的管理，要求佣工遵守合同的履行期限。[③] Deepanjan Ghosh 认为："阿钊对政府有一定影响力的事实，可以从政府对他的投诉所持的严肃态度中看出。他（沃伦·黑斯廷斯）立即发出通知，称阿钊受到政府的保护，任何人被发现试图'引诱雇用的中国劳工'或'为他们提供庇护'都将受到惩罚。"[④]

给予华人土地，支持移民、耕作和建设，除了糖，或者发展农业和经济的客观需要，或许还有其他政治原因。英文资料里说杨大钊 1778 年将带来的茶送给了沃伦·黑斯廷斯总督，因此得到了加尔各答附近一大片土地。[⑤] 笔者研究发现，沃伦·黑斯廷斯（Warren Hastings）一直有意打开中国大门，1774 年，他曾派遣乔治·波格尔（George Bogle）率领探险队，前往西藏执行秘密联络和调查任务，谋求与当时严格控制外国渗透的中国政

---

① 钟适芳导演：《边界移动两百年》（*From Border to Border*），台湾，2013 年。该纪录片和钟先生认为根据印华历史记载，杨大钊在 Achipur 开设糖厂的时间是 1782 年。

② 原文是"Being desirous of quitting a mercantile life with a view to settle in Bengal". Asian Profile, Vol. 18, Asian Research Service, 1990, p. 279.

③ L. S. S. O'Malley, India Civil Service: Bengal District Gazetteers: 24 - Parganas, New Delhi: Logos Press, 2009, p. 205.

④ Deepanjan Ghosh, Achipur & India's First Chinese Settler, March 25th, 2018.

⑤ Base, Basanta Kumar, A Bygone Chinese Colony in Bengal, Bengal Past and Present 47, January - June 1934, pp. 120 - 122, from Zhang Xing and Tansen Sen: The Chinese in South Asia, edited by Chee - Beng Tan, Routledge Handbook of the Chinese Diaspora', Oxon: Routledge, 2013, p. 206.

府建立后门贸易关系。① 因此，如果他试图通过华人华侨加强与中国的联络也有可能。此外，随着东南亚锡矿的开采、贸易和运输的发展，跨国劳力的招募已经可行。特别在 1770 年的饥荒之后，加尔各答的英国统治者也有可能考虑以中国移民补充孟加拉国的人口。② 有资料更具体地说杨大钊带着 110 名中国人（主要是跳船的水手和契约佣工）③ 来到印度，种植甘蔗、设厂制糖，定居下来。因为这个地方被当地人称杨大钊为"Atchew"（粤语昵称"阿钊"），所以糖厂所在的地方就被称为"Achipur"④，成为华侨移民印度的标志之一。

英文资料里对杨大钊乘坐英国船而来的细节记载更细。据说船名 Favourite，船长为 Parks，抵达地为孟加拉（Bengal）。杨大钊申请土地的具体情况是：1778 年，他向当时的印度总督沃伦·黑斯廷斯（Warren Hastings）申请 2000 比格斯（bighas）土地建一个糖厂，说回国可以带来尽可能多的有经验的农民，预计 5 年内会有收获。⑤ 这似乎也比较合情理。

（二）阿钊坡为合法租赁

在杨大钊去世后，学者发现了相关律师信和财产出售公告，其中提到对杨大钊财产的处理。东印度公司律师在 1783 年 12 月 8 日给杨大钊的遗产执行人的信上，要求从中得到其债券的补偿。1804 年 11 月 15 日，加尔各答公报上的销售广告提到"阿钊坡地产，在巴治巴兹（Budge – Budge）以下 6 英里，连同所有建筑、蒸馏器、糖厂和其他固定装置"待售。这块地

---

① 乔治·波格尔 1770 年到达加尔各答，后来成为沃伦·黑斯廷斯的私人秘书。1774 年，沃伦·黑斯廷斯指派他执行外交和实况调查任务，绘制孟加拉国邦北部边界以外的未知领土，以期与西藏开通贸易，并进入中国。他带着探险队进入西藏，在日喀则住了 6 个月。虽然没能建立通往中国的贸易通道，但他使英国人和藏人之间形成了长期的关系。他也试图通过班禅与清廷取得联系。见 Younghusband, Francis (1910). India and Tibet: a history of the relations which have subsisted between the two countries from the time of Warren Hastings to 1910; with a particular account of the mission to Lhasa of 1904. London: John Murray. p. 9; 又见 Clements R. Markham: Narratives of the Mission of George Bogle to Tibet: And of the Journey of Thomas Manning to Lhasa, published in New York by Cambridge University Press, 2010.

② Asian Profile, Vol. 18, Asian Research Service, 1990, p. 279.

③ Rinkoo Bhowmik: A Heritage Gem Sits in the Heart of a City, Unacknowledged, Incognito: The Case for Recognizing Kolkata Chinatown as a Historic Urban Landscape, edit by Anjana Sharma: Records, Recoveries, Remnants and Inter – Asian Interconnections, Singapore: ISEAS – Yusof Ishak Institute, 2018. p. 266.

④ 黄英生先生写作"Ahchitpur"。

⑤ Asian Profile, Vol. 18, Asian Research Service, 1990, p. 279.

有 650 比格斯（bighas），每年租金 45 卢比。[1]

由此我们看到，当时的英国殖民政府是将此地以租赁方式给予杨大钊，以便他和他的华工合法居住和劳作。在这样一种正规的程序下，"跑马圈地"很可能只是传说，虽然这的确为杨大钊的故事增加了传奇色彩，也是神话的一种构造方式。[2] 当然，这也证明杨大钊在阿钊坡的工农业建设得到英印统治者的支持，他获得土地、招募劳工、建立糖厂的过程正当合法。

拥有如此大的一块地产，杨大钊完全可以种植生产糖所需的甘蔗。广告中有蒸馏器，表明他可能用甘蔗酿酒。这说明，当时杨大钊的事业规模可观，产业链完备，蒸蒸日上。

四、杨大钊遭遇和影响

（一）杨大钊突然去世

杨大钊是早期移民印度的华侨之一，被加尔各答华侨奉为"大伯公"（Tai Pak Kung）。这与他的能力、成功及对同胞的带携有关，或许也与以他为代表的华人抵印后的不幸遭遇有关。

杨大钊从海路而至，获得土地，设厂制糖，事业很成功。但在此后不久突然去世。其墓位于加尔各答市南郊 25 公里处胡格里河（Hooghly River）附近的小村边。旁边有"糖园土地庙"，供奉着从中国而来的神仙。有人说是杨大钊带来。康有为则记载，"今其土地祠，即祠杨者"[3]，谓杨大钊成为当地的土地神。

目前所见英文资料没有谈到杨大钊去世的具体原因。谭云山《印度周游记》记载的传说称，杨大钊是被当地人杀害：

> 他果然骑着马跑了一个大圈，国王便把这个圈内的土地给了他。他便居留在那里，一面做生意，一面种甘蔗造糖，生意一天一天发达，糖业也一天一天茂盛。他便招了许多中国人来，替他工作，造成很大的财富。后来不知如何遭了土人之怨毒，忽于一天晚上，把杨大钊和

---

[1] L. S. S. O'Malley, India Civil Service: Bengal District Gazetteers: 24 - Parganas, New Delhi: Logos Press, 2009, p. 205.

[2] 戴子安认为："传说中的印度华侨始祖——杨大钊，是一个神话性的故事。"见戴子安：《印度华侨史话》，台北：海外文库出版社，1957 年，第 9 页。

[3] 上海市文物保管委员会编：《列国游记——康有为遗稿》，上海：上海人民出版社，1995 年，第 14 页。

他所有的中国工人，一齐都杀掉了！

　　"糖园"底来历传说，便是如此。这段传说，虽不能够尽信尽真，但这件事实，确是有的。可惜仅仅只有这段口传，找不着文字的记载，又不知道到底在什么年代。现在这里尚有一座"杨大钊公之墓"，但是"民国十六年重修"的。另外又有一座神庙，匾额上中文为"福德祠"，英文为"The Chinese Temple"。祠内壁上，有几块碑记。有一块是"道光二十年重修福德祠记"，有一块是"光绪二十五年重修糖园福德祠碑记"。①

　　谭云山终身致力于中印友好和文化交流，他记录的口述史应该比较客观，至少他听到的确实如此。包括杨大钊到达印度，"土人不许他起岸"，与之后"杨大钊和他所有的中国工人，一齐都（被土人）杀掉了"，一脉相承，折射出华侨海外谋生的种种艰险。

　　戴子安《印度华侨史话》同样说，杨大钊得到土地、事业成功之后，发生"大变乱"：

　　　　从此杨氏的经营，由商业转到农业了。他获得了这一片肥沃的土地之后，开始耕植，这一片肥沃的土地，渐渐地变成了深绿色的田园，生长着一望无垠的甘蔗。这是杨氏的经营成果，一般人遂因杨氏的名，称那幅土地做"阿钊坡"②。杨氏自强不息，继续发展，由于甘蔗的生产，因而设厂制糖。

　　　　又有一种传说：由于杨氏农、工业的发展，粤籍的同胞，亦日渐陆续到了恒河的口岸，于是阿钊坡成了中国侨居印度同胞的乐园。可是却引起了当地土人的嫉妒。在公元一九〇〇年的时候，发生一次大变乱，杨氏的后裔和我侨胞，多在这次变乱中被牺牲了；那绿色的田园，变成了当地人民的农庄，偌大的阿钊坡，是被宰割了；现在的阿钊坡，仅是历史的遗迹而已。

　　　　杨大钊的坟墓，是阿钊坡的精神纪念。每逢农历新年，旅居加尔各答的侨胞，多乘着春节的闲暇，备办了三牲，前往祭祀。祭祀的日期，自春节的第二日（农历年正月初二日）起，一直至二月初二日止。景仰先侨，追怀往绩，不禁感慨万千！③

------

① 谭云山：《印度周游记》，南京：新亚细亚学会，1933年，第14－15页。

② "阿钊坡"英文作 Ichipore 或 Achipur。谭云山记为"阿起坡"。

③ 戴子安：《印度华侨史话》，台北：海外文库出版社，1957年，第9－11页。

台湾编纂的《印度华侨志》的记述与上述所言基本一致，说他弃商从农，垦殖甘蔗，设厂制糖，"至今阿钊坡仍留有当年厂址遗迹"；粤籍同胞接踵而至，阿钊坡成为印侨乐园。唯"当地人民对阿钊坡之繁荣由羡生妒，终于公元 1900 年爆发一次排我侨胞之变乱，杨氏后裔及居此侨胞，几全部牺牲于此次变乱中。原来绿色蔗园，亦易主成为当地人民之农庄"①。

杨大钊突然去世有史可征。他蓬勃的事业因此中断。按康有为《印度游记》的记述，他还有后嗣，将糖园典出。我们知道粤籍旅印华侨有青壮年出外创业，在家乡养育孩子、买田起屋，回乡养老的传统。即使当时杨大钊家眷或亲属在印度，他本人遇难，但有人继承遗产也完全可能。

（二）杨大钊的影响

学者陆续发现了杨大钊时期在印华侨的记录。据 1784 年 4 月的《加尔各答公报》（*Calcutta Gazette*）中的广告，有一个叫汤姆·法特（Tom Fatt）的中国人提供水箱清洁服务。同时他还经营一个朗姆酒厂和一个橱柜制造工场，也曾制造糖和冰糖。根据警方的记录，到 1788 年，加尔各答已经有相当数量的中国人口定居在现在加尔各答市中心的鲍巴扎街（Bow Bazar Street）附近。② 在 1792 年、1793 年的两幅加尔各答地图里，华人的居住地（settlement）甚至被标了出来。③ 对于中国人在加尔各答定居的更详细的描述来自英国人查尔纳·阿拉巴斯（Chaloner Alabaster）的文章《加尔各答的中国殖民地》（*The Chinese Colony in Calcutta*）。他当时为英国驻华使馆翻译，1858 年英法侵略军占领广州后，被指派押送被俘的两广总督叶名琛至印度加尔各答。他描述说，加尔各答大约有 500 名广东人（包括客家华人）从事制鞋、卖鸦片、木工等经济活动，为关帝和天后宫建造庙宇等。④

最早定居加尔各答的华人主要是跳船的水手和杨大钊招募的契约劳工。加尔各答是一个大港，往往成为中国水手到其他国家的中转站。他们会停留在加尔各答，等待能够带他们去目的地的船。由于海上旅途漫长、船期

---

① 华侨志编纂委员会：《印度华侨志》，台北：华侨志编纂委员会，1962 年，第 28 页。

② Salmon Claudine, Bengal as Reflected in Two South－East Asian Travelogues from the Early Nineteenth Century, In Commerce and Culture in the Bay of Bengal, 1500－1800, edited by Om Prakash and Denys Lombard, Delhi：Manohar, 1999. pp. 396－398.

③ Sarkar, Nikhl, China Paray Yuddha (in Bengali), Calcutta：Sripanther Kolkata, Tribeni, 1967, p. 82.

④ Pradip Chaudhury & Abhijit Mukhopadhyay：Calcutta：People and Empire, Calcutta：India Book Exchange, 1975, pp. 139－148. 作者 Chaloner Alabaster 即阿查立爵士，见中国社会科学院近代史研究所翻译室：《近代来华外国人名辞典》，北京：中国社会科学出版社，1981 年，第 5 页。

不定，有时在岸上一等就是几个月。在等船的时候，他们不得不工作谋生。因为水手往往经过木工或机械装配工的训练，所以他们在加尔各答也经常做这类工作。有些人找到了较为长期的工作，因此放弃航海生涯，在加尔各答定居下来。这样，加尔各答的华人移民增长虽然慢，但是一直在持续①，同时从加尔各答向孟买等地扩散。

杨大钊之后，印度华侨日众。1941 年 8 月 4 日，驻加尔各答总领事黄朝琴呈外交部《驻加尔各答总领事馆管辖区域华侨概况》记载："自杨大钊抵加以后，华人陆续而来，中多洪秀全余党。嗣后印度兴筑铁路，华侨包工招揽国人工作，亚三省及大吉岭一带之茶园及各地船坞工场、车站之精细木工，多为华侨工作，蕃衍日众。至二三十年以前，人口在一万以上，为全盛时代。"②

客家华侨黄英生称杨大钊为"杨公""杨伯公""大伯公"，并说加尔各答周围的华侨一直拜祭他：

（杨）大钊区，印度人称 Ahchitpur，华人称唐园伯公墓，在郊外的一个小型庙宇。1930 年到 1962 年，每年农历初二日，加尔各答华侨各华人会馆联合举办，向恒行渡轮公司赁一天的二层中型渡轮，船内锣鼓喧天，播放中文歌曲，而卖食小贩摆设摊位，中式食饮品、印度食饮品、西式食饮品，各自摊位上都有各自的食客捧场，而一年难得一见的亲朋好友都会相约。

因时局的变迁，各会馆不再合办参拜唐园伯公墓以后，有些人全家或友人群赁出租的士去拜祭杨伯公、杨伯婆，三五辆车出发。附近流氓恶霸（趁机）抢去女人的金银手镯、项链、银包，车内男士看情形得知难敌众恶徒，退财避灾。

时至今日，加城华人会在农历初二或初三日，乘汽车和称心的亲友们参拜杨大钊，完成一年的心愿。附近各地都有人骑二轮摩托车参拜。祭拜的过程是先拜杨大钊墓，再拜旁边的土地神。拜土地神求平安，拜大伯公杨大钊是慎终追远，不忘记祖宗留下来的规矩。

---

① Ramakrishna Chatterjee：The Chinese Community in Calcutta——Their Early Settlement and Migration，from India and China in the Colonial World，edited by Madhavi Thampi，OXON：Madhavi Thampi and Social Science Press，2017，p. 59.

② 黄朝琴：《驻加尔各答总领事馆管辖区域华侨概况》，见台湾"外交部"档案：《加尔各答华侨概况》，1941 年，第 10 - 13 页。

"伯公"，广东的客家、潮汕地区指"土地公"。"伯公"在东南亚相当于地方神，各国各不相同，在印度尼西亚的坤甸是罗芳伯，在雅加达是郑和下西洋的兵士，据说死后显灵为神。黄英生说指"最早在那里去世的华人"。Deepanjan Ghosh 认为相当于"始祖"的意思①。汉学家巴素博士（Dr. Victor Purcell）在其书《中国人在马来西亚》（*The Chinese in Malaya*）中说："大伯公只是华侨先驱者的象征。"②

黄英生告诉笔者："印度各地多华人的地方，有各自的大伯公。杨大钊是加尔各答华人公认的东孟（孟加拉）大伯公。加尔各答是全印度最多华人居住的地方，影响也最大。二战前，亚三省（阿萨姆）西隆市有大量的广东华人，在春秋二祭，人们将第一位华人去世后碑石照先人样重新上漆，以便后人得知伯公之名。到 1957 年间，已看不清石碑上的人名，人们便写上'大伯公神位'。"他说拜祭伯公，主要是为了"安心，心灵上的安慰，也有祈求和还愿"。新加坡龟屿大伯公庙的介绍也说："大伯公是商业之神或昌盛之神。一般人奉祀大伯公，因为他能带来昌盛，而且能治病救人，平息怒海和化险为夷。善男信女在大伯公庙进香时，通常是祈求神明保佑长寿与平安，并赐予财富、美德及好运。"③

对于在印华侨，杨大钊的智慧、奋斗、传奇和不幸，代表着"我们华侨向海外移殖的情形与当初所遭受的劫难"。谭云山感叹："他们白人向外移殖，每借国家扶助；我们可怜的华侨，却'借神灵默佑'。他们白人在外，是有祖国底保护，所以到处安全。我们可怜的华侨，祖国没有保护，所以到处遭受劫难。"④ 或因此，杨大钊的故事被附会了更多神话色彩，而他也被当作保佑后来者的先祖而祭祀和纪念。

---

① Deepanjan Ghosh，Achipur & India's First Chinese Settler，March 25th，2018.

② 陈润棠：《破迷，辟邪，赶鬼!! ——东南亚华人民间宗教》（第 2 集），香港：基道书楼有限公司，1989 年，第 72－73 页。

③ 孤独川陵：《东南亚华人普遍崇拜大伯公》，见孤独川陵的博客，https：//blog. sina. com. cn/s/blog_4910bb430102eal5. html，2013 年 11 月 22 日。

④ 谭云山：《印度周游记》，南京：新亚细亚学会，1933 年，第 16－17 页。

第三节 早期《大汉公报》反映的家国情怀①

《大汉公报》是 20 世纪初在加拿大西岸城市温哥华出现的一份历史悠久、影响很大的华文报刊，一直到 1992 年才停刊。由于加拿大的早期华侨移民多来自广东省，其创办者、编辑记者、作者读者也以广东人为主，岭南特色浓厚。字里行间的家国之思，反映了许多海外华侨的共同心声。

一、《大汉公报》的创办

1909 年冬，加拿大温哥华洪门致公堂筹办机关报《大汉日报》，致函同盟会香港分会会长、《中国日报》社长兼主编冯自由（祖籍广东南海），托他代聘总编辑一人。1910 年 2 月，广州新军起义失败，冯自由"欲为吾党辟一新天地，以为卷土重来之计"，遂"自告奋勇"，辞职以就《大汉报》之聘。是年夏到任，鼓吹革命，"《大汉报》之发达殆一日千里，各地侨胞莫不人手一纸。温埠保皇党所设之《日新报》以相形见绌，渐向《大汉报》挑战。余（冯自由）乃对于康梁邪说，痛加针砭，论文以外，附以粤曲歌谣，尤足发人深省。半载以后，收效大著，保皇党徒以是登报脱党而服膺革命真理者，络绎不绝"②。

经过《大汉日报》的宣传发动，旅加华侨多倾向革命。1911 年初，冯自由电邀孙中山前来为再次起义筹款。2 月 6 日，孙中山抵达加拿大，温哥华洪门上下倾囊，捐款万余；域多利（即维多利亚）洪门毅然将会产楼宇抵押贷款，变产救国。各地洪门纷纷效仿，为是役共筹款港币 7 万余元，乃海外各地义捐最巨。捐款者中，有《大汉报》的创办者之一、洪门致公堂司库岑发琛这样的爱国商人，也有无数的普通民众。例如，卑诗省的乃磨，华侨多为矿工。2 月 26 日，孙中山到乃磨，由盟长何就主持，在致公堂堂所向 50 余位会员演说，群情激奋，反应热烈；次日又假座联益番摊赌场，向百余位听众宣传革命，合共得加币百余元。28 日又到各矿场向矿工逐一劝捐，得款 700 余元，由何就亲自带回域多利致公堂，转汇回港，襄助

① 原载《世界华文文学论坛》2022 年第 2 期，题为《早期〈大汉公报〉所见海外华侨的家国之思》。

② 冯自由：《加拿大同盟会史略》，见冯自由：《革命逸史》（中），北京：新星出版社，2016年，第 601－602 页。

起义。①

　　冯自由 1911 年 8 月应孙中山之招赴美国旧金山，主持《大同日报》。《大汉日报》1915 年定名为《大汉公报》。1931 年起，林翰元担任《大汉公报》总编辑 40 多年。他祖籍广东新会②，1921 年移民加拿大，为洪门致公堂成员③。后由其子林岳燊接任至 1992 年该报结业。二人兢兢业业，令《大汉公报》成为北美历史最悠久、销路最广、影响最大的华文报纸④，对北美华人特别加拿大华人贡献卓著。

　　早年的华侨主要是底层劳工，但其中不乏有一定知识、能够识字写作的人士，可以通过文学形式抒发情感，交互联系。随后不断有各种职业、各种层次的华人踏入美洲，文学活动因此发展起来。由于华人长期受歧视受打压，相对社会性地隔离，加拿大华文文学活动主要以唐人街为中心，以报刊为载体。

　　《大汉公报》之外，加拿大其他华文报刊也不少。抗战时期出现的《禺声月刊》，1939 年由广东番禺华人在温哥华创办，1946 年停刊。这"是一份充满激情的华文杂志"，其文章、图画，都洋溢着强烈的爱国热忱和对国内局势的关切。《禺声月刊》远销北美、中南美、澳洲、新西兰，甚至毛里求斯，以及广东侨乡、香港和澳门等地，成为各地华人与侨乡的纽带。每期都用蜡笔抄写，有插图，包括以抗战为题材的班本、粤讴、南音等作品。⑤

二、华侨对于家乡的关切

　　早期《大汉公报》除了国际、加拿大国内、本埠信息，更常设"祖国

---

①　邵雍：《1911 年春孙中山加拿大之行述略》，载《近代中国》第 14 辑，2004 年，第 22 - 27 页。

②　刘孟宇、甄沃南主编：《南粤百镇丛书·会城卷》，广州：暨南大学出版社，1993 年，第 188 页。

③　有资料说林翰元担任过会长，有的说是会员。请教加拿大华侨移民史专家贾葆蘅女史，曰未闻他担任过会长。由于目前所见《大汉日报》最早为 1914 年，她亦咨询加拿大康有为研究专家张启礽先生，得知冯自由所述《大汉报》即为《大汉日报》之简称。复告知，冯自由所言之"《日新报》"实为"《新报》"之误。报头图片见丁果、黎全恩、贾葆蘅：《加拿大华侨移民史：1858—2001》（文教卷）上，北京：华夏出版社，2002 年，第 16 页。

④　梁丽芳、马佳主编：《中外文学交流史 中国·加拿大卷》，济南：山东教育出版社，2014 年，第 115 - 116 页。

⑤　梁丽芳、马佳主编：《中外文学交流史 中国·加拿大卷》，济南：山东教育出版社，2014 年，第 120 页。

新闻""广东新闻"，对国内特别本省尤其关注。1914 年夏，全国大面积水灾①，粤、桂、湘、赣等地大雨如注，西江水位暴涨，北江同时泛滥，广东高要、高明、南海等县 68 围先后崩决，罗定等县告灾，为害之重，数十年罕见。②《东方杂志》称："广肇两属，被灾尤甚……灾黎数十万，灾区广约九千方里……田庐人畜，均被漂没。"③《大汉公报》随时报道灾情。1914年 8 月 3 日第 6 版《广东新闻》栏目的头条即为《各属崩决基围一览表》，可谓触目惊心：

　　连日西流暴涨，各属崩决基围情形甚惨。兹将广肇两属，经已崩决各围，及情形危险者，调查如下：
　　（高要县属各围）乐丰、南岸、恩霖、大榄、银江、白珠、金西、桃溪、赤顶、陈塘、迪塘、大湾、鸭塘、莲塘、老围、院主、砚洲、头溪、西围等，均经崩决。决口大小不一，房屋冲倒甚多。乐丰围决口最阔，长约百余丈。南岸围决口约四十余丈，倒塌房屋约四百余家。（高明县属各围）白鹤、大沙、报信、三洲、大茶、太和、凌霄等，昨已冲决。（三水县属各围）如上游之灶岗、茶岗、村头、永宁等五围，下游之石露、新寨、鬼岗、验涌、石板等十三围，一律崩决，其灾情与高要相仿佛。（四会县属各围）黄岗、白鹤、隆伏、丰乐、大兴、高路、横沥等一律崩决。（南海县属各围）罗格、桑园、大槎、榕洲、沙梨、新宝、碧岸、南洲、蚌岗、登丰、全院等，已次第崩决。闻崩桑园时，沙头堡溺毙数千人。（鹤山县属）长乐围决口约四十丈，居民约有万人，异常贫苦，计七年共崩三次。（新会县属）荷塘、石龙、大围昨亦崩决。（香山县属）小榄、亿利，因水力太猛，致将闸门全度推开，同时崩决。（顺德县属）登洲、大良、茅地、官洲、门门、良滘、大围、沙岗等，一律崩决。损失蚕桑最多。（清远县属）岗拗围决口四百余丈，田庐淹没，受灾极惨。查花县处三水、清远下游，亦冲塌基围屋宇无算。计旬日间，各属共崩围七十余处，其有续后崩决者，尚未在内。目下之将崩未崩，情形极为危险者，高要则有景福围；鹤山则有古劳围；南海则有大富、朗边、莲塘、海口等围；香山则有裕安、

---

① 朱汉国主编：《中华民国史》第 10 卷，成都：四川人民出版社，2005 年，第 353 页。
② 罗元铮编著：《中华民国实录 民国元～三十八年 1912.1.1—1949.9.30》，长春：吉林人民出版社，1998 年，第 224 页。
③ 《中国大事记》"民国三年七月一日"条，《东方杂志》第 11 卷第 2 号，1915 年 8 月 1 日发行，第 14 页。

裕昌、永益、广益、海洲等围；顺德则有马营、南保、南安、古裕等围；三水则有芹涌围；鹤山则有罗江围。此皆广肇两属受灾之地点也。此项灾情，为数十年所未见，至溺毙人命若干，仍俟□查续报。

天灾之外，又有人祸。《各属崩决基围一览表》同时又有《提防土匪乘灾窃发》称："水上警察蔡厅长：现以西潦成灾，□土匪乘机出掠。已饬所辖各巡舰认真棱巡。"土匪趁火打劫，警方也未必得力："查各舰向□设有机关枪，以资利用。肆因胡陈弄兵，将各舰之机关枪全数收回。现在各江河道不靖，且值潦水为灾，尤宜加以防堵。驻段各舰，所用皆毛瑟旧枪，倘遇盗匪充斥之处，□不足以振军威而寒贼。"① 警方公告如此，百姓徒呼奈何！

《大汉公报》的报道与国内几乎同步，描述清晰，地点精确，来自广东各地的华侨远在海外，能够及时看到家乡讯息；但迢迢万里，焦虑万分，亦束手无策。

"桑梓关情，拯救尚义"，温哥华的中华会馆响应号召，积极组织发动赈捐。《大汉公报》承担了发布新闻、联络华侨的工作，也是募捐的积极组织者参与者。1914 年 8 月 3 日第 9 版刊载的《云埠中华会馆启事》曰：

> 廿七日奉林领宪函，开准金山总领事徐转来广东自治研究社梗电，系为广肇两属，向来罕见之水灾，难民嗷嗷，情形极惨，通请筹款汇粤督转发赈济等。因值本会馆该晚有事集议，经急照提议案，佥谓吾粤疮痍满目，又遭此惨，赈济义不容辞，筹款急须计备，表决先将拒俄局演剧处存款提借一半，并即派员沿门劝捐，凑集汇照汇粤。想桑梓关情，拯救尚义，乐善君子，应无俟勉强，大解悭囊也。谨此通告。不啻为难民请命，其共鉴旃。中华民国三年六月廿九 云埠中华会馆谨布

祖国有难，海外乡亲感同身受。无论贫富，许多华侨慷慨捐输，点滴汇聚，愿效绵力。仅以 1914 年 8 月份为例，除了 8 月 27 日减了两版未刊外，每日均登载《云埠②中华会馆公告 赈捐广东水灾芳名列》。如《大汉公报》1914 年 8 月 3 日第 9 版公布：

---

① 《大汉公报》1914 年 8 月 3 日，第 6 版。
② 云埠，即温哥华旧译名。

〔俱伸港银计〕

廖鸿翔五十元　三记伍十元　永生五十元　万昌隆二十元　黄纪杰二十元　李世璋二十元　万安堂一十元　尾利核和兴二十元

宋潮　丽生　利源……　以上每捐港银十元

金利源八元　广生六元　名利栈六元　时利和六元　万生和五元永和昌五元　黄子典五元

均和　兆源昌　章记……　以上三十七名，每捐港银四元

广丰　美隆栈　商发公司……　以上二十九名，每捐港银二元

子远　来记　三和……　以上每捐港元一元

合共捐得港元六百一十六元。

又巧忘利、广万源五元，雷家彬一元。后捐另布。

七月十一日，中华会馆布。

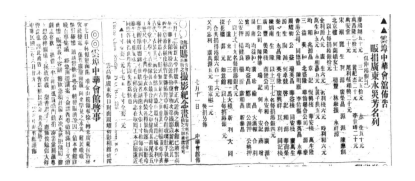

这些捐款，只是当时华侨水灾捐款的一部分，一元乃至数角的更多。如在后续的《芳名列》中，笠巴市笃的蒋北光、梁来养、陈大齐、黄泽春等人，格兰努番的李梓炎、李德建等人捐款均为"五毛"①。其实这在当时也不少，对于辛苦谋生、节衣缩食的侨胞更为珍贵。海外华侨在充满敌意和种族歧视的异乡谋生已属不易，他们对故乡、对同胞的深情，令人感动。

三、心系家乡的文艺创作

早期《大汉公报》除了1915年等少数时间为4版、容量有限外，均设有若干文艺副刊版面。20世纪10年代名为"杂录"，至20世纪20年代为"汉声"，其中文学类的标目有文界、诗界、吟坛、说部、谐文、小说、新

---

① 《大汉公报》1914年8月21日，第9版。

小说、随笔、剧本、新剧本、班本、粤讴、南音、杂谈、怪闻、游戏文、滑稽谈、谐诗等，发表了大量原创文艺作品，内容与本地生活、国内国际情况呼应。许多作品延续了冯自由等革命党人以"粤曲歌谣"宣传革命、反映时事的方言创作传统，岭南色彩浓厚。

（一）以家乡情况为创作内容

以 1914 年 8 月为例，配合为广东水灾的赈济筹款，《大汉公报》发表了大量文艺作品，描述灾区惨状，呼吁热心捐输。如"文界"有《哀水灾文》《问水龙王》；"谐文"有《蟹将虾兵上海龙王书》《新诗经》《陈塘花界组织救灾队之大会议》《吊里海风灾文》《拟义丐霍林劝丐友助赈小引》《讨河神檄》《逆冯夷君远去文》；"粤乘"有《香江妓女筹赈之劝捐小引》；"吟坛"有《灾区口吟——香港〈共和报〉筹赈调查员倪公自灾区寄》；"歌谣"有《村落灾民叹五更》；"粤讴"有《北江水》《奴要刺绣》；"班本"有《实事惨剧·灾民泪》，等等。

从这些文艺作品看，对家国的关切是主要的思想内容。作者往往文学功底扎实，作品艺术水平较高。署名"驾"的《哀水灾文》乃一名回乡记者亲眼所见："记者桑园围人也。廿六号闻该围崩决，因公私两事，匆匆买舟回里。所过各处，一望汪洋，伤心惨目，实为吾生所未见。比返旅次，乃为文以哀之。"后面用骈文形式，书写家乡惨况，栩栩如生："呜呼，茫茫巨浸，人哭无家；滚滚长空，天如坠地。桑麻安在，均占灭顶之凶；菽麦何辜，尽蹈杀身之祸。负山者凄凄露宿，路绝呼天；滨海者寂寂舟居，声沈吁地……父老忍饥而辗转，指海而悲；稚子被吓而噫嘤，向天而泣……"又描述水势凶猛："况夫汩汩流来，转瞬满门楣之上，滔滔涌至，移时侵屋瓦之间，防之早则生命无虞，避不及则全家立尽……忽然淫雨，顿涨三蒿，兼起狂风，纷推入□。半夜潮声动地，倒海排山；诘朝水势滔天，冲围陷郭，不留寸草……"①

《大汉公报》1914 年 8 月 3 日第 9 版发表的"驾"写的《问水龙王》是一篇奇文。先是描述故乡灾情之凄惨："甲寅仲夏，广东水患陡作，一夜涨丈余，或七八尺，崩围救基，不绝于耳。田园尽成泽国，家室没入洪涛。野遍哀鸿，人皆寒鹤，天真不吊，地先为潭，记者戚然伤之。"继而展开奇想，哀叹民生之多艰，诘质龙王之"溺职"，辜负百姓的崇拜、陷害百姓于汪洋，故怒而毁其神像、庙堂：

---

① 《大汉公报》1914 年 8 月 1 日，第 9 版。

因无聊极思，向水龙王而问之曰："尔借位称王，虚食人间烟火，已不知几年世矣。然以尔之职，固司掌水势之盈虚也。潦也尔当消之，旱也尔当长之。乃当消而不消，当长而不长，盈虚颠倒，重累吾民，此之谓溺职。尔乃不知自检，习为常事，吾民于尔何怨，偏欲尽使为鱼，究不知是何用意。即如广东今日，民军之骚扰甫息，大炮友之胺剥又来；纸币之低折未终，瘟疫之灾祲复起，民无宁日，路有凶星。尔既为神，当效慈航之普渡，即令无能为力，亦不当落井下石，致吾民有胥溺之忧。乃前后未及旬日，泛滥汪洋，奔腾澎湃，呼吁者函电纷驰，流落者骨肉不保。至于今汩汩滔滔，为祸仍未有艾也。尔真欲尽死吾民而后快乎？抑天未厌乱，特以水而杀人满之势，你亦无权而收拾乎？然而已饥已溺，人神当同恻隐也。尔纵不能补救于万全，未必不能挽回于一二。譬如贼所忌者，官也；官应办者，贼也。雚符遍地，虽发生于民无常产，尔官果认真痛剿，未尝不立治其标。今以尔之灵而不能□止水祸，是与官之失职殆无以异。呜呼，风餐露宿，凄凉郑侠之图；菜色鹄形，冷落翳桑之客。嗷嗷待哺者一皆无罪之苍生，亦一皆崇拜尔之良民也。仁翁善长，已纷纷□赈矣；殷户富家，已踊跃捐助矣。尔独何心，乃勃然若此。吾已剖尔之像，毁尔之庙，以为神之奉职无状者警。尔果□有原因，不妨明以告我。"[1]

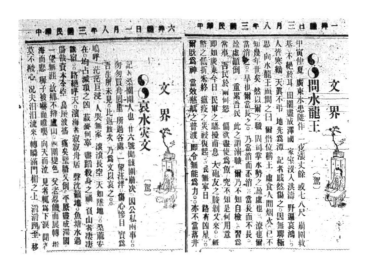

---

① 《大汉公报》1914年8月3日，第9版。

"粤民既遭困苦,复遇水灾。其流离惨状,故赋此诗。"① 这些旧体文学作品,如《新诗经》描述"渺渺山川,波臣为虐",复现水灾情形和墙倒屋摧、人哭无家的惨状,表达自己对家乡父老的无限关切:"大难近止,靡瞻靡顾。四渎灵神,则不可助。风餐露宿,胡宁忍予。苦也。""我心惮水,忧心如焚。四渎灵神,则不我闻。昊天上帝,宁俾我闷。苦也。"② 作者有的是报道实况,有的未必到过现场,但描述真切,感人至深,说明同胞急需救助、呼吁积极捐款:"怅斯民之待毙,渴望救灾之至"(《哀水灾文》);"仁翁善长,已纷纷□赈矣;殷户富家,已踊跃捐助矣。"(《问水龙王》)

(二) 以家乡文艺为表现形式

目前资料所见,加拿大最早的华侨是来自澳门和广州的劳工。1857 年,加拿大西岸卑诗省菲沙河谷发现了金矿,此后越来越多华工从香港乘船而来。1878 年议会决定修筑横贯加拿大东西部的太平洋铁路,西部承包商委托广东台山华侨李天沛回到香港、开平、台山和广州地区招募华工筑路,应聘者众。台山人叶春田也先后几次回到广东招工 7000 多人。1880 年至 1885 年间共有 1.7 万名华工来到加拿大筑路③,包括"契约劳工"乃至被"卖猪仔"、拐骗劫掠等而来,大部分来自珠江三角洲,形成了当地华人族群的粤语文化氛围。他们中绝大多数人没有机会学习英语,同时无端遭受隔离和驱逐,不得不聚居在华人区或唐人街,从而将家乡文化艺术带到加拿大。《大汉公报》早期刊载的大量广府俗文学作品,如粤剧班本、歌谣、粤讴等,反映了这些情况。

1914 年劝募赈济广东水灾期间,《大汉公报》发表的《村落灾民叹五更》《奴要刺绣》等许多作品,采用了南音、粤讴等珠三角一带流行的传统民间曲艺形式。《村落灾民叹五更》曰:

> 更转二,月升西。可叹天降灾凶样样齐。想起番嚓应泪涌,任你心肠铁石也要悲凄。回忆呢日水来奔似马,霎时澎涨就缺了基围。几费乡人齐抢救,加固数尺亦难非低。总係水流湍急难为方,任你打桩竖杉也难为。八宝出齐终有效,一声倒卸好似天柱崩西。个阵乡人争□动,群相走告忧压双眉。砥见江水滚如千丈瀑,不俟盈刻递坎疾如

---

① 芳:《新诗经》,载《大汉公报》1914 年 8 月 8 日,第 9 版。
② 芳:《新诗经》,载《大汉公报》1914 年 8 月 8 日,第 9 版。
③ 《广东台山华侨志》编纂委员会编:《广东台山华侨志》,香港:香港台山商会有限公司,2005 年,第 89 页。

飞。妇人稚子心肝裂，倏时涌到与檐齐。手足慌忙无所措，合家老幼暂上楼栖。又听见话市中无米粜，女儿对坐苦悲啼。我想兵盗为常见事，情形未必咁酸嘶。今日只待善翁来赈济，真难抵，点得有杨枝露洒救吓我等人黎。

三更鼓，月当中。第一伤心係我地大众耕农。蚕桑被浸犹非紧，再栽来造亦不至全空。总係塘鱼□面随波去，咁就唔穷也要穷。经岁勤劳都绝望，而今日尽付水流东。共计全围崩决何胜计，人人损失惨相同。资财物产皆遭丧，十万嗷嗷怎吸风。纵然水退之时候，四□行乞怕亦有地能容。造物不仁偏至此，摧残良善太唔公。试问百万蒸民何罪戾，忍使缠侵灾祸恨重重。详细思量唔係值，自嗟自恼恨填胸。亏我越想越思心越痛，珠泪涌，想到此后凄凉恨更未穷。①

　　"叹五更"又名五更调、五更鼓、五更曲，是传统民间小调，起源较早，用调甚广。南北朝时乐工采自民间，被列为相和歌辞清调曲之一。② 敦煌石室发现有唐写本，罗振玉编入《敦煌拾零》，任二北在《敦煌曲校录》中归入"定格联章"体。③ "叹五更"广泛流行于国内多省，广东的汉乐有同名曲调④，肇庆怀集采茶戏也有《叹五更》。⑤ 珠三角一带以顺德人何惠群创作的南音《叹五更》最为出名。南音形成于清乾隆年间，在本地木鱼歌、龙舟歌的基础上，吸收了扬州弹词和潮曲的长处，用檀板、筝或扬琴、琵琶、椰胡、洞箫等乐器伴奏，有固定的节拍和板式，音乐性比较强，善于绘景，善于表现缠绵悱恻的情感。何惠群创作的《叹五更》分六小段，通过更鼓的转换，推进人物情绪的发展，抒写一名痴情妓女的不幸身世和内心的痛苦，因其文辞优美、雅俗共赏传遍城乡，成为粤调说唱三大名曲之一，对岭南通俗文艺影响深远。

　　何惠群《叹五更》辗转凄清，肝肠寸断。《大汉公报》这首《叹五更》则以深沉的情感，书写灾民酸辛："天降灾凶样样齐"的无奈，"江水滚如千丈瀑""倏时涌到与檐齐"的凶险，"经岁勤劳都绝望，而今日尽付水流

<hr>

① 《大汉公报》1914年8月31日，第9版。
② 中国大百科全书总编辑委员会编：《中国大百科全书·中国文学》2，北京：中国大百科全书出版社，2002年，第996页。
③ 任二北：《敦煌曲校录》，上海：上海文艺联合出版社，1955年，第115页。
④ 大埔县文联、大埔县广东汉乐研究会：《广东汉乐新三百首》，广州：广东人民出版社，2019年，第226－227页。
⑤ 范晓君主编、赵金强副主编：《肇庆民歌选编》，广州：暨南大学出版社，2018年，第100页。

东"的哀伤，"今日只待善翁来赈济，真难抵，点得有杨枝露酒救吓我等人黎"的冀望。结尾"亏我越想越思心越痛，珠泪涌，想到此后凄凉恨更未穷"，更让读者忧心故乡同胞。

粤讴原流行于珠三角一带的花艇，多为伎女、瞽师演唱。后经招子庸等文人整理和创作，成为粤语俗文学的体裁之一。《大汉公报》刊登、署名"三郎"的粤讴《奴要刺绣》，描述一个绣花女，针针刺绣义助灾民，并进行劝捐。其中的方言文字，如："你睇灾民千万，欲走无生路"；"你唔好自负""望你体贴吓奴奴"等等，平白如话，贴近口吻，也贴近人心：

> 奴要刺绣，绣一幅水灾图，绘成惨剧，尽在手上功夫。你睇灾民千万，欲走无生路，甚过哀鸿遍野、待哺嗷嗷。今日买物场开，不少慈善大老，报效珍奇品物，岂论贱价而沽。奴是蓬门弱女，恨煞非饶富。独将十指，附骥愿力助扶。种族安危，君呀，你唔好自负，当仁不让，切莫假作呜呼。毁家纾难，义气垂千古，当步武。惟□堪为宝，针针是泪，望你体贴吓奴奴。①

《大汉公报》还刊载粤剧班本。它们形式短小，内容紧凑，立足报刊载体，可读性强，亦可搬演。1914 年 8 月 6 日，"击秦生"所作班本的《灾民泪》，题"时事惨剧"，有角色分工，有唱、作、念，灾情凶险、灾区困顿、灾民苦难栩栩如生：

> 〔二簧首板内唱〕这场祸，使吾人，流离失所，流离失所。
> 〔冲头末旦杂同上白〕唉！〔滚花二流同唱〕眼前平地，起浪波。
> 〔末白〕凄凉呀凄凉，想吾民何辜，既遭盗贼抢掠，又遭兵勇横行，天不厌祸，再弄出这场水灾。老天呀老天，你真真不是了。
> 〔旦〕我苦呵，洪水来时，丈夫背着老翁逃难，途中失散，不知何往。〔作儿啼介〕儿呵，你这声啼哭，想是饥得很了，我怕你的公公爹爹，同陷在水中，那时还苦哩。
> 〔杂〕勘家铲呀，咁利害呢，呢个真正係勘家铲嘅天嚟咯。你如果係想人死，就咪生人喇。你做乜嘢一自生人，又一自要死人呢。呜呜，你睇我桑田浸阻，屋浸滥，俾你个勘家铲天，整到我勘家产添。
> 〔末〕唉，正是凄凉人听凄凉语，惹起凄凉更凄凉呀。〔二流板唱〕

---

① 《大汉公报》1914 年 8 月 31 日，第 9 版。

祸害吾民，天心肆虐，难道人生斯世，该要受尽种种折磨。既遭盗贼横行，又遭兵火，人民个个都受尽灾难多多。祸到如今，惟有求善长乐助。〔介〕他是有心为善，试想当初。

〔杂白〕唉，你又想不到呀。〔唱〕他开赌害人，惨过洪水为祸。是蛇非鳝，同聚一窝，那有闲心，理我这个。〔介〕你望他援手，真是十二分讹。

〔旦〕唉，可怜呀，〔唱〕人在难中，想不到怎生结果。自家凄惨也奈天不何。政界最是有钱，当要怜悯我。但是他手镚，不肯放疏。

〔末〕唉，又是多言呀。〔唱〕这等人有钱，只管去把寿贺，哪里知道人民苦的怎么。耳边厢又听得声音悲楚，〔内作浪声介〕〔末白〕水来也。

〔同白〕唉！〔同唱〕欲逃生命，除是走上山坡。〔白〕救命呀，饿死人呀。善界靠不得，政界靠不得，我同胞，舍钱救命呀。〔内又作水声，众疾下〕

四、家国情怀的产生根源

（一）对家乡状况的共同感受

鸦片战争以后，大批华人移民海外，尤以广东为多。除了律令放宽、交通条件改善、当地经济需要等外部因素，主要原因是底层劳动者生计艰难、社会动荡。1934 年，陈达组织调查汕头附近 905 个华侨家庭发现，其中因经济压迫出国的占 69.95%，天灾占 3.43%[①]。另据新加坡南洋大学历史系黄枝连在 1970 年前后组织的对当地父老的调查，东南亚的华人早期移民中 61.2% 是因经济困难，8.9% 因社会不安，7.8% 因政治混乱（抽壮丁）。其中 1910—1915 年、1918—1930 年、1933—1939 年为华人移民新加坡的三个高潮，主要原因是内乱和战争。[②] 沙捞越古晋受访的华侨，也有 80% 是因为在家乡生活艰难。[③]

明代以后，广东的缺粮问题十分严重。广东盛产稻谷，历史上曾经粮食自给有余。明代广东各地积谷颇丰，"广米"甚至远销津沽。清代的土地

① 陈达：《南洋华侨与闽粤社会》，北京：商务印书馆，2017 年，第 47－51、57－58 页。
② 黄枝连：《马华历史调查研究绪论》，新加坡：万里文化企业公司，1972 年，第 69－71 页。
③ 郭梁：《东南亚华侨华人经济简史》，北京：经济科学出版社，1998 年，第 34 页。

兼并十分严重，地租率一般是在 50% 以上，还有各种附加地租、押租、预租①、苛捐杂税、无偿劳役、连年灾荒，农民极度困苦，清初，广东开始出现缺粮现象。据吴建新研究，广东增城"自明季鼎革之后，村落皆墟，田园尽芜"。康熙二年（1663 年）的香山"乡土归耕无期，去死不远，求生实难"。因为迁界，更造成沿海州府人口减损，耕地荒芜。后来虽然推动垦辟，但城市游民辐辏、重兵"满汉家口数十万"，人口激增，食用浩繁，兼以经济作物种植扩大等原因，致使粮食产量长期不足②，"广东所产之米即年岁丰收，亦仅足供半年之食。"后虽有所改变，但多数州县还是产粮不能自给。缺粮主要在广、惠、潮、肇四府。广东 87 个州县中，道光以前产粮能自给的约有 24 个（其中有余粮的 17 个，仅可自给 7 个），不能自给 51 个，其余情况不明。③ 在不能自给的州县，"耕稼之地十仅一二"，往往"民食半赖包粟（玉米）"，有的甚至"一岁所收仅备三月"④。咸丰以后，列强入侵，清廷腐败，农业凋敝，缺粮就更多。民国期间，广东粮食一直供给不足，需要从省外、国外输入大量粮食。⑤。又有军阀割据、赋税力役、水利败坏、洋货倾销、地租剥削、高利贷等因素，更加剧了土地兼并和小农经济的破产，农业危机越发深重。

广东又是自然灾害的多发区，洪涝、干旱、大风、低温及其产生的次生灾害连年不断，四季不断，灾季长、灾种多、灾情重。据全国重大自然灾害调查组的统计，在 44 种主要自然灾害中，广东占 40 种，几乎无灾不有。从记载相对完整的 16 世纪到 1949 年的 450 年中，广东发生洪灾 405 年，占 90%；旱灾 303 年，占 67%；台风灾害 693 次，年均 1.5 次（有漏测），可谓十年九涝、三年二旱、两年三次风灾⑥，对人民生活影响惨重。

旧中国国力衰落，官吏腐败，兵匪横行，土地高度集中，人口相对过剩，水利建设差，防灾减灾能力极低，遇到自然灾害基本上得不到救济，

---

① 王鹤鸣：《安徽近代经济探讨 1840—1949》，北京：中国展望出版社，1987 年，第 28 页。

② 吴建新：《明清广东的农业与环境——以珠江三角洲为中心》，广州：广东人民出版社，2012 年，第 8、18 页。

③ 广东省地方史志编纂委员会编：《广东省志·粮食志》，广州：广东人民出版社，1996 年，第 42 页。

④ 蒋祖缘、方志钦主编：《简明广东史》，广州：广东人民出版社，2008 年，第 323 - 324 页。

⑤ 广东省地方史志编纂委员会编：《广东省志·粮食志》，广州：广东人民出版社，1996 年，第 42 - 44 页

⑥ 广东省地方史志编纂委员会编：《广东省志·自然灾害志》，广州：广东人民出版社，2001 年，第 4 - 8 页。

大量灾民流离失所。"断柴米，等饿死；无奈何，过番卖苦力。"① "无钱无米无奈何，背个包袱过暹罗。"② "有食有着系艰难，想来想去想过番，有日阿哥时运好，杠子装银转唐山。"③ 大批失土失业大军无法再在家乡立足，只好出洋求生，希冀"赚得金钱千万两，返回起屋兼买田。"④

加拿大的早期华侨，有因商旅等原因而来，但大部分还是被迫出外讨生活。许多人没有定居打算，只想赚钱回家。他们熟悉家乡状况，与家乡、祖国息息相关，家乡的灾情、家乡人的苦难也是他们共同的经历和牵挂，能够触动他们的心。因此，《大汉公报》的文章，真实反映了国内当时的情况："我想兵盗为常见事"（《村落灾民叹五更》）；"即如广东今日，民军之骚扰甫息，大炮友之胺剥又来。纸币之低折未终，瘟疫之灾褛复起"（《问水龙王》）……正所谓"试问百万蒸民何罪戾，忍使缠侵灾祸恨重重"！（《村落灾民叹五更》）

（二）革命历史和爱国传统

加拿大早期华人文学思想上心系乡梓、内容上切合实际、形式上雅俗共赏的风格，在1914年8月19日署名"唁情"的戏曲剧本《记者登台》中有比较清楚的说明。此文以记者登台表演的形式，说明了办报的宗旨：

〔首板〕唁情子，立在了，言论之界，〔中板〕大声疾呼，醒同侪，拿着了毛瑟三千，当不败。提起了七寸狼毫尽力排。倘若你造福同胞，堪敬爱。如不然，作伥为虎，誓诛来。据事直书无党派，有闻必录，不论庄谐。我同人〔高字〕发奋为雄，扫除尊债。〔介〕莫抛天职，作奴才。〔转左撒起板〕东方报试啼声，呱呱而号，〔慢板〕尊一声，好黄魂，鉴我牢骚。想本社，众同志，热诚一般。虽然是，不敢云，救国英豪，惟独是，创办这，敢言之报。问宗旨，持坚着，民生、人道、弱拯、危扶。开民智，三个字，算不得人群福造。振民权，伸民气，誓要复我大汉舆图。〔转中板〕《论著》门，春秋褒贬，不论经文略武，

① 中国民间文学集成全国编辑委员会、中国歌谣集成广东卷编辑委员会编：《中国歌谣集成·广东卷》，北京：中国 ISBN 中心，2007 年，第 565 页。
② 中国民间文学集成全国编辑委员会、中国歌谣集成广东卷编辑委员会编：《中国歌谣集成·广东卷》，北京：中国 ISBN 中心，2007 年，第 600 页。
③ 中国民间文学集成全国编辑委员会、中国歌谣集成广东卷编辑委员会编：《中国歌谣集成·广东卷》，北京：中国 ISBN 中心，2007 年，第 565 页。
④ 中国民间文学集成全国编辑委员会、中国歌谣集成广东卷编辑委员会编：《中国歌谣集成·广东卷》，北京：中国 ISBN 中心，2007 年，第 603 页。

这《时评》斧钺史笔，吓煞了民贼独夫。《特电》栏，中外寰球，灵通捷报，有《调查》与《记载》，访员密布，岂敢糊里糊涂。《小说》部，振发人思，不啻提神醒脑，看《谐文》和《杂著》，是讽是劝，足作箴贬良谟。编成了《学说》《史传》，令人沉思往古。《谈丛》中、杂俎里，大都是有益。人曹《滑稽谈》嬉笑甚于怒骂，不可作为捧腹。登舞台，狂歌当哭，聊胜作徒奥。〔口旁〕呜呼，或《剧本》或《弹词》，《粤调》《南腔》《板眼》《龙舟》琵琶、曲谱，休小觑。《花调巧语》未必民困，其苏《文艺》中，包括着，诗词、歌赋。最特色，蛇神牛鬼，《丹青》妙手，绘出了尉垒神荼庄与谐。别类分门，阅者敢夸。不□可算得，汪洋报海，放出万丈光豪。不愧着旭日炎炎，东方晓报。〔快板〕当头一棒醒迷途，文坛十万兴旗鼓，魑魅魍魉尽潜逃。文字收工善颂祷。〔收板〕祝诸公齐努力，矢志匡扶。

《大汉公报》最初是洪门致公堂的机关报。洪门致公堂即三合会之别称，以反清复明为宗旨①，乃"民族老革命党也"②。由于清廷的镇压，许多会众逃亡海外。加拿大的洪门组织，目前所知最早是 1863 年在卑诗省卡里布金矿区建立，以华工为主。随着太平洋铁路西段的兴建，大批华工来到加拿大，洪门致公堂逐渐由加拿大西海岸的卑诗省向中部和东部扩展。据统计，从 1886—1912 年间，致公堂在加拿大共有 66 处堂所，会员 2 万多人，占当时全加华侨 72% 左右。洪门会员多属劳工。③ 他们仍然恪守洪门传统的忠、义、侠三大信条：忠诚救国，义气团结，义侠除奸④；为了在异邦生存立足，洪门以同胞乡情为纽带，特别强调"手足相顾、患难相扶"。

由于海外华侨的生活环境，北美洪门的宗旨有所改良。1904 年，孙中山在美国檀香山加入洪门，在三藩市得到洪门帮助，之后遍游各埠，并代改订致公堂章程。⑤ 其前言称致公堂之设，"本爱国保种之心，立兴汉复仇之志"的"民族主义"。又描述说，在美华侨数万，但人员分散；异乡为客，人地生疏，言语不通，风俗不同，"为外所轻藐所欺凌"。"又或天灾横

① 冯自由：《加拿大同盟会史略》，见冯自由：《革命逸史》（中），北京：新星出版社，2016年，第 601 页。

② 邹鲁编著：《中国国民党史稿》上，上海：东方出版中心，2011 年，第 18 页。

③ 冯自由：《加拿大同盟会史略》，见冯自由：《革命逸史》（中），北京：新星出版社，2016年，第 603 页。

④ 吴豪德：《吴豪德文集》，北京：中国广播电视出版社，2016 年，第 307 - 308 页。冯自由《加拿大同盟会史略》谓："华侨各团体以洪门致公堂为最大……侨众挂名堂籍者殆占十分之八九。"

⑤ 邹鲁编著：《中国国民党史稿》上，上海：东方出版中心，2011 年，第 22 页。

祸，疾病颠连，无朋友亲属之可依，而流离失所者亦有之矣。其余种种意外危虞，笔难尽述……若无同志来相维护，以相胴恤，一旦遇事，孤掌难鸣，束手无策，此时此境，情何以堪？此联合大群，团集大力，以捍御祸害，胴恤同人，实为本堂义务之不可缺者一也。"又说，"清国世人已目之为病夫矣，其国势积弱，疆宇日蹙"，"此联合大群，团集大力，以图光复祖国，拯救同胞，实为本堂义务之不可缺者二也。"同时，在"纲领"第二条，宣告："本堂以驱除鞑虏，恢复中华，建立民国，平均地权为宗旨"①，即以同盟会的宗旨为洪门宗旨。

可以说，当时的北美洪门，经过孙中山等人的改良，既是一个具有慈善功能的华侨团体，又是一个爱国的革命团体。冯自由在温哥华主政《大汉报》期间，培养了黄希纯、周盛、吴侠一、黄子锡等十余名"有志青年"，成为"在《大汉报》工作中直接或间接奋斗最勇敢者"。② 黄花岗起义失败后，冯自由着手加拿大同盟会的组织，在温哥华、域多利等地发展起了刘儒堃、高榜等百数十名会员。适值温哥华中华会馆的董事选举，同盟会会员达到二十席里的十二席，奠定了同盟会在加拿大的基础。同时，为了密切同盟会与致公堂的感情，冯自由与致公堂大佬黄三德等人商酌，令驻美同盟会会员全体加入致公堂。鄂军首义、诸省响应，加拿大又有曾石泉、周子骥等四百余名侨胞宣誓加入同盟会。③ 他们与国内往来很多，如参与《大汉报》时期工作的黄希纯在 1912 年 2 月回国；报社在广东和其他地方也有记者或"调查员""访员"等信息渠道。由此我们更能理解《大汉公报》及其团队对广东水灾和国内形势的深切关注，也能够理解他们对同胞苦难的同情，对种族安危的关切，对匪盗横行、官吏失职的愤恨。

由于光荣的革命历史和爱国传统，家国情怀、革命精神，是洪门的根柢，也是《大汉公报》的根柢。《记者登台》一文称："问宗旨，持坚着，民生、人道，弱拯、危扶。开民智，三个字，算不得人群福造。振民权，伸民气，誓要复我大汉舆图。"其中既有洪门的反清兴汉思想、拯弱扶危的侠义精神，又反映了革命党人民生、民权、人道等社会理想和政治追求。同时吸收了"秉笔直书"的史家传统和记者的职业道德："拿着了毛瑟三千"，"提起了七寸狼毫"，"据事直书无党派，有闻必录，不论庄谐"。

---

① 邹鲁编著：《中国国民党史稿》上，上海：东方出版中心，2011 年，第 39 – 41 页。

② 冯自由：《加拿大同盟会史略》，见冯自由：《革命逸史》（中），北京：新星出版社，2016 年，第 602 页。

③ 冯自由：《加拿大同盟会史略》，见冯自由：《革命逸史》（中），北京：新星出版社，2016 年，第 604 – 605 页。

由于对"民"和"人群"的关注,《大汉公报》刊载的 1914 年广东水灾相关文艺作品充满了悲悯情怀,高抬个体生命的价值,指斥水龙王"失职",警告为政者:"吾已剖尔之像,毁尔之庙,以为神之奉职无状者警。" 1914 年 8 月 28 日发表的谐文《讨河神檄》更为激烈:"平时既骚扰吾民,不知纪律。而此次复防闲大口,祸水横流。"叱河神"纵水为灾",要求"退处蛟宫",否则"惟有将本帝王毛瑟之三千,作吴越王制强弩十万,以与河神从事。其毋悔。"这也是当时的进步知识分子、革命志士民本精神、斗争精神的展现。在艺术上,他们延续了辛亥革命时期,陈少白、冯自由等革命党人以戏曲曲艺等民间文学艺术宣传革命的做法,创造性地赋予地方性俗文学以平等地位。在他们眼中,各种文体并无高下轻重之分,都是有内涵有价值的:"'小说'部振发人思","'谈丛'中、杂俎里,大都是有益","或'剧本'或'弹词','粤调''南腔''板眼''龙舟'琵琶、曲谱,休小觑……"

平等的文艺观,来源于平等的民权观。由于通达的文艺观点和对故乡的关注,这些岭南特色的文体,得以在《大汉公报》等平台上,蓬蓬勃勃地发展起来。

五、小结

《大汉公报》发表的文艺作品,有许多描述本地生活、抒发怀乡苦闷。也有华侨二代作品。1914 年 10 月 8 日"吟坛"发表的《狂吟八首并序》,作者颜口炎曰:"鄙人生长美洲,少时回国居留七年,后苦于乡土之兵贼,复来美避之。于今九易寒暑,奔走风尘,东西游学,竟为贫故,莫遂初志。宁入工界,不轻插足于一时显赫诸会党。虽身堕流俗而壮志犹存,偶有余暑,往往流连于山水间,放浪吟诗。近葺之,得四百余首,类多忧国家、患身世之音。因作此八首,以写素怀。"一位在美洲出生的打工仔,仅仅七年的国内传统教育,带着对祖国的深情,在工余写下四百多首旧体诗,可感可叹。

《大汉公报》创办后很长一段时间,是加拿大华侨与国内联系的纽带,也反映了他们与家乡、与祖国同呼吸、共命运的深厚情感。比如 1937 年"七七事变"爆发,7 月 9 日的《大汉公报》就在头版发出《本馆特电》:"今晨接驻上海访员来电云:河北倭军在丰台附近卢沟桥演习,至七日夜十二时……"第二版刊登"重要电报"等半版新闻。在"汉声"版,各种形式的文艺作品相继出现,如 7 月 12 日"吟坛"有旧体诗《闻宛平中日军火进感作》（作者明心）；7 月 17 日有近于新体的《一首小诗献给爱国志士》（作者卿汝楫）；7 月 15 日则刊登署名"老侠"的粤讴《唔驶怕》①，谓："任佢几多兽卒，禁不住个的大刀队哥哥。（平声）重有一度横扫千军，令佢无法来避躲。翻云覆雨，乱斩恰似杀鸭劏。"② 此讴形式质朴，语言无文，却接地气、壮人心。整个抗战期间，华侨都一直出钱出力，同时心系祖国，创作了大量抗战作品。可以说，这些华文资讯和艺术创作，沟通了祖国与侨居地，代表了华侨心声，也是岭南文学艺术在海外的在地化发展。

---

① 粤语方言，意为"不用怕"。
② 原文如此。疑因报纸排版不下漏字。"佢"意为"他"。

第四节 周星驰电影的传统文化和岭南特色①

周星驰主演、导演的电影作为当代香港商业电影的重要组成，以香港社会生活为创作基础，特色鲜明，其中有意无意地容纳了大量中国传统文化和岭南地方文化因素，以岭南叙事的方式展现出来。这些独特的岭南风情，唤起了本地民众的共鸣，也在共同的民族文化心理之上造就了影视语言上的"陌生化"效果，以新奇的体验，吸引了大量非本地观众。

一、传统文化的基础

岭南虽然地处南疆，远离中原文化中心，但经历了千百年来的移民迁徙，一次次的亡国失路，岭南成为中华传统文化的延展和最后的根据地。周星驰电影中充沛的传统内容，赋予快餐型的港式商业片以坚实和丰厚的文化基础，这是其成功的根源。

（一）传统题材的引入

周星驰电影成为席卷大陆的文化现象，始于《大话西游》。该片取材于我国四大名著、四大奇书之一《西游记》。《西游记》是中国古代第一部浪漫主义章回体长篇神魔小说，以唐太宗贞观年间玄奘和尚到天竺（古印度）游学取经这一历史事件为蓝本，通过作者的艺术加工、奇伟瑰丽的想象，塑造了一个天不怕地不怕的美猴王孙悟空形象。他大闹天宫后，与唐僧、猪八戒和沙僧西行取经，一路降妖伏魔，终于到达西天，五圣成真。《西游记》问世以来在民间广为流传，成为文学、戏曲、曲艺、美术等多种艺术的母题，深受民众喜爱。编剧刘镇伟说，拍《大话西游》"最主要的原因"是自小"很喜欢"《西游记》，觉得"很好看"，人物"印象深刻"，比如唐僧"婆婆妈妈"、孙悟空"很无奈"。"我假设如果我是孙悟空的时候，我的选择是什么？而一个这么反叛的人，我会觉得当他被放出来的时候，第一样要做的事情就是一定要干掉唐僧，杀了他。但是，我又不可以写一个这样反面的人物。我又试图去想象孙悟空这个角色，如果放一些感情世界在他身上，将会变成一个怎样的故事？结果，我从这个方面开始，去塑造一

---

① 原载《中北大学学报》（社会科学版）2019 年第 3 期，题为《周星驰电影中的传统文化和岭南叙事》。

个孙悟空。"[1] 编剧融合了自己的童年经历和成年思考，在传统的《西游记》基础上，创作出全新的银幕故事。主演周星驰也自称"从小就看《西游记》"，认为其内容"天马行空"，结构严密，娱乐性强，情节精彩，是"旷世"的"天才"作品。[2]

周星驰主演的《唐伯虎点秋香》中唐伯虎即唐寅，字伯虎，一字子畏，江苏吴县人，《明史》有传，谓其明弘治十一年（1498 年）乡试第一，会试因受到科场舞弊案牵连被谪，不就，放浪江湖。他精诗文，擅书画，晓音律，与祝允明、文徵明、徐祯卿并称"吴中四才子"。"唐伯虎点秋香"的故事又名"三笑"，初见于《蕉窗杂录》《雅谑》等笔记，冯梦龙话本小说集《警世通言》中的《唐解元一笑姻缘》将故事敷衍完整。以后流播日广，明末即有孟称舜《花前一笑》、史槃《苏台奇遘》、卓人月《花舫缘》杂剧、朱素臣《文星现》传奇等戏曲作品。据马宇辉研究，清代以后至近现代，"三笑"戏曲曲艺流传江南，遍及全国，包括弹词、湖滩、常锡戏、昆曲、越剧、宝卷、子弟书、京剧、评剧、秦腔、川剧、莆仙戏、闽西木偶戏、台湾歌仔戏等都有演绎。20 世纪 50 年代至 70 年代，香港名班"仙凤鸣""雏凤鸣"搬演同名粤剧，长盛不衰。其他艺术形式也层出不穷。民国报章屡屡以小说、连环画等形式连载、出版。1992 年、2004 年浙江人民美术出版社、中国画报出版社相继出版连环画。相关电影自 1927 年上海天一影片公司《唐伯虎三笑姻缘》迄 1993 年周星驰主演的《唐伯虎点秋香》，多达 7 部，跨越了中国电影黑白、默片、戏曲片、轻歌剧、武打片等各个时代，深受欢迎。至今仍有大量电视剧集、相声剧、网络小说、Flash 动画、RPG 游戏演绎[3]，是流传广泛、喜闻乐见的著名故事题材。

周星驰主演、导演的许多电影都源出传统小说故事。虽然其无厘头的风格不能为所有观众欣赏，一些内容也流于胡编乱造、粗制滥造，但传统题材的引入在客观上有号召力，也有宣传效果，还是有一定的价值的。建立在传统文学、传统文化深厚历史土壤之上的题材，一方面有知名度，观众熟悉，另一方面又得以当代发挥和创新，令人耳目一新。

---

① 刘镇伟、陈柏生：《刘镇伟眼中的〈大话西游〉》，2008 年 12 月 8 日，http://blog.sina.com.cn/s/blog_977123080102v7sn.html。

② 程乃珊：《〈新周刊〉独家专访"喜剧之王"周星驰：我要站在幕后推新人》，见《新闻刊》杂志社选编：《〈新闻刊〉2000 佳作》，桂林：漓江出版社，2001 年，第 90 页。

③ 马宇辉：《"唐伯虎点秋香"故事之文学史意义》，载《南开学报》（哲学社会科学版）2010 年第 3 期。

（二）鲜明正面的人物

周星驰电影的一大特色是塑造了许多符合一定传统观念、形象鲜明、语言生动、栩栩如生的人物。比如《喜剧之王》中屡仆屡起、执着于演艺事业的尹天仇，《食神》中一度沦落街头的史蒂芬·周，《武状元苏乞儿》里从荣华富贵跌入饥寒交迫的广州提督之子苏灿，这些人物，虽然时代不同、身份不同、经历不同，各人优点、缺点和弱点也各不相同，但都有共同的特点：历经坎坷、积极乐观。他们带着周星驰自身的影子，如尹天仇认真学习斯坦尼斯拉夫斯基的《演员的自我修养》，连跑龙套扮被杀都要刻苦琢磨怎么把戏演好，就是周星驰自己在《射雕英雄传》里做小配角的经历。

周星驰曾说："我本身是来自草根，我对平民天生有亲切感。我父亲是上海人，母亲是广东人，在很典型的草根阶层长大，自然对此比较熟悉，因此我拍片选人物，自然而然会挑选自己熟悉的，所以我电影里的角色都是普通人。"[①] 摸爬滚打、磕磕碰碰、跌跌撞撞，是周星驰电影的经典形象，也是现实社会中草根生活的写照，令许多观众与影片共情。苦痛中的挣扎，泥潭里的苟活，令普通人更需要支撑自己的力量。银幕上许多剧中人的艰苦奋斗、成功逆袭，仿如照进他们生活里的光，反映了普遍的希冀和盼望。

周星驰电影擅长以艺术化的方式，让具有七情六欲的普通人入戏，角色的言谈举止、喜怒哀乐，仿佛就来自日常生活，让观众感觉熟悉亲切。周星驰的长期搭档吴孟达，每每令人会心而笑。许多配角也令人难忘。《大话西游》里罗家英扮演的唐僧，一改传统《西游记》故事中唐僧无情无义、只会高念紧箍咒、见到妖魔鬼怪除了叫唤徒弟就是苦苦哀求的不堪形象，保留了他一心取经的坚贞和慈悲为怀的善良，变成了一个有血有肉的迂夫子。在这样的性格设定下，唐僧的许多表现非常有趣。仅其迂腐至极的啰唆，就造就了许多精彩片段。比如他教育孙悟空不要乱抛月光宝盒：

> 唐僧：喂喂喂！大家不要生气，生气会犯了嗔戒的！哎哟，悟空你也太调皮了，我跟你说过叫你不要乱扔东西，你怎么又……你看我还没说完你又把棍子给扔掉了！月光宝盒是宝物，乱扔会污染环境，要是砸到小朋友怎么办？就算砸不到小朋友砸到那些花花草草也是不好嘛。

---

① 程乃珊：《〈新周刊〉独家专访"喜剧之王"周星驰：我要站在幕后推新人》，见《新闻刊》杂志社选编：《〈新闻刊〉2000 佳作》，桂林：漓江出版社，2001 年，第 92 页。

　　《西游记》著名的金刚圈、紧箍咒是与五行山一样剥夺孙悟空自由的工具，被《大话西游》中的唐僧这样吐槽，展现了唐僧的慈悲，也表达了读者对孙悟空的不平：

　　　　唐僧：姐姐，这是你的不对了！
　　　　观音：啊？
　　　　唐僧：悟空他要吃我，只不过是一个构思，还没有成为事实，你又没有证据，他又何罪之有呢？不如等他吃了我之后，你有凭有据，再定他的罪也不迟啊！
　　　　观音：唐三藏，你的啰唆我早就听说过了，不过没想到你居然这么啰唆！我给你的金刚圈让你用来制伏这猴子你居然不用！
　　　　唐僧：唉，那个金刚圈尺寸太差，前重后轻、左宽右窄，他戴上之后很不舒服，整晚失眠，会连累我嘛！他虽然是个猴子，可是你也不能这样对他，官府知道了会说我虐待动物的！说起那个金刚圈，去年我在陈家村认识了一位铁匠，他手工精美、价钱又公道、童叟无欺，干脆我介绍你再定做一个吧！

　　唐僧的仁爱不仅及于一只孙猴子，还关照到陈家村铁匠的生意。类似这样带着世俗烟火气、貌似疯癫却有其自身行为逻辑的人物形象，是周星驰电影的重要支撑。至于《西游记》如下这一段，借唠唠叨叨、婆婆妈妈的唐僧说出来，反映的是常见于周星驰电影的朴素的人性关怀：

　　　　（唐僧被绑，两名小妖押守）
　　　　唐僧：你有多少兄弟姐妹？你父母尚在吗？你说句话啊，我只是想在临死之前多交一个朋友而已。
　　　　唐僧：所以说做妖就像做人一样，要有仁慈的心，有了仁慈的心，就不再是妖，是人妖。
　　　　（小妖甲开始呕吐）
　　　　唐僧（转向小妖乙）：哎，他明白了，你明白了没有？

（三）大团圆式的结局

　　大团圆结局，是中国故事的特有类型。王国维称："始于悲者终于欢，始于离者终于合，始于困者终于亨……善人必令其终，而恶人必离其罚，此亦吾国戏曲小说之特质也。"① 朱光潜也说："事实上，戏剧在中国几乎就是喜剧的同义词。中国的剧作家总是喜欢善得善报、恶得恶报的大团圆结尾。"② 这其中有中国传统的哲学思想、美学追求、社会理想，同时也是创作者和观众共同的现实期待，因此千百年来，这种叙事结构在小说戏曲、故事歌谣中延绵不绝。

传统戏曲多让主人公经过艰苦的斗争或磨难，由清官或明君出场，主持正义，钦赐团圆。元杂剧《窦娥冤》中的窦娥无辜冤死，指天骂地，立誓三桩，后来窦父任廉访使，窦娥魂诉，方平反冤案。《绯衣梦》由新任开封府尹钱可访得真凶，团圆终场。《鲁斋郎》里靠的是包拯设计智斩鲁斋郎。明传奇《牡丹亭》里杜丽娘在现实中郁郁而亡，冥判安排其与柳梦梅结合，经当朝皇帝确认，"敕赐团圆"：平章杜宝进阶一品；妻封淮阴郡夫人；状元柳梦梅除授翰林院学士；杜丽娘封阳和县君，剧中人和观众皆大欢喜。这种情况在周星驰电影中得到比较充分的继承，例如《武状元苏乞儿》结尾，苏灿苦尽甘来，不仅捧得美人归，而且统领天下丐帮，"奉旨乞食"；《九品芝麻官之白面包青天》中知县包龙星立志学先祖做个清官，为民女主持正义不成，流落市井，遇到皇帝，趁机申冤，得封八府巡按，结局也是恶人得惩、主角携得美人归。

传统的大团圆式故事的一项不足是将希望寄托在虚无缥缈的清官、明君身上。对此，周星驰电影呈现出一定的现代意识。比如《九品芝麻官》中的关键时刻，包龙星母亲捧出祖传的尚方宝剑，拔出来却是一条大咸鱼；包龙星找父亲故交告状，岂料对方与恶人沆瀣一气、官官相护；最后拯救剧情的明君则是微服私访来到烟花地的皇帝。在《武状元苏乞儿》结尾处，苏灿告诉皇帝，丐帮子弟的多少，不是由帮主决定，而是由皇帝决定。荒诞的情节、市井的态度，曲折地反映了对世事的思考。

周星驰电影虽然经常以机缘巧遇、神话浪漫等方式让人物命运从谷底戏剧性地发生转折，但更多地将大团圆的结局建立在主人公本人努力和磨炼的基础之上。如《食神》中的史蒂芬·周流落街头后重新振作并在火鸡的帮助下发明新品种食品"濑尿牛丸"，误打误撞闯入少林寺三十六房之一的厨房，学得一身绝世厨艺，重夺食神之位。《新精武门1991》里的刘晶几经周折拜师学艺，最后成了擂台冠军。《逃学威龙》的警察周星星破了军火大案，原以为将获升迁，却因不懂讨好，被顺水推舟发配到交通部守马路；因为没有后台，重案组和政治部自摆乌龙，他莫名其妙地成了背锅侠，只

① 王国维：《〈红楼梦〉评论》，杭州：浙江古籍出版社，2012 年，第 12、13 页。
② 朱光潜：《悲剧心理学》，合肥：安徽教育出版社，1989 年，284 页。

好愤而辞职。剧情的转机则是周星星经过艰苦努力，用结婚的钱请来帮手，付了学费，卧底国际学校，经过一场出生入死的激烈战斗，终于粉碎恐怖分子的阴谋，救了全校师生。这些主人公逆境中的努力虽有夸张的成分，但使故事的发展有了一定的逻辑性和现实基础，也赋予这些娱乐电影以一定的积极意义。

二、岭南艺术的运用

香港在地理和历史上属于岭南的一部分。周星驰电影使用粤语方言，也引入了大量的岭南文化元素。它们充满了浓浓的地域风情，显示了岭南艺术的独特魅力，也为电影增加了无穷的趣味。

（一）粤剧粤曲

多次出演周星驰电影的罗家英，出身粤剧世家，四伯罗家树人称"打锣王"，父亲罗家权（罗仕干）外号"生纣王"，而堂兄罗家宝以"虾腔"闻名。罗家英8岁开始学戏，21岁时已登台担当文武生。他的表演，为周星驰电影增色不少。周星驰虽然不是粤剧出身，未专门学戏，但对粤剧颇有研究。幽默喜剧电视剧《斗气一族》中，周星驰、吴君如对唱凤凰女、麦炳权的粤曲唱段《凤阁恩仇未了情》：

> 周：（白）异国情鸳惊梦散，空余一点情泪湿青衫。（唱）一叶轻舟去，
> 此时吴君如加入，接唱：人隔万重山。
> 周：鸟南飞，
> 吴：鸟南返，
> 周：鸟儿比翼何日再归还。
> 吴：哀我何孤单，
> 周、吴：（合唱）休涕泪，莫愁烦，人生如朝露，何处无离散……

周星驰扮演的邓家发"成天挂着（想着）唱戏"。在粤剧兴趣班，陈初一（由吴君如扮演）和大家赞扬他"腔调、工架都不错"。邓家发还很内行地说："《凤阁恩仇未了情》那出戏唱法有很多变化，做功男女都不同。"

《整蛊专家》有一段周星驰、吴孟达、刘德华在家扮粤剧的演出。锣鼓镲镲镲，周星驰、吴孟达上场，一个手握双刀，一个拿着红缨枪。周星驰

耳后插着一红一黄两面小纸旗，上面分别写着"新年进步"和"龙马精神"。刘德华开门进屋，加入战团。这一段大戏（粤剧）工架十足，笑料频出，很是精彩。唱作念打之中，清晰简洁地让剧中人进行沟通，推进了剧情。

周星驰电影往往自然随意地插入粤剧粤曲，令情节摇曳、角色生辉。《望夫成龙》中的石金水（周星驰饰）与吴带娣（吴君如饰）两心相悦，私奔成婚对饮，石金水兴高采烈地唱"一叶轻舟去"，吴带娣说不好，石金水问唱什么好，岂料吴带娣高高兴兴地唱起任剑辉、白雪仙的名剧《帝女花》中的《香夭》："我哋合卺交杯，墓穴做新房，地府阴司里再觅那平阳门巷。"石金水笑，摇头摆手，转而接唱"感先帝恩千丈"，恰映照前面吴父不同意，遂双双私奔结连理的剧情。二人欢喜合唱"与妻双双叩问帝安"，憧憬美好生活。

在《武状元苏乞儿》中，周星驰饰演的苏灿因为不好好学习，金殿面圣时暴露出连名字都不会写，笔试作弊，惹来抄家之祸。这厢家人离散、栖栖惶惶，那厢苏灿跷脚瘫坐太师椅，貌似轻松地打拍子："身如柳絮随风摆，历劫沧桑无聊赖，鸳鸯扣，宜结不宜解。苦相思……"这段唱词来自《摇红烛化佛前灯》一剧，王粤生作曲，唐涤生填词，红线女主唱，1951年首演轰动省港澳，1954年由宝龙公司拍成粤剧电影，冯一苇编剧，冯志刚导演，任剑辉、白雪仙、梁醒波、郑惠森主演。[①] 一首《红烛泪》，板腔流利，节奏自如，柔美而有力度，经"红腔"广为流传，柳影虹、张德兰、童丽、汪明荃等都曾作为单曲演绎。此时师爷来辞行，叮嘱苏灿要开始认真学写字了，苏灿默然，继续唱；师爷叹气转身，苏灿轻声叫住师爷说，"我会学噶"，又唱："悔不该，惹下……"此处为伏笔。后来他同样大字不识、享尽荣华的父亲乞讨街头而一无所获，见路边乞丐的告地状（将身世写在地上求乞）引来无数铜板，乞丐离开后他趁机蹲坐其位，却被那乞丐转身回来擦掉字。下一个镜头，就是衣衫褴褛的苏灿趴在破庙地上用黑炭认真描画木雕门联上的字，可见真是痛彻入骨。

这部电影尚有另一段粤曲。苏灿风雪中街头行乞，饥寒交迫，坐到如霜家门前："好心啦，福心啦！可怜我呢个乞儿仔啦……"此段来自新马师曾名剧《万恶淫为首》中的《乞食》，又称《盲仔断肠歌》，原是广府地区

---

① 《粤剧大辞典》编纂委员会编：《粤剧大辞典》，广州：广州出版社，2008年，第145、223、1234页。

乞儿沿街乞讨的行话①，慢板南音，描述主角黄子年被迫离开家门，沦为乞儿，饥寒交迫、落魄潦倒。是剧由李少芸为"慈善伶王"新马师曾编撰，1952 年香港保良局举行卖花筹款时在九龙普庆戏院公演，观众深受感动，纷纷将金钱掷上戏台。以后义演多以第四幕，义唱则多为《乞食》②，有劝世和慈善的目的，其中浪子回头的情节也与《武状元苏乞儿》有相似之处。

　　周星驰电影里的粤曲丰富多彩。《唐伯虎点秋香》中周星驰唱的《烧鸡翼》改编自粤曲小调《三笑姻缘——虎丘山上逢美》，《家有喜事（1992）》《整蛊专家》等电影里出现了《禅院钟声》《分飞燕》等名曲。许多观众耳熟能详的歌曲巧妙地融入周星驰电影中。比如《整蛊专家》《武状元苏乞儿》里的《祝寿歌》，《一本漫画闯天涯》中的广府儿歌《有只雀仔跌落水》，周星驰、刘德华出演的《赌侠》里激烈的赌博现场插入《古今大战秦俑情》的主题曲《焚身以火》，《家有喜事》中周星驰被挂在晾衣架上，唱了郑君绵的名曲《赌仔自叹》："令冧六，长衫六，高脚七，呢个大头六，夜三更，瓜老衬……"音乐方面也花样繁多，采取了许多民族器乐如《小刀会序曲》《闯将令》《东海渔歌》等烘托气氛。这些音乐表演，创造出热闹繁复、喜出望外的效果。

（二）岭南曲艺

　　《唐伯虎点秋香》里有一段精彩的数白榄。数白榄是珠江三角洲流传的说唱体民间曲艺，节奏鲜明。演奏者常以敲击木鱼、梆子为伴奏，有时只是清唱，也独立成曲。艺人沿街"唱卖"，或结合卖榄说唱以招徕顾客。③数白榄节奏明快，结尾押韵，诙谐生动，语速比较快，后来被粤剧吸收，成为"白榄"。

　　周星驰扮演的唐伯虎为追求秋香卖身华府，被发现后开始编故事：

　　　　唐伯虎：（筷子敲碗伴奏）禀夫人，小人本住在苏州嘅城边，家中有屋又有田，生活乐无边。点知个唐伯虎，佢横蛮不检点，勾结官府目无天，巧取豪夺我家田。我阿爷同佢反面，惨被佢一棍来打扁，我

---

　　① 刘林《清城的传统社会》介绍，旧时行乞者，有丐童牵着盲公，串街过巷呼叫："好心啦！福心啦！可怜我呢个盲眼乞儿啦！"见谭伟伦、曾汉祥主编：《英德的传统地方社会与民俗》，成都：四川大学出版社，2010 年，第 392 页。

　　② 欧阳志英：《粤剧、传媒与慈善：新马师曾的〈万恶淫为首〉（20 世纪 50 至 60 年代）》，载《文化艺术研究》2017 年第 1 期。

　　③ 叶春生、施爱东编：《广东民俗大典》（第 2 版），广州：广东高等教育出版社，2010 年，第 164 页。

阿嫲闹佢欺善，更被佢捉了去唐府，强奸了一百遍，一百遍，最后重悬梁自杀惨无边。佢还将我父子，逐出了家园，流落到江边。我为求养老父，只有独自行乞在庙前。点知个唐伯虎，佢实在太阴险，知道此情形，竟派人来暗算，把我父子狂殴在市前，小人身壮健，残命得留存，可怜老父佢魂归天！此恨更难填。为求葬老父，唯有卖身为奴咁作贱，一面勤赚钱，我一面读书篇，发誓把功名显，手刃仇人意志坚！从此唐寅诗集伴身边，我永记此仇不共戴天！

《整蛊专家》中周星驰、吴孟达、刘德华"做大戏"的表演也用了白榄的形式，语言通俗，场面生动，十分欢乐。

（三）岭南武术

流行于粤闽地区的咏春拳，扬名在广东佛山，随着功夫明星李小龙威震世界。李小龙是周星驰的偶像。周星驰说，小时候随母亲看李小龙的电影，就被深深吸引，"他的功夫太神奇了，他那爱国的热情，他精湛的武术，完全占据了整个大银幕，我看得目瞪口呆，甚至泪流满面，我那时候立志要成为武术家，不过又想过当演员，因为李小龙也是个演员。他是个万中无一的人。"当时没钱拜师学武，周星驰就"看看李小龙的电影，然后模仿他的动作，就像他把那块'华人与狗'的牌踢下来一样，所以我最后也是去考艺训班，当不成武术家，就去当个演员"①。

周星驰说自己"曾拜李小龙的师兄黄淳梁为师"，"如果这样算起来，李小龙是我的师叔了，我对'虎鹤双形拳'十分熟练，而中国功夫真的深不可测，要到李小龙的功夫境界，还要练很长的时间，也未必可以练得成，拍完这部戏（《功夫》）我也会继续练习。我现在是利用电影来揣摩自己对功夫的梦想。"② 他对武术非常认真，赵志凌介绍："拍电影的间隙，周星驰常常叫我坐在他身边，教他怎么练。周星驰不是武行出身，但他很喜欢李小龙，奉他为偶像，所以把自己的腿功练得很厉害。他跟着我一路学习，一路表现得很有礼貌，非常尊师重道。他对功夫电影是真的爱好，出钱出力！"③

---

① 小莉：《周星驰专访：电影〈功夫〉放映前解密》，《外滩画报》，2004 年 12 月 14 日，http://ent.sina.com.cn/m/c/2004 – 12 – 14/1849599161.html。

② 小莉：《周星驰专访：电影〈功夫〉放映前解密》，《外滩画报》，2004 年 12 月 14 日，http://ent.sina.com.cn/m/c/2004 – 12 – 14/1849599161.html。

③ 蔡丽怡、江绮雯、谭月莹：《赵志凌：星爷爱功夫，王家卫迷摄影》，载《南方都市报》2014 年 6 月 9 日。

在周星驰影片中，对李小龙的致敬处处可见。《武状元苏乞儿》里苏灿使用双节棍的招式和收式来自李小龙；《喜剧之王》模仿了李小龙的《精武门》和他年轻时演过的《雷雨》，《千王之王2000》模仿李小龙在《猛龙过江》中的经典步伐，《赌侠2》决战前模仿了李小龙一系列热身动作，《食神》模仿了李小龙的经典转掌。《精武门》中李小龙扮陈真的台词是："师父平时身体这么好，他怎么会死……他一定死得好冤枉"；《少林足球》里周星驰则说："我不信！阿梅武功那么好，凭你打死她！她一定死得很冤枉的。"①　周星驰曾说，自己"最痛苦的一次"，是李小龙的去世。②《少林足球》专门由形象酷似李小龙的陈国坤扮演守门员，他身着李小龙著名的黄色黑条运动服，带着李小龙的标志性动作，一次次奋身扑救，直到被对方恶意踢伤抬出场外："不好意思各位，我要歇一会儿了。"周星驰回答："不要紧，你只是人离开，精神永远都会在这里！"在大家的注视下，陈国坤戴上李小龙式的墨镜，担架缓缓前行，音乐声起，周星驰与队友抬手敬礼，目送其远去。这一幕，仿佛送别的是李小龙。

周星驰在第21届香港电影金像奖以《少林足球》获得最佳男主角奖时感谢了偶像李小龙，说"当其时我非常之迷恋他的电影，而立志成为一个演员"③。他自称拍电影《功夫》的目的，就是要"实现我的梦想，就是像李小龙一样，做一个功夫英雄，也好让我有一个机会向中国功夫致敬"④。《功夫》请来了各路好手，荟萃各种武术。如演裁缝的洪拳大师赵志凌，其父师承黄飞鸿徒弟林世荣，赵志凌本人是黄飞鸿的徒孙。他展示的洪家铁线拳，是少林外家拳之内功手法，"广东十虎"之首铁桥三的绝技，由铁桥三首徒林福成传授黄飞鸿。火云邪神的扮演者梁小龙，精通咏春拳、空手道、自由搏击、洪拳、泰拳等，开过武馆，曾经主演过电视剧《陈真》。苦

①　小丑娱乐加：《想不到星爷周星驰与李小龙竟然是这种关系》，2018年1月3日，https://baijiahao.baidu.com/s?id＝1588570620202066443&wfr＝spider&for＝pc；影音道人：《原来，周星驰用镜头，致敬了李小龙那么多次！令人感动》，2018年11月29日，http://www.baidu.com/link?url＝HbKJm8ZuY5UTk8GL9g4aQZsFQ3JwdIItHehyWXwJVlyXB1mjrVyNt7Un9vk4AgGq6JajmBJ5diKGcjcI3QdTU4m5X7R8hLCLrJ2_pVWMcOe&wd＝&eqid＝bbbcf3c20010e703000000065daa3203；钟钟娱乐：《被一句台词出卖！周星驰〈少林足球〉这段原来是在向李小龙致敬！》，2018年3月24日，http://mini.eastday.com/mobile/180324054337505.html。

②　程乃珊：《〈新周刊〉独家专访"喜剧之王"周星驰：我要站在幕后推新人》，见《新闻刊》杂志社选编：《〈新闻刊〉2000佳作》，桂林：漓江出版社，2001年，第93页。

③　搜狐视频《金像奖——梅艳芳颁奖给周星驰（最佳男主角）》，https://tv.sohu.com/v/dXMvMzE1NzQxNTkwLzg4MjcyNDMyLnNodG1s.html。

④　小莉：《周星驰专访：电影〈功夫〉放映前解密》，《外滩画报》，2004年12月14日，http://ent.sina.com.cn/m/c/2004－12－14/1849599161.html。

力强扮演者释行宇，12 岁皈依少林，拜少林寺武僧队总教头释德扬习武参禅。剧中他施展少林十二路谭腿，打抱不平，将斧头帮踢得人仰马翻。扮演油炸鬼的董志华原是中国京剧院资深武生，他使的五郎八卦棍据说是杨五郎化枪为棍所创。演包租公的元华为香港老一辈的武术指导和功夫明星，曾参拍《精武门》。他在电影中行云流水般展示了含蓄内敛、以柔克刚的太极拳。

周星驰通过电影宣传推广岭南拳脚、中国功夫，同时高扬传统武术的精神。他认为："李小龙是个真正的男子汉"①；武术的精神就是勇气和正气。他说："这电影除了宣扬中国功夫，我最想带给大家的讯息就是'勇气'。功夫的精妙之处也在于勇气。无论做人还是做什么，包括练功夫也需要勇气吧……功夫也要带出正义感。"②

三、岭南题材的改编

周星驰电影的人物、故事大量来自对岭南故事、戏曲、电影的改编。比如《算死草》里的陈梦吉、《九品芝麻官》的方唐镜，都是广东民间传说里的著名讼师。《审死官》讲述了秀才、讼师宋世杰挺身为被奸徒陷害的民女杨秀珍洗雪冤情、勇斗高官的故事，则主要来自马师曾的名剧《审死官》。

为民告状的宋士杰的故事在各地都有流传。较早如鼓词《紫金镯》、清代花部乱弹《四进士》、杨掌生《梦华琐簿》有演出记载。京剧、汉剧、祁剧、湘剧、荆河戏、巴陵戏、徽剧、川剧、晋剧、滇剧、桂剧、豫剧、河北梆子、南剧、荆河戏、东路花鼓戏、楚剧等均有此剧目③，民间故事也在河南上蔡④、湖南醴陵等地广泛流传。历史上的宋士杰生活在明代，是河南信阳人⑤，但在各地流传过程中人们进行了本地化的加工，如湖南醴陵说他

---

① 程乃珊：《〈新周刊〉独家专访"喜剧之王"周星驰：我要站在幕后推新人》，见《新闻刊》杂志社选编：《〈新闻刊〉2000 佳作》，桂林：漓江出版社，2001 年，第 92 页。
② 小莉：《周星驰专访：电影〈功夫〉放映前解密》，《外滩画报》，2004 年 12 月 14 日，http://ent.sina.com.cn/m/c/2004 - 12 - 14/1849599161.html。
③ 范正明：《湘剧剧目探徵》，长沙：岳麓书社，2011 年，第 228 页；中国戏曲志编辑委员会：《中国戏曲志·湖北卷》，北京：中国 ISBN 中心，2000 年，第 138 - 139 页。
④ 周翠：《谒〈四进士〉剧情发源地》，见周翠：《古蔡揽胜》，郑州：中州古籍出版社，2011 年，第 239 - 245 页。
⑤ 夏发：《〈宋士杰〉与宋士杰》，见夏发：《看戏·说戏·评戏》，武汉：武汉出版社，2014 年，第 12 页。

是醴陵北乡人①，广东民间也经常说有一位宋世杰是清代本地四大状师之一。粤剧传统剧目有《宋世杰击鼓鸣冤》②，民国时也有胡乱改编的《四重天》③，而以粤剧大师马师曾的《审死官》最为佼佼。据红线女说，马师曾演出时，"头戴黑色秀才巾，身穿黑海青，腰系黑斋索，脸上抹了淡淡的油彩，鼻尖特别搽了一点红，嘴角两旁划着两撇胡须"，"以嬉、笑、怒、骂，幽默的表演手法，在戏中揭露封建时代那种官官相卫，衙门官府接受贿赂上行下效的现象，以喜剧手法在剧中鞭挞邪恶。剧场效果反应热烈，每次演出上座率都很高"。④

周星驰主演的《审死官》吸收了马师曾改编、塑造的形象和故事，将宋世杰设定为广州人，故事发生地为广州。⑤ 罗丽研究发现，在周星驰版《审死官》里，墙上挂着的宋世杰父母的照片，相片中人实际是马师曾⑥，"周星驰以此隐晦而有趣的方式向马师曾、向粤剧、向传统致敬"。不仅如此，周星驰电影大量改编、借鉴了粤语旧电影、粤剧题材。《功夫》故事发生地和情节来自对《如来神掌》《七十二家房客》等经典粤语电影的重构，全片90%以上的关键音乐取材自粤语旧电影；"火云邪神""双飞九索飞铃无定飞环""一邪双飞三绝掌""天残脚""万佛朝宗"等是旧影片中的特有名词，还使用粤语中的俚语、俗语进行特色改编，产生大量喜剧元素。如《食神》中武打场面的"看招"成为"看蕉"，手中发出武器竟然是香蕉。⑦ 周星驰电影将这些本地素材进行了新的加工，创造出新奇有趣的效果，令人印象深刻。

四、小结

周星驰电影是香港商业电影中的精彩之作，吸收了许多中国传统文化艺术，反映了岭南地区的世俗生活和审美传统，也反映了当代香港社会的思想和文化。周星驰电影虽然良莠不齐、瑕疵难免，许多是为了迎合市场，

---

① 杨泽南等著：《醴陵文化》，长沙：湖南人民出版社，2005年，第110 - 114页。

② 曾石龙主编、《粤剧大辞典》编纂委员会编：《粤剧大辞典》，广州：广州出版社，2008年，第198页。

③ 欧阳予倩：《试谈粤剧》，见广东省戏剧研究室编：《粤剧研究资料选》，广州：广东省戏剧研究室，1983年，第94页。

④ 红线女：《红豆英彩·我与粤剧表演艺术及其他》，广州：广东人民出版社，1998年，第16页。

⑤ 影片中，宋世杰从为山西布政司送信衙役房内盗取的密信上书："呈广州何知县大人收。"

⑥ 相片在电影中出现两次，第二次宋世杰被妻子赶到厅堂睡，画面尤其巨大、清晰。

⑦ 罗丽：《粤剧电影史》，北京：中国戏剧出版社，2007年，第324 - 325页。

也存在许多偏见和不足，但作为观众接受程度很高的电影类型和当代影坛不可忽视的文化现象，对其研究还有待进一步深入。

参考文献

［1］广东省地方史志编纂委员会. 广东省志［M］. 广州：广东人民出版社，1993—2015.

［2］戴璟. 广东通志初稿［M］. 广东省地方史志办公室誊印，2003.

［3］黄佐. 广东通志［M］. 广东省地方志办公室誊印，1997.

［4］上海书店出版社. 中国地方志集成·广东府县志辑［M］. 上海：上海书店出版社，2003.

［5］广东省地方史志办公室. 广东历代方志集成［M］. 广州：岭南美术出版社，2006—2010.

［6］陈建华. 广州大典［M］. 广州：广州出版社，2019.

［7］骆伟. 广东文献综录［M］. 广州：中山大学出版社，2000.

［8］骆伟，骆廷. 岭南古代方志辑佚［M］. 广州：广东人民出版社，2002.

［9］谭棣华，曹腾騑，冼剑民. 广东碑刻集［M］. 广州：广东高等教育出版社，2001.

［10］冼剑民，陈鸿钧. 广州碑刻集［M］. 广州：广东高等教育出版社，2006.

［11］中山大学中国古文献研究所. 全粤诗［M］. 广州：岭南美术出版社，2008—2019.

［12］郭棐. 粤大记［M］. 黄国声，邓贵忠，点校. 广州：中山大学出版社，1998.

［13］屈大均. 广东新语注［M］. 李育中，等注. 广州：广东人民出版社，1991.

［14］蒋祖缘，方志钦. 简明广东史［M］. 广州：广东人民出版社，1993.

［15］司徒尚纪. 广东文化地理［M］. 广州：广东人民出版社，1993.

［16］林伦伦，吴勤生. 潮汕文化大观［M］. 广州：花城出版社，2001.

［17］叶春生，施爱东. 广东民俗大典［M］. 广州：广东高等教育出版社，2005.

［18］陈永正. 岭南文学史［M］. 广州：广东高等教育出版社，1993.

［19］叶春生. 岭南俗文学简史［M］. 广州：广东高等教育出版社，1996.

［20］李权时. 岭南文化［M］. 广州：广东人民出版社，1993.

［21］叶春生. 岭南民间文化［M］. 广州：广东高等教育出版社，2000.

［22］黄天骥. 岭南新语［M］. 广州：广东人民出版社，2018.

［23］黄雨. 历代名人入粤诗选［M］. 广州：广东人民出版社，1980.

［24］陈永正. 岭南历代诗选［M］. 广州：广东人民出版社，1985.

［25］陈永正. 岭南历代词选［M］. 广州：广东人民出版社，1993.

［26］仇江，陈永正. 岭南历代文选［M］. 广州：广东人民出版社，1993.

［27］丁宝兰. 岭南历代思想家评传［M］. 广州：广东人民出版社，1985.

［28］徐俊鸣. 岭南历史地理论集［M］. 广州：中山大学学报编辑部，1990.

［29］曾昭璇. 岭南史地与民俗［M］. 广州：广东人民出版社，1994.

［30］广州博物馆. 广州历史文化图册［M］. 广州：广东人民出版社，1996.

［31］黄淑娉. 广东族群与区域文化研究［M］. 广州：广东高等教育出版社，1999.

［32］何新华. 中文古籍中广东华侨史料汇编［M］. 广州：广东人民出版社，2016.

［33］广东省档案馆. 民国时期广东华侨档案目录［M］. 广州：广东人民出版社，2014.

［34］张应龙. 广东华侨与中外关系［M］. 广州：广东人民出版社，2014.

［35］刘圣宜，宋德华. 岭南近代对外文化交流史：增订本［M］. 广州：广东人民出版社，2018.

［36］《中国戏曲志·广东卷》编辑委员会. 中国戏曲志·广东卷［M］. 北京：中国 ISBN 中心，1993.

［37］赖伯疆. 广东戏曲简史［M］. 广州：广东人民出版社，2001.

［38］广东地方文献丛书［M］. 广州：广东人民出版社，1981—1991.

［39］岭南文库丛书［M］. 广州：广东人民出版社，1990.

［40］曾枣庄，刘琳. 全宋文［M］. 上海：上海辞书出版社；合肥：安徽教育出版社，2006.

［41］李修生. 全元文［M］. 南京：江苏古籍出版社，2000.

［42］黄宗羲. 明文海［M］. 北京：中华书局，1987.

［43］永瑢，等. 四库全书总目［M］. 北京：中华书局，1965.

后　记

本书是笔者这些年的研究和思考，对岭南文化的形成、发展和创新进行了若干梳理，同时力图阐幽探赜，解决一些具体的问题。管窥蠡测，错漏不免，还请方家教正。

从 2002 年开始关注岭南方面的工作，到今天，正是岭南文化研究蓬勃发展的二十年。当年黄天骥老师曾经对我说："岭南文化的研究将来会成为显学"，现在看来，不仅岭南文化研究欣欣向荣，而且岭南学已经建立，令人欣喜，令人期待。

中华文化历史悠久，源远流长。岭南文化是中华文化在南中国的创造性转化、创新性发展。以人为本、服务人民是岭南文化的基石，与时代和实际结合是岭南文化发展之路，开放创新是岭南文化的时代主题。岭南文化作为历史悠久、群众基础深厚的文化体系和社会生活形态，是中华文明的重要组成，是具有岭南特色的中华优秀传统文化，是岭南的文化自信力和影响力之所在。

作为一种具有深厚历史传统、旺盛现实生命力和广阔发展前景的区域文化，岭南文化在形成发展过程中构建了一个开放而自我完善的体系，民族、地域和时代因素得以彰显，内部外部得到和谐的统一。这为文化史、社会史、艺术史的研究提供了许多课题。

作为一种表达方式，岭南文化相对稳定地保存着在其演变过程中所积淀的社会内容，深刻地反映着社会的内在秩序、地域支配关系以及普通民众的生活。由于岭南在中国历史特别是在近代史上的特殊地位和重大影响，也由于岭南文化对社会生活的关注和参与，岭南文化的研究亦具有丰富的社会价值和现实意义。

岭南文化的传承发展，是时代和社会的要求。岭南文化本身就是具有革命性、创新性的文化。在现代化的过程中，社会和民众对于文化权利、文化产品和文化消费的需求不断提高，需要创造和发展新的岭南文化，谱写中华民族现代文明的新华章。时代性、民族性、地域性是岭南文化的特色和优势。有必要在国内国际环境中、在寻根溯源和动态发展中，把握其风格特点和精神内涵，研究其意义和未来。

岭南文化的传承发展，也是中华文明的延续和新生。爱国始于爱家乡。只有植根本土，才能枝繁叶茂。有必要在尊重历史和传统的基础上，结合时代的发展，解决现实问题；有必要一切从实际出发，更好地指导和推动实践；有必要通过校园传承、社会传播、政府扶持等多种形式，继承和发展传统文化，同时推动岭南文化走向全国，走向世界，推动世界文明的发展。

本书许多章节承蒙《文化遗产》《戏剧》《戏曲研究》《广东社会科学》《世界华文文学论坛》《汕头大学学报》《华南农业大学学报》《岭南文史》《农业考古》等刊物惠予发表，产生了一定的社会影响，也得到许多师友的鼓励。看着当年调研的广州重阳登高、广式饮茶习俗一步步申遗成功，看着冼星海及其作品的岭南文化根源被认同被宣传，看着岭南文化精神的不断深化丰富，欢喜之余，愈发感觉岭南学的广阔和个人的有限。

本书的出版，要感谢广东省委宣传部、广东省社会科学界联合会的严格评审和热情支持。中山大学出版社刘吕乐、罗雪梅、金继伟老师付出了很多心血，做了大量细致而艰苦的工作。各位编辑和前辈同道的帮助，谨此一并致谢。

"养其根而俟其实，加其膏而希其光。根之茂者其实遂，膏之沃者其光晔。"学术之路漫长，研究永无止境。与诸君共同努力。